로마 멸망 이후의 지중해 세계 상

시오노 나나미 · 김석희 옮김

한길사

ROMA NAKI ATO NO CHICHUUKAI SEKAI
by Nanami Shiono

Copyright ⓒ 2008 Nanami Shiono

Original Japanese edition published by SHINCHOSHA Publishing Co.,Ltd.
Korean translation rights arranged with SHINCHOSHA Publishing Co.,Ltd.
through Shinwon Agency Co.
Korean translation copyrights ⓒ 2009 by Hangilsa Publishing Co.,Ltd.

塩野七生, ローマ亡き後の地中海世界(上), 新潮社, 2008

로마 멸망 이후의 지중해 세계·상

지은이 시오노 나나미
옮긴이 김석희
펴낸이 김언호

펴낸곳 (주)도서출판 한길사
등록 1976년 12월 24일
주소 10881 경기도 파주시 광인사길 37
홈페이지 www.hangilsa.co.kr
전자우편 hangilsa@hangilsa.co.kr
전화 031-955-2000~3 팩스 031-955-2005

부사장 박관순 총괄이사 김서영 관리이사 곽명호
영업이사 이경호 경영이사 김관영 편집주간 백은숙
편집 박희진 노유연 최현경 이한민 박홍민 김영길
마케팅 정아린 관리 이주환 문주상 이희문 원선아 이진아
디자인 창포 031-955-2097
인쇄 예림 제책 예림바인딩

제1판 제 1 쇄 2009년 7월 17일
제1판 제12쇄 2023년 2월 15일

값 18,500원

ISBN 978-89-356-6191-6 04900
        978-89-356-6193-0 (전2권)

● 잘못 만들어진 책은 구입하신 서점에서 바꿔드립니다.

DE MARI NOSTRO POST DELETAM ROMAM I

로마 멸망 이후의 지중해 세계 상

해적

일본어에는 무리를 지어 바다 위를 횡행하면서 다른 선박이나 연안 주민을 습격하여 물건을 빼앗거나 사람을 납치하는 도적을 나타내는 말이 해적밖에 없다.

하지만 일본 밖에서는 옛날부터 두 종류의 해적이 존재했다. 영어를 예로 들면 'pirate'와 'corsair'가 있다.

영어의 'pirate'는 고대 그리스어의 'pirates'가 로마 시대에 라틴어로 'pirata'가 된 것을 어원으로 삼고 있다. 따라서 라틴어의 맏딸 격인 이탈리아어에서는 지금도 'pirata'가 그대로 쓰인다. 이탈리아어와 영어 이외의 다른 언어에서도 고대 라틴어의 'pirata'를 어원으로 삼는 것은 마찬가지다. 요컨대 이런 종류의 해적은 옛날부터 줄곧 존재했다는 것이다.

그런데 'corsair'의 경우는 좀 다르다. 이 영어 낱말의 어원도 역시 라틴어인 'cursarius'인데, 이 라틴어 낱말은 고대 그리스어에서 유래하지 않았고 로마인의 언어였던 라틴어에서 유래한 것도 아니다. 라틴어인 것은 같지만 중세에 생긴 낱말이다. 그리고 이 중세 라틴어 낱말에서 후세의 서구 언어들이 갈라져 나간다.

이탈리아어에서는 코르사로(corsaro)

프랑스어에서는 코르세르(corsaire)

영어에서는 코세어(corsair)

독일어에서는 코르사르(Korsar)

중세 지중해 세계의 주인공들 가운데 하나인 해적과 오랫동안 가장 깊은 관계를 가진 것이 이탈리아인이었기 때문에, 여기서는 두 종류의 해적을 나타내는 말로 이탈리아어를 사용하겠지만, 그 이탈리아어에서도 '피라타'와 '코르사로'를 구별한 데에는 이유가 있었다. 한마디로 말하면

피라타는 비공인 해적이고,

코르사로는 공인 해적이었기 때문이다.

전자는 개인적인 이익을 얻으려는 목적으로 해적 행위에 종사하는 자다.

후자는 똑같이 해적 행위를 했어도 그 배후에 공인이든 묵인이든 국가나 종교가 버티고 있었던 자들을 가리킨다. 따라서 '코르사로'는 공익을 가져오는 해적으로 여겨지고 있었다. 근세에 들어오면 영국 여왕 엘리자베스 1세 시대의 프랜시스 드레이크의 예가 유명하다.

'팍스 로마나' 시대의 로마제국에서는 해적이라면 '피라타'밖에 존재하지 않았고, 따라서 단순 범죄자로 엄벌에 처하면 그만이었다. 법치국가를 자처한 로마로서는 설령 국익과 연결된다 해도 무고한 사람들을 납치하거나 그들의 재산을 빼앗는 행위는 용서받을 수 없는 일이었기 때문이다. 이런 의미의 해적을 나타내는 'cursarius'는 라틴어지만, 고대 로마인의 라틴어가 아니라 로마제국이 멸망한 뒤에 생긴 중세 라틴어라는 것부터가 이 사실을 증명해주고 있는 듯하다.

일본어에는 '피라타'와 '코르사로'의 구별이 없이 해적이라는 말밖에 존재하지 않는데, 일본인이 로마인 같은 법치 민족이라고는 도저히

말할 수 없는 이상, 그것은 코르사로식 해적에 시달린 역사가 일본에는 없었기 때문이 아닐까 생각한다. 즉 일본인에게 해적은 피라타뿐이었던 게 아닐까. 그 때문인지, 외국어 사전에도 피라타와 코르사로가 둘 다 해적으로만 번역되어 있다.

사전을 만든 사람의 기분도 이해할 수 없는 것은 아니다. 이 두 종류의 해적은 명확히 구별할 수 없는 경우가 많기 때문이다. 코르사로서 해전에 참전하고, 돌아오는 길에는 피라타로 돌변하여 해안 도시나 마을을 습격하고 거기서 약탈한 물건이나 사람을 가득 싣고 본거지로 귀환한 예는 헤아릴 수 없을 만큼 많았다.

이것도 역시 인간 세계의 질서가 무너진 시대의 특색 가운데 하나다. 단순한 범죄와 대의명분이 붙은 범죄를 구별하여 생각하고 사람들이 거기에 의문을 품지 않는 것 자체가 법의 권위 실추를 의미하기 때문이다.

이 책에서도 나는 피라타와 코르사로를 둘 다 '해적'이라는 말로 표현할 수밖에 없다. 일본어에는 그 낱말밖에 없으니까.

그리고 마지막으로 말해두고 싶다. 검은 바탕에 하얀색으로 해골을 물들인 깃발을 돛대 위에 높이 내걸고 접근하는 해적선은 카리브해의 해적밖에 없었다는 것, 그것도 사실은 소설이나 영화 속의 이야기에 불과했다는 것을.

로마 멸망 이후의 지중해 세계 · 상

해적 · 5

머리말 · 13

제1장 내해에서 경계의 바다로

이슬람의 대두 · 21
사라센인 · 28
해적 · 31
납치 · 39
새로운 진출 · 42
신성로마제국 · 55
표적이 된 수도원 · 66
'성전'(지하드) · 73
스키피오를 꿈꾸며 · 82
로마로 · 87
팔레르모 함락 · 92
북아프리카의 이슬람 사회 · 103
가에타 · 나폴리 · 아말피 · 107
다시 로마로 · 115
'성전'(구에라 산타) · 128
'바다의 공화국' · 134
'사라센의 탑' · 139
시라쿠사 함락 · 148
'십자군 시대' 이전의 십자군 · 171

간주곡 —일종의 공생

'이슬람의 관용' · 175
이슬람-시칠리아 · 187
지중해의 기적 · 194

제2장 '성전'(지하드)과 '성전'(구에라 산타)의 시대

계속되는 해적질 · 203
이탈리아, 일어나다 · 217
노르만인이 왔다! · 225
이탈리아의 해양도시국가 · 238
아말피 · 피사 · 제노바 · 244
베네치아의 해적 대책 · 249
'십자군' 시대 · 254
'맞기 전에 때린다' · 263
마지막 십자군 · 271
이탈리아의 경제인들 · 280
교역 상품 · 285
사하라의 황금 · 291

제3장 두 개의 국경 없는 단체

'구출수도회' · 302
'구출기사단' · 328

연표 · 360
그림 출전 일람 · 371

권말부록—이탈리아 전역에 분포하는 '사라센의 탑' · 373
리구리아 지방 · 376
토스카나 지방 · 378
라치오 지방 · 382
아브루초 몰리세 지방 · 384
풀리아 · 바실리카타 지방 · 386
캄파니아 지방 · 390
칼라브리아 지방 · 394
시칠리아 지방 · 398
사르데냐 지방 · 402
몰타 · 404

로마 멸망 이후의 지중해 세계 · 하

제4장 대국 병립의 시대

제5장 파워게임의 세기

제6장 반격의 시대

제7장 지중해에서 대서양으로

부록 1: 민족에 따라 다른 해적 대책
부록 2: 이미 간행된 관련 서적

연표
그림 출전 일람
참고문헌

머리말

로마의 종착역(테르미니) 바로 근처에 흔히 '팔라초 마시모'(마시모 궁전)라고 불리는 미술관이 있다. 로마에는 국립미술관이나 시립미술관이 많기 때문에, 미술관이 되기 전의 건물 이름으로 불리는 것이 보통이다. 주로 그리스 미술품을 전시하고 있는 미술관이 '팔라초 아르템프스', 르네상스 미술품이 많은 곳이 '팔라초 바르벨리니', 에트루리아 미술품이 많은 곳은 '빌라 줄리아', 그리고 고대 로마인의 취향으로 가득 차 있는 곳이 바로 '팔라초 마시모'다.

그 마시모 궁전 입구를 지나서 그리 많지 않은 계단을 오르면, 안마당 건너편의 유리창 너머로 초대 황제 아우구스투스의 입상이 보인다. 종교 제사를 주관하는 것도 로마 황제의 중요한 임무였기 때문에, 이 아우구스투스도 로마식으로 하얀 토가 자락을 머리에 덮어 쓴 모습으로 묘사되어 있다. 이 전신상의 뒤쪽 벽에 다음과 같은 글이 새겨지게 된 것은 최근이었다.

〈인간이라면 누구나 신들에게 기원하고 싶어 하는 모든 것, 그리고 신들도 인간에게 베풀어주고 싶어 할 모든 것은 아우구스투스가 정비하고 그 지속까지도 보증해주었다.

그것은 정직하게 일하면 반드시 보상을 얻을 수 있다는 확신이고, 그 인간의 노력을 지원해주는 신들에 대한 신앙심이며, 자기가 가진

아우구스투스

재산을 아무한테도 빼앗기지 않는다는 안심감이고, 각자의 신변 안전 이었다.〉

이 글은 발레리우스 파테르쿨루스가 쓴 『역사』에서 뽑은 인용문이다. 이 인물은 77세까지 장수한 아우구스투스 황제의 아들이나 손자 세대에 속해 있었다. 『역사』라는 제목의 책을 한 권 남겼지만, 원로원 의원도 아니었고 교육이나 저술이 본업인 지식인 계급도 아니었다. 그는 아우구스투스의 뒤를 이어 제2대 황제가 된 티베리우스 휘하의 장수로서 생애의 태반을 보냈다. 대대장까지는 승진한 모양이니까, 현대식으로 말하면 로마제국의 중간 관리직이었을 것이다.

파테르쿨루스는 통치계급에도 속하지 않고 그 통치계급을 비판하는 일이 많았던 지식인 계급도 아니었지만, 티베리우스를 따라 제국 각지를 돌아다닌 경험으로 세간 사정에는 훤했다. 그는 공화정이냐 제정이냐 하는 정치 형태를 둘러싼 이데올로기적 사고방식과는 평생 무관했고, 단순히 좋은 정치냐 나쁜 정치냐만 구별했을 게 분명하다.

이 사람이 아우구스투스가 죽은 뒤에 쓴 글이 위에서 인용한 문장이다. 로마제국 초기에 살았던 건전한 생활인이 아우구스투스 황제에게 내린 평가다. 아우구스투스가 확립한 '팍스 로마나'(로마에 의한 평화)를 이렇게 직설적으로 간결하게 평한 사람은 달리 없다. 현실적이 아니면 살아갈 수 없는 무인이었기 때문일까.

하지만 영고성쇠가 역사의 이치라면, 로마제국도 예외가 될 수는 없다. 로마인에 의한 국제 질서라고 말할 수 있는 '팍스 로마나'도 과거지사가 되었다. 하지만 시대가 변해도 인간은 바라는 것을 그만두지 않는 존재다. 인간이 근본적으로 바라는 것의 현실화를 통치자에게 기대할 수 없게 되면, 남은 방법은 신에게 의지하는 것뿐이다. 그것도 다른 신과의 동거를 수용했던 다신교의 신들이 아니라, 다른 신과의 동거를 단호히 거부하는 일신교의 신에게.

로마제국이 멸망한 뒤 지중해를 사이에 두고 맞선 것은 기독교와 이슬람교라는 일신교끼리였다.

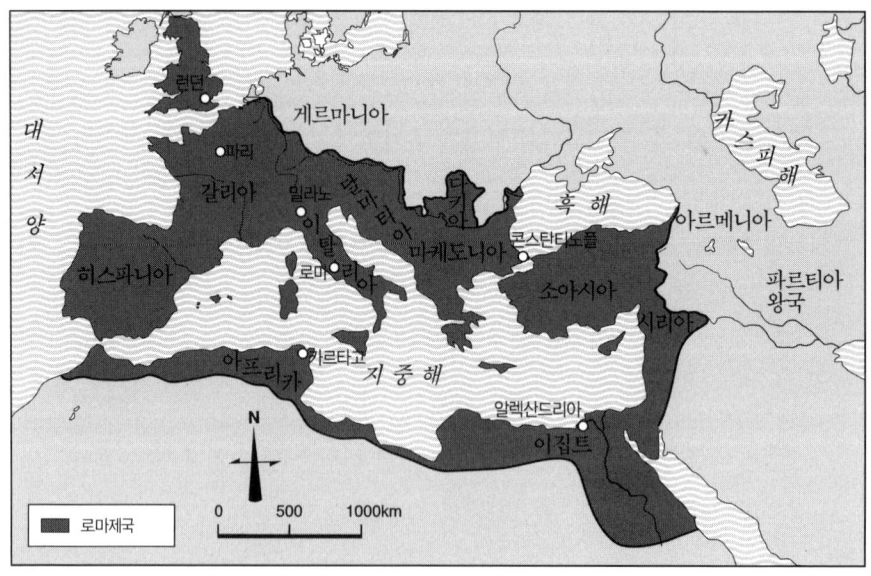

원수정 시대의 로마제국(1~2세기)

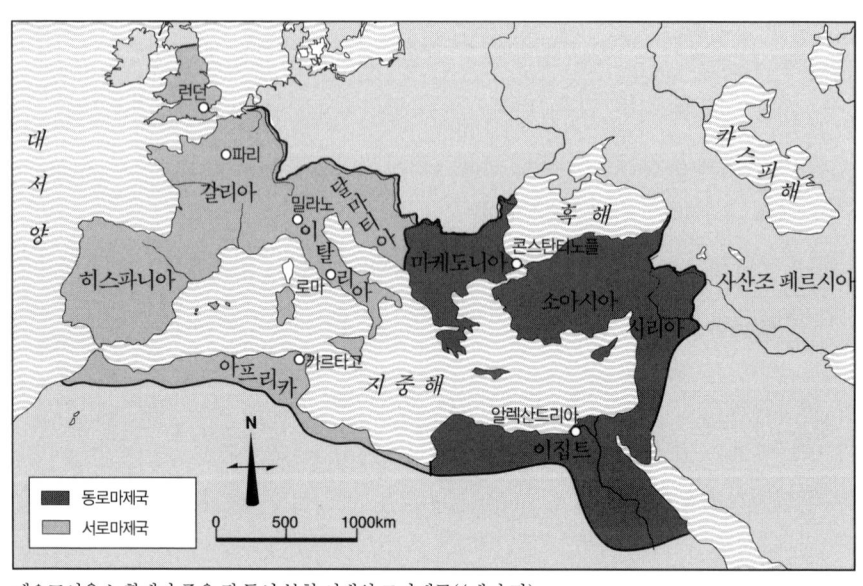

테오도시우스 황제가 죽은 뒤 동서 분할 시대의 로마제국(4세기 말)

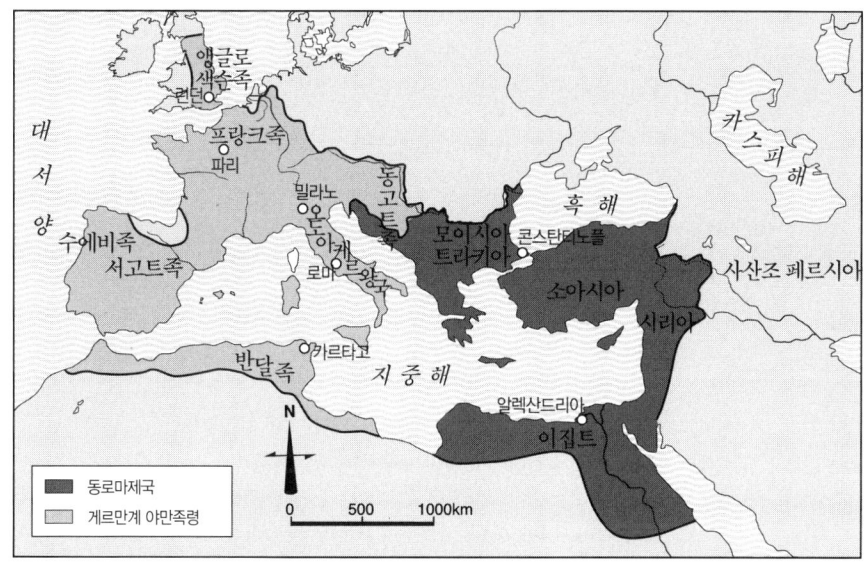

서로마제국이 멸망한 뒤의 동로마제국(5세기 말)

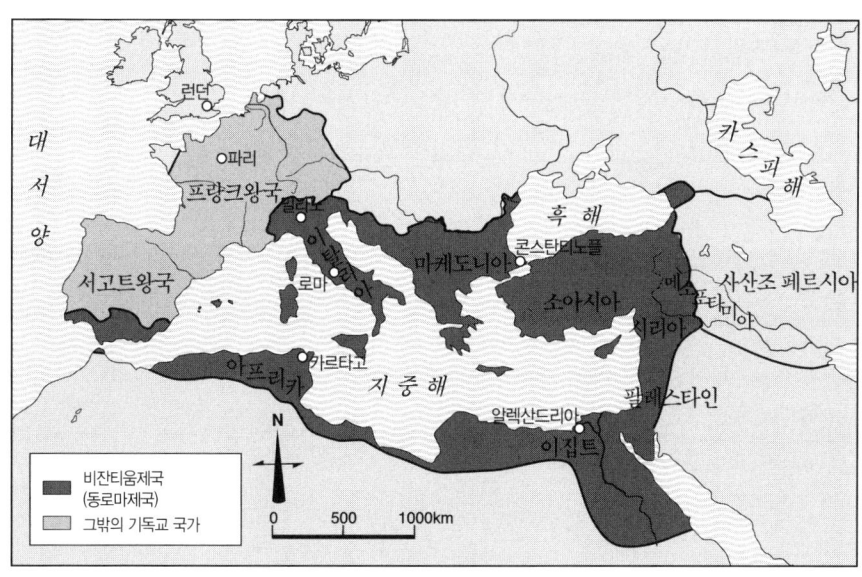

유스티니아누스 대제가 죽은 직후의 비잔티움제국(6세기 후반)

제1장
내해에서 경계의 바다로

이슬람의 대두

동로마제국 황제 유스티니아누스가 무려 37년에 이르는 긴 치세 뒤에 세상을 떠난 것은 서기 565년의 일이었다. 이 사람이 역사상 '대제'라는 존칭으로 불리고 있는 것은 고대 로마가 건재했던 시대에 만들어진 수많은 법률을 집대성한『로마법 대전』을 만들게 한 사람이기 때문이 아니다. 476년에 멸망한 서로마제국의 새로운 지배자가 된 북방 야만족으로부터 이탈리아반도와 북아프리카만이라도 탈환하는 데 성공한 사람이기 때문이다. 역사에서 그가 '재정복자'라고 불리는 것도 그 때문이다.

다만 과거에는 로마 영토였던 에스파냐와 프랑스와 영국에 여전히 야만족이 눌러앉아 있는 상태에는 변함이 없었으니까, 로마제국을 재정복했다는 말은 지나친 찬사라는 느낌이 든다. 그렇기는 해도 이탈리아반도는 로마제국의 본국이었고, 북아프리카는 그 로마의 곡창이었던 곳이다. 멸망한 서로마제국의 주요 지방은 수복했다고 말할 수 있었다.

그런데 유스티니아누스 대제가 세상을 떠난 지 겨우 3년 뒤, 이탈리아반도에 랑고바르드족이 남하해왔다. 하지만 동로마제국은 20년 동안이나 고트족을 상대로 이탈리아반도 탈환 작전을 벌이느라 힘을 다 써버렸을 뿐만 아니라 오리엔트에서 끝없이 계속되는 페르시아와의 전쟁에도 대처해야 했기 때문에, 새로 쳐들어온 이 북방 야만족을 북쪽으로 쫓아낼 힘이 남아 있지 않았다. 그렇기는 하지만 랑고바르드족 쪽에도 이탈리아반도를 완전히 제패할 만한 힘은 없었다. 그 결과 이탈리아반도에는, 비잔티움제국이라는 이름이 차츰 정착되어가고 있던

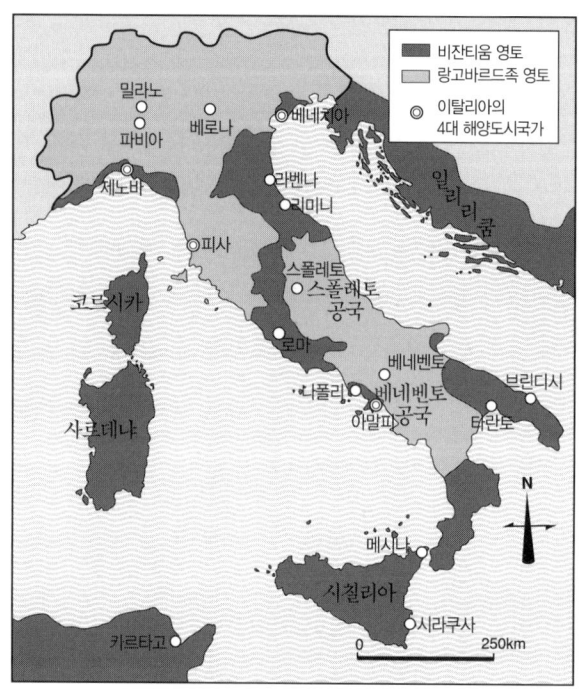

6세기부터 7세기에 걸친 이탈리아반도(A. Giardina, G. Sabbatucci, V. Vidotto의 *Manuale di Storia* 제1권 "Il Medioevo"에서)

동로마제국의 그리스인이 지배하는 지방과 게르만족에 속하는 랑고바르드족이 지배하는 지방이 얼룩무늬처럼 공존하게 되었다. 이런 상태는 지배당하는 쪽에서 보면 불안정하다는 의미밖에 없다. 바꿔 말하면 살기 어려운 시대였다.

유스티니아누스 대제가 죽은 지 5년밖에 지나지 않은 서기 570년에는 아라비아반도의 메카에서 무함마드가 태어났다. 그가 포교를 시작한 것은 613년이고, 죽은 것은 632년이다. 그런데 20년도 채 안 되는 기간에 아라비아반도의 절반을 이슬람화했다. 예언자 무함마드는 무인의 재능도 타고났던 모양이다.

예언자가 죽은 뒤에는 그 후계자가 된 칼리프가 통솔하는 시대로 옮아가지만, '오른손에는 칼, 왼손에는 코란'은 눈부신 성공을 거두었다. 2년 뒤에는 아라비아반도를 완전히 제패하고, 북쪽의 팔레스타인과 시리아로 표적을 옮긴다. 635년에 비잔티움제국의 주요 도시 가운데 하나였던 다마스쿠스를 정복하고, 이곳으로 수도를 옮겼다. 그 이듬해에는 반격에 나선 비잔티움제국의 정규군을 무찔러, 700년 동안이나 로마제국의 동쪽 요충이었던 시리아가 이슬람화했다. 그 후에도 이슬람 세력은 쉬지 않고 동쪽으로는 메소포타미아 지방, 서쪽으로는 소아시아 깊숙이까지 진격했고, 남쪽으로는 이집트로 쳐들어가 거침없는 진격이 계속되었다.

서기 642년에는 알렉산드리아를 함락하여 이집트를 이슬람화했다. 트리폴리를 정복하여 오늘날의 리비아 지방을 이슬람화한 것은 그로부터 불과 2년 뒤였다. 이슬람 세력의 북아프리카 제패는 그 후에도 멈추지 않아서, 카르타고가 함락된 698년 무렵에는 이미 북아프리카 전역이 이슬람교의 지배를 받고 있었다. 서기 670년에는 벌써 오늘날 튀니지의 수도인 튀니스에서 남쪽으로 150킬로미터 떨어진 곳에 카이루안(Kairouan)이라고 이름지은 북아프리카 최초의 아랍인 도시를 건설했다. 이곳을 이슬람교 확대의 전초기지로 삼을 작정이었던 게 분명하다.

아니나 다를까, 카르타고도 함락하여 북아프리카를 완전 제패한 이슬람 세력은 서기 710년이 되자마자 지브롤터해협을 건너 이베리아반도를 제패하러 나섰다. 하지만 피레네산맥을 넘어 프랑스까지 이슬람화의 물결을 넓히려는 의욕적인 시도는 역사상 유명한 '푸아티에 전투'에서 프랑크왕국에 저지당하고 만다. 이는 후세가 보면 유럽의 이슬람화를 막는 데 결정적인 의미를 갖는 '저지'지만, 이슬람의 급격한 세력 확장 앞에서 속수무책의 무기력한 상태에 놓여 있었던 당시 사람들에게는 일단 한숨을 돌렸다는 정도의 감개밖에 없었을 것이다.

커다란 백지 위에 잉크병을 쏟은 것과 비슷한 이슬람화의 물결은 중동에서는 더욱 철저했다. 전에는 로마제국, 다음에는 비잔티움제국의 강적이었던 사산조 페르시아도 이제 힘이 약해졌다고는 하지만 어이 없을 만큼 간단히 멸망하고 말았다. 중동의 강국이 언제나 본거지로 삼아온 메소포타미아 지방, 페르시아만으로 흘러드는 티그리스와 유프라테스강 사이에 끼여 오리엔트 문명의 모체였던 메소포타미아 지방까지도 이슬람화한 것이다.

아랍인은 페르시아인의 수도를 자기네 수도로 삼을 마음이 나지 않았을까. 아니면 이슬람에 의한 새로운 제국의 수도는 새로 건설되어야 한다고 생각했을까. 지금까지 메소포타미아를 지배한 모든 제국이 수도를 두었던 크테시폰을 버리고, 거기에서 겨우 40킬로미터밖에 떨어지지 않은 곳에 바그다드라는 이름의 수도를 새로 건설한다. 지중해와 가까운 시리아의 다마스쿠스에서 메소포타미아 지방의 티그리스강 서안에 새로 건설한 바그다드로 수도가 옮겨진 것이다. 게다가 그사이에 두 차례에 걸쳐 비잔티움제국의 수도인 콘스탄티노플도 공격했다. 이슬람 세력은 오랫동안 오리엔트를 지배해온 페르시아제국을 멸망시켰을 뿐만 아니라, 공식적으로는 계속 로마제국이라는 이름을 쓰고 있었던 비잔티움제국의 목구멍까지 바싹 다가갈 만큼 강대해진 것이다. 그것도 겨우 100년이라는 짧은 기간에.

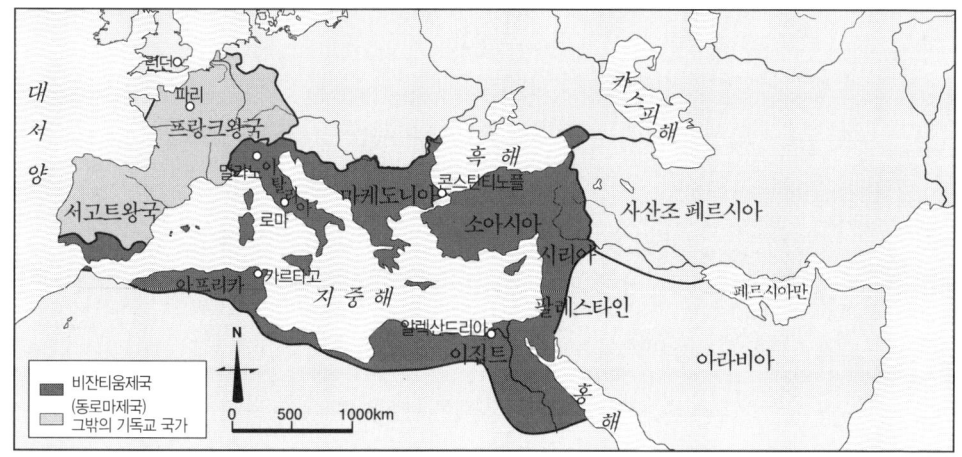

서기 565년, 유스티니아누스 대제가 죽은 해의 비잔티움제국(동로마제국)

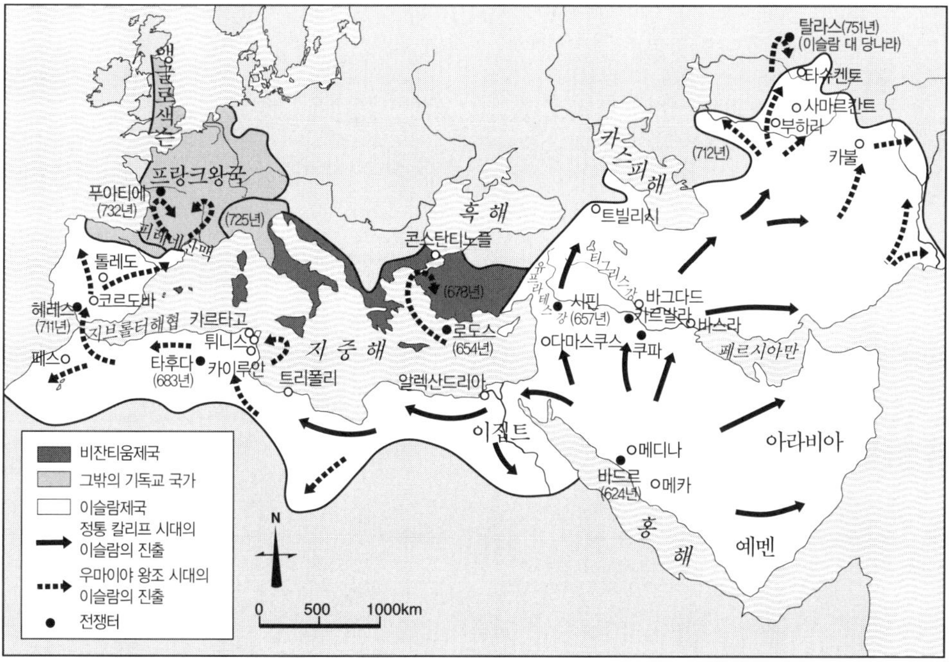

7~8세기의 이슬람화의 물결(A. Giardina, G. Sabbatucci, V. Vidotto의 *Manuale di Storia* 제1권 "Il Medioevo"에서)

이슬람 세력권이 이처럼 급속히 확대된 요인은 어느 역사 연구자에 따르면 다음의 한마디로 귀결된다.

"신흥종교가 항상 갖는 돌파력과 아랍 민족의 정복욕이 합해진 결과"가 그것이다.

이것을 구호로 바꾼 것이 '오른손에는 칼, 왼손에는 코란'이었다.

하지만 이것은 기독교 쪽의 관점이고, 이슬람 쪽의 견해는 다르다. 그들은 이 시대부터 1,300년이 지난 오늘날에도 이슬람교 가르침의 진정성에 사람들이 감명을 받았기 때문이라는 견해를 취하고 있다.

그런데 21세기인 현재, 진정한 이슬람교는 폭력 행사를 혐오한다는 주장이 이슬람 세계와 기독교 세계 양쪽에서 제기되는 경우가 많아졌다. 마치 그것이 두 세계가 서로 양보하여 접근하기 시작하는 출발선이라도 되는 것처럼.

하지만 얼마 전까지만 해도 현실은 그렇지 않았다.

"싸우러 가라. 성서의 진정한 가르침을 잘못 신앙하고 있는 사람들(유대인, 기독교도)을 향하여."(코란 제9장 「회개의 장」 29~30절)

"불신앙의 무리를 만났을 때는 많은 피를 흘리게 하고, 포로를 연결하는 쇠사슬을 단단히 조여라."(코란 제47장 「무함마드의 장」 4절)

기독교 세계가 '성전'을 정당화한 것은 중세 중엽이 가까워졌을 무렵부터지만, 로마제국 후기에 왕성해진 제국의 기독교화에도 많은 면에서 '강제'가 있었다. 좋은 면에서든 나쁜 면에서든 인간성의 현실을 직시하는 사상이 부활한 르네상스 시대, 정치사상가 마키아벨리는 기독교나 이슬람교를 직접 지목하지는 않았지만 다음과 같은 말을 남겼다.

"무기를 갖지 않은 예언자는 자멸한다."

아무리 옳은 가르침을 전하는 종교라 해도, 그것을 남에게 강요할 수 있는 힘을 갖지 않으면 종교로서도 성공하기를 바랄 수는 없다는 뜻이다.

그리고 기독교와 이슬람교는 종교가 기성의 세속 국가를 접수했다는 점에서는 비슷하지만, 기독교는 로마제국의 공인 종교가 되는 데 300년이 걸린 반면 이슬람교는 이 면에서도 혜택을 받았다.

기독교의 상대는 당시 충분히 기능을 발휘하고 있었던 원수정 시대의 강대한 로마제국이었지만, 이슬람교가 맞선 시기의 페르시아제국과 비잔티움제국은 힘이 약해져 있었기 때문이다.

페르시아제국은 북동쪽에서 쳐들어오는 야만족의 침략과 끝없는 비잔티움제국과의 전쟁으로 피폐해져 있었고, 비잔티움제국도 비슷한 상태였다. 게다가 동방의 기독교는 교리 논쟁으로 분열하여, 교회 내부에서도 서로 반목하고 있었다.

예수 그리스도는 신이냐, 아니면 신성을 갖추고는 있지만 인간이냐, 하는 데에서 비롯된 교리 논쟁으로 비잔티움제국의 양대 도시인 콘스탄티노플과 알렉산드리아의 주교가 공공연히 적대할 정도였다. 비잔티움은 기독교 제국이다. 그런 나라에서 주교끼리 싸우자, 일반 민중은 자기네 지도자가 적대관계에 있으니까 자기들끼리도 적이라고 생각하게 되었다.

알렉산드리아가 이슬람 세력에 점령되었다는 소식을 듣고, 콘스탄티노플의 기독교도들은 환성을 지르면서 거리로 몰려나왔다.

제국 내부가 이렇게 분열한데다 비잔티움제국의 특질 가운데 하나로 관리들의 부정부패와 무거운 세금이 있었다. 악정의 요인이 이렇게 겹치면 사람들 사이에 불만이 퍼지는 것도 당연하다. 이슬람교가 침투하는 데 기독교처럼 300년이나 되는 세월은 필요하지 않았다. 절망한 인간은 쉽게 의지할 수 있는 상대를 찾는 법이다.

하지만 심원한 가르침은 마음속을 깨끗하게 해주고 죽은 뒤의 평온을 베풀어줄지 모르지만, 지금 살고 있는 이 세상에서 행동으로 몰고 가는 힘은 주지 않는다. 구체적이고 현세적인 이점이 자칫하면 인간에게 결정적인 일보를 내딛게 하는 계기가 된다.

복잡하고 무거운 세금에 시달리고 있던 비잔티움제국의 기독교도들은 이슬람교도가 되면 그 고민이 완전히 사라진다고 생각했을 게 분명하다. 어쨌든 이슬람교도가 되기만 하면 지금까지 비잔티움제국에 내고 있던 세금은 내지 않아도 되었기 때문이다.

사라센인

21세기인 현대에도 리비아나 튀니지나 알제리에서 눈앞에 펼쳐져 있는 것은 햇빛이 쏟아지는 온화한 지중해다. 지중해는 유럽 국가, 특히 이탈리아나 프랑스나 에스파냐에서 살아갈 길을 찾으려는 난민들이 법을 어기면서까지 고무보트나 낡은 배에 운을 맡기고 건너가는 '길'이기도 하다. 지금으로부터 1,300년 전인 8세기에 북아프리카를 완전 제압한 사라센인이 눈앞에 펼쳐진 지중해를 자기네 앞길을 가로막는 '벽'으로 보지 않고 자기네 앞에 열린 '길'로 본 것도 자연스러운 일이었다.

사라센인이라는 말은 고대 그리스어의 '사라케노이'(Sarakenoi)에서 유래했고 로마인도 '사라케니'(Saraceni)라고 불렀으니까, 고대부터 알려져 있었다. 다만 이 명칭은 아랍인 전체를 가리키는 것이 아니라 아랍 민족 가운데 사막에 사는 베두인족을 지칭하는 이름이었던 모양이다.

고대 사라센인은 사막의 배인 낙타를 타고 오가는 대상(隊商)을 습격하여 짐을 빼앗거나 보호료라는 명목으로 통행료를 뜯어내는 깃을 생업으로 삼고 있었지만, 로마제국 후기에는 로마군의 용병으로 참전하는 경우도 있었다. 로마제국 최후의 역사가라는 암미아누스 마르켈리누스에 따르면, '하드리아노폴리스 전투'라는 이름으로 알려진 서기 378년의 전투에서는 로마군이 북방 야만족에 참패하여 황제까지 전사했을 정도였지만, 이때 로마 편에서 용감하게 싸운 것이 사라센 병사들이었다고 한다. 당시에는 사라센인도 기독교도 편에서 싸우고 있었다.

이때 이후 사라센인의 이름은 역사에서 자취를 감춘다. 그들이 역사에 다시 모습을 나타내는 것은 그로부터 200년 뒤 예언자 무함마드를 통해서였다. 그 후에도 이슬람화의 물결이 밀어닥친 지방에서는 어디에서나 그들이 첨병 역할을 맡은 모양이지만, 특히 이슬람교도가 북아프리카를 제압하자 지중해를 사이에 두고 그들과 마주 보게 된 기독교 세계의 주민들은 이슬람교를 믿는 그 아랍인들을 '사라센인'이라고 부르게 된다. 고대의 명칭을 생각해냈는지도 모르지만, 이렇게 해서 1천 년에 걸친 중세의 긴 세월 동안 '사라센인'은 아랍인만이 아니라 아랍인에게 정복되어 이슬람교도가 된 베르베르인과 무어인까지 포함하여 북아프리카에 사는 이슬람교도 전체를 일컫는 명칭으로 정착하게 되었다.

바다에 나가서 생활의 양식을 얻으려고 생각하면 선택할 수 있는 길은 두 가지밖에 없었다. 교역이나 해적이다. 보존 방법이 건조나 소금 절임밖에 없었던 시대에 어업은 선택지에 들어가지 않았다. 고대 로마에서 활발하게 이루어진 굴양식도, 물고기를 산 채로 가두어놓는 대규모의 활어조도 중세인은 모르고 지냈다. 기술이 잊힌 것은 아니다. 차분히 자리를 잡고 맞붙을 필요가 있는 전형적인 산업은 농업인데, 농업에 가장 중요한 조건은 평화와 안전이 보장되어야 한다는 것이다. 중세는 그것이 보장되지 않는 시대였다.

또한 구태여 바다로 나가지 않아도 살아갈 수 있다면 자진해서 파도나 바람에 목숨을 맡길 사람은 없다. 오늘날에는 상상도 할 수 없을 정도지만, 고대의 북아프리카는 로마제국의 곡창이라고 불릴 만큼 비옥한 경작지대였다. 하지만 그것도 옛이야기가 된 지 오래다. 평화와 안전이 사라져버린데다 제국이 멸망한 뒤 북아프리카 주민의 태반은 제국 시대와는 다른 민족으로 바뀌었기 때문이다. 오랫동안 유랑민이자 사막민족으로 살아온 아랍인과 베르베르인, 그리고 오랫동안 로마제국의 백성이었지만 농경민족이라고는 도저히 말할 수 없었던 무어인이 그들이다. 날마다 밭일을 한 뒤에야 겨우 수확을 기대할 수 있는 경작과는 전통적으로나 역사적으로나 인연이 없었던 민족들이다.

이런 사람들이 여느 때에는 파도가 잔잔하고 햇빛이 아낌없이 쏟아지는 지중해 남쪽에 펼쳐진 지방의 '주인'이 되었다. 손쉽게 이익을 얻을 수 있는 해적질이 더 매력적으로 보인 것도 당연하다. 그리고 그들의 새 종교는 이교도를 해치는 행위를 정당화하고 있었다.

이슬람교도에게는 국가나 민족이나 인종은 문제가 안 되고, 정말로 중요한 것은 이슬람교를 믿느냐 아니냐 하는 것이다. 여기까지는 기독교도 마찬가지지만, 여기서부터가 이슬람적이다. 그들의 생각에 이 세계에는 '이슬람의 집'과 '전쟁의 집'밖에 없고, '이슬람의 집'에 속하는 자의 책무는 그 집 바깥쪽에 있는 '전쟁의 집'에 가서 싸우고 승리함으로써 '이슬람의 집'을 확대해가는 것이었다.

기독교도가 예수의 가르침을 널리 알리는 것을 중요하게 여기지 않았던 것은 아니다. 아니, 사실은 그것을 가장 중요시했고, 바로 이 점이 기독교의 모태였던 유대교와의 큰 차이점이었다. 하지만 가르침을 널리 알리는 행위인 '선교'는 주교나 사제 같은 교회 성직자에게 맡겨진 책무였고, 신자 개개인의 책무로 여겨지지는 않았다. 이와는 반대로 이슬람교에서는 그것이 일반 신자에게도 책무였던 모양이다. 이슬람교도가 코란을 유일한 지침서로 믿는 이상, 그들이 이교도에 대한 단순한 적대행위까지도 '성전'(지하드)과 결부짓는 것은 참으로 자연스러운 방향이 아니었을까. 하지만 이로 말미암아 해적의 의미도 달라지게 된다.

해적

이슬람 해적이 기독교 세계를 처음 습격한 것은 서기 652년으로 알려져 있다. 이집트의 알렉산드리아를 출발한 이슬람 선박이 시칠리아 섬에서 가장 큰 도시인 시라쿠사를 습격하여 파괴하고 약탈하고 800명이나 되는 남녀를 납치하여 알렉산드리아의 노예시장에서 팔아버린 것이 그 후 1천 년이 넘도록 지중해를 휩쓸고 다닌 사라센 해적의 시초였다고 한다.

하지만 이것은 우발적인 사건이 아니었을까. 지중해는 아무리 넓어도 내해니까, 바람의 방향이 바뀌기 쉽다. 노련한 선원이라 해도 항상 표류할 위험에 노출되어 있다. 단지 해적질을 하기 위해 지중해 동쪽에 있는 알렉산드리아에서 서쪽에 있는 시라쿠사까지 먼 길을 일부러 온다는 것은 납득이 가지 않는다. 또한 약탈한 물건과 사람을 가득 싣고 돌아가는 길에는 북아프리카의 어디에도 들르지 않고 알렉산드리아까지 직행했다. 여름의 지중해는 서풍이 강하게 부는 날이 많으니까 그 바람을 타고 단숨에 갔겠지만, 이 시기의 북아프리카는 납치한 기독교도를 선창에 가득 실은 이슬람 선박이 안심하고 들를 수 있는 상태가 아니었다. 트리폴리를 함락하여 리비아까지는 제패했지만, 튀니지까지 이슬람화하는 작업은 아직 진행되는 중이었다. 북아프리카의 요충인 항구도시 카르타고가 이슬람 세력에 항복한 것은 서기 698년이었다.

중세에 알제리와 더불어 사라센 해적의 주요 기지가 된 튀니지는 7세기 말에 이르러서야 완전히 이슬람화했다는 뜻이다. 이것이 7세기 중엽에 시라쿠사 습격 사건이 일어난 뒤 무려 50년 동안이나 이슬람 해적이 기독교 세계를 습격하지 않은 이유가 아닐까. 해상 교역에는 교역로를 따라 늘어서 있는 기지가 반드시 필요하듯, 해적업에도 무슨 일이 있으면 쉽게 들를 수 있는 거리에 기지가 필요하다. 그 이유는 나중에 상술하겠지만, 아무리 종교적 열정에 사로잡혔다 해도, 이집트와 시칠리아 사이의 거리는 어디에도 들르지 않고 왕복하기에는 너무 멀었다.

하지만 이 우발적인 사건은 한 가지 사실을 보여주고 있다. 사막민족이었던 아랍인도 해양민족인 오리엔트의 그리스인을 선원으로 부릴 수 있는 처지가 되면 지중해를 왕래할 수 있다는 것이다.

서기 700년, 람페두사섬과 판텔레리아섬이 연이어 사라센 해적의 습격을 받았다. 이 작은 두 섬은 오늘날에는 이탈리아 영토지만, 당시에는 시칠리아와 마찬가지로 비잔티움제국에 속해 있었다. 2년 전 카르타고가 이슬람에 항복했을 때 달아난 사람들이 이곳에 이주해 있었지만, 기독교도인 이들은 모두 살해되고, 그렇게 해서 생긴 공간은 얼마 전에 이슬람화한 북아프리카에서 건너온 사람들로 메워졌다. 지금은 관광지가 되어 있지만 당시에는 산업도 거의 없는 작은 섬이었으니까, 단지 기항지를 확보하기 위한 정복이었을 것이다.

그리고 이 시기에 북아프리카의 '수도'는 튀니지 안에 있지만 바다에 면해 있는 카르타고나 튀니스가 아니라, 중동의 바그다드와 마찬가지로 아랍인이 일부러 새로 건설한 카이루안이었다.

이 도시는 오리엔트에서 부임해온 '태수'(아미르)가 다스리고 있었다. 튀니스에서 남쪽으로 150킬로미터, 가장 가까운 해안에서도 50킬로미터나 떨어진 내륙에 수도를 건설한 것은 당시 아랍인이 지중해를 충분히 알지 못했다는 것을 보여준다. 하지만 카이루안에서 바다로 나가면 맨 먼저 부닥치는 것이 람페두사섬이고, 그 바로 북쪽에 있는 것이 판텔레리아섬이었다. 이 두 섬을 먼저 공략한 데에는 이런 사정이 있었다. 튀니스나 카르타고 같은 해안도시에서 바다로 나가면, 그 앞을 가로막는 것이 람페두사섬이나 판텔레리아섬이 아니라 지중해 최대의 섬인 시칠리아였기 때문이다.

따라서 이제부터 기독교 세계를 습격하기 시작하는 사라센 해적은 카이루안에서 출발하든 튀니스에서 출항하든, 지중해 최대의 섬인 시

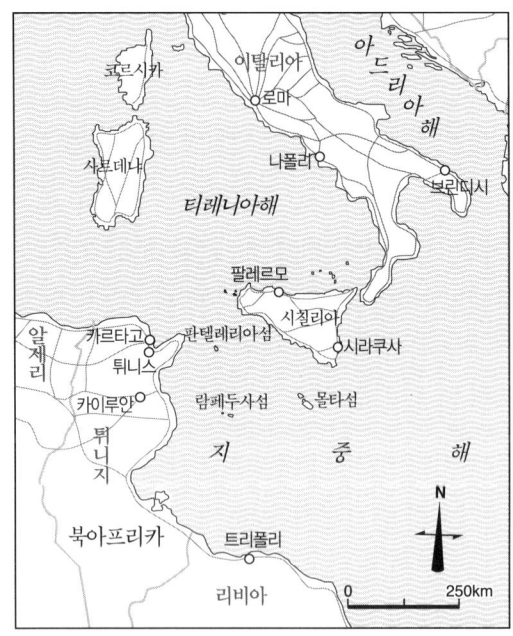

남이탈리아, 시칠리아, 북아프리카

칠리아를 당면한 표적으로 삼게 된다. 그것은 이슬람 세력이 지브롤터 해협을 건너 에스파냐로 진격하기 전, 알제리나 모로코를 이슬람화하는 작업도 아직 끝나지 않았는데, 그 전에 벌써 시칠리아 공격을 결행했다는 뜻이다. 이슬람 세력이 불과 100년이라는 짧은 기간에 급격히 확대된 요인들 가운데 하나는 바로 '속공'이었다. 제패한 곳에 지배권을 확립하는 것은 뒤로 미루고라도 공세를 우선한 게 아닌가 하는 생각마저 든다.

서기 704년, 이슬람 전사들이 대거 지브롤터해협을 건너가기 6년 전, 카이루안의 태수인 무사가 '지하드'(성전)를 선언했다. 그 여름, 태수가 직접 지휘하는 이슬람 병사 1천 명이 시칠리아 남해안에 상륙하여 살육과 약탈을 저지른 뒤 다시 배를 타고 카이루안으로 개선한다. 이때의 약탈품을 팔아서 얻은 수익을 참가자 전원에게 분배하자, 1인당 디나르 금화로 100닢이나 되었다고 한다. 기독교 세계는 죽이는 것까지 허용된 이교도가 살고 있는 곳일 뿐만 아니라 손쉬운 이익도 기대할 수 있는 곳임을 알게 된 것이다.

이를 전후하여 북아프리카에 사는 이슬람교도, 즉 사라센인은 기독교권에 사는 사람들을 '루미'(rumi)라고 부르게 된다. '로마인'이라는 뜻이다. 당시 로마인은 모두 기독교도였기 때문에, 이슬람교도에게 '루미'는 곧 기독교도이고 불신앙의 무리였다.

서기 705년, 지난해의 성공에 기분이 좋아졌는지, 또다시 카이루안에서 해적들이 출발한다. 이번에는 다짜고짜 시라쿠사를 습격했다. 아르키메데스가 활약한 고대부터 시라쿠사가 중요한 도시였고 비잔티움제국 영토가 된 뒤에도 시칠리아의 수도가 된 이유 중의 하나는 견고한 수비였다. 그런 도시를 1천 명 정도의 병력으로 습격한 것을 보면, 정복하려는 의도가 아닌 것은 분명하다. 습격의 목적은 교란에 있었기 때문이다.

실제로 해적들은 방어시설이 갖추어진 도시는 공격하지 않고, 성벽 바깥쪽에 펼쳐진 교외 지역만 노략질하고 다녔다. 중세의 해적은 후방을 교란하는 역할에도 적합했다는 것을 알 수 있다. 해적이 약탈하고 불태우고 주민을 납치해가는 일이 거듭되면 누구나 공포에 떨게 되는 것이 당연하다. 또한 주변 지역에서 피해가 속출하면 농업의 생산성이 떨어지고, 도시로 들어가는 물산의 유통도 순조롭지 못해서 조금씩이지만 확실하게 대도시의 목을 조르게 된다.

카이루안의 대(大)모스크

하지만 705년의 시라쿠사 습격을 마지막으로 그 후 15년 동안 사라센인의 시칠리아 공격은 마치 바람이 딱 멈추기라도 한 것처럼 중단되었다. 이 시대에 이루어진 이슬람 세력의 연이은 진격을 알라신 덕분이라고 믿는 아랍 쪽의 연대기 작가가 그것을 춤추는 듯한 필치로 하나하나 자세히 기록해주었기 때문에 후세에도 기록이 남았지만, 이 15년 동안에는 그 기록이 한 건도 없다. 710년부터 북아프리카의 아랍 세력이 지브롤터해협을 건너 에스파냐를 정복하는 데 정력을 집중했기 때문이 아닌가 싶다. 하지만 문제는 또 하나 있었다.

'이슬람의 집'을 확대하는 사명을 띠고 북아프리카 전역을 이슬람화한 아랍인과 그들에게 정복당하여 이슬람교도가 된 북아프리카 원주민인 무어인이나 베르베르인의 사이가 험악해진 것이다.

8세기의 이슬람교는 '오리지널'이라고 부를 수 있는 아라비아반도 태생의 이슬람교도와 그밖의 지역에 살다가 아랍인에게 정복된 뒤 개종한 자를 동격으로 보지 않았다. 그들 자신이 '원(原)이슬람교도'와 '신(新)이슬람교도'로 구분하여 부르고 있었다. 코란의 가르침을 일반 신자에게 설명하는 임무를 띠고 있는 '이맘'도 '원'이슬람교도 출신으로 정해져 있었다. 지금도 코란의 언어는 아라비아어다.

하지만 '원'이슬람교도와 '신'이슬람교도의 차이점이 또 하나 있었다.

전자는 '이슬람 전사'라는 이름 그대로 '이슬람의 집'을 확대하기 위한 전투에 참가할 의무를 짊어지고 있는 사람들이지만, 그 전투에서 승리하여 획득한 토지나 물건이나 사람을 자기 것으로 삼을 수 있는 권리도 갖는다. 알기 쉽게 말하면 전리품 분배에 참여할 수 있다는 것이다.

반면에 '신'이슬람교도는 '이슬람의 집'을 확대하는 전쟁에 참가할 자격이 없는 이상, 전리품 분배에도 관여할 수 없다. 이슬람 전사들은 이들이 농업이나 수공업이나 상업에 종사해주기를 바랐겠지만, 북아프리카 주민으로 이슬람화한 것은 로마제국 시대부터 그런 일에는 능숙하지 못했던 무어인이나 베르베르인이다. 그런 그들이 눈앞에서 펼쳐지는 해적업의 수익이 쏠쏠한 것을 보고 잠자코 있을 리가 없다. 마침 시기도 이슬람 전사 대부분이 에스파냐 정복에 집중되기 시작한 시기와 겹쳤다.

가혹한 환경에서 사는 민족은 자식을 많이 낳지 않는다. 따라서 인구가 적다. 아라비아반도 출신인 '오리지널 아랍'의 약점은 적은 인구에 있었던 게 아닌가 싶다. '오른손에는 칼, 왼손에는 코란'이라는 구호도 전사 계급의 감소라는 위험 요소와 무관하지 않았다.

결국 타협한 것은 '원'이슬람교도 쪽이었던 모양이다. 해적업이 '원' 이슬람교도와 '신'이슬람교도의 공존공영에도 적합하다는 것을 깨달 았는지도 모른다.

어떤 사업이든 참가자 전원이 원하는 것을 얻을 수 있다고 생각하면 그 사업은 성공하고 오래 지속된다. 이해관계가 일치했을 경우에는 성 공하고, 그 성공도 오래 지속되는 것이다. 북아프리카의 이슬람 세계 에서 '해적업'은 바로 이 '다행스러운 경우'에 해당되었다. '원'이슬람 교도에게는 성전 수행이라는 만족감을 가져다주었고, 그들만큼 신앙 심에 불타지 않는 '신'이슬람교도에게도 손쉽게 얻을 수 있는 부를 가 져다주었기 때문이다.

서기 725년에 해적행(海賊行)이 다시 시작되었다. 이 무렵에는 성전 을 기치로 내건 해적행이라도, 이슬람의 가르침을 확대하려는 염원을 담아 아랍인이 건설한 카이루안에서 출발하지는 않게 되었다. 또한 '원'이슬람교도였을 게 분명한 태수가 몸소 해적을 지휘하는 일도 드 물어졌다. 이후로는 지중해에 면한 항구도시에서 해적선이 출항했고, 그 대부분은 고대부터 항구도시로 알려진 항구들이었다. 바다로 나가 는 이상, 해안선에서 50킬로미터나 떨어진 내륙에 자리 잡고 있는 카 이루안보다는 집을 나가면 바로 바다인 항구도시에서 출발하는 편이 이로웠기 때문일 것이다. 이 점을 보아도, 해적질을 직접 맡은 사람이 '원'이슬람교도에서 '신'이슬람교도로 바뀐 게 아닌가 싶다. 그리고 언제부터인지는 확실치 않지만, 해적질로 얻은 수익을 분배하는 방식 도 정해졌다.

수익의 5분의 1은 태수에게 상납하고, 나머지 5분의 4는 선주와 선장과 선원들이 분배하는 방식이었다.

납치

새로운 방식이 처음부터 충분히 기능을 발휘하는 예는 거의 없다. 서기 725년에 이루어진 해적행은 시칠리아 해안에 상륙하지도 못하는 참담한 실패로 끝났다. 태풍에 농락당하고 같은 해적선끼리 충돌하여 거의 전원이 바닷속으로 사라졌고, 살아서 돌아온 사람은 얼마 되지 않았다. 신앙심에 불타 태풍을 뚫고서라도 전진해야 한다고 주장하는 '원'이슬람교도와 북아프리카에 오래 살아서 지중해를 잘 알기 때문에 지금은 돌아가는 편이 안전하다고 주장하는 '신'이슬람교도의 의견이 대립했는지도 모른다. 시칠리아 해안에 떠밀려온 시체들의 일부는 가슴에 코란을 꽉 끌어안고 있었다고 한다.

이듬해에 이루어진 해적행 역시 시칠리아 땅을 밟아보지도 못하고 끝났다. 하지만 그 이듬해인 서기 727년에 떠난 해적선은 시칠리아 남해안 일대를 노략질하고 얻은 약탈품과 납치한 사람들을 가득 싣고 개선했다. 항구에 들어온 해적선의 돛대 높이 초록 바탕에 하얀 반달을 물들인 이슬람 깃발이 나부끼고 있었다.

해적에 납치되어 북아프리카로 끌려온 시칠리아 주민들은 해적을 맞아 싸우다가 진 패자가 아니니까 포로는 아니다. 하지만 성전을 기치로 내건 이슬람 해적의 관점에서 보면 패자이고, 따라서 승자가 어떻게 처분해도 상관없는 전리품이다. 게다가 이슬람의 관점에서 보면 '잘못된 종교'인 기독교를 믿는 자들이었다. 이슬람교는 유대교와 기

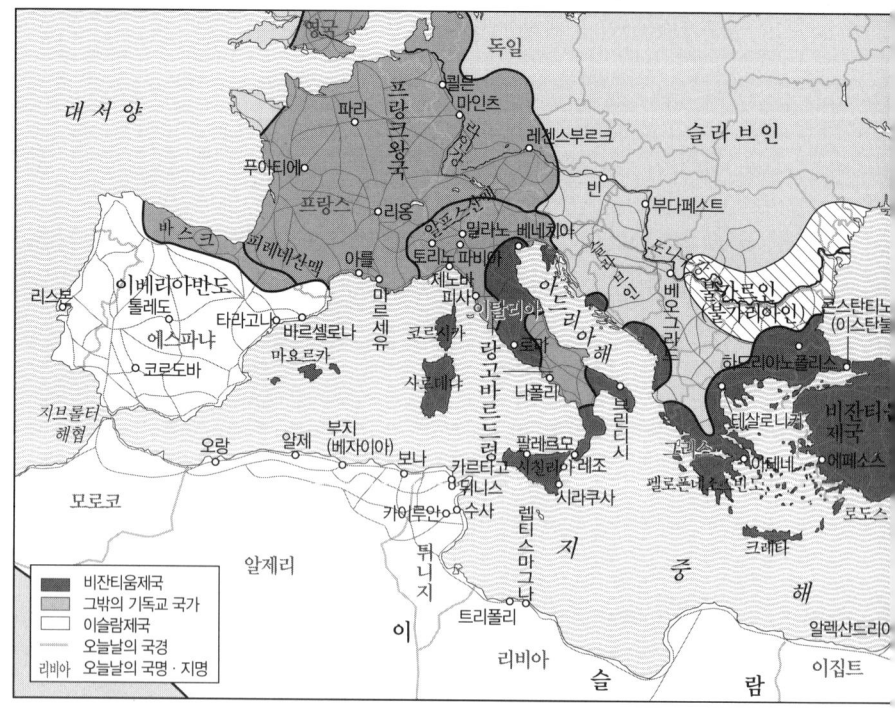

8세기 전반의 지중해 세계

독교를 선행 종교로는 인정했지만, 참된 길에서 벗어났기 때문에 종교로서는 타락했다고 단정했다.

이슬람이 기독교를 이런 식으로 보고 있다면, 납치당한 사람들의 미래는 노예의 삶뿐이다. 기독교권에서 납치되어온 사람이 남자라면 다음과 같은 운명이 기다리고 있었다.

1) 해적선을 비롯한 이슬람 선박에서 노를 젓는 노예.

돛과 노로 움직이는 갤리선에서는 노가 모터 역할을 맡는다. 바람이 멎었거나 약할 때, 반대로 바람이 너무 강해서 돛을 쓸 수 없을 때나 항구에 드나들 때에도 노가 효력을 발휘한다. 그 노를 젓는 사람이 노예

라면 쇠사슬에 묶인 상태로 노를 저었다.

2) 성전이 진행되고 있는 이베리아반도에서 이슬람 군대에 참가.

다만 병사로 참전하는 자에게는 이슬람교로 개종할 것이 강요되었다. 성전인 이상, 이슬람 군대에는 이슬람교도만 참진할 수 있었다.

3) 노예시장에서 팔려, 자기를 산 주인 밑에서 노예로 평생을 마친다.

4) 무엇 때문인지 '목욕장'이라고 불린 강제수용소에 들어가서, 일꾼을 부리고 싶어 하는 이슬람교도에게 선택되기를 기다린다. 물론 품삯은 아주 적은 저임금 노동자다. 하지만 그것도 '목욕장' 관리인에게 빼앗기는 것이 보통이고, 그 대신 약간의 음식이 주어질 뿐이었다. 아침에 '목욕장'을 나와서 온종일 중노동을 하고 해질 녘에 돌아오는 것이 이들의 생활이었다.

납치된 자가 여자라면, 대부분 노예시장에서 팔렸다. 그런데 팔려간 곳에서 노예로 나날을 보내는 것은 남자들과 다름이 없지만, 이슬람교로 개종을 강요당하는 비율은 훨씬 높았다. 이슬람교에서는 이교도와 성관계를 맺는 것이 금지되어 있었기 때문이다.

서기 727년의 대성공은 뒤이은 몇 차례의 해적행을 낳았다. 오늘날 리비아·튀니지·알제리·모로코가 있는 북아프리카 서부 일대의 항구도시에서는 쇠사슬에 묶인 기독교도 노예의 모습이 드물지 않게 되었다.

이에 따라 당시 해적의 습격을 한 몸에 받고 있던 시칠리아에서는 주민들의 공포가 계속 고조된다. 그들의 머릿속에 다음과 같은 도식이 새겨진 것도 이 무렵부터다.

'북아프리카에 사는 이슬람교도=사라센인=해적'

하지만 이들의 안전을 지키는 것이 임무인 비잔티움제국은 해적과 단호하게 맞서 싸우지 않았다.

싸우고 싶어도 그럴 수 없었다고 말하는 편이 옳을지도 모른다. 8세기 전반의 비잔티움제국은 나라 안에서 가장 부유한 시리아와 이집트와 북아프리카 지방을 이슬람 세력에 빼앗겼을 뿐만 아니라, 소아시아도 침략당하여 삼중 성벽으로 둘러싸인 수도 콘스탄티노플까지 종종 위협당하는 상태였다. 게다가 서방에서는 새로운 북방 야만족인 슬라브인과 불가리아인의 침입을 막아내느라 애를 먹고 있었다. 비잔티움제국의 영토인 이상 비잔티움 쪽에 안전보장 의무가 있는 남이탈리아나 시칠리아에도 본격적인 군대를 보낼 여유가 없었다.

하지만 자국 국민의 안전을 보장하지 못하면 통치자로서는 실격이다. 도의적인 문제로 끝나지 않고, 절망한 사람들을 적의 품으로 달려가게 할지도 모른다. 또한 비잔티움제국에 남겨진 배후지인 그리스에 비해 남이탈리아와 시칠리아는 풍요로웠다.

새로운 진출

야만족은 유럽 북부에서 남하해왔다. 이탈리아반도에서도 로마제국 군대가 야만족을 맞아 싸운 전쟁터는 당연히 북이탈리아가 되었다. 그리고 전쟁에 이겨서 눌러앉은 야만족에게 경작지의 3분의 1을 제공하여 야만족과 로마인의 공생 시대가 열렸을 때, 북방 민족인 야만족이 좋아한 토지는 역시 북이탈리아였고, 남이탈리아나 시칠리아는 사실상 이 체제의 테두리 밖에 놓여 있었다. 그 후 비잔티움 황제인 유스티니아누스 휘하의 벨리사리우스 장군이 지휘하는 고트 전쟁이 계속된다. 이탈리아 북부와 중부를 황폐하게 만든 이 전쟁이 오래 계속되는 동안에도 남이탈리아와 시칠리아는 전쟁터가 되지 않았고, 따라서 황폐를 면할 수 있었다.

하지만 풍요롭다 해도 그것은 어디까지나 이탈리아 북부나 중부와 비교해서 그렇다는 이야기다. 로마제국이 건재했던 시대의 남이탈리아나 시칠리아로 돌아간 것은 아니었다. 그래도 중세로 접어든 초기에는 고대 로마식 대규모 농업 생산체제인 빌라의 흔적이 아직 남아 있었다. 비잔티움제국 황제에게는 이 남이탈리아와 시칠리아가 상당한 세금 수입을 기대할 수 있는 지역이었다. 콘스탄티노플에서 파견되는 총독은 시칠리아섬의 수도였던 시라쿠사의 관저에서 변경 근무를 한탄하는 것이 보통이었지만, 이 총독의 주요 임무는 세금 징수였다.

아마 사라센 해적의 표적이 된 시칠리아 주민의 궁상은 총독을 통해 황제에게 보고되었을 것이다. 하지만 제국에는 대규모 군대를 보내줄 여유가 없다. 총독이 궁상을 호소해도, 시라쿠사를 지키는 방위병을 내보내 해적과 맞서 싸우게 하라는 정도의 훈령밖에 내리지 못했을 것이다. 실제로 이듬해인 728년에 여느 때처럼 튀니스항구를 떠나 시칠리아로 가서 섬의 남해안 일대를 노략질하고 있던 사라센 해적 700명을 시라쿠사 방위병들이 맞아 싸운 것은 좋았지만, 적에게 손실을 주기는커녕 어이없이 격퇴당하고 허둥지둥 시라쿠사로 도망쳐 돌아왔다. 오히려 사라센 쪽에 비잔티움제국의 정규군을 쫓아버렸다는 자신 감만 안겨주었을 뿐이다.

하지만 이슬람 쪽도 만사가 잘 돌아가고 있었던 것은 아니다. 착실히 전과를 쌓아올려 간다는 사고방식은 사라센인에게는 원래 어울리지 않았을지도 모른다.

비잔티움 군대를 이겨서 너무 기분이 우쭐해졌는지, 그 이듬해에는 여기저기서 끌어다 모은 180척으로 대규모 선단을 만들었다. 그리고 이번에는 작은 도시나 마을을 습격하는 것으로 만족하지 않고, 바닷가라도 성벽을 두른 풍족한 도시를 공략한다는 목표를 내걸고 튀니스를 떠났다.

180척은 대형 함대 규모지만, 사라센 해적이 평소에 사용하는 배는 갤리선 중에서도 가장 작은 '푸스타'(fusta)라는 배였다. 돛대는 하나, 배의 길이와 거의 크기가 같은 돛은 갤리선의 돛이 대개 그렇듯이 삼각돛이다. 노를 젓는 사람은 16명 내지 20명. 소형 쾌속 군용 갤리선이라고 말할 수 있다. 선원과 노잡이에 전투원을 합해서 기껏해야 40명밖에 탈 수 없으니까, 180척이라 해도 전투에 투입할 수 있는 자의 수는 2천 명을 넘지 못했을 것이다. 지난해 비잔티움제국의 병사들을 쫓아버린 병력의 3배도 되지 않는 병력으로 수비가 견고한 도시를 노렸으니까, 대담하다기보다는 무모했다.

성벽을 두른 도시에 대한 공방전은 장기전을 각오하지 않으면 안 된다. 지키는 쪽은 병력이 열세라도 그것을 어떻게 활용하느냐에 따라 오랫동안 도시를 방어할 수도 있지만, 공격하는 쪽은 수비군을 훨씬 웃도는 병력을 투입할 필요가 있다.

또한 군량 확보 문제가 있다. 수비 쪽은 항상 어느 정도의 식량을 저장해두고 있지만, 공격하는 쪽은 외부로부터의 보급에 의존할 수밖에 없다. 공격을 계속하면서 배후지에 병력을 보내 식량을 조달(이 경우에는 강탈)해야 한다. 도시를 공격하려면 수비군을 훨씬 웃도는 병력을 투입할 필요가 있는 것은 식량 조달에 동원될 인원까지 계산에 넣어야 하기 때문이다. 그럴 여유가 없는 경우에는 선성기의 로마군이 그랬듯이 후방기지와 전선 사이에 보급로를 확보하고, 그것이 항상 기능을 발휘하는 상태를 유지해야 한다. 서기 729년의 공략전은 이런 여러 가지 조건을 하나도 충족시키지 못했다. 아니, 그 후에도 사라센인에게는 이런 종류의 종합적 전략이 결여되어 있는 경우가 많아서, 어쩌면 그것은 민족의 특질이 아닐까 하는 생각마저 든다.

해상에 180척을 늘어놓은 위협은 처음 얼마 동안만 주민들에게 효과를 발휘했을 뿐이다. 사라센 군대의 실태가 밝혀지자, 수비하는 쪽도 자신이 붙었는지 철저히 항전하겠다는 자세로 대처하게 되었다. 방어전도 갈수록 점점 더 끈질겨질 뿐이었다. 여름에 시작된 공방전이 일진일퇴를 거듭하는 사이에 어느덧 겨울이 가까워졌다. 남국 시칠리아에서도 '마에스트랄레'라고 불리는 북서풍이 휘몰아치는 겨울은 역시 혹독하다. 원래 장기간의 공방전에 서투른 사라센인은 일단 철수하고 이듬해 봄을 기약하기로 결정했다.

그런데 겨울의 지중해는 그들에게도 상냥하지 않았다. 돌아오는 길에 맹렬한 태풍을 만나고 만 것이다. 180척 가운데 무려 163척이 배에 탄 사람들과 함께 침몰했다. 튀니스가 있는 남서쪽으로 돌아가야 하는데 남쪽으로 떠내려가, 리비아의 트리폴리에 표착한 것은 겨우 17척.

사령관 알 무스타닐은 이 17척 가운데 한 척에 타고 있어서 목숨을 건졌다.

사라센 해적들에게는 최초의 대실패였다. 참상은 당장 트리폴리 태수를 통해 튀니스 태수에게 알려졌다. 통보를 받은 튀니스 태수는 그들을 당장 보내라고 명령했다.

튀니스로 연행된 알 무스타닐은 무능력과 두려움으로 수많은 알라의 전사들을 죽게 했다는 이유로 유죄 판결을 받았다. 처음에는 피가 나오는데도 용서하지 않고 채찍으로 때렸다. 다음에는 당나귀 등에 묶어서 시내를 끌고 다닌 뒤 감옥에 처넣었다. 하지만 이것으로 끝난 게 아니었다. 감옥 안마당으로 끌어내어 곤봉으로 마구 때리는 형벌이 날마다 계속되었다. 며칠 뒤 아침에 안마당으로 끌어내리고 감방 문을 연 병사는 이미 숨을 쉬지 않는 전 사령관을 발견했다.

하지만 사라센인이 한 번 통렬한 타격을 받은 정도로 해적질을 단념할 리는 없었다. 3년 뒤인 서기 732년, 피레네산맥을 넘어 프랑스로 쳐들어간 알라의 전사들은 그들을 맞아 싸운 프랑크왕국 군대에게 푸아티에 근교에서 완패를 당했다. 그 덕분에 20년이라는 짧은 기간에 이베리아반도를 정복한 이슬람 세력도 피레네산맥 남쪽에 머무는 것으로 참아야 했다. 하지만 육로를 이용한 유럽 정복을 일단 단념한 것은 바다를 통한 유럽 정복에 더욱 박차를 가하게 되었음을 의미했다.

표적이 된 시칠리아 주민에게는 아랍의 연대기 작자조차 "너무 많아서 일일이 기록할 수 없다"고 쓸 만큼 많은 재난이 계속되는 시대가 되었다. 사라센인도 성벽을 두른 도시를 공략하겠다는 허황된 야심은 버린 모양이다. '푸스타' 10척 정도로 소규모 선단을 만들어 시칠리아로 가서 빼앗고, 빼앗은 뒤에는 그대로 돌아오기를 되풀이하는 전법으로 바꾸었다.

　이 전법은 사라센 해적에게 적합했다. 도착한 곳에서 약탈하면 되니까, 물과 식량은 갈 때 필요한 만큼만 실으면 된다. 현대의 경주용 요트와 마찬가지로 꼭 필요한 것만 실으니까 배는 당연히 가벼워진다. 게다가 배는 물이나 바람의 저항이 적은 소형 갤리선이다. 속도가 빠를 뿐만 아니라 소규모 선단으로 행동하기 때문에 주민들한테 들킬 가능성도 낮아진다. 바람처럼 바다에서 쳐들어와 약탈하고 납치하고, 또 바람처럼 바다 저편으로 사라진다. 이것이 여름이면 남쪽의 섬 시칠리아의 연례행사처럼 되어버렸다.

　사라센 해적의 표적이 된 것은 시칠리아만이 아니었다. 시칠리아는 지중해에서 가장 큰 섬이라고는 해도 역시 섬일 뿐이다. 해적행의 횟수가 늘어나면 당연한 일인지도 모르지만, 시칠리아에서 엎드리면 코 닿을 거리에 있는 이탈리아반도의 남부 일대에도 사라센 해적이 출몰하게 되었다. 그리고 남프랑스를 지중해 쪽에서 공격하려다가 실패한 이슬람 선박이 귀로에 표착하여, 그 이용 가치를 깨달은 것이 서지중해 한복판에 떠 있는 사르데냐섬과 코르시카섬이었다.

　이 두 섬은 고대에 시칠리아만큼 번영하지 않았기 때문에, 로마제국 시대에 비축한 부가 적다고나 할까, 중세에 접어든 뒤에도 시칠리아처럼 풍요롭지는 않았다. 하지만 바다 쪽에 점점이 흩어져 있는 모래밭과 절벽에 입을 벌린 동굴이 많고, 신선한 물과 당분간 먹을 식량은 보급할 수 있었다. 약탈을 끝낸 해적들이 모항으로 돌아가기 전에 한숨 돌리는 곳으로는 가장 적합했다. 그리고 팔아서 디나르 금화를 듬뿍

'오른손에 칼, 왼손에 코란'을 든 아랍 전사

손에 넣을 수 있을 정도의 약탈품은 없어도, 주민들은 살고 있다. 이 시기의 이슬람 세력은 노동력을 획득하기 위해 사람을 납치했으니까, 이런 면에서도 두 섬은 이용가치가 있었다. 실제로 이 정보를 얻은 해에 벌써 튀니지를 떠나 시칠리아를 습격한 해적선단은 여느 때처럼 유턴하지 않고 계속 북상하여 사르데냐에 이르렀다. 시칠리아만이 아니라 남이탈리아와 사르데냐와 코르시카도 사라센 해적의 시야에 들어온 것이다. 이탈리아반도의 서쪽 바다는 티레니아해라고 불리는데, 이제 그 티레니아해까지도 안전하지 않게 되었다.

나가는 바다의 범위가 넓어지면 그에 따라 배도 더 견고하게 만들 필요가 있고, 수도 더 많이 만들어야 한다. 행동 범위가 넓어지면 태풍을 비롯한 위험 요소도 많아지기 때문이다. 서기 734년이라면 푸아티에에서 패전한 지 겨우 2년 뒤인데, 북아프리카가 이슬람화한 이후 최초의 조선소가 태수의 명령으로 튀니스에 건설되었다. 태수의 명령으로 건설된 이상, 민영이 아니라 공영 시설이다. 8세기 전반인 이 시기에는 기독교 세계 어디에도 이런 종류의 시설은 없었다. 배를 만들거나 수리하는 시설은 있었지만 소규모였고, 오늘날에는 어느 동네에나 있는 카센터 수준에 불과했다. 로마제국이 기능을 발휘하고 있던 시대에는 항구에 반드시 조선소가 딸려 있었지만, 그것도 지금은 다 무너져 잡초만 무성한 폐허로 변했다. 항구도 강에서 유출되는 토사로 메워져 있었으니까, 조선소가 폐허로 변하는 것은 당연했다.

그런데 지중해 건너편에서는 배를 만드는 망치 소리가 기세 좋게 높이 울려 퍼지기 시작한 것이다.

'중세'는 후세 학자들이 붙인 명칭인데, 일단은 서로마제국이 멸망한 서기 476년부터 제노바 출신의 이탈리아인인 콜럼버스가 아메리카 대륙을 발견한 1492년까지가 중세로 되어 있다.

하지만 고대부터 르네상스 시대까지의 '중간기'라 해도 실제로는 1천 년에 걸친 긴 세월이기 때문에, 보통은 이 1천 년을 서기 1000년을 경계로 '중세 전기'와 '중세 후기'로 양분한다. 이 설에 따르면 '중세 전기'의 지중해 세계에서 주도권을 쥐고 있었던 것은 기독교도가 아니라 이슬람교도였다.

문화와 문명이라는 면에서 어느 쪽이 우월하고 어느 쪽이 열등했는가 하는 논의는 하고 싶지 않다. 하지만 자기가 가진 힘을 최대한 활용하여 더욱 높이 향상하겠다는 의욕은 '중세 전기'에는 이슬람 쪽이 절대적으로 우월했다. 다만 그 의욕을 해적질에 쏟아부은 것이 해적의 표적이 된 기독교 세계의 주민에게는 불행이었지만.

이런 상태로 지중해 세계는 8세기 후반에 접어들었다. 여전히 속도가 빠른 소형 갤리선으로 이루어진 소규모 해적선단이 시칠리아와 남이탈리아 해안 일대를 습격하는 것은 여름철의 연례행사였지만, 이 시기에는 해적들이 대개 사르데냐와 코르시카를 발판으로 삼게 되었고, 그에 따라 이탈리아 중부까지도 해적과 무관할 수 없게 되었다.

'캄파니아' 지방의 중심은 나폴리이고 '라치오' 지방의 중심은 로마다. 이슬람 세력은 이탈리아 중부까지 깊숙이 잠입하기 시작했을 뿐만 아니라, 기독교 세계의 본산이며 '신의 대리인'인 로마 교황이 거처하는 로마 근처까지 손을 뻗쳐왔다. 이 시기에 해적들의 근거지는 튀니지에서 동쪽으로는 리비아까지, 서쪽으로는 알제리까지 지중해 연안의 좋은 항구라면 모든 항구에 미치게 되었다.

비잔티움제국은 이런 이슬람 세력의 공세에도 좀처럼 본격적인 요격전에 나서려 하지 않았다. 이따금 입막음하듯 명색뿐인 선단을 보내왔지만, 사라센 해적에게 타격을 주지도 못하고 모두 패퇴했다. 절망한 시칠리아 총독은 튀니스의 태수를 돈으로 매수하여 평화를 사려고 했지만, 튀니스의 태수만이 아니라 어느 태수도 돈만 받고 실행에 나서지는 않았다. 다마스쿠스에서 부임해온 태수가 설령 약속을 지킬 의지를 갖고 있었다 해도, 실제로 해적질을 하러 나가는 자들의 반대를 억누를 수는 없었다. 이 무렵에는 태수가 아직 아랍인이었던 모양이지만, 그들에게 정복되어 이슬람교로 개종한 무어인이나 베르베르인은 이슬람교 본가 출신인 태수에게 해적업까지 통제받기를 싫어했기 때문이다. 해적업도 '원'이슬람교도에게는 성전이었지만, '신'이슬람교도에게는 성전이라는 대의명분을 내세운 산업, 즉 비즈니스가 되어 있었다.

이따금 2, 3년 동안 해적선이 모습을 보이지 않는 기간이 있었다. 기독교도들이 안도의 한숨을 내쉬는 기간이었지만, 지중해 건너편에서는 외래인인 아랍인과 현지인인 무어인이나 베르베르인의 충돌이 종종 일어났다. 해적선이 뜸한 것은 그런 충돌이 일어났을 때였다. 기독교도들은 그들을 통틀어 '사라센인'이라고 불렀지만, 사라센인의 내부는 완전히 하나로 뭉쳐 있지 않았다.

하지만 이 '휴전'도 오래 계속되지는 않았다. 해적업은 성전이라는 이름이 붙어 있어도 실상은 비즈니스가 되어 있었기 때문이다. 그래서 한동안 휴업했다가 다시 쳐들어온 해적은 휴업으로 줄어든 수입을 벌충하려는 듯 약탈도 방화도 납치도 철저했다.

납치해온 사람을 그 사람의 사회적 지위와 경제력에 따라 분류하는 것도 이 무렵 시작되었다. 노예시장에서 팔거나 노예로 삼아서 죽을 때까지 혹사하는 것 외에 몸값을 노리고 납치하는 새로운 분야가 개척되었기 때문이다.

그런데 몸값을 노리는 이 새로운 분야의 대상이 된 것은 개인만이 아니었다. 도시 전체도 대상이 된다. 이제 견고한 성벽으로 둘러싸인 항구도시를 일부러 오랫동안 고생하며 공격할 필요도 없었다. 주변 일대를 노략질하여 도시가 비명을 지를 무렵, 철수를 조건으로 돈을 요구하는 것이다. 작은 도시라면 이해가 가지만, 지중해 세계에서도 수비가 견고하기로 손꼽히는 시라쿠사까지 '몸값'을 치르고 해적에게 제발 철수해달라고 부탁했으니, 세상도 말세다. 이 시대에 살고 있었던 사람들도 '말세'라고 생각했을 게 분명하다. 기독교에는 종말사상이 있었다.

8세기라면 서기 701년부터 800년까지 100년 동안이다. 지중해 세계는 동쪽도 남쪽도 서쪽도 모두 이슬람 세력에 뒤덮이게 되었다. 조금 남은 북쪽의 기독교 세계는 끊임없는 해적의 습격에 시달려, 어선조차도 멀리 나가지 못하는 상태였다. 해적은 바다 위에서만 폭력행위를 저지르는 무법자가 아니었다.

해적의 입장에 서보면 그것도 충분히 이해할 수 있다. 바다 위를 항해하는 상선을 습격하면, 한 번의 습격으로 얻을 수 있는 수확이 컸을 것이다. 하지만 그것은 움직이는 표적을 노리는 것이다. 지중해는 넓다. 레이더도 없는 시대에 항해하는 상선을 붙잡는 것은 쉽지 않았다. 한편 해안에 상륙하여 육상에서 습격하면, 정지해 있는 표적을 노리게 된다. 북아프리카산 말은 소형이어서, '푸스타'라도 열 마리 정도는 태울 수 있었다.

이리하여 사라센 해적들은 바다에서는 가볍고 작은 소형 갤리선, 육지에서는 몸집은 작지만 거친 음식과 혹사를 견딜 수 있는 북아프리카산 말을 이용하여 해적질에 가장 적합한 기습 전법을 구사하게 된다.

그러면 이 재해를 막을 책임은 누구에게 있고, 그들은 무엇을 하고 있었는가.

이탈리아반도도 시칠리아도 사르데냐도 공식적으로는 비잔티움제국의 영토인 이상, 안전보장 책임은 비잔티움제국 황제에게 있다. 유스티니아누스 대제 이후 이탈리아반도는 비잔티움제국의 영토와 북방에서 쳐들어와 눌러앉은 랑고바르드족이 지배하는 지방이 얼룩무늬처럼 뒤섞여 있었지만, 북방 야만족인 랑고바르드족도 개종하여 가톨릭교도가 되어 있었다. 그리고 종교적 지도자는 로마 교황이지만 속계의 지도자는 황제였다. 따라서 랑고바르드족이 지배하는 지방도 방위책임은 어디까지나 비잔티움제국 황제에게 있었다.

하지만 신흥세력의 기개에 불타는 이슬람 세력에 차례로 영토를 빼앗기고 이제는 수도 콘스탄티노플을 사이에 두고 그리스와 소아시아의 서쪽 절반까지 밀려나 있는 비잔티움제국은 남은 지방을 지키는 것이 고작이어서, 이탈리아에까지 구원의 손길을 뻗을 여력이 전혀 없었다. 그래서 지중해의 서쪽 절반은 제해권을 쥔 자가 없다는 의미에서 권력의 공백지대가 되어 있었다. 그리스 서쪽에 있는 아드리아해의 '안전 항해'조차, 아직 성장 과정에 있어서 독립했다고는 도저히 말할 수 없는 베네치아공화국에 맡겨져 있을 정도였다.

랑고바르드족도 이탈리아반도의 안전보장을 책임질 힘은 없었다. 랑고바르드족이라 해도 실제로는 통일된 민족이 아니라, 이름만은 훌륭한 베네벤토 공이나 살레르노 공 같은 부족 수장들이 각자의 지배 지역에 군림하고 있었을 뿐이다. 그들 사이에서도 병력을 동원한 다툼이 종종 일어났다.

이 랑고바르드족에 침략당하지 않고 비잔티움제국 영토로 남아 있었던 것이 남이탈리아와 시칠리아다. 하지만 앞에서 시칠리아에 대해 이야기할 때 말했듯이, 이들 지역에서 비잔티움제국은 안전도 보장하지 못하면서 세금만 뜯어가는 통치 형태를 보이고 있었다. 이래서는 사라센 해적의 위협에 계속 시달리는 해안지방 주민들에게는 어디에도 희망이 없었다. 그들이 취할 수 있는 자위 수단은 바다를 널리 바라볼 수 있는 지점을 골라 망루를 세우고 해적선의 습격을 한시라도 빨리 발견하여 주민들에게 달아날 시간을 조금이라도 많이 주는 것뿐이었다.

이런 망루를 이탈리아어로는 '토레 사라체노'(사라센의 탑)라고 부른다. 지금도 이탈리아반도에는 망루가 많이 남아 있지만, 대부분은 대포가 보급된 16세기 이후에 세워진 것을 분명히 알 수 있는 구조다. 하지만 16세기에 처음 세워진 것은 아니고, 원래 있었던 망루를 보강한 것이다.

그런데 개중에는 중세의 형태 그대로 남아 있는 망루도 있다. 해안 근처에 세웠는데 세월이 흐르는 동안 해안선이 밀려났기 때문에 망루만 바닷속에 남겨진 채 방치되었을 것이다. 로마 남쪽, 아피아 가도 연변의 포르미아에 남아 있는 망루도 그중 하나인데, 키케로의 별장 위에 세워졌다고 한다. 고대 로마의 풍류객은 바닷가에 별장을 갖기를 좋아했기 때문에, 지금은 다 허물어진 과거의 호화저택도 중세의 서민들이 감시용 망루를 짓는 데 필요한 석재를 제공할 수는 있었을 것이다. 새로 잘라낸 석재를 해안까지 운반하려면 일손도 필요하고 비용도 많이 들었다.

하지만 이 '사라센의 탑'을 아무리 지어도 해적의 노략질을 완전히 피할 수는 없었다. 사라센 해적은 검은 바탕에 하얀 해골을 물들인 깃발을 돛대에 높이 내걸고 습격해오는 것도 아니고, 이슬람교도의 배라는 것을 보여주는 초록 바탕에 하얀 반달이 그려진 깃발을 내걸지도 않았다. 그들은 다른 기독교 국가의 깃발을 내걸거나 표적으로 삼은 지방과 동맹관계에 있는 나라의 깃발을 내걸고 접근해오는 경우가 많았다. 망원경도 없는 시대, 접근해오는 선박의 실체를 한시라도 빨리 알아내려고 망루 위에서 필사적으로 눈을 부릅뜨는 파수꾼의 심경을 동정하지 않을 수 없다. 중세 전기, 즉 서기 1000년 이전에 살았던 지중해 서부의 서민들은 해적에게 납치되어 평생을 이슬람교도의 노예로 살고 싶지 않으면 자위책을 강구해야 했지만, 그들이 의지할 수 있는 자위책이란 이 정도가 고작이었다.

'암흑의 중세'라고 후세의 역사가들은 말한다. 한편으로는 중세가 암흑시대는 아니었다고 주장하는 학자들도 있다. 하지만 적어도 이탈리아반도와 시칠리아 사람들에게 그들이 살았던 '중세'는 암흑 그 자체였다.

신성로마제국

서기 800년은 서양사를 공부하는 학생이라면 반드시 기억해둬야 할 연대의 하나다.

그로부터 1,200년이 지난 오늘날, 브뤼셀에 세워진 유럽연합(EU) 건물 가운데 하나는 '샤를마뉴'(샤를 대제)라고 이름이 지어졌다.

서기 800년 11월 중순, 프랑크왕국의 왕 샤를은 대군과 함께 알프스를 넘어 이탈리아로 들어갔다. 우선 북이탈리아를 가로질러 라벤나로 들어간다. 당시 북이탈리아는 랑고바르드족을 무찌른 프랑크왕국의 지배를 받고 있었기 때문에, 대군을 이끌고 횡단하는 것도 아무 문제가 없었다.

따라서 이탈리아반도에서 비잔티움제국의 본거지였던 라벤나에 들어가는 것도 평화적으로 이루어졌다. 샤를은 이 라벤나에 아들 피핀과 군대를 남겨두고, 자신은 얼마 안 되는 휘하 병력만 거느린 '가벼운 차림'으로 아드리아해를 왼쪽에 끼고 이탈리아반도를 남하한다. 안코나에서 내륙 쪽으로 들어가 로마로 갔다니까, "모든 길은 로마로 통한다"는 말대로 이 일대에는 호수로 흘러드는 강처럼 몇 줄기나 뻗어 있었던 고대 로마 가도 가운데 하나를 이용하여 로마로 갔을 것이다. 로마까지 하루거리인 멘타나에는 교황 레오 3세가 마중 나와 있었다.

샤를과 레오가 손을 잡고 로마 성문을 들어선 것이 언제였는지, 정확한 날짜는 알 수 없다. 하지만 두 사람은 그리스도 성탄절인 12월 25일에는 바티칸의 성 베드로 대성당에 있었다. 그날 프랑크왕국의 왕 샤를은 교황 레오 3세로부터 신성로마제국 황제의 왕관을 받았다. 후세 사학자들이 '유럽의 탄생'이라고 부르게 되는 중세 역사상의 '빅 이벤트'였다.

'신성로마제국'을 창설한 공식 이유라는 것을 종합해보면, 기독교를 핵심으로 한 유럽의 대동단결이라는 새로운 시점에서 위대한 과거를 부활시킨다는 것이다.

위대한 과거라 해도, 기독교를 기치로 내건 이상 고대 로마제국은 아니다. 1세기 반 전에 비잔티움제국의 콘스탄티누스 대제가 일시적으로 이룩한 '로마제국'을 의미했다. 비잔티움제국도 역시 기독교를 기치로 내걸고 공식적으로는 '로마제국'이라는 이름을 쓰고 있었다. 그래서 이쪽은 '신성'(神聖)이라는 말을 덧붙여 비잔티움제국과의 차이점과 거기에서의 분리를 분명히 하고 싶었던 게 아닐까. '신성로마제국'을 탄생시킨 진짜 이유는 비잔티움제국 황제가 같은 기독교도들

샤를마뉴의 대관식

이 자는 유럽을 방위하는 데 전혀 열의를 보여주지 않았기 때문이다.

영토 싸움으로 세월을 보내는 왕이나 지방호족이 태반이었던 이 시대, 기독교 세계 전체의 지도자로서 일단 책임을 느끼고 있었던 것은 교황이었다.

로마 교황들의 정치감각이 뛰어났기 때문은 아니다. 동로마제국이라고도 불리는 비잔티움제국에는 황제가 있었지만, 서방에는 없었기 때문이다. 하지만 로마 교황은 비잔티움제국 황제처럼 종교 지도자와 정치 지도자를 겸하는 존재가 아니었다. 무엇보다도 먼저 교황은 독자적인 군사력을 갖고 있지 않았다.

군사력을 가진 비잔티움제국 황제에게 서방의 안전보장도 요구하는 서한을 몇 차례나 보냈지만, 그때마다 황제는 교황을 실망시켰을 뿐이다. 앞에서도 말했듯이 비잔티움제국에는 서방의 안전까지 보장할 여력이 없었기 때문이지만, 교황은 성직자일 뿐 정치가가 아니다. 그래서 어떤 판단을 내리는 경우, 상대의 처지에서 고려하지 않고 자기 사정만 생각해서 자기한테 편리하도록 판단하기 쉽다. 비잔티움제국 황제의 대응이 미적지근하자, 교황은 같은 기독교도들이 사는 서방에 대한 방위책임을 회피하는 무책임한 태도로 받아들였다.

이런 기분일 때는 사소한 오해도 중요해지기 쉽다. '이콘(icon) 문제'가 그것이었다. 성상(聖像) 예배를 인정할 것인가 말 것인가를 둘러싼 논쟁인데, 비잔티움제국 황제는 단호히 '안 된다'고 주장했다. 수도 콘스탄티노플에서는 많은 성상이 불태워지고 파괴되었다.

이에 분노한 교황은 비잔티움제국 황제를 파문한다. 기독교도는 파문당한 사람을 따를 의무가 없었다. 파문이 신의 지상 대리인인 교황이 갖고 있는 가장 강력한 무기인 까닭은 바로 거기에 있었다. 황제나 왕은 많은 부하가 따라주기 때문에 지위와 권력을 유지할 수 있다. 그들이 떠나버리면 황제나 왕도 보통 사람이 되어버린다.

그래서 파문은 속계의 군주들에게는 무서운 무기였지만, 비잔티움제국 신하들에게는 별로 효과가 없었다.

첫째 이유는 서로마제국이 멸망한 뒤 야만족이 할거하게 된 것과는 달리 자신들은 그 전철을 밟지 않았다고 자부하는 동로마제국 사람들은 항상 서로마제국을 경멸하고 얕보았기 때문이다.

둘째는 콘스탄티노플에도 주교가 있는데 로마 주교에 불과한 교황이 그 상위에 있는 것처럼 행동하는 것은 용서할 수 없다는 감정 때문이다.

셋째는 최근에 일어난 이콘 문제다.

이리하여 로마와 콘스탄티노플 사이는 계속 악화되고 있었다.

비잔티움제국 황제는 믿고 의지할 수 있는 상대가 아니라는 것을 깨달은 로마 교황은 다른 파트너를 찾을 필요가 있었다. 교황은 군사력을 갖지 않은 이상, 우선 군사력을 갖고 있어야만 교황의 파트너가 될 자격이 있다. 처음에는 당시 이탈리아반도를 비잔티움 세력과 양분하고 있었던 랑고바르드족을 주목했다.

유럽에서도 가장 북쪽인 스칸디나비아 지방에서 출발하여 긴 세월에 걸쳐 남하해온 랑고바르드족은 8세기 중엽에는 북이탈리아의 파비아에 수도를 두게 되었다. 처음 남하했을 때는 그들에게 정복된 로마인과 융합하지 못하고 지배자로 군림했을 뿐이지만, 8세기 전반에 왕위에 오른 리우트프란드는 가톨릭으로 개종했을 뿐만 아니라 법률을 정비하고 통치체제를 확립하여, 로마교황청이 보기에 '말이 통하는 상대'가 되어 있었다. 이 리우트프란드의 성이 있는 북이탈리아의 파비아는 당시에는 북이탈리아만이 아니라 어쩌면 서유럽 전체에서도 최고의 번영을 자랑하는 도시로 성장해 있었다. 건국한 지 얼마 안 된 베네치아공화국 상인들이 콘스탄티노플에서 들여온 오리엔트의 호화로운 물건들을 다른 어느 곳보다 먼저 파비아로 팔러 갔을 정도였다.

그런데 '입법자'라는 존칭으로 불린 리우트프란드가 서기 744년에 세상을 떠났다. 그 후 랑고바르드족은 과거의 분산 세력으로 돌아가버렸다. 이탈리아반도에 강력한 세력을 확립하고, 그 세력으로 하여금 계속 공세를 펴는 이슬람에 대항하게 하려는 교황의 계획도 어이없이 좌절하고 말았다. 하지만 어떻게든 이슬람에 대한 대책은 강구할 필요가 있었다. 교황은 이번에는 유럽 중앙부에 널리 통일국가를 형성해가고 있던 프랑크왕국으로 눈을 돌렸다.

신성로마제국을 창설한 이유에는 적어도 명시적으로는 비잔티움제국도 이슬람도 언급되어 있지 않다. 하지만 비잔티움제국과의 관계가 제대로 기능을 발휘하고 있었다면, 또는 이슬람 세력이 이렇게 큰 위협이 되지 않았다면, 신성로마제국은 탄생하지 않았을 것이다. '신성'이라는 말이 붙든 안 붙든 동방에는 아직 '로마제국'이라는 이름을 내건 비잔티움제국이 존재하고 있는데도, 서방에 또 하나의 '로마제국'을 창설하여 동방의 '로마제국 황제'와 어깨를 나란히 하는 황제를 서방에도 세우게 되기 때문이다. 그리고 이것은 서방의 주도 아래 로마를 콘스탄티노플에서 분리하겠다는 의지의 표명이기도 했다.

당시 유럽의 기독교도들이 이대로 내버려두면 조만간 유럽도 이슬람에 먹힐 거라는 위기의식을 품었던 것은 그 시대를 살았던 사람들의 입장에서 보면 충분히 근거가 있었다.

실제로 서기 700년부터 800년에 이르는 1세기 동안 이슬람의 기세는 놀라웠다.

서기 762년에는 바그다드를 신설하고, 이제 이슬람 제국이라 해도 좋은 '코란의 백성'의 수도를 지중해와 가까운 다마스쿠스에서 유프라테스와 티그리스강이 바라보이는 바그다드로 옮겼다.

활력은 있어도 야만적이었던 아라비아반도 사막 민족의 힘과 그 아랍에 정복당하기는 했지만 풍요로운 메소포타미아 지방에서 세련된 페르시아 문명의 행복한 결합이기도 했다. 이 시대의 이슬람 세계가 도달한 문화와 문명의 수준은 놀랄 만큼 높았고, 같은 시대의 유럽보다 훨씬 우수했다.

이것을 기독교 쪽에서 보면 이제 이슬람은 군사력만이 아니라 문화와 문명의 힘도 함께 갖춘 존재가 되었고, 따라서 이슬람이 더욱 큰 위협으로 보인 것도 당연했다. 성 베드로 대성당을 아랍의 마구간으로 만들어주겠다는 이슬람 병사들의 호언장담도 단순한 허세로 흘려들을 수는 없었다. 신성로마제국을 창설하여 샤를에게 의지할 마음이 든 것도 이런 위기의식의 당연한 귀결이었다.

로마제국 말기에는 라인강을 건너 갈리아에 침입한 북방 야만족의 하나에 불과했던 프랑크족이 400년 뒤인 중세 전기에는 유럽의 수호자 역할을 맡을 만큼 큰 세력으로 성장해 있었다.

프랑크족이 다른 야만족에 비해 특별히 뛰어난 자질을 갖고 있었던 것은 아니다. 게르만계 야만족이 으레 그렇듯이 용맹하기는 하지만 잔인하기도 했고, 위생관념의 유무는 문명도를 재는 척도인데 이 면에서도 불결하다고 평가할 수밖에 없었다.

하지만 다른 야만족에 비하면 프랑크족은 다음과 같은 특질을 갖고 있었다. 족장을 살해하는 권력투쟁은 일어났지만 언제나 단결로 돌아가는 성향, 정복한 민족을 몰살하는 일은 거의 없고 대부분의 경우에는 그들과 융합하는 쪽으로 나아가는 경향이 그것이다. 그래서 프랑크족의 자손인 후세의 프랑스인은 정복한 게르만계 야만족과 그들에게 정복된 로마계 갈리아인이 융합한 것이다.

이 두 가지 특질은 프랑크족이 강대해지는 데 도움이 되었다. 첫째

서기 800년 무렵 샤를마뉴의 지배 지역

는 피정복자의 봉기에 병력을 할애할 필요가 줄어들었기 때문에 외적을 막는 데 군사력을 돌릴 수 있었다는 점. 둘째는 많은 수의 병사를 모아서 대군을 편성할 수 있었다는 점.

서기 732년에 푸아티에 들판에서 이슬람 군대를 완패시킨 것은 샤를의 할아버지(샤를 마르텔)가 지휘한 프랑크족 대군이었지만, 그들 가운데 순수한 프랑크 병사의 비율은 다른 야만족 국가에 비해 낮았다.

샤를의 대에 이르면, 이 프랑크족의 특질에 샤를 자신의 군사적 재능이 추가된다. 그 결과, 프랑크왕국의 패권은 북쪽으로는 도버해협,

남쪽으로는 피레네산맥, 동쪽으로는 라인강을 건너 엘베강까지 이르게 되었다. 게다가 비잔티움제국이 개입하지 않는 것을 틈타 이탈리아에도 손을 뻗쳐 랑고바르드족을 남이탈리아로 몰아낸 뒤 북부 이탈리아로 세력을 확대했다. 즉 9세기가 가까워진 시기의 유럽에서는 견줄 자가 없는 영토의 주인이 되어 있었다.

또한 야만족 중에서는 프랑크족이 가장 먼저 가톨릭으로 개종했다. 강력한 군사력과 광대한 영토, 게다가 기독교화에서도 선배 격이다. 또한 왕위에 오른 뒤에는 각지를 전전하며 전쟁만 했기 때문인지, 샤를 자신도 경건한 가톨릭신자였다. 신성로마제국 창시자로서 샤를만한 적임자는 없었다. 교황 레오 3세로서도 그보다 나은 인물은 생각할 수 없었을 게 분명하다.

하지만 이 좋은 방책에도 불안요소가 없는 것은 아니었다.

우선 30년 동안이나 계속 이어지는 전투로 인생을 보내고 신성로마제국 황제에 즉위했을 당시 샤를은 벌써 예순 살이 다 되어 있었다.

그리고 신성로마제국 자체가 샤를마뉴라는 뛰어난 재능이 이끌어야만 비로소 기능을 발휘할 수 있고 또 오래 존속할 수 있는 성질을 갖고 있다는 점도 불안 요소였다.

그래도 샤를 자신은 기독교 세계인 유럽을 방위하는 최고책임자가 된 것을 무겁게 자각하고 있었던 모양이다. 고대 로마의 황제 트라야누스를 흉내냈는지, 도나우강에 다리를 놓았다. 항상 도나우강을 건너 남하할 기회를 노리는 적을 격퇴할 수 있어야만 도나우강 이남에 펼쳐진 지방의 안전을 확보할 수 있다는 생각은 옳다.

하지만 완성된 다리는 작은 배와 통을 연결하고 그 위에 널빤지를 올려놓은 것에 불과했다. 도나우강은 큰 강이다. 이 정도 다리는 상류에 조금만 비가 많이 와도 당장 떠내려갔을 것이다. 다리 상판은 목조라 해도, 물속에 서 있는 교각이나 그 위에 걸쳐놓은 널빤지를 지탱하는 도리만이라도 견고한 석조라면, 다리 자체의 중량을 견딜 수 있을 뿐만 아니라 그 위를 지나는 사람이나 수레의 중량도 견딜 수 있다. 700년 전에 이 방법으로 건조된 다리가 저 유명한 트라야누스 다리인데, 이 다리와 샤를이 지은 다리의 차이점은 고대 제국과 중세 제국의 차이 때문일까 아니면 다른 무언가의 차이 때문일까, 곰곰 생각에 잠기지 않을 수 없다.

신성로마제국 황제가 된 샤를은 함대까지 창설했다. 아마 사라센 해적이 주는 피해를 잘 알고 있었던 교황 레오 3세가 그것을 요청했을 것이다. 창설된 함대는 '아키텐 함대'와 '이탈리아 함대'인데, 그 이름으로 미루어보아 전자는 남프랑스, 후자는 이탈리아반도 서부와 시칠리아를 사라센 해적으로부터 지키기 위해 창설된 것이 분명하다. 해양민족이었던 적이 없는 프랑크족으로서는 칭찬받아도 좋은 정책이었다.

이 두 함대는 규모조차 정확히 알려져 있지 않지만, 당시의 해상전은 서로 접근하여 적선에 뛰어드는 백병전으로 승부가 났기 때문에, 육상 전투에는 자신이 있었던 프랑크족 장병들도 충분히 해군으로 전용할 수 있었을 것이다. 배를 조종하는 일은 이탈리아인 선원들이 맡은 모양이다.

이 함대의 해상 순찰은 일찍부터 효과가 나타난 것 같다. 창설된 지 12년이 지난 812년 9월 7일 날짜로 교황 레오가 황제 샤를에게 보낸 편지가 남아 있다.

"신의 은총과 성모 마리아의 주선과 귀하의 신중한 배려와 용단으로 우리가 사는 지방의 모든 경계가 지켜지고 피해를 면할 수 있는 현재 상황은 기쁘기 이를 데 없소. 우리 두 사람은 이 방위체제가 앞으로도 계속 효과적으로 기능을 발휘하도록 애쓰는 것을 잊어서는 안 된다고 통감하고 있소."

그로부터 2년 뒤인 814년, 샤를마뉴가 세상을 떠났다. 그리고 다시 2년 뒤에는 교황 레오 3세도 세상을 떠난다. 이 두 사람은 중세 유럽사의 주역들이다. 그런데 죽은 해는 알고 있지만 태어난 해의 기록은 없다. 국세조사(센서스)가 보여주듯 고대 로마에는 '정확한 기록을 중시하는 정신'이 있었지만, 그 정신이 부활하려면 정확한 기록이 없이는 장사도 번창할 수 없다는 것을 깨달은 르네상스 시대가 올 때까지 기다려야 했다.

하지만 '부활'한 고대가 한 가지는 있었다. 바로 비누다. 로마에 와서 비누로 씻는 것이 얼마나 좋은지를 안 샤를이 프랑스로 돌아가 비누를 널리 보급했다고 한다. 그 전에 비누를 사용한 것은 고대 로마의 자취가 아직 남아 있었던 남이탈리아와 시칠리아뿐이었다. 지금도 마르세유는 고대부터 이어지는 비누와 세제의 산지로 유명한데, 어쩌면 마르세유 비누산업을 중흥시킨 사람은 샤를마뉴인지도 모른다.

사람은 죽어도 비누는 남지만, 지도자가 죽으면 그와 함께 죽는 것이 개인의 재능에 의존하여 기능을 발휘하고 있던 조직의 숙명이다. 샤를마뉴가 죽은 뒤, 남겨진 '유럽'은 그의 아들과 손자들에게 분할되 없을 뿐만 아니라 그들 사이에서도 다툼이 끊이지 않아서, 신성로마제국은 벌써 이름뿐인 존재가 되어버렸다. 지중해 연안지방을 이슬람 해적으로부터 지켜주어야 할 두 함대도 해산 시기조차 확실치 않은 채 슬며시 사라졌다.

평화는 간절히 바라는 것만으로는 실현되지 않는다. 인간에게는 참으로 유감스러운 일이지만, 누군가가 평화를 어지럽히면 가만두지 않겠다고 분명히 언명하고 실행해야만 비로소 평화가 현실화되는 법이다. 따라서 평화를 확립하는 것은 군사가 아니라 정치적 의지였다.

이를 이해하고 있었던 두 사람의 죽음으로 유럽은 다시 전란의 땅으로 돌아갔고, 지중해도 권력의 공백지대로 돌아가버렸다. 10년 동안 조용히 숨을 죽이고 있었던 이슬람 세력이 이 좋은 기회를 활용하지 않을 리가 없었다.

표적이 된 수도원

우선 신성로마제국이 창설되기 전과 마찬가지로 또다시 해적이 날뛰기 시작했다. 육지도 안전하지 않다. 사라센 해적은 '푸스타'를 모래밭에 올려 앉히고 상륙한 뒤, 몸집은 작지만 민첩한 아라비아 말을 타고 마을을 습격하여 약탈하고 파괴하고 불태우고 납치하고 물러갔다. 그것도 어디를 습격하면 효율적으로 수익을 얻을 수 있는지를 미리 조사했나 싶을 만큼 잘 알고 있는데, 해적들이 가장 많이 노린 표적은 수도원이었다.

수도원이 청빈을 미덕으로 삼고 신에게 평생을 바친 수도사들이 기도와 노동에 몰두하며 조용히 나날을 보내는 종교 시설이라고 생각했다면, 그것은 중세의 수도원은 아니다. 길도 없는 산속 동굴에 혼자 틀어박혀 기도하고 이웃 사람들의 시주에 의지하는 고독한 생활을 선택한 은자는 별도다. 중세에 좋든 나쁘든 강한 영향력을 휘두르게 된 수도원은 그 지방의 주교와 봉건영주도 손을 댈 수 없었고, 오직 로마 교황의 명령에만 복종했다. 따라서 수도원은 사실상 독립한 종교 조직이었다.

우선 수도원은 도시의 성벽 밖에 세워지는 것이 보통이고, 인가에서 멀리 떨어진 벽지에는 수도원이 없다. 신앙심이 깊은 사람들이 재산을 기부하거나 유언으로 증여하기 때문에 넓은 경작지를 소유하고, 거기에서 나는 수확물을 팔 필요가 있기 때문에 세속의 사람들과 충분히 교류하고 있었다.

중세 전기에는 성직자라도 처자식을 둔 사람이 적지 않았지만, 수도사는 독신이니까 자식들에게 재산이 분산되지도 않는다. 또한 수도사에게는 급료를 줄 필요도 없었다.

그리고 신에게 기도했는데 일이 뜻대로 되지 않아도 신앙심이 불충분한 탓으로 여기고 신에게 책임을 묻지는 않으니까, 성난 신자들이 쳐들어와서 수도원을 파괴할 위험도 고려할 필요가 없다.

반대로 신에게 기도한 뒤 일이 성취되기라도 하면, 신자는 신에게 '받은 은총'에 감사하며 제물을 헌납한다. 제물은 그림이나 달걀 한 꾸러미인 경우도 많지만, 은총을 받은 사람이 지위가 높거나 부자라면 금이나 은으로 만든 값비싼 예배용 기구나 수확이 많은 경작지나 포도밭이 딸린 산장으로 은총에 답례한다. 게다가 종교 조직이라는 이유로 세금도 면제되어 있었다.

수도원은 이런 재산을 운영하거나 운용하여 얻은 수익으로 기능을 유지하는데, 자선이나 교육 같은 사업도 수도원의 기능들 가운데 하나였다. 고대가 지난 뒤 이런 것들은 기독교회의 독점사업이 되어 있었지만, 거기에 필요한 경비에다 수도사들의 생활비를 더해도 여전히 지출보다는 수입이 많은 상태였다. 중세 사람들은 가혹한 환경에서 고난을 견뎌야 했기 때문에 신앙심이 아주 강했다. 그리고 무엇 때문인지, 종교 조직은 동서고금을 막론하고 부가 흘러들어가는 곳이다. 사라센 해적이 가장 효율적인 수익을 기대할 수 있는 곳이 바로 이들 수도원이었다.

교회는 수도원과는 달리 도시 안에 있다는 불리함은 있었지만, 이와 비슷한 이유로 자주 해적의 표적이 되었다. 해적의 습격을 안 사람들은 가장 먼저 교회로 피신했기 때문에, 교회는 해적이 주민을 한꺼번에 많이 납치할 수 있는 곳이기도 했다.

수도원과 교회에 이어 세 번째로 해적의 표적이 된 곳은 영주의 성이나 부자의 저택이다. 이런 곳은 자위대가 지키고 있는 경우가 많아서, 간단히 약탈하거나 납치할 수 없었기 때문이다. 해적도 우선 수비가 허술한 곳을 노린다. 군량도 없이 대개 소규모로 습격하는 해적은 빨리 일을 끝낼 필요가 있었다.

정보량이 많으면 그것을 토대로 내리는 판단도 더욱 정확해진다는 것은 완전한 오해다.

주어지는 정보의 양이 적더라도, 그 의미를 신속하고 정확하게 간파하는 능력을 가진 사람의 손에 들어갔을 때 비로소 효과를 발휘한다.

로마제국에서는 라틴어로 된 황제의 포고령을 그 지방에 사는 사람들도 읽을 수 있는 언어로 번역하여 공시하도록 되어 있었다. 가령 제국의 동방이라면 그리스어로 번역하여 공시한다. 또한 중요한 정책은 대리석에 새겨서 사람들이 모이는 광장에 놓아두는 것이 보통이었다. 게다가 사람들이 날마다 만지는 화폐에까지 새겨서 정보를 전달하고 있었다.

하지만 중세에 들어오면 그런 일은 거의 사라진다. 정치적 의지에 바탕을 둔 국가가 사라졌기 때문인데, 그 때문에 중세사를 전문으로 연구하는 후세의 학자들은 사료가 너무 없어서 고생하게 된다. 그 당시 살았던 사람들의 관점에서 보면, 통치자들이 하고 있는 일을 전혀 몰랐다는 이야기가 된다. 해적 대책으로 함대를 만들고 유지하는 비용을 충당하기 위해 특별세를 부과하거나 '사라센의 탑'을 건설하는 데 드는 비용을 징수하고 사람을 징발하면, 그것으로 사람들은 통치자가 하고 있는 일을 알아차린다.

이것은 참으로 불행한 정보 전달 형태지만, 그래도 실적이 눈에 보이면 사람들도 참았을 것이다. 하지만 지금까지처럼 방위를 비잔티움 제국에 의존하지 않고 서방이 스스로 자신을 방위한다는 정치적 의지의 표명이기도 했던 신성로마제국은 창설자인 샤를마뉴의 죽음으로 말미암아 실질적으로는 10년도 채 지속되지 않았다. 신성로마제국이 창설됨으로써 그 황제의 신하가 된 이탈리아 주민들이 자기가 낸 비용이나 노력이 효과적으로 쓰였는지 어떤지를 느낄 새도 없이 서방의 기독교 세계를 스스로 방위하겠다는 의지는 공중분해되고 말았다.

하지만 지중해 건너편에는 이 10여 년 동안 서구에서의 움직임이 뜻하는 바를 정확히 간파한 사람이 있었다. 이슬람 세력은 중세 전기에는 특히 그 적극성에서 기독교 세력을 능가했다. 행동이 적극적이라는 것은 두뇌도 활발하게 움직이고 있다는 뜻이다. 손에 들어오는 약간의 정보라도, 그 중요성을 당장 이해할 수 있었을 것이다.

신성로마제국의 창설은 서방의 기독교 세계가 비잔티움제국에서 분리되는 것을 의미한다는 것. 따라서 기독교 세계의 동방과 서방이 함께 싸울 가능성은 점점 희박해지리라는 것.

바꿔 말하면 이슬람이 비잔티움제국의 영토를 공격해도 서방은 쉽사리 구원하러 오지 않을 것이고, 반대로 서방 어딘가를 공격해도 비잔티움제국은 군대를 보내오지 않을 것이다. 게다가 만만치 않은 상대가 될 것 같았던 신성로마제국도 10년 뒤에는 벌써 이름뿐인 존재가 되었다. 코란의 가르침을 널리 퍼뜨리는 것을 사명으로 생각하는 '원'이슬람교도도, 그런 사명감을 그만큼 강하게 느끼지 않는 '신'이슬람교도도, 지금이야말로 좋은 기회라는 데 의견이 일치했을 것은 분명하다.

지브롤터해협을 건너 이베리아반도를 이슬람화하는 작업은 피레네 산맥 남쪽을 제외하고는 일단 완료되었다. 이렇게 되면 북아프리카의 이슬람교도인 사라센인이 시칠리아 전체를 정복하는 데 강한 관심을 갖는 것도 당연했다. 시칠리아는 순풍이 불면 북아프리카에서 하루 만에 도착할 수 있는 거리에 있었다.

지중해 최대의 섬인 시칠리아는 프랑크왕국이나 랑고바르드족이 지배하는 땅이 많은 이탈리아반도와는 달리 아직도 비잔티움제국의 지배를 받고 있었다. 따라서 적을 맞아 싸울 것은 미약한 비잔티움제국 군대뿐이고, 프랑크왕국이나 랑고바르드족의 여러 공국만이 아니라 비잔티움 황제와 사이가 나빠진 로마 교황도 쉽사리 구원하러 나서지는 않을 거라고 판단했다.

하지만 배를 타고 나가서 약탈한 물건과 납치한 사람들을 싣고 돌아오는 해적행과 섬 전체를 수중에 넣는 것을 목적으로 삼는 정복행은 다르다. 또한 사라센인은 아랍인과 베르베르인과 무어인을 다 합쳐도 인구가 부족해서, 대군을 계속 내보낼 수는 없었다. 그래서 노동력을 얻기 위해 기독교도를 납치하고 있었지만, 그들이 이슬람으로 개종하지 않는 한 기독교도 노예를 갤리선의 노잡이로 쓸 수는 있어도 병사로 쓸 수는 없다. 좋은 기회가 찾아온 것을 알면서도 당장 그 기회를 활용하지 못한 데에는 이런 사정이 있었다. 하지만 기회를 활용할 계기는 시칠리아의 기독교도들이 주게 된다.

아무리 서쪽 끝이라 해도 비잔티움제국의 지배권에 속해 있는 시칠리아는 수도인 시라쿠사에 주재하는 '에사르카'(황제대리, 총독)와 방위를 담당하는 무관이 협력하여 다스리는 체제로 되어 있었다. 제국의 수도인 콘스탄티노플에서 부임한 '에사르카'는 말하자면 문관이고 대개 비잔티움제국의 귀족이었지만, 방위를 담당하는 무관은 비잔티움제국의 방위력 감퇴를 반영하여 시칠리아섬 출신이 압도적으로 많다. 서기 827년에 시칠리아에 '에사르카'로 부임한 사람은 비잔티움제국의 귀족인 팔라타였고, 이 문관을 영접한 무관의 이름은 에우헤미오였다. 그는 시칠리아에 주둔한 비잔티움 군대의 총대장을 오랫동안 맡았던 모양이다.

'에사르카'의 부임을 축하하여 열린 연회 자리에서 팔라타는 에우헤미오의 아내인 오모니사에게 한눈에 반해버렸다. 그것도 사랑만 한 것이 아니라, 빼앗아서 자기 여자로 만들어버렸다.

오모니사는 원래 수녀였는데 에우헤미오가 환속시켜 아내로 삼은 여자다. 그런 아내를 빼앗겼으니 화를 내는 것은 이해하지만, 이 사건은 아내를 빼앗긴 남편의 분노만으로는 끝나지 않았다. 시칠리아 남자들에게까지 분노가 확산된 것이다. 그리고 그들의 분노가 비잔티움제국을 배척하는 움직임으로 변해갔다고 옛날 기록은 전하고 있다.

이 해석은 역사가 우연에 좌우된다는 생각의 한 예처럼 보이지만, 그와 비슷한 다른 예와 마찬가지로 이미 가득 고여 있던 물이 마지막 한 방울 때문에 넘쳐흐른 데 불과하지 않을까. '에사르카'인 팔라타가 그런 경솔한 짓을 하지 않았어도 시칠리아인의 마음속에는 세금만 잔뜩 뜯어가고 사라센 해적으로부터 시칠리아를 지키는 일에도 진심으로 나서지 않는 비잔티움제국에 대한 불만이 잔뜩 쌓여 있었을 게 분명하다. 그렇지 않다면 그렇게 짧은 기간에 단결하여 비잔티움제국 배척운동에 나설 리가 없기 때문이다.

그런데 시칠리아 기록자의 말을 빌리면, 이 단계에서 에우헤미오는 '불장난'을 하는 방향으로 가버렸다.

시칠리아에서 비잔티움의 지배를 배제하기 위한 공동전선을 결성하자고 카이루안에 있는 태수(아미르)에게 제의한 것이다.

오랫동안 시칠리아를 방위한 경험이 있는 에우헤미오는, 사라센인들의 장기는 쳐들어와서 약탈하고 떠나는 단기 결전형 전투라는 것을 알고 있었다. 하지만 시칠리아는 넓고, 성벽을 두른 도시가 섬 전체에 흩어져 있기 때문에, 그 많은 도시를 하나하나 함락시키지 않으면 시칠리아섬 전체를 정복할 수 없다. 사라센인에게는 그럴 만한 끈기도 없고 힘도 없으니까 조만간 죽는 소리를 하며 철수할 것이다. 그러면 사라센의 공격을 받고 지금보다 더 약해져 있을 게 분명한 비잔티움 군대를 시칠리아 주민의 힘만으로도 충분히 몰아낼 수 있다고 생각한 것이다. 그리고 비잔티움의 지배로부터 벗어난 뒤에는 자기가 시칠리아 군주가 될 작정이었다.

하지만 사태는 에우헤미오가 예상치 못한 방향으로 가버린다. 이슬람교도에게 공동투쟁을 제의한 것이 시칠리아인의 반감을 산 것이다. 그들은 비잔티움의 지배에는 불만이지만 그래도 기독교도였다. 그때까지는 에우헤미오에게 찬동하여 비잔티움에 맞설 생각이었던 많은 시칠리아 사람들이 비잔티움 쪽으로 돌아서버렸다. 그 결과 에우헤미오를 따르는 병력은 예상했던 것보다 훨씬 줄어들었다.

'성전'(지하드)

바다 건너편의 북아프리카에서는 시칠리아를 정복하러 갈 준비가 급속도로 진행되고 있었다. 에우헤미오에게서 공동투쟁을 제의받은 '아미르'는 바그다드에서 카이루안의 태수로 파견된 사람이다. '이슬람의 집'을 확대하는 것을 자신의 사명으로 느끼는 '원'이슬람교도였을 것은 거의 확실하다. 아랍인에게 정복된 뒤 이슬람교로 개종한 '신'이슬람교도와는 달리, 그와 같은 '원'이슬람교도는 '성전'(지하드)을 믿어 의심치 않는 사람들이었다.

'아미르'는 북아프리카 전역에 포고를 내렸다.

"알라 이외에 다른 신은 없고, 무함마드 이외에 다른 예언자는 없다. 이제 그때가 왔다. 이슬람교도라면 누구나 기력을 충실하게 갖추고, 신앙이 없는 무리가 사는 곳을 모두 함께 정복하러 갈 때가 온 것이다."

이 포고가 효력을 발휘했는지, 무려 1만 명이나 되는 지원자와 말 700마리가 모였다. 배가 몇 척이었는지는 알려지지 않았지만, 북아프리카 일대에서 병사와 배를 모은다면 그 당시에는 해적과 해적선을 모은다는 뜻이다.

이 이슬람 원정군의 총지휘를 맡은 것은 바그다드에서 파견된 군사 베테랑이 아니라, 같은 '원'이슬람교도지만 사법이 전문인 압 알라 아사드였다. 총지휘관 아사드는 튀니지 동해안의 수사항에 집결한 군대 앞에서 초록 바탕에 하얀 반달을 물들인 이슬람 깃발을 등지고 '아미르'의 포고를 되풀이하는 것으로 출정을 선언했다.

서기 827년 6월 14일의 일이다. 초여름에 이 부근 해역은 오늘날에도 요트를 타기에 가장 적합한 바다로 알려져 있다. 시칠리아 서쪽 끝에 있는 마차라까지는 중세의 갤리선도 이틀이면 도착할 수 있었을 것이다. 로마 시대부터 북아프리카로 가는 배의 출항지로 활용된 이 항구도시에는 에우헤미오가 긁어모을 수 있는 병사들을 모두 거느리고 마중을 나와 있었다.

1만 명이나 되는 병사와 말 700마리를 상륙시키고, 타고 온 수많은 배를 언제라도 쓸 수 있는 상태로 정박시키는 것만으로도 상당한 날수를 필요로 한다. 게다가 사라센인은 그런 일에 익숙지 않다. 이 일들을 모두 마치고 평원으로 몰려나갈 때까지는 한 달이 걸렸다. 이 한 달은 황제대리인 팔라타가 각지에 분산되어 있던 비잔티움 병사를 모아서 마차라로 올 수 있는 시간 여유를 주었다.

서기 827년 7월 15일, 비잔티움 군대와 이슬람 군대가 마차라 근처

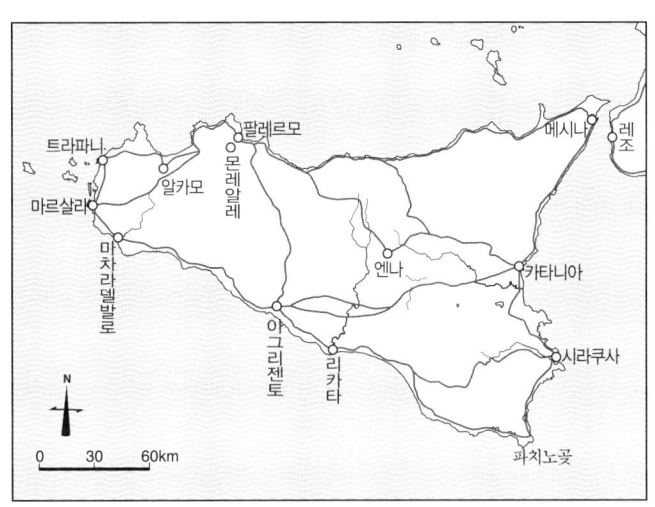

시칠리아

평원에서 대결했다. 이슬람 쪽에서 총지휘를 맡은 아사드는 전투 개시를 알리기 전에 옆에서 함께 지휘를 맡을 작정이었던 에우헤미오에게 다짜고짜 말했다.

"이제 당신과 당신 병사들은 필요없다. 전쟁터에서 나가라. 그대로 떠나든, 남아서 전투를 관전하든 그것은 자유다. 다만 관전한다면 비잔티움 병사로 오인되어 살해당하지 않도록 저기 나 있는 풀로 투구를 덮는 게 좋을 것이다."

에우헤미오는 이 충고에 따를 수밖에 없었다. 에우헤미오와 그 부하들이 지켜보는 앞에서 전투가 벌어졌다. 시칠리아 주민에게는 양쪽 다 타국인이지만, 시칠리아의 운명은 이 전투에서 이기는 타국인이 쥐고 있었다.

그날의 전투는 이슬람 쪽의 승리로 끝났다. 전쟁터에 흩어져 있는 것은 죽은 자들뿐이고, 부상자도 포로도 나오지 않았다. 총지휘를 맡은 아사드는 군사 전문가가 아니다. 코란을 아라비아어로 되풀이 읽고 그것을 굳게 믿고 있는 이 사람에게 이교도인 기독교도는 인간이 아니라 개다. 자신이 '개'라는 것도 잊고 감히 이슬람을 향해 칼을 휘둘렀다. 거기에 어울리는 대처는 오직 죽이는 것밖에 없었을 것이다.

그래도 일부 병사들은 도망치는 데 성공했다. 승리한 이슬람 병사가 달아나는 적을 추격하기보다 전사자의 몸을 뒤져서 소지품을 터는 데 열중한 것이 다행이었다. 황제대리인 팔라타는 시칠리아에서 도망쳐 칼라브리아의 비잔티움인을 찾아갔지만, 오히려 그 사람들에게 살해당하고 말았다.

비잔티움 군대를 완패시킨 이슬람 군대는 여전히 성전을 외치는 아사드를 앞세우고 시칠리아 정복에 나섰다. 저항하는 자는 무자비하게 죽이고, 팔 수 있는 물건은 모조리 강탈하고, 저항하지 않는 자는 납치하여 북아프리카로 보내는 것이 여전히 되풀이되었다. 그 무렵에는 승전보가 북아프리카에도 전해졌는지, 자기도 한몫 끼려고 앞을 다투어 시칠리아로 몰려든 '성전' 전사는 아랍 쪽의 기록에 따르면 무려 4만 명에 이르렀다고 한다.

물론 사법 전문가인 아사드는 이렇게 많은 사람을 군사적 전략에 따라 조직할 능력이 없다. 시칠리아로 몰려든 사라센인은 저마다 멋대로 행동하고, 북쪽이나 동쪽으로 흩어져 시칠리아 안으로 쳐들어갔다.

이것도 역시 아사드가 군사를 잘 몰랐다는 증거로 여겨지지만, 아사드와 그의 군대는 단숨에 시라쿠사를 공격했다. 시라쿠사를 함락하면 시칠리아 전체를 손에 넣게 된다는 것은 누구나 알고 있었지만, 시라쿠사는 수비가 견고하여 과거에는 로마군조차 오랫동안 공성전을 치러야 했을 정도다. 쉽사리 함락할 수 없는 시라쿠사를 시칠리아의 어디보다 먼저 공격했으니, 광신은 사람을 장님으로 만들어 군사적 전략도 보지 못하게 만드는 좋은 사례다. 실제로 시라쿠사 공략전은 온갖 어려움을 겪게 된다.

시라쿠사를 고립시키려고 주변 지역의 초토화 작전을 명령한 것도 풋내기다운 짓이었다. 초토화 작전이란 공격당하고 있는 쪽이 공격하는 쪽의 군량 보급을 차단하여 군사력을 약화시키는 작전이다. 그런데 공격하는 쪽이 오히려 초토화 작전을 폈으니, 결실의 계절 가을을 맞았는데도 성안에 틀어박혀 농성하는 시라쿠사 사람들보다 공격하는 이슬람 군대가 식량 부족에 허덕이게 되었다.

굶주림에 시달린 이슬람 병사들은 일부러 북아프리카에서 데려온 말을 잡아먹었다고 한다. 그래도 시라쿠사는 꿈쩍도 하지 않는다. 장기전과 식량 부족에 두 손을 든 알라의 전사들은 지휘관인 아사드에게 일단 북아프리카로 돌아가는 게 어떠냐고 제의했다. 그들은 말했다. "이슬람 전사의 목숨은 로마인의 모든 재물보다 귀중하다고 생각합니다."

이 말을 들은 아사드는 안색도 바꾸지 않고 냉정하게 대답했다. "성전의 땅에서 빠져나간 이슬람 전사를 다시 성전으로 데리고 돌아오는 것은 내 역할이 아니다."

그런 짓을 하면 알라신이 가만 내버려두지 않을 거라는 뜻이다. 병사들도 입을 다물 수밖에 없었다.

시라쿠사 자체는 공격을 견뎌냈지만, 구원하러 달려온 비잔티움 군대는 이번에도 참패를 당하고 말았다.

그래도 공방전은 열 달째를 맞이하고 있었다. 식량 부족은 체력 감퇴로 이어지고, 공격하는 이슬람 병사들 중에는 적의 칼이나 화살보다 전염병으로 쓰러지는 자가 더 많아졌다. 공격을 지휘하고 있던 아사드도 전염병으로 쓰러진 사람 가운데 하나였다.

사령관을 잃고 모든 것이 부족한 가운데 병사의 수도 10분의 1로 줄어들었지만, 아직 도시 하나도 공략하지 못한 이슬람 병사들은 그 넓은 시칠리아 어디에도 지붕 밑에서 편히 잠들 수 있는 곳이 없었다. 이런 상태는 시칠리아 정복행에 참가한 이슬람 병사들의 사기를 눈에 띄게 떨어뜨렸고, 시라쿠사 공략 따위는 내가 알 바 아니라고 생각하는 자가 많아졌다.

보통은 이 기회에 약체화된 적을 공격할 거라고 생각한다. 그런데 이 사라센인들이 지붕 밑에서 편히 잠들 수 있는 도시를 찾기 위해 내륙으로 들어갈 때 앞장서서 안내자 역할을 맡고 나선 것이 에우헤미오였다. 그도 이제 비잔티움 쪽으로 돌아갈 수 있는 몸은 아니었다.

북아프리카에서 이슬람교도가 지중해를 건너오는 메뚜기 떼처럼 시칠리아섬으로 쳐들어오고 있다는 소식은 벌써 로마 교황에게까지 들어간 모양이다. 이 정보를 전한 사람은 여러 명이었다.

첫째, 이 무렵부터 북아프리카의 이슬람교도와 이탈리아의 몇몇 도시 사이에 교역이 눈에 띄게 많아지기 시작했고, 그 교역을 위해 북아프리카 항구에 가 있던 이탈리아 상인들이 정보를 가져왔다. 이슬람 세계의 동향에 유난히 민감한 무역상들이 '성전'에 흥분하여 들끓고 있는 사람이나 배의 움직임을 알아차리지 못할 리가 없었다.

둘째, 좁은 메시나해협을 사이에 두고 시칠리아와 마주 보고 있는 남이탈리아 주민들이 가져온 정보라기보다는 비명이다. 전달 수단으로는 더없이 원시적이지만, '공포'는 최상의 전달 수단이기도 하다.

셋째, 알라의 전사 자신들이 가져온 정보였다.

서기 827년에 시작된 북아프리카 이슬람교도들의 시칠리아 정복행은 미리 신중하게 짠 전략을 토대로 수행된 것이 아니었고, 따라서 잘 조직된 군대가 추진한 것도 아니었다. '지하드'를 외치고 거기에 공감하여 모인 오합지졸이 수행한 작전이었기 때문에, 시칠리아에 가려다가 엉뚱한 곳에 도착해버리는 배도 적지 않았다.

일부는 바람에 떠밀려가 교황의 영토인 중부 이탈리아 해안에 표착해버렸다. 하지만 성전의 전사들도 어제까지는 해적이었던 자들이다. 표착했어도 신앙심이 없는 개들의 땅에 도착한 이상 그 기회를 놓치지 않고, 그들에게는 익숙한 약탈과 납치에 몰두했다. 물론 그것을 끝낸 뒤에는 배로 돌아와 돛을 올리고 떠난다. 하지만 그로 말미암아 교황은 가까운 해변에서 도망쳐온 사람들을 통해 생생한 정보를 얻게 되었다.

이 시기의 교황은 그레고리우스 4세다. 로마의 유력한 호족인 사벨리 가문 출신으로 아직 나이도 젊고 정력적인 교황이었다.

교황은 우선 공식적으로는 이탈리아 방위 책임자인 신성로마제국 황제에게 지원군 파견을 요청한다. 하지만 당시 프랑크왕국은 내분에 휘말려 있어서 시칠리아에 신경쓸 여유가 없었기 때문에 교황의 요청을 흘려들었을 뿐이다.

그래서 시칠리아를 지원하러 가려면 배가 있어야 한다고 생각한 교황은 해양국가로 형태를 갖추어가고 있던 피사와 베네치아에 협력을 요청했다.

하지만 이쪽도 성과는 별로 좋지 않았다. 당시 베네치아공화국은 가장 중요한 교역지인 오리엔트와의 교역로를 확보하려면 반드시 필요한 아드리아해의 제해권조차 장악하지 못한 상태였다. 제해권을 확보하려면 무엇보다도 먼저 아드리아해의 동안 일대를 소굴로 삼고 있는 슬라브족 해적을 퇴치해야 했다. 바꿔 말하면, 베네치아의 이익과 시칠리아에 대한 지원은 이 시점에서는 아직 밀접한 관계가 아니었던 것이다.

한편 피사는 배를 제공하는 것은 승낙했지만, 자국의 이익을 무시한 것은 아니었다. 베네치아는 아드리아해의 안전 항해를 확보하는 것이 지상 과제인 반면, 티레니아해에 면해 있는 피사의 이익을 위해서는 이탈리아반도 서쪽에 있는 티레니아해의 안전을 확보하는 것이 지상 과제였다. 그리고 이 해역에서 가장 위협적인 존재가 되어가고 있는 것은 바로 북아프리카에서 북상하는 사라센 해적들이었다.

그들이 지금 시칠리아를 공격하고 있다. 시칠리아가 이슬람화하면 해적선은 북아프리카가 아니라 그 절반 거리에 있는 시칠리아의 항구에서 오게 된다. 이후에도 피사가 이슬람에 대해 적극적인 태도를 취한 이유는 지도만 보아도 납득할 수 있다.

피사가 제공해준 덕분에 배는 확보할 수 있었지만, 그 배에 태우고 갈 병사가 없다. 육상 전력이 될 수 있는 인구가 없기 때문에 바다에서 활로를 찾고, 그래서 해양국가가 되는 것이다. 피사는 배와 그 배를 움직일 선원을 제공할 수는 있지만, 전투를 전문으로 하는 병사까지 제

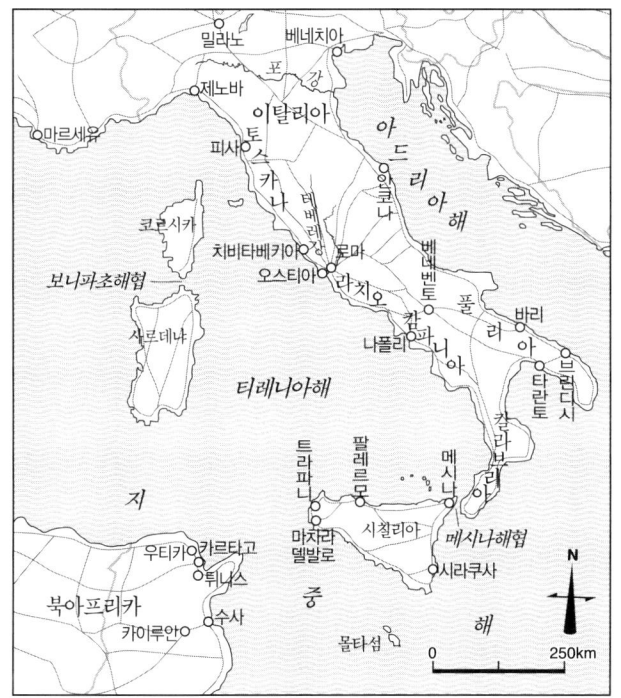

이탈리아와 그 주변

공하기는 어려웠다.

그래도 교황은 체념하지 않고 신성로마제국의 가신으로 티레니아해의 방위를 담당하고 있는 보니파초 백작에게 주목한다. 교황은 토스카나 지방 호족이기도 했던 그 사람을 설득하는 데 성공했다. 당장 병사를 모집한다는 교황 포고령이 내려졌다. 병사가 얼마나 모였는지는 알려져 있지 않다. 하지만 당시 기록에 따르면 최초의 시칠리아 정복행에 참가한 이슬람 병사가 1만 명이었는데, 기독교 쪽 병력은 그보다 상당히 적은 수였다고 한다.

교황 그레고리우스 4세의 원래 의도에 따르면, 보니파초 백작이 지휘하는 기독교 군대의 목적은 이슬람 군대에 공격당하고 있는 시칠리아를 지원하는 것이었다. 그런데 보니파초는 제 딴에는 천재적인 아이디어를 생각해냈다.

스키피오를 꿈꾸며

그것은 시칠리아로 가지 않고 단숨에 적의 본거지인 카이루안을 공격한다는 발상이었다. 당시 카이루안은 멀리 동방에 있는 바그다드와 마찬가지로 이슬람교도에게는 상징적 의미를 지닌 도시였기 때문에, 그곳을 공격하면 시칠리아에 있는 이슬람 군대도 귀국할 수밖에 없을 거라고 보니파초는 생각했다.

그보다 1천 년 전에 카르타고와 로마 사이에 벌어진 포에니 전쟁을 생각해냈는지도 모른다. 보니파초는 그때 스키피오가 감행한 전략을 흉내낼 생각이었던 것 같다.

코끼리 부대까지 거느리고 알프스를 넘어 이탈리아반도로 쳐들어온 한니발은 그 후에도 연전연승하여 16년 동안이나 로마인의 악몽으로 남아 있었다. 그 악몽을 이탈리아반도에서 몰아내려면 본국인 카르타고를 공격할 수밖에 없다고 로마의 젊은 무장은 생각했다. 허를 찔리고 당황한 본국이 카르타고 최고의 무장에게 귀국 명령을 내리지 않을 리가 없다고 생각한 것이다. 이 전략은 보기 좋게 성공하여, 자마 회전에서 한니발을 무찌른 로마가 제2차 포에니 전쟁의 승자가 되었다.

그로부터 1천 년 뒤에 살게 된 보니파초가 스키피오를 흉내내고 싶어한 것도 당연했다.

하지만 이 점이 '오리지널'과 '모방'의 차이인데, 보니파초는 무엇이든 다 스키피오의 흉내를 내고 싶어 한 모양이다. 카이루안을 공격하려면 튀니지 동부에 상륙하는 것이 지름길인데도, 스키피오가 상륙 지점으로 선택했기 때문인지 튀니지 북부의 우티카 근처 해안에 상륙했다. 그리고 거기서부터는 육로를 따라 튀니스로 갔다. 보니파초는 스키피오에게는 필요없었던 임무를 따로 짊어지고 있었기 때문이다. 떠나기 전에 교황에게 약속한 그 임무는 농촌에서 노예로 혹사당하고 있는 많은 기독교도를 해방하겠다는 것이었다.

튀니스 시내를 공략하는 데에는 시간을 할애하지 않았지만, 튀니스를 공략하겠다고 그곳 태수를 협박한 것이 효과를 발휘했는지, 튀니스 시내에 수용되어 있던 기독교도 노예들을 해방시키는 데 성공했다. 자유의 몸이 된 노예들을 군대에 편입시켜 병력을 늘린 뒤에야 비로소 본래 목적지였던 카이루안으로 향했다.

행군하는 동안에도 노예들로부터 정보를 모으는 데 열심이었던 것은 보니파초가 칭찬받아도 좋은 점이다. 노예들을 통해서 그는 튀니스 태수가 시칠리아에서 싸우고 있는 이슬람 군대에 본국의 위기를 전하고 한시라도 빨리 귀국하라는 명령서를 전령에게 주어 쾌속선으로 시칠리아에 보낸 것을 알았다.

카이루안은 역시 튀니스와는 달랐다. 방위를 위한 설비가 완벽했던 것이 아니라, 방위를 위한 기개가 완벽했다. 그곳 수비대는 이슬람의 성도를 지키겠다는 기개에 불탄 병사들로만 이루어져 있었다.

지휘관인 무함마드 이븐 사프눈부터 전투의욕의 덩어리 같은 아랍인이어서, 급히 긁어모은 데 불과한 병사들을 확고부동한 지도력으로 통솔하고 있었다.
　이 남자가 지휘하는 이슬람 군대와 보니파초가 이끄는 기독교 군대가 카이루안 교외에서 대결했다.
　전투는 해가 뜨는 것을 신호로 시작되어 해가 질 때까지 끝나지 않았고, 게다가 그것이 닷새 동안이나 계속된 격전이었다. 닷새 동안 줄곧 치열하고 처참한 전투가 벌어졌다. 하지만 그대로 승리한 것은 기독교 쪽이었다. 이슬람 전사들은 그들이 말하는 '신앙심도 없는 개자식들' 앞에서 꼬리를 내리고 달아났다. 항상 적에게 몸을 드러내면서 싸운 무함마드 이븐 사프눈도 하마터면 포로가 될 뻔했지만, 수사항까지 달아나는 데 성공했다. 그곳에서 시칠리아로 쾌속선을 타고 가서, 이슬람 병사들에게 다시 본국 귀환을 명령하게 된다.

　튀니스의 태수도 무함마드 이븐 사프눈도 이 시점에서는 아직 시칠리아에 간 원정군의 현재 상태도 모르고, 원정군을 이끌고 있던 아사드가 병에 걸려 죽은 것도 몰랐던 모양이다. 통일된 지휘 계통이 존재하지 않는 경우, 아무리 명령을 보내도 명령을 받을 사람이 확실치 않으면 그 명령에 따라 행동하려 해도 그 명령을 지휘할 사람이 없다.
　스키피오의 전략이 성공한 것은 상대 쪽에 병사를 통솔하는 천재인 한니발이라는 인물이 있었기 때문이다.
　스키피오를 흉내내고 싶은 일념에 불탄 보니파초에게는 웃음이 나오지만, 그리고 이슬람 쪽도 성전을 치르겠다는 의기에 불탄 것은 이해하지만, 그렇다고 하기에는 너무 실수만 저지르고 있었던 것 같다. 하지만 역사는 우스꽝스러운 측면도 많이 갖고 있기 때문에 인간 세계를 반영한다고 말할 수 있다.

보니파초도 우스꽝스러움과 무관하지 않았다. 그도 시칠리아에 간 이슬람 원정군의 현재 상태를 잘 알고 있었던 것은 아니다. 그래도 귀국하기로 결정한 것은 적지에 오래 머물러 있는 것이 불안해졌기 때문이다. 계절도 가을로 접어들고 있었다.

결국 본국의 '아미르'가 명령하면 지금은 시칠리아를 정복하고 있는 이슬람 병사들도 원정을 중단하고 귀국할 것이라는 보니파초의 예측은 기묘한 운명으로 실현되지 않았다. 또한 보니파초가 튀니스를 공략할 수 있었던 것도 아니다. 카이루안에서는 시내에도 들어가지 못했다. 그런데도 쇠사슬에 묶여 이교도의 땅에서 살고 있던 많은 기독교도를 해방시킬 수 있었다. 보니파초는 이 정도면 됐다고 생각했다.

병사들을 모으고 해방된 사람들을 데리고 원래의 상륙 지점으로 돌아갔다니까, 직선거리로도 120킬로미터나 된다. 그 거리를 이슬람교도의 습격도 받지 않고 갈 수 있었으니까, 이슬람의 땅에 원정하여 승리했다는 사실은 역시 대단했다. 모두 무사히 배를 타고, 선단은 시칠리아에 들르지 않은 채 사르데냐를 향해 북쪽으로 올라갔다. 사르데냐에 들른 뒤, 다시 치비타베키아에 들러 해방된 노예들을 내려주고 피사로 개선했다.

귀환한 보니파초는 교황을 비롯한 이탈리아 전역의 사람들로부터 쏟아진 칭찬에 휩싸였다. 하지만 이 쾌거는 결국 서기 828년 한 해로 끝나버렸다. 그런데 오늘날에도 사르데냐와 코르시카 사이의 해협은 '보카 디 보니파초', 직역하면 '보니파초의 입'이라고 불린다. 이 사람의 담당 해역이 동쪽의 이탈리아반도와 서쪽의 코르시카섬과 사르데냐섬 사이에 끼어 있는 티레니아해였기 때문이다.

'보니파초의 입'이라고 이름 지어진 이유는 모른다. 하지만 민간전

승에 따르면 사라센 해적들을 집어삼킨다는 의미라고 한다. 실제로는 집어삼키기는커녕 그 후에도 해적들은 제멋대로 자유롭게 날뛰었으니까, 이것도 서민들의 원망을 표현한 예일 것이다.

한편 이슬람 세력의 시칠리아 전선은 정복행을 계속할 수 있을지도 의심스러울 만큼 혼란에 빠져 있었지만, 싫증이 나서 철수하기는커녕 그래도 체념하지 않고 전진을 계속했으니, 종교적 정열은 구제할 길이 없다. 재판관인 아사드가 내건 초록 바탕에 하얀 반달을 새긴 깃발을 따라 시칠리아로 몰려든 사라센인 가운데 할카모라는 이슬람교도가 있었다.

이 남자는 시칠리아 남부에 상륙하자마자 부하들이 보는 앞에서 자신들을 싣고 온 배를 모조리 불태워버렸다. 놀란 부하들에게 할카모는 말했다. "이제 아프리카로 돌아갈 길은 없다. 이 섬에 계속 있을 수밖에 없다." 그러고는 앞장서서, 이제 그를 따라갈 수밖에 없는 부하들을 이끌고 시칠리아 북부를 향해 행군하기 시작했다. 물론 약탈과 방화, 파괴와 납치를 되풀이하면서.

그래도 이 사라센 남자는 자신의 말을 실행에 옮기는 사람이었던 모양이다. 지금도 팔레르모와 트라파니를 잇는 고속도로 연변에 알카모라는 도시가 있다. 이탈리아어에서는 H를 발음하지 않으니까, 할카모가 알카모로 변해서 남은 것이다. 시칠리아 정복행은 실수투성이로 시작되었지만, 그래도 할카모 같은 이슬람교도가 있었기 때문에 쉽게 싫증을 내는 사라센인치고는 드물게 그 후에도 시칠리아 원정은 끈질기게 계속된다.

로마로

 지중해 서방의 이슬람교도에게 상징적 의미를 지닌 카이루안이 공격당했을 뿐만 아니라 '신앙심이 없는 개자식'한테 참패당한 굴욕은 어떻게든 설욕하지 않으면 안 되었다. 이기고 철수한 적을 그대로 내버려두면, 상대를 계속 '개자식'이라고 경멸할 수도 없다. 여전히 진행되고 있는 시칠리아 정복에도 악영향을 미칠 수밖에 없었다.
 설욕을 누구보다 간절히 바란 것은 '원'이슬람교도를 자처하는 아랍인이다. 외부에서 북아프리카에 들어온 정복민족인 아랍인과 그들에게 정복당했기 때문에 '신'이슬람교도라고 불리는 무어인·베르베르인은 사이가 좋지 않아서, 늘 반란을 걱정해야 하는 상태였다.
 북아프리카에는 아랍인의 수가 적었다. 소수가 다수를 지배하려면 소수가 가진 권위와 권력의 유효성을 계속 보여줄 필요가 있다. 패배하면 그 권위에 흠이 생긴다. 따라서 한 번은 패배했다 해도 당장 그것을 만회하지 않으면 안 되었다.
 기독교를 믿는 '개자식'들이 카이루안을 공격했으니까, 이쪽에서도 그들 신앙의 상징인 도시를 공격해야만 설욕이 된다고 아랍인들은 생각했다. 기독교를 상징하는 도시라면 로마밖에 없다. 이리하여 보니파초가 떠난 지 1년도 지나지 않은 서기 829년 6월에 대군을 태운 이슬람 선단이 튀니스항을 떠났다.
 상륙 지점으로 선택한 곳은 로마에서 북쪽으로 50킬로미터 떨어진 치비타베키아다. 로마제국 전성기에 트라야누스 황제가 건설한 항구인데, 중세에 접어든 뒤에도 교황의 영토인 라치오 지방의 주요 항구 역할을 맡고 있었다. 이 치비타베키아와 로마는 아우렐리아 가도로 이어져 있다. 북아프리카의 이슬람교도, 즉 사라센인은 이탈리아반도를 '로마인이 사는 긴 땅'이라고 부르고 있었다. 그 '긴 땅'의 거의 중간에 있는 로마를 공략하기 위한 전선기지로 치비타베키아를 노린 것이다.

치비타베키아는 고대 로마 시대에는 '백 개의 창고'를 뜻하는 '켄툼켈라이'(Centumcellae)라는 이름으로 불렸고, 그 이름이 보여주듯 제국 시대 로마의 외항이었던 오스티아에 필적할 만큼 규모가 큰 항구로 알려져 있었다.

당시에는 합리적으로 견고하게 지어진 항구 안으로 들어가면, 안벽을 따라 수많은 창고가 빙 둘러서 있었다. 대제국의 주요 항구였기 때문에 이만한 설비가 갖추어져 있었지만, 중세에 들어오면서 그런 설비도 황폐해져가는 상태였다. 그래도 로마인이 건설한 건물인 만큼 벽은 두껍고 튼튼했다. 치비타베키아가 두 달 동안이나 이슬람 군대의 공격을 견딘 것은 여기에 틀어박혀 싸웠기 때문이다.

하지만 두 달에 걸친 방어전도 허사로 끝난다. 그 후에는 판에 박은 살육과 약탈과 납치가 치비타베키아를 아무도 살지 않는 도시로 만들어버린다. 살아남은 사람도 내륙으로 멀리 달아나버렸기 때문이다.

치비타베키아를 지원하러 달려온 기독교 군대는 두 달 동안 하나도 없었다. 로마 교황은 군대를 갖고 있지 않다. 신성로마제국 황제인 프랑크 왕은 이탈리아 북부에서 같은 기독교도인 이탈리아인을 공격하는 데 열중해 있었다. 남이탈리아에 작은 공국 몇 개를 갖고 있는 랑고바르드족도 이슬람 군대에 겁을 먹고 가까이 오지 않는다. 비잔티움제국 군대는 시칠리아를 방어하는 것만으로도 버거운 상태다. 이것이

9세기의 '루미'(rumi), 즉 기독교도 로마인들이 살고 있는 '긴 땅'의 상황이었다.

　이런 상황을 알고 있었는지, 이슬람 세력은 치비타베키아를 함락한 뒤 로마로 진격하는 것을 서두르지 않았다. 바로 옆을 지나는 아우렐리아 가도의 종점은 로마라고 생각하면서, 토스카나 지방에서 유유히 겨울을 나기로 했다. 당연히 군량은 부족하지 않았다. 이탈리아 중부 일대의 모든 도시와 마을이 사라센의 말발굽에 짓밟힌 것은 말할 것도 없다. 당시 기록에는 메뚜기 떼가 습격했다가 떠난 것과 같다고 되어 있다.

　이듬해인 서기 830년 봄, 이슬람 군대는 소수의 수비병만 남겨두고 로마로 떠났다. 병력을 양분하여, 한 부대는 아우렐리아 가도를 따라 남하하고 또 한 부대는 해안을 따라 오스티아항으로 가서 거기에 배를 놓아두고 병사들만 테베레강을 따라 나 있는 길을 지나 로마로 간다. 오스티아로 선단을 돌린 것은 약탈품과 납치한 사람들을 당장이라도 배에 실어서 북아프리카로 보내기 위해서였다.

　치비타베키아에도 기독교 구원군이 나타나지 않았지만, 기독교 세계의 수도인 로마에도 구원군은 오지 않았다.

　공격하는 이슬람 쪽의 병력도 그렇게 많지는 않았던 모양이다. 그때까지 약탈한 물건과 납치한 사람을 수시로 북아프리카로 보냈기 때문에, 벌써 상당수의 병사가 빠져나간 게 아닐까. 대군을 통솔하려면 여러 가지 조건이 충족되어야 하지만, 아랍인의 기록에도 그런 사항은 보이지 않는다. 아마 병력이 줄어들었기 때문에 소규모 부대로 나누어서 습격했을 것이다. 사라센인은 해적업을 하면서 그런 공격 방식에 익숙해져 있었다. 그래도 작은 도시나 마을은 이슬람의 공격을 견디지 못하지만, 로마는 제국 후기에 건설된 높고 두꺼운 성벽으로 둘러싸여 있었다. 그 성벽의 길이는 20킬로미터가 넘는다. 그런데 사라센인은 해적질을 할 때와 다름없는 방식으로 그런 로마를 공격했다. 이것이 그해의 로마를 구해주었다.

하지만 성벽 바깥에 있는 교회는 하나도 무사하지 못했다.
'푸오리 레 무라'(성벽 바깥)라는 이름대로 '오스티아 가도' 연변에 있는 성 바울 성당은 물론, 콘스탄티누스 대제가 세운 성 베드로 대성당까지 이슬람 병사들에게 철저히 유린당했다. 성 베드로 대성당은 "네 위에 교회를 세운다"는 예수 그리스도의 말에 따라 성 베드로가 순교한 바티칸 언덕에 세워졌기 때문에 기독교 세계에서는 가장 지위가 높은 성당으로 여겨진다. 성 베드로 대성당을 마구간으로 만들어주겠다는 이슬람교도들의 말도 현실이 되었다.

로마 교황의 거처는 성벽 안에 세워진 라테라노 성당에 있다. 로마에 사는 사람들도 비록 성벽 밖으로 치고 나갈 군사력은 없었지만, 적이 성벽을 한 걸음도 넘어서지 못하게 할 기력은 아직 갖고 있었던 모양이다. 교황 그레고리우스 4세도 앞장서서 격려를 아끼지 않았기 때문에, 시민 전원이 힘을 합쳐 로마를 지키는 데 성공했다.

이리하여 이슬람 군대는 로마 시내에는 들어가지 못하고 부근 일대를 노략질한 뒤 겨우 물러갔지만, 오스티아항에서 배를 타고 북아프리카로 떠난 사람들을 제외한 나머지는 다시 아우렐리아 가도를 북상하여 치비타베키아에 눌러앉아버렸다. 이 항구도시를 로마 공략의 전선기지로 삼겠다는 생각은 변하지 않은 것이다. 라테라노궁에 사는 교황

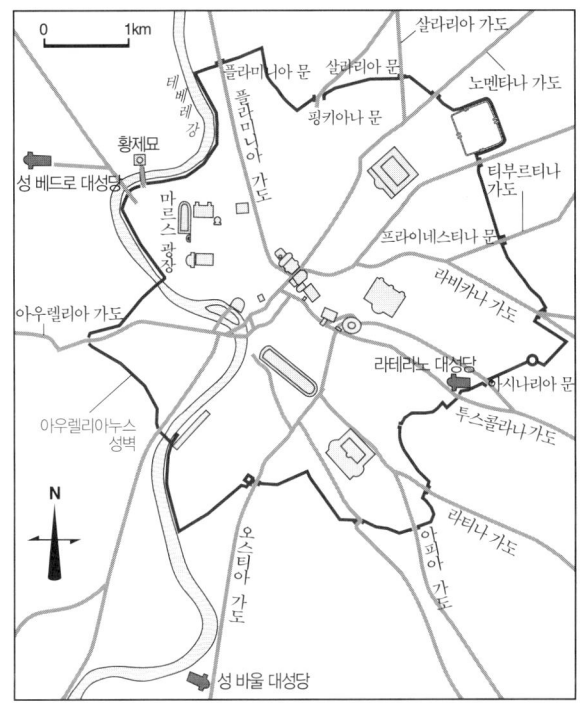

로마시 약도

그레고리우스 4세한테서 50킬로미터밖에 떨어지지 않은 곳에 '신앙심이 없는 개자식들의 두목'을 포획하겠다고 호언장담하는 적이 계속 버티고 있게 되었다.

게다가 북아프리카에서는 태풍의 도래를 예고하는 소식도 들어와 있었다.

튀니스를 중심으로 북아프리카 일대에서 300척의 배와 2만 명이 넘는 병사를 편성하는 작업이 진행되고 있다는 소식이었다. 300척이라 해도 '푸스타'라고 불리는 소형 갤리선이 대다수를 차지하고 있었겠지만, 그래도 북아프리카 일대가 이슬람화한 이래 사라센인이 조직한 선단으로는 최대 규모인 것은 사실이었다.

이 선단의 목적도 확실하다. 시칠리아 서부에 상륙하여 이번에야말로 단숨에 팔레르모를 함락하는 것이 목적이었다. 이 원정군의 지휘는 두 사람이 맡기로 결정되었는데, 그중 하나는 베르베르인으로, 알라의 전사라기보다 사라센 해적 그 자체인 아스바그였다.

팔레르모 함락

팔레르모는 오늘날에는 이탈리아의 한 주인 시칠리아섬의 주도로서, 주지사 관저도 있고 시칠리아에서 가장 중요한 도시지만, 고대와 중세 전기에는 아직 주요 도시의 하나일 뿐이었다. 시칠리아에서 가장 중요한 도시는 고대부터 줄곧 시라쿠사였다. 아테네가 원정의 위험을 무릅쓰고서라도 얻고 싶어 한 것은 시라쿠사였고, 통치조직에 강한 관심을 갖고 있었던 플라톤이 그 본보기를 보려고 찾아온 곳도 시라쿠사였다. 로마도 아르키메데스가 고안한 신병기 때문에 고전했지만, 시라쿠사를 함락하지 않는 한 시칠리아를 수중에 넣은 것이 아니라고 생각한 점에서는 그리스인과 마찬가지였다.

그 후 로마가 지중해를 '우리 바다'로 만들어가는 단계에서 북아프리카와 마주 보는 위치에 있는 트라파니·마차라·아그리젠토가 로마에는 중요한 항구도시가 되었다. 따라서 고대에 팔레르모는 이런 도시들에 버금가는 위치에 있었다. 고대가 끝나고 중세에 접어든 뒤에도 시칠리아를 영유하고 있던 비잔티움제국은 그곳을 통치하기 위해 보내는 황제대리를 시라쿠사에 상주시키는 것이 관례로 되어 있었다.

이 전통에 편승하듯 팔레르모로 표적을 정한 것을 보면, 서기 830년 당시 북아프리카의 이슬람교도들 중에는 우수한 전략가라도 있었던 게 아닌가 싶다. 시라쿠사는 동쪽, 아그리젠토는 남쪽, 마차라는 남서쪽, 트라파니는 서쪽으로 열려 있지만, 팔레르모는 북쪽을 향해 열려 있다. 기독교 세계가 펼쳐져 있는 지중해 북쪽을 향해 열려 있는 것이다. '이슬람의 집'을 확대하고 싶다면 팔레르모야말로 가장 적합한 전선기지다. 팔레르모를 함락하면 지중해 중앙에 떠 있는 시칠리아섬 전체가 거대한 '항공모함'으로 바뀐다. 게다가 그 항공모함은 군량을 자급할 수 있다는 이점까지 갖추고 있었다.

다만 이 대전략이 처음부터 대전략은 아니었다고 말하는 편이 진상에 더 가깝지 않을까.

광신적이라 해도 좋은 이슬람교도 아사드에게 이끌려 요란하게 시칠리아를 정복하러 떠났지만, 3년이 지나도 시칠리아는 함락되지 않았다. 시칠리아를 서쪽에서 동쪽으로 가로지르면 중간쯤 되는 곳에 요새도시로 유명한 엔나가 있는데, 이곳도 천연 요해지에 세워진 만큼 방비가 완벽하여 이슬람 군대는 몇 번을 공격해도 번번이 격퇴당하고 있었다. 이슬람 세력이 시칠리아에 진출하는 계기를 만든 에우헤미오는 이 엔나에 틀어박혀 있는 비잔티움 군대와 교섭하여 성문을 열게 하려고 엔나에 갔다가 붙잡혀서, 시칠리아를 이슬람에 팔아넘긴 죄로 살해당했다. 이슬람의 도움으로 비잔티움의 지배를 뒤엎은 뒤 자기가 시칠리아를 지배하겠다는 에우헤미오의 꿈은 3년도 지나기 전에 무너져버렸다.

사라센인들은 그때까지 오랫동안 해적질을 거듭했기 때문에 시칠리아쫌은 쉽게 정복할 수 있을 거라고 생각한 모양이다. 그런데 그것이 생각처럼 잘되어가지 않는다. 한편 로마를 표적으로 선택한 동포들은 약탈한 물건과 사람을 가득 싣고 귀환하여 사람들의 환영을 받고 있다. 그것을 알고 초조해졌는지도 모른다. 초조한 나머지, 그때까지 해적질을 해본 경험에서 시라쿠사보다 훨씬 수비가 허술한 팔레르모를 노리기로 결정했는지도 모른다.

애초의 동기가 무엇이든, 결과적으로는 항구적인 이점까지 고려한 훌륭한 선택을 한 셈이다. 이후로는 시라쿠사보다 팔레르모가 시칠리아 제1의 도시로 성장했기 때문이다. 또한 소규모 병력을 찔끔찔끔 내보내는 전법이 아니라 대규모 군사력을 한꺼번에 투입한 것도 평가받아 마땅하다.

북아프리카의 이슬람 세력은 3년 전부터 줄곧 마차라항에서 상륙하는 길을 택했다. 서기 830년에도 우선 마차라를 향했지만, 배 300척이 마차라항에 다 들어갈 수 없어서 바로 북쪽에 있는 마르살라항과 마차라항으로 병력이 양분된 모양이다. 그 때문인지 상륙한 뒤에도 병력이 양분되어, 아랍인이 많았던 부대는 팔레르모로 가고, 아스바그가 지휘하는 베르베르인 부대는 아그리젠토로 향했다. 그들은 엔나를 공격한 뒤 여세를 몰아 시라쿠사까지 노리고 있었다.

그런데 아스바그의 제2대가 아그리젠토 근처까지 왔을 때 전염병이 번졌다. 전염병은 체력이 약해져 있을 때나 위생 상태가 최악인 경우에 사람을 덮친다. 아랍인보다 베르베르인이 위생에 더 무신경했는지 어떤지는 모르지만, 팔레르모로 간 제1대는 무사히 행군을 계속하고 있는데 제2대 병사들만 전염병으로 픽픽 쓰러져 죽었다. 아스바그 자

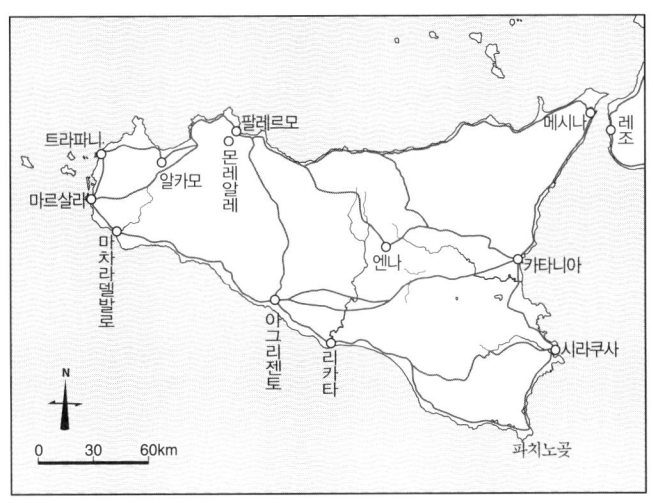

시칠리아

 신도 전염병으로 죽어버렸다. 살아남은 병사들은 시칠리아를 정복하고 있을 처지가 아니라고 생각하고, 시칠리아 사람을 습격하여 빼앗은 배를 타고 북아프리카로 돌아가버렸다. 이리하여 2만 명의 절반이 전선에서 이탈하게 된 것이다.
 하지만 팔레르모로 간 제1대는 기세가 왕성했다. 초록 바탕에 하얀 반달을 물들인 '예언자 무함마드의 깃발'을 앞세우고 진군하는, 이슬람의 본류를 자처하는 아랍인이 많았기 때문이기도 했다.

 앞에서도 말했듯이 팔레르모는 당시에 시칠리아의 주요 도시 가운데 하나일 뿐이었지만, 그래도 서기 830년에는 사라센인이 몰려온다는 소식을 듣고 주변 지역에서 피난해온 사람들을 포함하여 7만 명의 인구가 살고 있었다. 이것만 보아도 중세 전기의 시칠리아가 이탈리아 반도에 비해 풍요로웠다는 것을 알 수 있다. 이 팔레르모 사람들이 농성하기로 결정한 것은 지금까지의 경험상 사라센인에게 붙잡히면 죽거나 노예가 될 수밖에 없다는 것을 알고 있었기 때문이다. 공격하는 이슬람 쪽도 놀랄 만큼 필사적인 방어가 1년 동안이나 계속된 것은 팔레르모 시내에 있었던 모든 사람이 공포와 절망을 공유했기 때문이다.

그리고 이제 쓰기도 싫어지지만, 그 1년 동안 팔레르모를 구원하러 달려온 기독교도는 한 사람도 없었다.

비잔티움 군대는 방비가 굳은 엔나와 시라쿠사에 틀어박혀 나올 생각도 하지 않는다.

신성로마제국 황제를 비롯한 기독교 세계의 모든 군주는 자기 영토를 끌어안는 게 고작이거나, 조금이라도 여력이 있는 자는 남의 영토를 침략하는 것밖에는 염두에 없다.

로마 교황도 행동에 나서지 않았다는 점에서는 그들과 같은 죄였다. 다만 군사력을 갖지 않은 교황의 경우는 아무리 도와주고 싶어도 군사력을 가진 자를 설득하지 못하면 어쩔 도리가 없다는 사정이 있었다. 그렇다 해도, 교황이 파문이라는 무기를 휘둘러 적극적으로 움직였다는 기록은 어디에도 없다.

시칠리아는 공식적으로는 비잔티움제국의 영토다. 그 비잔티움제국의 황제와 교황의 관계가 좋다고는 도저히 말할 수 없었다. 성상(이콘)을 둘러싼 교리 논쟁으로 둘 사이가 나빠졌고, 비잔티움 황제가 있는데 교황이 일부러 신성로마제국 황제를 만든 것도 같은 기독교도인 두 사람의 관계를 악화시켰다. 어쩌면 교황은 시칠리아에서 계속 수세에 몰려 있는 비잔티움을 차가운 눈으로 바라보고 있었는지도 모른다. 하지만 팔레르모에서는 식량 부족으로 많은 기독교도가 굶어 죽거나 전염병에 걸려 죽고 있었다.

서기 831년, 팔레르모를 둘러싼 공방전도 1년을 맞으려 하고 있었다. 시내에는 모든 것이 부족했다. 아니, 아무것도 남아 있지 않았다고 말하는 편이 옳다.

팔레르모를 통치하기 위해 비잔티움제국에서 파견한 총독과 팔레르모 주교는 방어전이 반년을 맞을 무렵 이미 배를 타고 남이탈리아로 달아났다. 배를 조달하지 못해 육로를 따라 서쪽으로 갈 수밖에 없었던 수도사들은 도망치다가 사라센인에게 붙잡혀, 이슬람교로 개종할 것이냐 죽을 것이냐의 양자택일을 강요받고 모두 죽음을 택했다.

이런 상태에서는 함락도 별로 극적인 것이 아니었다. 적의 마지막 총공세에 맞서 영웅적으로 화려하게 싸운 끝에 함락된 것은 전혀 아니었다. 조금씩 쇠약해져서 죽음을 맞은 사람처럼 으스스한 정적만 감도는 가운데 끝나버렸다. 1년이나 계속된 방어전에서 무려 6만 명이 죽었다고 한다.

함락된 시내에는 사람이 아직 3천 명이나 남아 있었다고 한다. 하지만 그 대다수는 너무 쇠약해서 노예로 보낼 필요도 없다고 승자들은 생각한 모양이다. 아직 걸을 수 있는 남녀와 아이들만 배에 태워졌고, 나머지는 모두 그 자리에서 살해되었다.

무인지경이 된 팔레르모에는 얼마 후 북아프리카 일대에서 보내온 이슬람교도가 정착하게 된다. 아무도 살지 않으면 팔레르모를 손에 넣은 의미가 없다. 새로 주민을 끌어들여 도시로 재생시킬 필요가 있었다.

곧이어 팔레르모에는 튀니스보다 지위는 낮지만 명칭은 같은 태수가 부임했다. 북아프리카의 이슬람 세력이 시칠리아섬의 정복을 이베리아반도의 정복과 마찬가지로 중요하게 생각하고, 팔레르모를 그 시칠리아의 핵심으로 삼을 생각인 것은 분명했다.

한편 기독교 쪽에는 팔레르모 함락의 의미를 올바로 인식할 수 있는 사람이 별로 없었던 것 같다. 아니, 마음만 먹으면 대응책을 취할 수 있는 지위에 있고 그러기 위한 힘도 갖고 있는 사람들 중에는 한 사람도 없었다고 말하는 편이 옳을지도 모른다.

어느 누구보다도 시칠리아 영유권을 강력하게 주장할 수 있는 비잔티움제국 황제가 움직인 것은 팔레르모가 함락된 지 4년이 지난 서기 835년이었다. 당시의 비잔티움제국이 동쪽의 이슬람 세력과 북쪽의 슬라브 민족에게 아무리 부대끼고 있었다 해도, 이래서는 너무 늦다.

그동안 이슬람 세력은 늘 그랬듯이 상대가 저항이라도 하면 무자비하게 살육하고, 귀중품만이 아니라 식량과 가축까지 빼앗고, 어린애도 잡아서 북아프리카에 노예로 보낸 다음 불을 질러 폐허로 만드는 수법으로 시칠리아의 서쪽 절반을 완전히 정복했을 뿐만 아니라 동쪽 절반에까지 세력을 확대하고 있었다.

게다가 마침내 '움직인' 비잔티움제국의 실제 움직임은 엉성하다고 말할 수밖에 없었다.

황제가 사위인 알렉시스를 시칠리아 주재 '에사르카'(황제대리)로 임명하고, 시칠리아를 구원하기 위한 대군을 편성하라고 그에게 명령한 것까지는 좋았다. 비잔티움제국이 본격적으로 나서겠다는 의지를 공식 표명한 결과가 되었기 때문이다. 하지만 그다음은 쇠퇴하고 있는 나라와 그 최고책임자의 실태를 여실히 보여주었다.

알렉시스는 아직 비잔티움제국이 지배하고 있는 소아시아 서부로 가서 대군 편성에 몰두했다. 그 결과 상당수의 병사와 선박을 모으는

데 성공했다. 하지만 이것을 안 비잔티움 황제의 가슴은 당장 어두운 의혹으로 메워진다. 알렉시스가 그 군대를 이끌고 콘스탄티노플을 공격하여 자기를 제위에서 몰아낼 작정인 건 아닐까 하고 생각하기 시작한 것이다.

황제의 의혹은 전제군주국에는 반드시 있는 궁정의 음모꾼들에게 좋은 구실을 주었다. 갑자기 소환된 알렉시스는 곧바로 감옥에 갇혔다. 감옥에서 비잔티움의 귀공자는 생각한 모양이다. 생각했다기보다 만사가 귀찮고 싫어졌다고 말하는 편이 옳을지도 모른다. 공직도 지위도 아내도 다 버리고 수도원에 들어가겠다고 선언하고 석방되었다. 그리고 실제로 수도원에 들어가 세상에서 완전히 모습을 감추어버렸다.

사령탑인 황제가 이런 상태면, 항구도시 시라쿠사를 기지로 삼고 지중해 서부의 안전을 보장하는 임무를 띠고 있는 비잔티움제국의 해군도 적극적으로 움직일 수 없다. 벌써 그 무렵에는 비잔티움 해군의 군선과 사라센인의 선박이 마주치면 꽁무니를 빼는 것은 비잔티움 해군 쪽이었다.

북아프리카의 튀니지와 시칠리아 사이의 바다를 오늘날 유럽 쪽에서는 '시칠리아해협'(Canale di Sicilia)이라고 부른다. 시칠리아섬이 유럽 국가인 이탈리아의 영토이기 때문이지만, 고대 로마인은 같은 해역을 '아프리카의 바다'(Africum mare)라고 불렀다.

그 시대에는 시칠리아도 북아프리카도 동일 문화권에 속하고 같은 황제의 통치를 받았기 때문이다. 그런 경우에는 바다를 사이에 두고 마주 보는 나라 중에 어느 쪽 이름을 붙이든 별로 의미가 없다. 하지만 중세에는 마주 보는 나라가 각기 다른 문명권에 속하게 되었다. 이렇게 되면 그 사이에 펼쳐져 있는 바다에도 제해권을 가진 쪽의 이름을 붙이는 것이 자연의 추세다.

중세 전기인 이 시대, 이 해역에 이름을 붙인다면 고대 이름으로 돌아가 '아프리카의 바다'라고 하는 편이 적절했을지도 모른다. 이 해역의 제해권은 이제 완전히 북아프리카에 사는 이슬람교도, 즉 사라센인의 수중에 들어가 있었기 때문이다.

옛날 로마인의 사고방식에 따르면, 제해권은 곧 '우리 바다'(mare nostrum)라고 말할 수 있는 자격이다. 북아프리카에 사는 사라센인이 눈앞에 펼쳐진 지중해를 '우리 바다'라고 생각하게 되면, 그다음에는 그 지중해 건너편에 가로놓인 육지도 '우리 땅'이라고 생각하게 된다. 게다가 그것을 실현하는 수단인 침략은 '이슬람의 집'을 확대한다는 대의명분까지 갖추고 있었다.

그거야 어쨌든, 팔레르모를 손에 넣은 것은 큰 이점을 갖고 있었다. 뒤이어 팔레르모에서 메시나에 걸친 항구도시들을 정복한 것은 이 이점을 더욱 완벽하게 해주었다.

시칠리아에서 진행되고 있는 이슬람화의 영향을 다른 어디보다 강하게 받은 곳은 남이탈리아였다. 장화와 비슷한 이탈리아반도의 무릎 아랫부분에 해당한다. 그도 그럴 것이, 그때까지는 해적들이 북아프리카에서 출항하여 습격한 뒤 북아프리카로 돌아갔지만, 이제는 중간에 떠 있는 '항공모함'에 우선 들렀다가 다시 출격할 수 있게 되었기 때문이다. 칼라브리아와 풀리아, 나폴리를 중심으로 한 캄파니아 지방이 사라센 해적의 '폭격' 피해를 정면으로 받게 된 것이다.

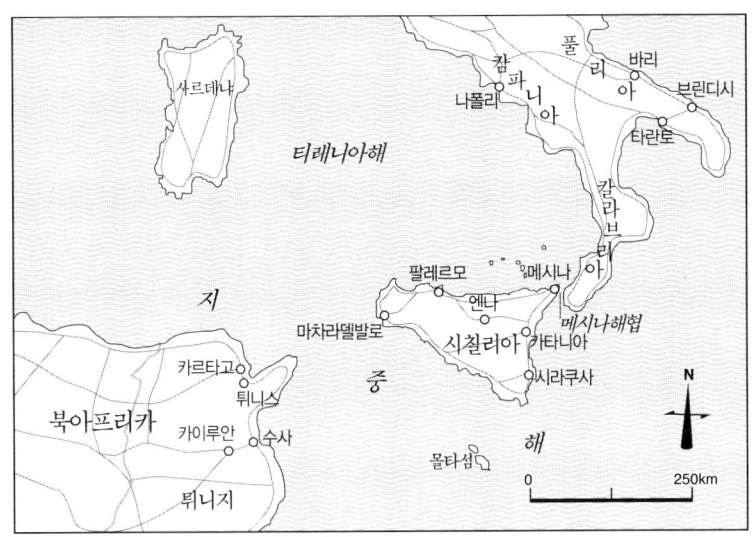

시칠리아와 그 주변

　'이슬람의 집'을 확대한다는 기치는 같지만, 지중해의 동부와 서부는 그 양상이 다르다.

　동방에서는 이슬람 세력이 소아시아 동부에서 시리아와 팔레스타인과 이집트까지, 지중해 동부를 둘러싸고 있는 모든 육지를 완전히 정복한 지 벌써 2세기가 지났다. 그 결과, 지중해 세계의 동쪽 절반은 이제 완전히 '이슬람의 집'이 되어 있었다. 아마 이 지방의 통치도 상당히 조직화되어 있었을 것이다. 또한 이슬람 세계에서는 서쪽 끝에 자리 잡고 있지만 반도라고 부르기가 꺼려질 만큼 광대한 이베리아반도는 코르도바에 본거지를 둔 '수장'(首長)의 중앙집권적 통치를 받고 있었기 때문에, 이쪽도 지휘계통은 상당히 확립되어 있었던 게 아닌가 싶다.

　확대 노선을 돌진하고 있었던 9세기의 이슬람 세계에서 통치를 조

제1장 내해에서 경계의 바다로　101

직화하는 면이 가장 뒤처진 곳은 북아프리카였다. 후세의 리비아·튀니지·알제리·모로코에 해당하는 지역이다.

이 지역을 통틀어 '아프리카'라고 부르는 것은 고대 로마 시대부터의 관습이고, 역사가 완전히 다른 이집트는 언제나 별개로 여겨져 왔다. 중세에 들어와서 이슬람화한 뒤에도 이 관습은 그대로 계승되지 않았나 하는 생각이 든다.

바그다드가 수도인 이슬람 세계에서 북아프리카의 위치는 '이슬람의 집' 안에 있기는 하지만 왠지 조금 떨어진 곳에 있고, 상당한 자치권을 부여받은 '아미르'가 지배하는 속령으로 취급되는 느낌이 강했다. '아미르'(amir/영어로는 emir)를 중앙에서 파견된 관리를 뜻하는 '태수'로 번역할지, 아니면 현지의 유력자라는 의미가 강한 '수장'으로 번역할지 망설였을 정도다. '수장'이라고 번역한 경우는 현대의 'United Arab Emirates'가 '아랍 수장국 연방'으로 번역되는 것을 참고했다.

요컨대 북아프리카에서는 특히 중세 전기에는 지배 형태가 확립되어 있지 않았던 것이 확실하다. 이슬람 역사의 전문가들조차 이 면에서는 명확성이 부족한 것이 일반적이다.

하지만 지휘계통이 확실치 않은 상태는 그들과 적대하는 쪽으로서는 참으로 곤란한 정황이다. 지휘계통이 명확하면 전략 전술도 그 지휘계통을 따를 테니까, 그것을 예상하고 '간파'하는 것은 어려운 일이 아니다. 또한 군대의 규모가 클수록 대군을 준비하고 편성하는 단계에서 그것을 알아차리기도 쉬워지고, 거기에 대한 방어체제를 세우기도 쉬워진다.

그런데 중세 전기의 북아프리카는 완전히 반대였다. '태수'의 권력조차 그 범위가 확실치 않다. 때로는 대군을 조직하여 '아미르'가 몸소 이끌고 쳐들어오는 경우도 있지만, 사라센인은 소규모 해적선단을 이루어 습격해오는 경우가 압도적으로 많았다. 기독교도는 그들이 '메뚜기 떼' 같다고 한탄했지만, 그것도 큰 무리를 이루어 한꺼번에 쳐들어오는 것이 아니라 소규모 무리로 나뉘어 제각기 다른 날 다른 표적에 대해 파상공격을 되풀이하는 메뚜기 떼와 비슷했다. 예방하는 것은 도저히 바랄 수 없고, 대책도 곧바로 세울 수 없는 실정이었다.

북아프리카의 이슬람 사회

그렇기는 하지만, 이 사라센 해적들의 방식은 그들의 전통과 관습과 성향을 생각하면 참으로 합리적이었다.

조종하기 쉬운 소형 갤리선에 쓸데없는 짐을 싣지 않아서 배의 속력을 높이고, 소규모 선단으로 활동하기 때문에 신출귀몰하게 움직이고, 기독교 세계의 나라나 도시의 깃발을 내걸어서 사람들의 눈을 속이고, 상륙한 뒤에는 시간을 낭비하지 않고 해적으로서 해야 할 일만 하고, 일이 끝나면 왔을 때처럼 재빨리 바다 저편으로 사라져버린다.

그리고 모국에서 그들은 결코 범죄자가 아니었다. 범죄자는커녕 영웅 대접까지 받았다.

우선 '수장'에게는 약탈해온 물품과 납치해온 기독교도를 노예시장에서 판 금액의 5분의 1에 해당하는 상납금이 자동적으로 들어간다.

둘째, 사라센인이 기독교도가 사는 땅에서 해적 활동을 하는 것은 말하자면 테러 전법이었다. 해적질로 불안을 부채질하고 사람들이 절망하면, 군대를 보내 정복하는 것도 훨씬 쉬워지기 때문이다. 사라센인의 해적 행위는 이슬람화의 전초전이기도 했다.

셋째, 북아프리카 일대에 사는 사람들에게는 해적업 자체가 산업으로 확립되어가고 있었다는 사실을 들지 않을 수 없다. 해적업이 직접 해적질을 하지 않는 사람들에게도 일자리를 주고 있었다는 뜻이다.

약탈한 물품이나 납치해온 기독교도를 '수익'으로 바꾸려면, 그것의 상품가치를 판단하고 시장에 팔러 나갈 사람이 필요하다. 이들에게는 또 다른 일도 맡겨져 있었다. 납치해온 기독교도를 수용해두는 '목욕장'을 관리하고 운영하는 일이다.

고대부터 '목욕장'이라는 말에는 두 가지 의미가 있었다. 하나는 목욕하는 곳, 또 하나는 전투에서 사로잡은 포로들을 수용해두는 곳이다.

고대와 중세에는 같은 말이라도 의미가 달라지는 경우가 적지 않지만, '목욕장'도 그중 하나다. 중세 유럽에서는 목욕을 중요시하지 않게 되었고, 목욕의 즐거움은 인간을 타락시키기 때문에 해롭다고까지 생각하게 되었다. 그래서 로마 시대에는 '서민의 궁전'이라고 불릴 만큼 호화롭고 설비도 완비된 공중목욕장은 폐허로 변했고, 공중목욕장이라는 말 자체도 잊혀 있었다. 같은 시대의 북아프리카에서는 '목욕장'이 납치해온 이교도를 수용해두는 시설을 의미하게 되었다.

따라서 중세에 '목욕장'이라는 말을 들으면 우선 머리에 떠오르는 것은 강제수용소였다. 하지만 20세기 나치의 강제수용소와는 모든 면에서 다르다.

8세기부터 18세기까지 존재한 북아프리카의 '목욕장'에 수용된 사람들은 외부에 노동자로 고용되어 수용소 밖에 나가서 일하는 것이 허용되었다. 즉 '목욕장'은 노예를 수용하는 대규모 시설이었다. 임금은 노예한테 직접 지불되지 않고 '목욕장'을 관리 운영하는 이슬람교도에게 지불되어, '목욕장'에 있는 모든 사람의 식비 등에 충당되었다. 물론 관리인이 가장 열심히 한 일은 노예들에게 주는 식사의 양과 질을 극도로 줄이고 자기 주머니에 넣는 몫을 최대한 늘리는 것이었다.

또한 해적업은 고용 창출이라는 면에서도 중요해져 있었다. 해적업을 효율적으로 추진하려면, 배를 만드는 목수를 비롯한 장인들도 없어서는 안 된다. 갤리선을 사용하는 횟수가 늘어나면 그에 비례하여 배가 빨리 소모된다. 그래서 새 배를 자주 만들 필요가 있고, 수리하고 수선할 필요가 늘어나는 것은 말할 나위도 없다. 하지만 북아프리카의 이슬람교도들 중에는 이런 일에 적합한 사람이 늘 부족했다. 그래서 시칠리아나 남이탈리아 항구에서 납치해오는 사람들은 이 면에서도 유용했다.

마지막으로 고용 창출이라는 관점에서 보면 가장 중요한 사람들, 즉 해적업에 직접 종사하는 사람들이 있다. 요컨대 '피라타'나 '코르사로'라고 불리는 '해적'이다.

위험한 직업이라는 점에서는 해적도 병사와 마찬가지였다. 적선을 만나 싸우다가 죽는 경우도 있고, 마을을 습격하다가 죽는 경우도 있다. 해적선이 태풍을 만나 침몰하는 비율도 결코 낮지 않았다. 해적은 성공하고 돌아오면 손에 넣는 보수도 많았지만, 위험도 많은 직업이었다.

그렇기 때문에 수익의 5분의 1을 상납받는 '수장'부터 선주와 선장까지도 능력 있는 인재를 발굴하는 데 적극적이었다.

납치해온 기독교도들 중에서도 체격이 건장한 젊은 남자는 대부분 갤리선의 노잡이가 되었지만, 개중에는 이따금 위기에 직면했을 때의 대처법이라든가 여러 가지 면에서 눈에 띄는 존재가 있다. 그런 사람을 해적으로 고용하는 것이다.

다만 기독교도인 채로는 불편하니까 이슬람교로 개종시킬 필요가 있다. 책략을 써서 그 젊은이가 이슬람교도를 죽이게 한다. 아무리 어쩔 수 없는 사정이 있었다 해도 이교도가 이슬람교도를 죽이면 그를 기다리고 있는 운명은 사형뿐이다. 하지만 이슬람교도는 다른 이슬람교도를 죽여도, 어쩔 수 없는 상황이었다고 증언해주는 사람이 있으면 정당방위가 인정된다. 이것이 유능한 기독교도를 해적으로 만드는 수법이었는데, 현대 국가의 '첩보기관'이 장기로 삼는 스파이 모집 방법과 비슷한 데가 있다.

어쨌든 해적업도 산업화하면, 성공이냐 실패냐를 결정하는 것은 다른 모든 일과 마찬가지로 '사람'이다. 나중에는 사라센 해적에게 납치된 남이탈리아의 젊은이가 투르크 해군 총사령관까지 된 경우도 있지만, 그보다 700년 전인 9세기에도 기독교도가 이슬람교로 개종하여 사라센 해적선의 선장이 된 사례는 있었다. 융성기는 누구에게나 기회가 주어지는 시대지만, 8·9·10세기의 3세기 동안은 확실히 북아프리카의 이슬람 쪽이 융성의 기운을 강하게 갖고 있었다.

하지만 해적업이 산업으로 성공하자 다른 산업에 쏟는 관심과 에너지가 줄어드는 것을 막을 수 없었다. 카르타고가 지배하던 시대에도, 로마제국에 편입된 시대에도, 북아프리카 일대는 풍요로운 경작지대였다. 로마제국의 곡창이라고 불리기까지 했고, 고대에는 농산물 수출로 알려져 있었다.

그런데 중세에는 사정이 완전히 달라져서, 습격하러 간 곳에서 밀 같은 농산물까지 빼앗게 된다. 갓 수확한 농작물까지 빼앗겨버리는 쪽도 딱하지만, 밀처럼 부피만 크고 값싼 물건까지 빼앗아야 했나 하고 생각하면 그저 놀라울 뿐이다.

북아프리카의 이슬람교도들은 해적업에 의지하는 생활방식으로 점점 기울어가고 있었다. 이것이 긴 안목으로 보면 지중해 남쪽에 사는 사람들을 조금씩 좀먹는 요인이 된다.

하지만 시대는 아직 중세 전기인 9세기였다. 해적업에만 모든 정력을 쏟아붓고, 그래서 공격적이고 강력했던 시대다. 그런 그들이 이제 시칠리아라는 중계기지까지 쓸 수 있는 상태가 되었다. 로마 남쪽의 바닷가에는 이제 안전하게 살 수 있는 곳이 하나도 없었다.

가에타·나폴리·아말피

이 상황에 다른 어디보다도 민감하게 반응한 곳은 나폴리를 중심으로 하는 캄파니아 지방이다. 이탈리아반도에서도 가장 비옥한 경작지대로 알려져 있고, 고대 로마인이 '캄파니아 펠릭스'(행운의 캄파니아)라고 부를 정도였다.

이 지방은 비잔티움제국과 랑고바르드족 공국들의 지배권이 맞닿는 경계에 자리 잡고 있었는데, 그 때문인지 9세기 당시에는 일종의 권력 공백지대가 되어 있었다. 풍요로운 배후지를 두고도 압제에서 벗어나 있다면, 인간이 생각하는 것은 뻔하다. 사실상 독립한 공동체를 세우는 것이다. 그렇게 생각하고 실행한 것은 모두 로마 시대부터 존재한 항구도시들이다. 북쪽부터 차례로 가에타·나폴리·아말피가 거기에 해당한다. 그들이 세운 통치조직은 집정관을 우두머리로 하는 공화정이었다.

이들 항구도시에는 공통점이 또 하나 있었다. 늘 지중해를 눈앞에 두고 있기 때문인지, 북이탈리아보다 북아프리카 쪽에 더 친근감을 품고 있었다는 점이다. 어쨌든 이 도시들의 항구는 모두 남쪽을 향해 열려 있다. 게다가 배를 발로 삼는 생활방식도 공통되어 있다. 해적의 '발'도 역시 배였다.

북아프리카가 이슬람화한 뒤에도 이런 생각에 익숙해진 캄파니아 지방 사람들은 이교도와 교역하는 데 대한 망설임이 적었던 게 아닌가 싶다. 캄파니아 지방은 중세에 들어온 뒤에도 여전히 농산물 수출 지역이었기 때문이다.

게다가 그들에게는 바로 코앞에 있는 것처럼 가깝게 느껴지는 시칠리아에서도 이슬람화가 착실히 진행되고 있었다. 그 중심지인 팔레르모에서 출항하는 해적에게 약탈과 납치를 당하기보다는 팔레르모에 사는 이슬람교도와 교역하는 편이 낫다고 생각했다고 해서 그들에게 비난을 퍼붓기는 어렵다. 물론 기독교 쪽에서 보면 그들을 비난할 수는 있다. 이슬람은 기독교 세계의 적이니까, 적과 우호관계를 맺는 것은 배신이기 때문이다. 하지만 그것을 비난한 사람들이 캄파니아 지방의 항구도시를 안전하게 지키기 위해 함대를 만들어서 출동한 것도 아니었다.

그러기는커녕, 내륙 지역을 영유하는 데 만족하지 않는 랑고바르드족 공국들은 같은 기독교도가 사는 항구도시들을 호시탐탐 노리고 있었다. 세 항구도시 중에서도 특히 풍요로운 배후지를 가진 나폴리는

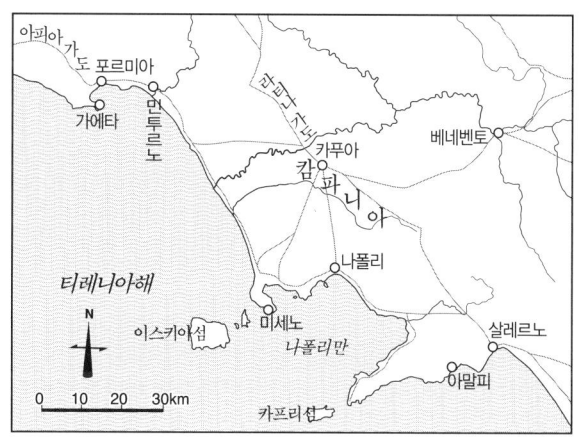

캄파니아 지방과 그 주변

랑고바르드족 공국들 가운데 하나인 베네벤토공국의 공격을 받았다. 베네벤토 공이 직접 군대를 이끌고 쳐들어온 것이다.

서기 835년, 팔레르모가 이슬람의 수중에 들어간 지 4년밖에 지나지 않은 그해에 바다에서는 사라센 해적, 배후에서는 랑고바르드족의 공격을 받게 된 나폴리는 팔레르모에 있는 '아미르'와 우호동맹조약을 맺었다.

로마 교황은 기독교도와 이슬람교도 사이에 맺어진 이 조약을 '악마와의 동맹'이라고 비난했다. 종교적 차이는 고려하지 않는다 해도 '위험한 다리'인 것은 확실했다.

팔레르모의 '수장'이 보내온 선단을 보자마자 랑고바르드족은 공격을 포기하고 철수했기 때문에, 나폴리는 당면한 걱정에서는 벗어날 수 있었다. 하지만 동맹관계는 언제나 힘이 더 강한 쪽의 의향에 좌우되는 법이다. 동맹관계를 깨면 그다음이 큰일이라고 상대편이 생각지 않는 한, 외교관계의 지속은 보증할 수 없다.

나폴리 일대에 사는 사람들은 일단 발을 뻗고 잘 수 있게 되었지만, 사라센인의 해적업은 이제 산업화되어 있다. 살아가기 위해서는 해적질을 계속할 수밖에 없다는 뜻이다. 따라서 사라센 해적은 표적만 바꾸어, 장화의 뒤꿈치에 해당하는 풀리아 지방을 습격하게 되었다. 그때까지는 비교적 사라센인의 습격을 덜 받았던 이 지방도 이제 해적의 시야에 들어간 것이다.

게다가 이 지방에 주목한 이슬람 세력은 해적질만으로는 만족하지 않고 시칠리아처럼 완전히 영유하는 것을 목표로 삼은 모양이다. 고대부터 양항으로 알려져 있고 배후에 비옥한 밀밭도 펼쳐져 있는 타란토와 브린디시로 공격 대상을 좁혔기 때문이다.

남이탈리아의 공식 지배자는 비잔티움제국 황제지만, 비잔티움 세력이 철수한 뒤에는 랑고바르드족의 하나인 베네벤토공국이 그곳을 '떠맡고' 있었다. '떠맡았다'고 말한 것은, 방위와 안전보장이라는 지배자의 의무는 다하지 않고 그저 지배권만 주장하면서도, 때로는 그것을 실증하듯 군대만은 보내주고 있었기 때문이다.

북아프리카와 시칠리아에서 온 이슬람 세력은 나폴리와 동맹을 맺은 뒤 5년 동안 이 베네벤토공국의 군대와 세 번 싸워서 세 번 다 승리했다. 기독교도는 겁쟁이 개자식이라는 믿음은 사라센 해적들 사이에서 점점 강해진다. 랑고바르드족은 그 근원을 더듬어보면 북유럽의 스칸디나비아 지방에서 남하하여 이탈리아에 정착한 민족이지만, 기독교로 개종한 지 벌써 300년이 지났다. 이슬람교도의 눈으로 보지 않아도 이제 어엿한 기독교도였다. 사라센인들은 상대가 랑고바르드족이라면 풀리아 지방도 쉽게 정복할 수 있다고 생각했을 게 분명하다. 랑고바르드족 병사들은 이 사라센 앞을 가로막지 못했지만, 베네치아공화국이 그 앞을 막아섰다.

이때 베네치아가 나선 까닭은 무엇일까. 공적으로는 비잔티움제국의 요청에 따른 것으로 전해진다.

5세기 중엽에 대거 침입해온 야만족을 피해 온통 바닷물로 가득한 석호에 주민공동체를 건설한 것이 베네치아공화국의 시초라면, 9세기 중엽인 이 시기는 베네치아가 건국된 지 벌써 400년이 지난 때였다. 하지만 1,400년 가까운 이 나라의 긴 역사에서 처음 400년은 인간에 비유하면 겨우 청년기에 발을 들여놓은 나이에 해당했다.

베네치아의 공식 지배자는 오랫동안 비잔티움제국이었지만, 제국의 서쪽 끝에 자리 잡은 베네치아는 그 위치 덕분에 정치·경제·종교 등 모든 분야에서 전제군주의 압제를 받지 않는 행운을 얻었다. 게다가 비잔티움제국의 수도 콘스탄티노플로 가는 베네치아 상인은 다른 유럽 상인들보다 유리한 조건을 누리고 있었다. 그것은 베네치아가 비잔티움제국이 필요로 하는 것을 줄 힘을 갖고 있었기 때문이다.

비잔티움제국이 베네치아공화국에 맨 처음 요청한 것은 당시 아드리아해를 무대로 날뛰고 있던 슬라브계 해적을 퇴치해달라는 것이었다. 슬라브계 해적의 소굴은 아드리아 동쪽 해안에 흩어져 있었기 때문에, 힘이 강해진 슬라브족이 이 지역에 정착하면 그곳과 육지로 이어져 있는 콘스탄티노플까지 위협당할 우려가 있기 때문이었다.

물론 베네치아는 이 요청을 받아들인다. 건국 당시부터 무역입국을 지향하고 있었던 그들에게 아드리아해는 교역로였고, 따라서 그 해역의 안전 항해를 확립하는 것은 사활이 걸린 문제였기 때문이다. 그렇기는 하지만 9세기 전반인 이 시기에는 거기에 막 손을 대기 시작한 참이었고, 안전한 항해를 보장하기까지는 아직도 갈 길이 먼 상태였다.

중세와 르네상스 시대에 유럽의 강대국이 되는 베네치아공화국을 '해독'하는 열쇠는 '국익 최우선'이다. 정치에서도 군사에서도 종교에서도 언제나 국익을 우선했다. 다른 나라 통치자가 신앙이나 명예욕으로 흥분한 상태가 되었을 때에도 베네치아 통치자들만은 그러지 않는다. 밉살스러울 정도의 현실주의자들이 모여 있는 곳이 바로 베네치아공화국이다.

서기 840년인 이 당시에도 베네치아 해군은 설령 비잔티움제국이 요청하지 않았다 해도 출동했을 것이다. 그 이유는 지도만 보면 알 수 있다. 타란토와 브린디시가 있는 이탈리아반도의 뒤꿈치가 이슬람화하면 아드리아해의 출구는 막혀버리고, 베네치아는 동방과 교역할 수 없게 된다. 게다가 이제 막 아드리아해 제해권을 확립하는 작업에 손을 대기 시작했는데, 그 노력도 물거품으로 돌아간다. 아드리아해 안쪽에서 밖으로 나갈 수 없게 되면 베네치아공화국은 죽는다.

하지만 9세기 당시 베네치아 해군의 규모는 해군이라고 부를 수도 없을 정도였다. 피에트로 통령이 몸소 해군을 이끌고 출동했지만, 타란토항구 밖에 모습을 나타낸 것은 갤리선 60척뿐이었다. 규모만이 아니라 전술이나 병사들의 전투 방식도 미숙했을 게 분명하다. 결국 사라센 해적들에게 철저한 참패를 당하고 말았다.

대부분 전사하고, 살아남은 소수의 베네치아인도 포로가 되어 북아프리카의 '목욕장'으로 보내졌다. 통령이 탄 배를 비롯한 극소수의 배만 달아나는 데 성공했지만, 그것도 계속 사라센 해적의 추격을 받으며 아드리아해를 북상하여 후미 안으로 도망쳐 들어갈 때까지 배후에 바싹 다가오는 공포를 잊을 수 없었다고 한다.

게다가 사라센인들은 지금 단계에서는 베네치아 본국에 대한 공격을 단념하는 냉정함도 갖추고 있었다. 그 대신이랄까, 아드리아해를 남하하여 돌아오는 길에 만나는 모든 항구를 차례로 공격하는 것을 잊지 않았다. 포강 어귀에서 상류로 조금 거슬러 올라간 곳을 분탕질했고, 로마 시대부터 존재한 항구도시 안코나도 습격을 면치 못했다. 그때마다 사라센의 배는 약탈한 물건과 납치한 사람들을 실었기 때문에, 타란토항에 개선했을 때는 모든 배가 금방이라도 가라앉을 것처럼 무거워져 있었다고 한다.

여기에 맛을 들였는지, 이듬해인 841년에도 사라센 해적선단이 타란토를 떠나 아드리아해를 북상했다. 베네치아는 작년에 호된 타격을 받았지만, 그래도 해적을 맞아 싸우기 위해 갤리선단이 출동했다. 하지만 이번에도 패배했고, 베네치아의 배들은 다시 석호 안으로 도망쳐 들어갈 수밖에 없었다.

중세 후기에는 '지중해의 여왕'이라고 불렸고, 기독교 함대도 베네치아 해군이 참전했을 때만은 이긴다는 말을 들었지만, 중세 전기인 이 시기에는 이렇게 비참한 꼴을 드러내고 있었다.

이슬람이 이 시점에서 승리를 굳히는 조치를 취했다면 아드리아해도 이슬람의 바다가 되었을 것이다. 슬라브족도 역시 해적이다. 그렇게 되면 아드리아해는 상인의 바다가 아니라 해적의 바다가 되었을 게

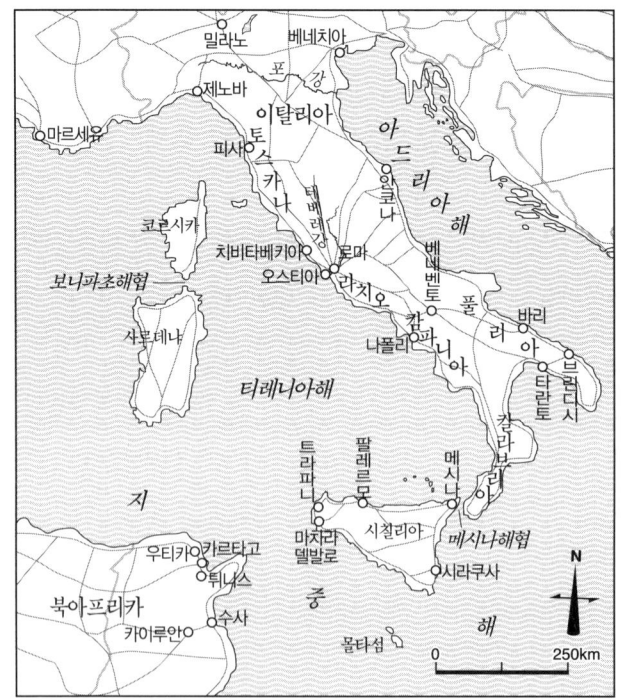

이탈리아와 그 주변

분명하다.

하지만 이 위기를 구해준 것도 사라센인이었다. 시종일관 신중하고 끈질기게 일을 추진하는 방식은 그들의 장기가 아니다. 그들은 시칠리아 제패를 진행하는 한편, 이탈리아반도와 사르데냐와 코르시카에도 손을 뻗치고 있었다. 아드리아해에서 눈부신 성과를 거두었으면서도 그 후에는 아무 일도 없었던 것처럼 잊어버렸다.

한편 베네치아인은 이들과 정반대의 성격을 갖고 있었다. 패배를 직시하면서 처음부터 다시 시작하는 의지와 그것을 지속하는 인내력을 갖고 있었기 때문이다. 하지만 사라센 해적에게 두 번이나 참패한 사실은 베네치아에 쫓겨 복잡한 후미 안에 숨어 있을 수밖에 없었던 슬라브족 해적들에게 재기할 용기를 준 게 분명하다. 베네치아는 아드리아해의 해적 퇴치 작업을 처음부터 다시 시작하지 않으면 안 되었다.

다시 로마로

베네치아 해군의 패배는 단지 아드리아해에만 영향을 미친 것으로 끝나지 않았다. 2년 뒤에는 메시나가 함락되어 시칠리아 북부도 완전히 이슬람의 것이 되었다. '겁쟁이 기독교도 개자식들'의 우두머리인 로마 교황이 사는 곳으로 쳐들어가는 것을 막는 장애물은 아무것도 남지 않았다.

로마에서 50킬로미터밖에 떨어지지 않은 치비타베키아 항구도 이미 이슬람이 점령했다. 로마로 가는 배의 출항지로 팔레르모와 메시나라는 좋은 항구를 둘 다 쓸 수 있게 된 것이다. 당시 이탈리아 남부의 육상 전력은 랑고바르드족인데, 그들이 세운 공국의 하나인 베네벤토 공국은 벌써 몇 번이나 사라센에 패했으니까 나서지 않을 게 분명하고, 다른 공국들은 자기들끼리 싸우느라 바쁘니까 문제 삼을 필요도 없다. 어느 공국도 로마를 구원하러 오지는 않을 거라고 이슬람 쪽은 판단했다. 베네치아도 아드리아해 구석에 틀어박힌 채 꼼짝도 하지 않는 상태였다.

카이루안의 '아미르'는 지금이야말로 성전을 수행할 좋은 기회라고 보고, 튀니스와 알제리와 트리폴리의 '아미르'들에게 성전을 위한 준비와 실행을 명령했다.

코란의 가르침을 충실히 실행하는 성전에서는 다음과 같은 일도 허용되어 있었다.

　신의 가르침을 잘못 믿고 있는 사람들, 즉 기독교도와 유대교도의 물건을 빼앗는 것은 정당한 행위이고, 그릇된 신앙을 가진 사람들을 붙잡아서 노예로 삼는 것도 정당한 행위라는 것이다. 따라서 성전에 참가하라고 호소만 하면 움직이는 이슬람교도만이 아니라 거기서 얻는 이익에 더 매력을 느끼는 사라센 해적들까지도 가담하게 되었다.

　그들은 지금까지 자주 해적질을 하면서 대규모 수도원이나 도시의 주요 교회에는 기독교도들이 헌납한 재물이 많이 모여 있다는 것을 알았다.

　15년 전인 서기 830년에 로마의 성벽 앞까지 다가왔을 때는 성벽에 가로막혀 시내에는 들어가지 못했고, 성 베드로 대성당과 성 바울 성당을 비롯하여 성벽 밖에 있는 교회들만 분탕질하고 약탈했다. 이 두 성당은 로마에 있는 교회들 가운데 1위와 2위를 차지할 만큼 중요한 교회지만, 성벽 안에는 교황의 거처인 라테라노 성당을 비롯하여 로마의 7대 성당 가운데 3개가 있다. 교회 이외에도 귀족과 호족들의 저택이 집중되어 있다. 이슬람교도에게 로마는 '잘못된 신앙을 믿는 무리의 우두머리가 사는 도시'일 뿐만 아니라 막대한 이익을 기대할 수 있는 도시이기도 했다.

　북아프리카 각지에서 출항한 이슬람 선박들은 우선 시칠리아의 팔레르모에 집결했다. 이 선단의 규모나 총사령관의 이름은 알려져 있지 않다. 기록에는 계절이 여름이었고 대선단이 모였다고만 되어 있을 뿐이다. 이 대선단은 두 부대로 나뉘어 팔레르모를 출항했다. 한 부대는 메시나에 기항한 뒤 이오니아 해로 들어가 타란토에 상륙한다. 상륙한 뒤에는 오래된 아피아 가도를 지나 로마로 갈 작정이었는지도 모른다.

주력부대인 두 번째 부대는 팔레르모를 떠난 뒤 계속 북상하여 티레니아해로 들어간다. 그리고 거기서 다시 세 부대로 나뉘어, 한 부대는 리코사에 상륙했다. 리코사는 고대 신전 유적으로 오늘날 유명한 관광지가 된 페스툼 남쪽에 있는 곳이어서, 이곳을 확보하면 아말피·나폴리·가에타는 상선을 내보낼 수도 없게 된다.

또 다른 부대는 폰차섬에 상륙하여 그 작은 섬을 점거했다. 폰차는 로마제국 시대에 스캔들을 일으키거나 하여 처치 곤란한 존재가 된 황제 일족을 유배라기보다는 격리할 목적으로 보낸 섬이다. 뭍에서 멀리 떨어진 외딴섬은 아니지만, 이곳을 확보하면 이탈리아 남부에서 로마로 가는 배가 지나는 해역을 한눈에 바라볼 수 있었다. 이 폰차섬은 나폴리 세력권에 속해 있었다. 동맹조약을 맺어놓고도 나폴리에는 아무 통고도 하지 않고 점거한 것이다. 세 번째 부대는 이미 점령한 치비타베키아 항구로 간 모양이다.

이것만 보아도 상당한 전략이다. 사라센 해적은 아무 계획도 없이 그때그때 되어가는 대로 행동하는 경향이 강하지만, 이때만은 카이루안의 '수장'이 충분한 준비를 하고 성전을 선언한 만큼 그에 걸맞게 상당히 공들인 전략을 바탕으로 행동한 게 아닐까 하는 생각이 든다.

이 위험을 어느 누구보다 먼저 알아차린 것은 나폴리의 집정관이었다. 집정관 세르조는 항구도시인 가에타와 아말피에 호소한다. 이 세 항구도시의 대표들은 로마가 함락되면 남이탈리아는 모두 이슬람화할 거라는 공포를 공유하고 있었다. 당장 선단이 만들어졌다. 그리고 그 선단을 이끌고 리코사로 가서 그 근처에 정박해 있는 이슬람 선단

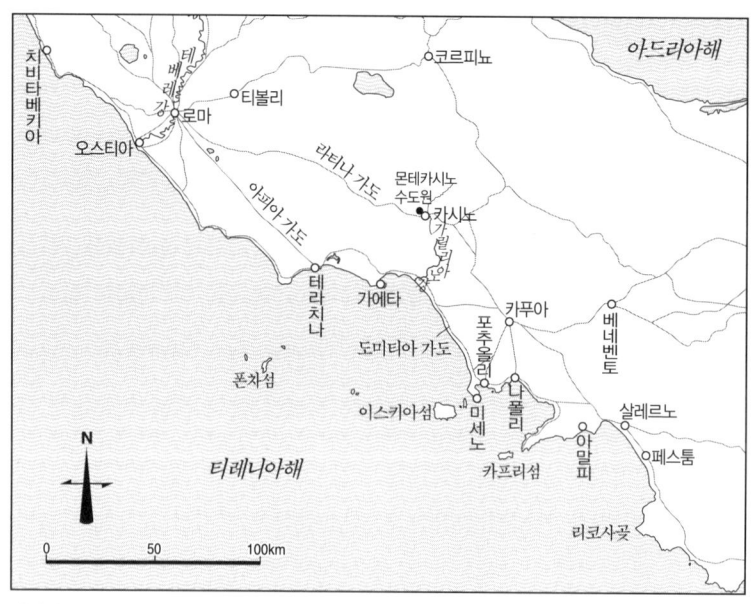

이탈리아 중부

을 포위하고 위협했다. 팔레르모로 돌아가겠느냐 아니면 이 바다에서 피의 제물로 바쳐지기를 기다리겠느냐, 하고 협박한 것이다.

사라센 해적은 상륙하여 싸우는 것은 잘하지만 해상 전투는 좋아하지 않는다. 그래서 물러나기로 하고 리코사를 떠났지만, 막대한 수확도 기대할 수 있는 성전을 여기서 포기할 그들이 아니었다. 또한 나폴리와의 약속에 얽매일 그들도 아니다. 나폴리 사람들도 역시 기독교도였기 때문이다.

그래서 리코사곶은 떠났지만, 팔레르모가 있는 남쪽이 아니라 북쪽으로 간 이슬람 군대는 나폴리의 의향 따위는 완전히 무시하고 나폴리만 서쪽 끝에 있는 미세노에 상륙했다.

미세노는 로마제국 시대에는 가장 중요한 군항이 있는 곳으로 유명했다. 많은 배가 정박할 수 있는 항구가 있을 뿐 아니라 육상교통편도 좋다. 도미티아 가도와 아피아 가도를 갈아타면 일직선으로 로마에 도착할 수 있다.

이 미세노에 병사와 말을 내려놓은 뒤, 배는 북쪽에 있는 로마의 외항 오스티아로 향했다. 나폴리도 무시했으니까 가에타쯤은 아무것도 아니다. 육로를 따라 북상하는 병사들도, 해로를 따라 북상하는 배들도 가에타를 무시했다. 오래된 로마 가도를 지나는 이슬람 병사들은 저마다 구호를 외치면서 로마로 향했다.

"신앙심이 없는 자들의 성스러운 도시를 약탈하고 파괴하자. 그리고 그 폐허 위에 알라의 영광을 찬양하여 모스크를 세우자!"

군량을 확보할 필요도 있기 때문에 약탈하면서 행군하는 침략자들에게는 8월의 강렬한 햇빛도 전혀 괴롭지 않은 것 같았다.

서기 846년 당시 로마 교황 자리에는 3년 전부터 세르기우스 2세가 앉아 있었다. 중세 전기에는 교황이 태어난 해조차 확실치 않은 경우가 많기 때문에, 이 인물의 나이도 알 수 없다. 하지만 이 교황은 그 이듬해 죽었으니까, 나이가 많았거나 병약했을 것이다. 이슬람 대군이 밀려오고 있는데, 적극적으로 방위를 진두지휘한 것도 아니었다. 하지만 로마 주민들이 로마를 지키려고 일어섰다. 이슬람 군대의 규모도 로마 쪽의 기록 덕분에 비로소 분명해진다.

배는 모두 73척이었다. 그중 50척은 대형선이고, 나머지 23척은 '소틸레'(가느다란 배)라고 되어 있으니까, 군용으로 만든 갤리선이 아닐까 여겨진다.

아랍인과 무어인과 베르베르인으로 이루어진 공격군의 총수는 약

3만 명. 이 가운데 1만 5천 명이 보병이라니까, 3만이라는 수는 노잡이까지 포함한 수인지도 모른다. 다만 이슬람 군대의 배에서는 노잡이로 기독교도 노예를 쓰는 것이 보통이다. 쇠사슬로 서로 연결되어 있고 받침대에 고정된 채 채찍으로 얻어맞으면서 노를 젓는 이들은 단지 배의 '모터'일 뿐 병력은 아니다. 따라서 순수한 의미에서의 전투원은 아무리 많이 보아도 2만 명이 한도가 아니었을까. 둘레가 20킬로미터를 넘는 성벽으로 둘러싸인 대도시를 공격하기에는 너무 적은 병력이었다. 하지만 당시 북아프리카의 이슬람 세계가 동원할 수 있는 병력 규모는 기껏해야 이 정도였을지도 모른다.

동원할 수 있는 병력 규모는 인구를 반영할 수밖에 없다. 로마제국도 말기에는 인구가 급격히 줄어들었기 때문에, 전쟁터에 투입할 수 있는 병사의 수도 전성기의 3분의 1 이하로 줄어들었다. 그리고 그 상태로 중세에 접어들었다. 동원할 수 있는 병력이 적은 사정은 지중해 남쪽의 이슬람 세계나 북쪽의 기독교 세계나 비슷했을 것이다. 어떤 의미에서는 빈자끼리의 대결이라고 말할 수도 있었다.

한편 로마제국의 유산인 견고하고 튼튼한 성벽이 길게 뻗어 있는 로마에는 이슬람이 쳐들어온다는 소식을 듣고 지금까지 사라센 해적에게 피해를 본 사람들도 피란해왔다. 그들과 로마 주민들의 공통점은 '절망'이었을 것이다. 하지만 "쥐도 궁지에 몰리면 고양이를 무는 법"이다. 절망한 쥐들은 협력하여 고양이한테 맞섰다. 가까운 곳에 있는 랑고바르드족 병사도, 우연히 로마에 주재하고 있던 프랑크족 병사도 수도 방위에 가담한다. 로마 근교에 영지를 가진 호족들도 부하들을 이끌고 로마에 도착했다. 평소에는 고양이 이마빡만 한 영지를 둘러싸고 싸움만 하던 남자들도 로마의 위기 앞에서 평소의 증오도 잊은 것이다. '절망'과 '신앙'이 소극성과 이기심을 초월했는지도 모른다. 누군가 한 사람이 총지휘를 맡은 것도 아니었다. 그런데도 수비 쪽은 일치단결했고, 사기도 높았다.

아우렐리아누스 황제가 세웠기 때문에 '무라(벽) 아우렐리아나'라고 불리는 높고 두꺼운 로마 성벽 앞에 도착한 이슬람 군대는 무엇보다 우선 성벽 위에서 비오듯 쏟아지는 화살을 받게 되었다. 그리고 그것이 멈추기도 전에 이번에는 투석기로 쏘아대는 큰 돌들이 연달아 날아왔다.

이슬람 병사의 무장은 자유롭게 움직일 수 있도록 만들어진다. 따라서 화살이나 돌을 막는 데에는 거의 도움이 되지 않는다. 또한 차분하게 자리를 잡고 성을 공격하는 장기적인 공성전은 그들의 장기가 아니었다. '신앙심이 없는 개들의 성스러운 도시'를 공략하려던 이슬람 군대는 수비 쪽이 식량 부족에 두 손을 들고 항복해오기를 기다리기로 했다. 하지만 2만 명의 병사로 20킬로미터가 넘는 성벽으로 둘러싸인 로마를 개미 한 마리 빠져나갈 틈도 없을 만큼 철저히 포위하기는 불가능했다.

그래서 로마로 쳐들어가는 것을 포기한 대신, 성벽 밖에 펼쳐져 있는 땅을 철저히 유린했다. 성 베드로 대성당과 성 바울 성당이 맨 먼저 습격당한다. 교황청 기록에 따르면 기독교를 공인한 콘스탄티누스 대제부터 신성로마제국의 창시자 샤를마뉴에 이르는 역대 황제들이 헌납한 금은 성구가 모두 약탈당했다지만, 이것은 과장된 기록이 아닌가 싶다. 15년 전에도 상당히 약탈을 당했기 때문이다.

하지만 '500년 동안 헌납된 귀중한 물건들을 모아놓은 큰 미술관'의 일부는 역시 약탈당했을 것이다. 15년 전에 약탈당한 경험을 살려 성벽 안에 있는 교회로 귀중품을 피난시키는 것이 현실적이겠지만, 기독교도는 여차하면 신이 지켜주실 거라고 생각하는 경향이 강하다. 그리고 성 베드로 대성당과 성 바울 성당도 더없이 중요한 교회니까, 텅 비워둘 수는 없었을 것이다. 요컨대 이슬람 병사들은 이번에도 상당한 수확을 거두었다. 그리스도를 묘사한 모자이크를 향해 화살을 쏘거나 새벽까지 성당 안에서 춤을 추며 즐겼다고 한다.

이것을 전해들은 시내의 기독교도들은 흥분했다. 이튿날 밤에 몰래 테베레강을 건넌 사람들이 성 베드로 대성당에 잠입하여 활활 타오르는 횃불을 앞세우고 이슬람 병사들을 덮쳤다. 이 기습작전은 성공하여, 적어도 성 베드로 대성당에서는 이슬람 병사들을 몰아낼 수 있었다.

성 베드로 대성당을 탈환하는 데 성공한 일은 시내에 있는 사람들의 힘을 북돋워주었을 뿐만 아니라, 그 소식은 순식간에 중부 이탈리아 전역에도 퍼졌다. 로마만 일어난 것이 아니라 중부 이탈리아 전체가 이슬람에 맞서 일어난 것 같았다. 아우렐리아, 카시아, 살라리아, 노멘타나, 티부르티나 등, 고대부터 북쪽에서는 다섯 개의 가도가 로마로 모여든다. 이 가도들은 오래되어 닳기는 했지만 중세 전기에도 아직 쓸 수 있었다. 옛날 가도를 통해 로마까지 올 수 있었던 것이다. 그리고 서기 846년에도 사람들이 이 가도들을 지나 로마를 구하러 모여들었다.

신앙 때문인지, 용기 덕분인지, 아니면 위기가 눈앞에 닥쳐왔을 때의 절망 때문인지는 알 수 없다. 어쩌면 이 모든 것이 합해졌는지도 모른다. 하지만 속속 모여드는 사람들을 보고 놀란 것은 이슬람 쪽이었다.

지금까지 그들이 알고 있었던 기독교도는 '반항할 용기조차 없는 겁쟁이 개자식'이었다. 그런데 지금 기독교도들이 대항해온다. 그것도 무리를 지어. 이제 달아나기 시작한 것은 이슬람 병사들 쪽이었다. 게다가 대오도 갖추지 않고, 약탈한 물건만 챙겨서 돌아가려 했기 때문에 더욱 심한 혼란에 빠졌다. 그들은 뿔뿔이 흩어져 도망치기 시작했다.

오스티아항에서 기다리는 배를 향해 달아난 병사들도 있었다. 아피아 가도를 따라 남쪽으로 달아난 자들도 있다. 그들이 모두 남쪽으로 달아난 것은 로마를 구원하러 달려온 사람들이 대부분 북쪽으로 통해 있는 가도를 따라 로마로 내려왔기 때문이다. 그래서 이슬람 병사들은 무조건 기독교도가 오지 않는 방향으로 달아난 것이다. 하지만 겨울도 가까운 계절, 그들이 향한 남쪽도 이제는 더 이상 안전하지 않았다.

시칠리아의 이슬람교도와 동맹조약을 맺은 남이탈리아의 항구도시 가에타와 나폴리와 아말피가 이번에는 확실히 기독교 쪽에 섰다. 그래서 이탈리아 남부로 달아난 이슬람 병사들은 로마와 나폴리의 중간지대에서 협공당하는 상태가 되어버렸다.

절망한 이슬람 병사들은 당시 그들 사이에 활용되었던 비둘기를 이용하여 팔레르모의 태수에게 구원을 요청하는 편지를 보냈다. 태수는 그 편지를 받았지만, 배의 출항은 날씨에 달려 있었다. 여느 때에는 잔잔한 지중해도 겨울철에는 거칠어질 때가 드물지 않았다.

이듬해인 서기 847년이 되어서야 약탈로 연명하고 있던 이슬람 병사들이 애타게 기다린 배가 도착했다. 배는 시칠리아만이 아니라 북아프리카에서도 왔다. 하지만 그동안 기독교 쪽은 지휘계통까지 확립한 방위군을 편성하고 있었다. 지휘관은 프랑크 왕이자 이탈리아 왕인 루도비코였다. 한편 이슬람 쪽도 군대를 통합했다. 오스티아와 미세노에 놓아둔 배들도 남하하여, 시칠리아와 북아프리카에서 온 선단과 합류했다.

그 후 반년은 몬테카시노의 대수도원을 공격하고 싶어 하는 이슬람 쪽과 그것을 방위하기 위해 단결한 기독교 쪽이 남이탈리아에서 가장 유명한 이 수도원을 둘러싸고 벌인 육상전으로 지나갔다. 그런데 봄에 자주 일어나는 호우로 물이 불어나, 수도원이 서 있는 산 아래쪽에 진을 친 이슬람 군대가 물에 떠내려갔기 때문에, 기독교 쪽은 이거야말로 신의 은총이라고 감사했다. 결국 살아남은 이슬람 병사들이 합류한 이슬람 선단과, 아말피와 나폴리가 제공한 배에 올라탄 기독교 병사들이 바다에서 결전을 벌이게 되었다.

하지만 이때도 기독교도들에 따르면 신이 도움의 손길을 뻗어주었다. 해상에서 결전이 벌어지기 전에 승부가 나버렸기 때문이다. 전쟁터가 될 터였던 가에타 항구 밖 바다에 갑작스러운 강풍이 휘몰아친 것이다. 아직 항구를 떠나지 않은 기독교 쪽 배들은 재난을 피했지만, 이미 항구 밖에 와 있던 이슬람 선단은 강풍에 직격탄을 맞았다. 가에타 근처 해안은 익사한 사라센인의 시체로 가득 메워졌다고 한다. 쇠사슬에 묶인 채 노를 젓고 있던 기독교도 노예들은 배와 함께 바닷속으로 사라졌다. 신의 은총에도 우선순위가 있는지 모른다. 이리하여 서기 846년부터 847년까지 기독교의 수도인 로마 정복을 목표로 내걸고 벌어진 이슬람의 성전은 완전한 실패로 끝났다.

하지만 이 정도로 체념할 이슬람이 아니다. 그것도 이슬람 세계 서방에서는 수도나 다름없는 카이루안의 '아미르'가 시작한 성전이다. 그리고 실제로는 수도 역할을 하고 있던 튀니스의 '아미르'도 전적으로 협력하여 로마 정복을 목표로 삼았던 전쟁이다. 이대로 물러서는 것은 두 '아미르'의 체면 문제이기도 했다. 그들은 군사적으로 정복되었기 때문에 이슬람교도가 되었지만, 북아프리카에서는 원주민인 '신' 이슬람교도들이다. 그런 그들이 권위와 권력을 잃을 수도 있었다. 성전의 성패는 국내 안정의 열쇠이기도 했다.

그해가 끝나기를 기다리지도 않고 성전을 계속 수행해야 한다고 주장하는 이맘들이 카이루안에서 북아프리카 전역으로 흩어져 갔다. 그들은 각지에 있는 모스크의 단상에서 열정적으로 사람들을 설득했다.

"신의 가르침을 잘못 믿고 있는 불신의 무리들의 수도인 로마를 정복하는 것은 알라와 무함마드가 함께 바라시는 일이다. 따라서 지하드에 참가하는 것은 이슬람의 가르침에 충실한 우리의 의무다. 이 성스러운 전쟁에 참가하는 자에게는 천국이 기다리고 있다. 가라. 이슬람 전사들이여! 로마를 향해!"

이듬해인 848년에는 북아프리카 전역에서 배를 만드는 망치 소리가 끊이지 않았다. 병사들도 패배의 기억을 떨쳐버리고 모이기 시작했다. 카이루안에 있는 '아미르'도 이듬해인 849년에 성전을 수행하겠다고 소리 높이 선언했다.

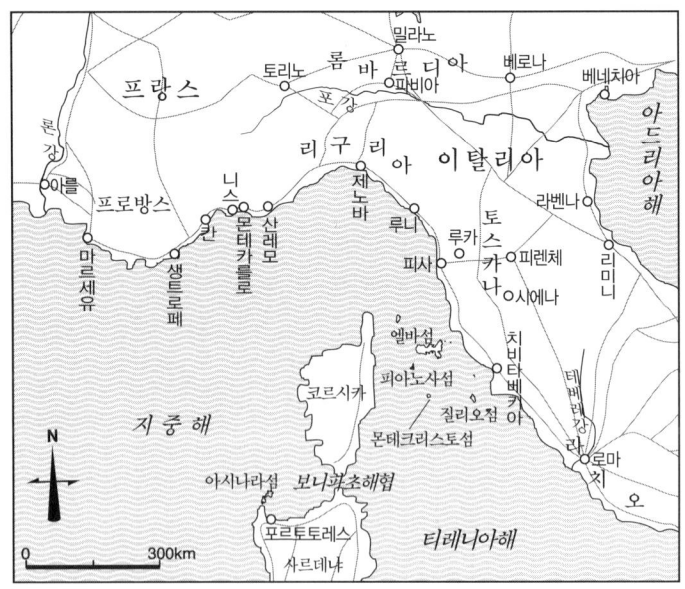

남프랑스와 북이탈리아

　이탈리아반도에서도 특히 이슬람 세계와 직접 마주 보는 티레니아해 쪽에서는 이슬람 쪽이 이대로 물러나리라고는 아무도 생각지 않았다. 이들에게 사라센 해적에 대한 공포는 부모에게서 자식에게 전달되는 세습의 감정이 되어 있었다.

　그리고 로마가 굴복하면 이탈리아반도 전체가 이슬람에 굴복하게 된다는 이 시대 이탈리아반도 주민들의 생각을 정당화하는 증거는 부족하지 않았다.

　시칠리아는 이제 엔나와 시라쿠사만 남기고 섬 전체가 이슬람에 정복되어 있었다.

　남부 이탈리아에서는 그 지방에서 제일 좋은 항구인 타란토와 바리가 이슬람의 손에 들어가 있었다.

중부 이탈리아도 교황청 영토에서 제일 좋은 항구였던 치비타베키아에서 이슬람 세력을 몰아내려 해도 전혀 손을 쓰지 못하고 있는 상태였다.

다른 지방에서도 소규모 선단으로 바람처럼 쳐들어와서 사람과 물건을 빼앗고 바람처럼 수평선 너머로 사라지는 해적이 무서워서, 어부들조차 해안 근처에서만 고기를 잡게 되었다.

지금도 이탈리아반도의 티레니아해 쪽에는 '그로타 사라체나'(사라센인의 동굴)라든가 '칼라 디 사라체니'(사라센인의 후미)라고 불리는 곳이 여기저기에 있다. 습격하기 전에 그들이 숨어 있던 곳이다. 이런 곳들은 티레니아해에 떠 있는 몬테크리스토나 질리오나 피아노사 같은 작은 섬만이 아니라, 엘바섬은 물론이고 사르데냐나 코르시카처럼 섬이라기보다 바다에 떠 있는 육지라고 말하는 편이 적절한 큰 섬의 해안에도 흩어져 있다. 이것은 로마 남쪽만이 아니라 로마 북쪽의 피사를 중심으로 하는 토스카나 지방과 제노바를 중심으로 하는 리구리아 지방도 사라센 해적의 시야에 들어왔다는 것을 의미했다.

이를 실증하듯, 서기 849년 봄이 막 시작되자마자 성전보다 해적질을 목적으로 한 사라센 선단이 루니에 상륙했다.

루니는 토스카나 지방의 북쪽 끝에 자리 잡은 고대부터의 항구도시인데, 배후에 경작지가 펼쳐져 있는 풍요로운 도시로 알려져 있었다. 이 루니가 사라센 해적들에게 철저히 파괴된 것이다. 그들은 약탈과 납치만 하고 물러가주지 않았다. 마치 이슬람이 화나면 어떻게 되는가를 기독교도들에게 과시하는 것 같았다. 루니는 그 후 폐허로 남는다. 사람이 살지 않는 곳으로 변한 것이다. 사라센인이 떠나도 그곳으로 돌아올 사람조차 남아 있지 않았다.

이때의 사라센 해적은 루니를 파괴한 뒤에도 북행을 멈추지 않고, 제노바를 중심으로 하는 리구리아 지방의 해안을 차례로 분탕질했다. 이 폭행의 파도는 남프랑스까지 미친 뒤에야 겨우 남쪽으로 떠나갔다. 이제 프로방스에서도 사람들은 안심하고 바닷가에서 살 수 없게 되었다.

'성전'(구에라 산타)

지중해에 면한 기독교 세계를 덮친 이 참상을 이 시대에 어떻게든 수습할 수 있는 사람은 로마 교황뿐이었다. 죽은 전임 교황의 후임으로 1년 전에 선출된 교황은 적극적인 성격으로 알려진 레오 4세였다.

레오 4세는 북아프리카에서 다시 도전해오기를 기다리고 있지 않았다. 교황으로 선출되자마자 로마를 둘러싼 성벽의 보강공사를 서둘렀다. 테베레강을 굵은 쇠사슬로 봉쇄하는 작전도 세웠다. 적선이 강을 거슬러 올라와 로마로 쳐들어오면 언제든지 그 작전을 실행에 옮길 수 있도록 준비를 끝냈다.

기독교 세계의 공통된 문제니까 협조해달라고 비잔티움제국 황제에게 호소하지도 않았다. 신성로마제국 황제에게도 이슬람과 맞서 싸울 군대를 편성해달라고 요청하기는 했지만, 거기에 기대를 걸지 않았던 것은 마찬가지다. 교황은 그런 세속의 고위인사들보다 사라센의 위협을 피부로 느끼고 있는 이탈리아 주민들을 믿기로 한 것이다. 나폴리와 가에타와 아말피의 대표가 교황궁이 있는 라테라노에 불려갔다.

문제는 적이 상륙한 뒤에 맞아 싸울 것인가, 아니면 바다에서 기다렸다가 상륙하기 전에 결전을 벌일 것인가였다. 누가 교황의 의논 상대였는지는 알 수 없다. 어쩌면 교황의 부름을 받은 세 항구도시의 대표들 가운데 북아프리카의 사정에 가장 밝은 아말피 대표의 충고를 받아들였는지도 모른다. 어쨌든 교황이 선택한 것은 바다에서 승부를 다투는 쪽이었다.

9세기 당시 아말피는 서구에서 베네치아를 제외하고는 거의 유일하게 오리엔트와의 교역에 깊이 발을 담그고 있었다. 베네치아인과 마찬가지로 북아프리카의 이슬람교도와도 교역 관계를 맺었고, 그래서 이슬람을 적대시하는 교황의 노여움을 살 때가 많았다.

하지만 그 덕분에 이슬람 쪽의 정보에도 훤했다. 사라센인은 공성전에 익숙지 않을 뿐만 아니라 해전에도 익숙지 않다는 것을 알고 있었다.

그리고 이것도 세 대표의 의견에 따른 것인지는 모르지만, 결전장은 오스티아항구 앞바다로 결정되었다. 교황으로서는 이 해전에서 패하면 테베레강 양쪽에 걸쳐놓은 쇠사슬도 쓸모가 없어질 테니까, 문자 그대로 배수진을 친 셈이었을 것이다. 바다 건너편에서도 성전을 기치로 내건 이슬람의 대규모 선단이 튀니스항을 떠났다는 소식이 전해졌다.

남이탈리아를 대표하는 항구도시인 가에타와 나폴리와 아말피가 제공한 배와 선원들은 이미 오스티아항에 들어와 있었다. 또한 그 배를 타고 싸우겠다는 지원병들도 이탈리아 전역에서 오스티아에 도착하기 시작했다. 이 소식을 들은 교황 레오 4세는 성벽 안에 있어서 안전한 라테라노 궁을 나와 오스티아로 향했다. 그리고 일찍이 트라야누스 황제가 건설한 드넓은 항구에 닻을 내린 배와 선원들과 병사들 앞에서 목청을 높였다.

"전능하신 신이여, 사도 베드로는 일찍이 당신의 도움으로 바다 위를 걸었습니다. 또한 태풍으로 침몰할 뻔한 사도 바울을 당신은 세 번이나 구해내셨습니다. 이번에는 우리 소원을 들어주소서. 기독교 신자들은 지금 정당하고 신성한 대의 앞에 목숨을 내던지려 하고 있습니다. 그들이 앞으로 직면할 해전에서 승리한다면, 그것은 모두 신의 영광을 위해 바친 행위의 결과일 뿐입니다. 예수 그리스도에게, 우리 구세주에게 영광 있으라!"

이 말을 들은 사람들의 가슴은 신성한 불로 활활 타올랐다고 교황청 기록은 말하고 있다.

지중해 건너편에 사는 사람들도 '신성한 불'로 타오르고 있었지만, 지중해 이쪽에서도 역시 '신성한 불'로 타오른 것이다.

'성전'을 이슬람 쪽에서는 '지하드'라고 부르고, 기독교 쪽에서는 '구에라 산타'라고 부른다. 성전이란 다른 신의 존재를 인정하지 않는 것이 가장 큰 특징인 일신교 사이에서만 성립되는 개념이었다.

교황 레오는 로마에 돌아가지 않고 그대로 오스티아에 머물렀다. 신의 자식들이 싸우는 해전을 바로 옆에서 지켜볼 작정이었을 것이다. 하지만 오래 기다릴 필요는 없었다. 정찰하러 나간 쾌속 갤리선이 이슬람 선단의 접근을 알리려고 돌아왔다.

테베레강이 바다로 흘러드는 어귀 좌우에는 해안선이 끝없이 이어져 있다. 그 앞에 나타난 이슬람 선단은 배마다 돛대 높이 초록 바탕에 하얀 반달을 물들인 이슬람 깃발을 당당히 바람에 나부끼며 다가왔다.

그들을 맞아 싸우기 위해 기독교 쪽 선단이 출항했다. 이제 곧 양쪽이 노를 저어 접근한 뒤 배 위에서 백병전이 벌어질 거라고 해안에서 지켜보던 사람들은 예상했다. 그런데 갑자기 풍향이 바뀌었다.

맹렬한 리베초(남서풍)가 항구에 접근하고 있는 이슬람 선단을 뒤에서 덮쳤다. 맞아 싸울 작정이었던 기독교 선단은 재빨리 그것을 알아차리고, 키잡이가 온 힘을 다해 키를 돌렸다. 하지만 이슬람 쪽에는 풍향이 바뀌기 직전에라도 그것을 읽을 수 있는 노련한 선원이 없었는지, 키를 돌릴 새도 없이 강풍에 떠밀렸다. 게다가 자기네끼리 충돌했기 때문에 대혼란이 벌어졌다. 그들은 서로 부딪치고 폭주하면서 해안에 충돌했다. 신이 이번만은 무함마드보다 그리스도를 편들었다고 생각할 수밖에 없었다.

배들은 심하게 파손되어 쓸 수 없게 되었지만, 노잡이들은 쇠사슬을 끊고 자유의 몸으로 풀어줄 수는 있었다. 그리고 많은 이슬람 포로까지 얻었다.

수천 명이나 되었다는 그 포로들은 이번에는 자기들이 쇠사슬에 묶여 로마로 끌려간다. 로마까지 가는 가도에서도, 로마에 들어간 뒤에도 수많은 사람이 연도를 가득 메웠다. 사라센 해적들이 쇠사슬에 묶여 끌려가는 꼴은 한 번도 본 적이 없었기 때문에, 그것을 보려고 모여든 사람들이 인산인해를 이룬 것이다.

교황 레오는 바티칸 전체를 빙 둘러싸는 성벽 건설에 이 사라센 포로들을 동원했다. 성 베드로 대성당이 두 번 다시 이슬람교도한테 짓밟히지 않도록 대성당을 중심으로 한 전역을 견고한 성벽으로 둘러싸

오스티아 해전

기로 한 것이다. 오늘날에도 건재한 이 성벽은 레오가 세웠다 하여 '무라 레오니나'라고 불린다. 기독교 세계에서 으뜸가는 교회인 성 베드로 대성당과 거기에 딸린 건물들을 지키는 성벽은 이렇게 이슬람교도들의 손으로 건설되었다.

역사상 '오스티아 해전'이라는 이름으로 알려진 이 싸움은 로마 교황으로서는 기념할 만한 기독교의 승리였다. 그래서 르네상스 시대에 교황의 의뢰를 받은 라파엘로가 붓을 휘두르게 된다. 그것은 지금도 바티칸 안에 있는 '라파엘로의 방'에서 볼 수 있다. 기독교 쪽으로서는 그런 생각을 하는 것도 무리가 아니었을 것이다. 어쨌든 이슬람을 처음으로 이긴 전투였기 때문이다. 하지만 사태는 한 번 이긴 정도로 호전될 만큼 만만치는 않았다.

초록 바탕에 하얀 반달을 물들인 이슬람 깃발을 당당하게 내건 성전이 두 번 다 비참한 결과로 끝나버린 것을 본 북아프리카의 이슬람 세력은 전술을 바꾸었다. 해적질을 이용한 파상 공격으로 돌아간 것이다.

그들로서는 현명한 방침 전환이었다. 이유는 네 가지다.

첫째, 오랫동안 익숙해진 행동으로 돌아갈 뿐이었다는 것.

둘째, 해적업이 산업화했기 때문에 거기에 직접 또는 간접적으로 종사하는 사람들을 위해서라도 그것을 계속할 수밖에 없었다는 것.

셋째, 북아프리카 각지를 통치하는 '수장'들에게 해적들이 수확의 5분의 1을 바치도록 정해져 있는 상납금은 무시할 수 없는 수입이었다는 것.

넷째, 해적질이 기독교도가 사는 땅에서 이루어지는 이상, 이슬람의 적을 약화시키는 행위가 되고, 따라서 이것 역시 성전으로 여겨지고 있었다는 것.

요컨대 그 당시에는 이슬람교도가 해적으로 행동해도 전혀 지장이 없었다. 그리고 해전에는 패배할 위험이 따르지만, 해적질의 경우에는 대개 맞아 싸울 준비를 하지 않은 사람들을 습격하게 된다. 위험은 적고 수입은 안정되어 있었다.

게다가 기독교 쪽에서도 승리에 대한 환호가 어느새 사라져가듯 '신성한 불'도 벌써 꺼져 있었다. 랑고바르드족의 공국들은 사분오열하여 영토 싸움에 몰두하는 나날로 돌아가 있었다. 그뿐만 아니라 살레르노를 점거한 베네벤토공국은 그 바로 옆에 있는 아말피까지 영유할 야심을 드러내고 있었다.

아말피 같은 통상국가는 배후에 경작지가 없기 때문에 바다로 나갈 수밖에 없었던 사람들의 공동체다. 그들에게는 완전한 자유를 주고 통상이나 교역 면에서 업적을 올리게 하는 편이 그 근처에 사는 사람들에게도 이득이다. 살레르노처럼 비옥한 경작지가 있고 수출할 수 있을 정도의 상품을 생산할 수 있는 도시를 손에 넣었다면, 그것을 수출하는 일은 그럴 힘을 충분히 갖고 있는 아말피 사람들에게 맡겼어야 했다. 그런데 이 아말피에 대해 내륙 지역과 같은 지배권을 행사하려 한 것은 지배 방식으로서도 현명하지 않았다.

하지만 랑고바르드족은 북방에서 남하해온 사람들이다. 육지밖에 모르는 그들은 바다의 효용성을 전혀 이해할 수 없었는지도 모른다. 그래도 그들이 이탈리아에 정착한 지 벌써 300년이 지나고 있었다. 육지민족이라서 바다를 모르는 것이 아니라, 바다의 효용을 깨달을 능력을 끝내 얻지 못했다고 생각할 수밖에 없다. 실제로 랑고바르드족의 지배가 효과를 발휘한 것은 북부 이탈리아였다. 밀라노를 중심으로 하는 주(州)는 지금도 롬바르디아 지방이라고 불리는데, 이 이름은 랑고바르드에서 유래한 것이다.

'바다의 공화국'

오늘날 이탈리아의 해군기는 중세 후기의 지중해 세계에서 이슬람 해적과 당당히 맞설 수 있는 해상 전력이었던 이탈리아의 네 해양국가의 국기를 로프로 둘러싼 도안이다(권말부록 화보 참조). 상단 왼쪽이 베네치아, 오른쪽이 제노바, 하단 왼쪽이 아말피, 오른쪽이 피사의 국기다. 이들은 모두 해외 교역으로 힘을 키우고 재력을 쌓은 소수의 상인들이 나라를 이끌어가는 과두제 공화정을 채택하고 있었기 때문에,

'바다의 공화국'이라는 별명으로도 불린다.

이들이 해상 세력으로 대두한 순서는 아말피, 피사, 제노바, 베네치아의 차례일 것이다. 왜 이런 순서가 될까 생각했지만, 지도에서 각 도시의 위치를 보자 납득이 갔다.

아말피—남부 이탈리아의 티레니아해 쪽

피사—중부 이탈리아의 티레니아해 쪽

제노바—북부 이탈리아의 티레니아해 쪽

베네치아—북부 이탈리아에 있을 뿐만 아니라 아드리아해 안쪽에 자리 잡고 있다.

이들 4개의 해양도시국가들 가운데 북아프리카의 이슬람 세력과 가까운 거리에 있었던 도시부터 먼저 해상 세력으로서 힘을 키워갔다. 바꿔 말하면 사라센 해적을 막아내야 할 필요성이 그들을 해양국가로 만든 것이다. 베네치아가 맨 마지막이 된 것은 해상에서는 두 번이나 사라센 해적에게 패했지만 자기 집 안에까지 쳐들어온 해적에게 약탈과 파괴를 당하고 가족을 납치당한 경험은 한 번도 없었기 때문이다. 네 도시 가운데 그런 경험이 없는 도시는 오직 베네치아뿐이다.

다만 역사상의 중요성에서는 이 순서가 달라진다. 왼쪽에서 오른쪽으로 읽어 나가는 언어 세계에서는 항상 상단 왼쪽이 가장 높은 자리인데, 현대 이탈리아의 해군기에서 그 위치에는 베네치아의 국기가 놓여 있다. 4개의 '바다의 공화국' 가운데 베네치아공화국만 계속 독립을 유지했을 뿐만 아니라, 중세 후기와 르네상스 시대에는 '지중해의 여왕'이라고 불릴 만큼 강한 해군력을 가진 국가가 되었기 때문이다.

그렇다면 하단 왼쪽에 배치된 아말피는 오른쪽에 있는 피사보다 역사적으로 더 중요했는가 하면, 실제로는 그렇지 않다. 그래도 아말피는 '바다의 공화국'의 첫 번째였다. 선구자에게는 항상 그에 상응하는 경의를 표하는 것이 당연하다.

그런데 랑고바르드족의 '쓸데없는 간섭'이 아말피가 비약하는 계기가 되었으니 재미있다. 그때까지 아말피는 나폴리의 동생 같은 처지에 불만을 품지 않았는데, 바다를 모르는 자들의 지배를 받는 것을 바다 사나이들이 싫어했는지도 모른다. 서기 860년을 전후하여 아말피는 독립공화국으로 출발했다. 하지만 당시 남부 이탈리아의 정세는, 작은 '바다의 공화국' 따위는 한입에 먹고 먹힐 수 있을 만큼 혼미와 격동 속에 놓여 있었다.

남이탈리아의 풀리아와 칼라브리아 지방에서는 사라센 세력이 벌써 내륙 깊숙이까지 침입했고, 거기에 맞서야 할 랑고바르드족은 내분을 일으켜 열세에 놓인 쪽이 사라센인에게 오히려 도움을 청하는 상태였다. 이런 상황에서 교황이 할 수 있는 일은 기껏해야 랑고바르드족 지배자들에게 기독교도라는 사실을 상기시키는 것뿐이었다. 랑고바르드족이 그 사실을 '생각해내는' 것은 사라센인과의 공동 작전이 잘되지 않았을 때뿐이었지만.

북아프리카의 이슬람 세력이 전술을 바꾼 것은 성공했다. 시칠리아를 정복하고 있는 이슬람교도까지 끌어들여 효율적으로 전과를 올리고 있었다. 이제 해적들은 습격하여 빼앗고 떠나는 것이 아니라, 남이탈리아의 내륙 깊숙이 침입하여 그곳에 거점을 두고 거기서 다시 강탈하러 나가는 전술로 바꾸었기 때문이다.

수도원도 힘들게 습격하지 않고 말로 협박한다. 쳐들어가서 빼앗고 죽이고 모조리 불태워버리겠다고 위협하는 것이다. 그리고 운반하기

편하고 돈으로 바꿀 필요도 없는 금화를 내놓으라고 요구한다.

수도원은 어디나 표적이 되었지만, 남이탈리아에서 가장 유명한 수도원은 성 베네딕투스가 창설한 몬테카시노 수도원이다. 산 위에 있어서 충분히 방위할 수 있지 않았을까 싶은 이 수도원도 금화 3천 냥이라는 막대한 돈을 치르고 불타는 것을 면했다.

하지만 한 번 돈을 내면 또다시 표적이 된다. 중세 전기는 수도원의 시대라고 해도 좋을 만큼 지방마다 대규모 수도원이 있었는데, 사라센 해적에게 공격당하는 일이 거듭되면서 수도원도 요새 같은 구조로 바뀌어갔다. 기도하는 곳이어야 할 건물이 점점 군사적인 외관을 띠게 된 것이다.

이보다 훨씬 전부터 시작되어 이 시대 이후까지 계속된 사회 현상이 또 하나 있었다.

그것은 사람들이 바닷가를 버리고 안주할 땅을 찾아 깎아지른 벼랑 위나 산속 깊숙한 곳으로 이주하는 것이다. 이런 현상은 남부 이탈리아에서 특히 두드러졌다. 오늘날에도 차를 타고 고속도로를 달리다 보면 높은 벼랑 위에 찰싹 달라붙어 있는 도시나 마을을 자주 볼 수 있다. 역사를 모르면 왜 일부러 저렇게 불편한 곳에 살고 있을까 생각할 뿐이지만, 중세 전기에 살았던 사람들은 필사적이었다. 그때까지는 신앙심에 불타서 고독한 은둔생활을 원하는 사람들만 산간 오지에 숨어 살았지만, 이제는 보통 사람들도 그런 곳으로 이주하게 된 것이다.

신선한 물은 부족하지 않았을 것이다. 하지만 산간지역에서는 아무리 개간에 힘써도 경작지가 한정될 수밖에 없다. 바닷가 평지를 경작할 때와 같은 생산성은 바랄 수 없었다. 또한 사라센인조차 쳐들어오지 않을 외딴곳을 골라서 이주했으니까, 다른 지방이나 그 근처에 사는 다른 사람들과 교류하기도 쉽지 않다. 그에 따른 고립은 정신적인 면에만 그치지 않고 실제 생활에도 영향을 미칠 수밖에 없다.

작은 공동체 안에서 자급자족한다면 이상적이고 평화로운 생활로 여겨지지만, 실제로는 낭비가 많은 생활이다. 다른 주민 공동체에서는 다량으로 생산되니까 거기에서 사면 되는 물건까지도 '자급'해야 하기 때문이다. 이것이 또 생산성을 떨어뜨린다.

로마제국은 광역경제권이었다. 중세는 그것이 붕괴된 뒤에 찾아온 시대니까, 협역경제권이 될 수밖에 없었다. 로마제국과 중세의 차이는 물산 유통이 활발하게 이루어진 시대와 유통이 멈춰버린 시대의 차이이기도 했다.

토의를 거친 뒤에 판단을 내린다는 의미에서의 '합의제'는 자신감을 가진 사람들의 공동체에만 적합한 제도가 아닐까. 반대로 자신감을 잃고 도망쳐온 사람들은 누군가 한 사람이 판단을 내리고 그 사람의 명령에 따라 생활해야만 안심할 수 있지 않을까.

지금도 산간도시에 발을 들여놓으면 타임터널을 단숨에 빠져나가 중세로 돌아간 듯한 기분이 드는데, 그것은 집들이 옛날 그대로 남아 있기 때문만은 아니다. 그보다 더 중세를 느끼게 하는 것은 아담한 집들과는 대조적으로 성채처럼 호화롭고 웅장한 수도원이나 영주의 저택이다. 수도원은 종교적인 문제만이 아니라 개척이나 경작을 지도하는 역할도 맡고 있었고, 영주는 만약의 경우에 방위를 보장해주는 사람이었다.

그리고 수도원과 영주는 경작지의 지주인 경우가 많았기 때문에, 농민들은 소작료에다 방위보장료까지 내야 한다. 로마 시대에는 수익의 1할이었지만, 중세에는 적어도 5할이 넘는 액수가 된다. 자작농이 소멸했고, 지역이 좁아질수록 1인당 방위비는 비싸지기 때문이다. 잘 정비된 가도를 통해 필요한 지역에 군단을 보내는 체제였던 로마제국 시대와 비교해보면 차이를 알 수 있다.

'사라센의 탑'

이런 생활방식을 저울질한 끝에 도달한 결론이 아닐까 싶지만, 산간으로 달아나지 않고 바닷가에 머물기로 결정한 중세인도 있었다.

그들은 우선 바다를 넓게 바라볼 수 있는 곳이나 절벽 위에 '사라센의 탑'이라고 불리는 망루를 염주처럼 늘어세웠다.

이어서 사라센인의 습격을 물리칠 선단을 편성했다. 지금까지의 경험으로 사라센 해적이 '힘만 많이 들고 이익은 없는 것'을 싫어한다는 사실을 알고 있었기 때문이다. 상선에도 호위대를 붙이자마자 해적에게 습격당하는 비율이 줄어들었다.

하지만 직접 공격당하지는 않아도 해적이 가까운 해안에 상륙하여 육로로 습격해올 위험은 항상 존재한다. 그것을 고려하여, 도시 구조까지도 쾌적성을 희생하고 방어를 최대 목표로 삼게 되었다. 한마디로 말하면 구불구불한 골목길을 미로처럼 둘러친 구조다. 그 좋은 예가 남부 이탈리아에 있는 아말피인데, 그 도시의 집들 아래로 빠져나가는 비좁고 어두운 골목을 걷다 보면 갑자기 눈앞에 작은 빈터가 나타난다. 이 빈터는 주위 집들의 채광을 고려하여 만들어진 게 아니었다.

거기에 서면 누구나 생각할 것이다. 방금 지나온 골목과 이 빈터 건너편에 뚫려 있는 골목을 철문 같은 것으로 막아버리면, 쳐들어온 해적을 독 안에 든 쥐로 만들 수 있다고. 아말피의 골목은 미로처럼 복잡하게 얽혀 있을 뿐만 아니라, 곳에 따라서는 갑자기 좁아지도록 되어 있다. 또한 이 골목들은 항상 어느 한 쪽을 선택할 수 있도록 복수로 되어 있다. 아말피에서 으뜸가는 교회에서도 골목길 두 개가 도시 밖으로 이어져 있다. 눈에 띄지 않는 곳에 입을 벌리고 있는 이 골목길 두 개 가운데 어느 것을 택해도 도시 밖으로 달아날 수 있도록 되어 있었다.

지중해 남쪽에 펼쳐져 있는 이슬람 세계에서는 이런 도시 구조를 '카스바'라고 부른다. 지금도 유명한 것은 알제의 카스바인데, 북아프리카에 사는 아랍인이 왜 이런 도시 구조를 좋아했는지는 알 수 없다. 하지만 지중해 북쪽에 남아 있는 이탈리아의 '카스바'는 지중해 남쪽의 카스바에서 쳐들어오는 해적에 대한 방어책으로 생겨난 것이다.

자기방어를 위한 '카스바'를 만들고 싶어도 만들 수 없는 곳에 사는 사람들도 있었다. 배후지가 아말피처럼 깎아지른 산이 아니라 넓은 평야인 곳에 살았던 사람들이다. 이들은 상당히 강력한 선단을 조직할 수 있는 인구와 경제력을 갖추지 않는 한, 역시 외딴곳으로 달아날 수밖에 없었다. 중세 전기에는 이런 사람들이 압도적으로 많았다.

누가 사라센 해적에게 가장 많은 피해를 보았는가를 오늘날 상상할 수 있는 가장 적합한 방법이 있다.

그러려면 머릿속을 컴퓨터 그래픽화할 필요가 있지만, 머릿속에서 하는 작업이니까 상상력만 있으면 된다.

남프랑스에서 이탈리아 북부와 중부, 남부로 내려와 '장화' 뒤꿈치를 빙 돈 지역, 즉 티레니아해와 이오니아 해에 면해 있는 일대는 지금은 관광지로 알려져서, 전 세계에서 찾아오는 사람들이 '지중해'를 만끽하고 있다. 기후가 온난하고 풍광이 아름답다는 공통점을 가진 이들 관광지에서 사람도 건물도 바다에 떠 있는 배도 모두 지워버린다. 머릿속에서 무인지경으로 만들어버리는 것이다. 고대에는 가도를 오가는 사람들이 끊이지 않았고, 평야는 구석구석까지 경작되고, 상하수도가 완비된 도시나 마을이 진주목걸이처럼 이어져 있고, 항구에는 배들이 끊임없이 드나들었지만, 그 땅에서 인간과 관련된 것을 모조리 지워버린다.

그러고 나면 비로소 알 수 있을 것이다. 중세 전기가 어떤 시대였는지.

그리고 그 시대에 살았던 사람들에게는 중세가 암흑이었다는 것도 비로소 납득할 수 있을 게 분명하다.

이 암흑시대, 그중에서도 가장 상태가 참혹했던 9세기, 기독교도들을 지킬 의무는 그 때문에 일부러 창설된 신성로마제국 황제한테 있었을 것이다. 이 시기의 황제는 루도비코 2세였다. 그는 역대 프랑크계 황제와 마찬가지로 프랑스를 본거지로 삼고 있었지만, '이탈리아 왕'의 칭호도 갖고 있었다.

로마 교황이 출동을 거듭 요청하자 황제는 그 끈기에 졌다는 듯이 서기 860년에 드디어 이탈리아행을 승낙했다. 물론 상대는 사라센이었다.

하지만 이 신성로마제국 황제는 신민들의 안전을 보장하기 위해 이탈리아로 가기 전에, 신민인 이탈리아반도 주민들에게 다음과 같은 포고를 내렸다.

"동산을 많이 소유하고 있는 부자는 그 돈을 사용하여 감옥에서 나온 살인범을 되도록 많이, 병사로서의 무장과 무기를 갖춘 상태로 전쟁터에 보낼 의무를 진다.

소유한 동산이 금화 10솔도 이상인 자는 자기가 사는 지역과 그것이 바다와 접하는 해안 일대를 경비하고 경계하는 임무를 맡을 것. 소유한 동산이 10솔도에 미치지 않는 자는 이 임무를 면제받는다.

아들이 많은 가정의 경우, 아들 가운데 가장 적절한 한 사람만은 아버지와 함께 집에 남는 것이 인정되지만, 나머지 아들들은 모두 출두하여 황제군에 참가할 것.

아들이 둘밖에 없으면 둘 다 황제군에 참가해야 하고, 아들이 셋이면 그중 한 사람은 집에 남는 것이 인정된다.

영주나 토지관리인도 이런 의무를 면제받지 못하고, 예외도 인정되지 않는다. 즉 모든 사람이 황제군에 참가할 의무가 있다. 다만 전부터 일하고 있던 고용인 가운데 한 사람은 전부터 하던 일을 계속하기 위해, 그리고 두 사람은 남아 있는 가족의 안전을 위해 남는 것이 허용된다.

이 명령을 어기고 더 많은 사람을 집에 남겨두면, 영주는 그 지위를 박탈당하고 지주는 토지소유권을 박탈당한다.

수도원과 수녀원도 영주나 지주와 동등한 의무를 같은 조건으로 져야 한다. 이 의무를 게을리하면 성직자의 자격을 잃을 뿐만 아니라 수도원이나 수녀원이 소유하는 토지나 그밖의 모든 부동산을 몰수당한다."

내용만 보면 사라센인과 맞서려는 황제의 확고부동한 의지를 보여주고 있는 것처럼 보일 게 분명하다. 하지만 이것은 오랫동안 황제의 책무를 게을리한 사람이 내린 명령이다. 아마 명령은 지켜졌을 것이다. 하지만 수와 질은 비례하지 않았다.

황제는 기독교 세계의 속계에서 가장 지위가 높다는 것을 과시하는 호화로운 행렬로 황후까지 동반하여 로마를 방문했지만, 그 후 남이탈리아에서 사라센 해적들을 상대로 치른 전투는 참담한 결과로 끝났다. 패배는 한 번으로 끝나지 않고 이듬해에도 여지없이 패했다. 황제도 하마터면 포로가 될 뻔했지만, 전쟁터에 와 있었던 황후의 기지로 간신히 재난을 면할 수 있었다. 신성로마제국 황제가 사라센의 포로가 되기라도 했다면 북아프리카 전역의 이슬람교도는 환성을 질렀을 것이다. 그리고 그들이 늘 말하는 '신앙심도 없고 겁쟁이에다 무능력한 기독교도'의 산 표본으로 쇠사슬에 묶여 질질 끌려다녔을지도 모른다. 사라센인이 가장 노리고 있던 사냥감은 로마 교황과 신성로마제국 황제였기 때문이다.

그러는 동안에도 지중해의 파도가 밀려오는 모든 지방은 끊임없이 사라센 해적에게 피해를 보고 있었다. 그것을 일일이 쓰지 않는 것은 해적의 습격이 이제 연중행사가 되어버려서 하나하나 자세히 쓰면 너무 단조롭고 따분해지기 때문이다.

이런 해변 도시들에서는 1천 년이 넘게 지난 오늘날에도 수호성인의 상을 앞세워 시내를 누비는 축제가 벌어진다. 서민이 주역인 이 축제들은 대부분 사라센 해적과 관계가 있다. 또한 축제 자체가 여름철에 집중되어 있다. 북아프리카의 해적은 여름철에 자주 부는 리베초

(남서풍)나 시로코(남동풍)를 타고 습격해왔기 때문이다. 그리고 여름에는 지중해의 조류도 남쪽에서 북쪽으로 흐른다.

접근해온 사라센 선단이 갑자기 방향이 바뀐 바람을 피하지 못하고 벼랑에 부딪혀 침몰한 뒤 바다 위에 성모 마리아가 나타났다느니, 성 니콜라가 탑 위에서 졸고 있던 파수꾼을 깨워주었기 때문에 시내에 있던 사람들이 안전한 곳까지 대피할 수 있었다느니, 수호성인의 유래는 곳에 따라 다양하다. 하지만 모두 사라센 해적과 관련되어 있다는 공통점을 갖고 있다.

북아프리카에 사는 이슬람교도가 공포와 동의어였던 9세기, 정확히 말하면 서기 876년 당시 로마 교황이었던 요한네스 8세는 당시의 신성로마제국 황제에게 다음과 같은 서한을 보냈다.

"사라센인이 무리를 지어 쳐들어와 저지르는 잔학하고 무자비한 폭행은 나의 가슴을 깊은 고뇌와 비애로 가득 채우지 않을 수 없소. 이 참상이 나를 괴롭히지 않는 날은 단 하루도 없다고 해도 좋소.

내가 뭘 할 수 있겠소. 어떤 펜도 전혀 멈추지 않는 비참함을 끝까지 다 쓰지 못하고 부러져버릴 거요. 어떤 말도 그것을 정확하고 상세하게 전할 수는 없을 거요.

나 자신이 깊은 고뇌 속에서 나날을 보내고 있소. 나의 눈에 비치는 것은 그리스도의 적들이 그리스도를 믿는 사람들을 괴롭히고 죽이는 광경뿐이오. 모든 곳에서 신의 자식들의 피가 흐르고, 신의 가르침에 충실한 사람들의 영혼이 그때마다 사라져가고 있소. 모든 곳이 약탈과 살육과 방화의 무대로 변해버렸소. 칼에서 달아날 수 있었던 사람도 불길에서는 달아나지 못하고, 불길에서 달아날 수 있어도 기다리는 것은 쇠사슬이오. 쇠사슬에 묶인 채 이교도의 땅으로 끌려가 노예로 혹 사당하면서 죽음을 맞는 것이 그 가련한 기독교도들의 운명이오.

과거에는 사람들로 가득 차 있던 도시들도 성들도 전원들도 무인지경으로 변하고, 그곳들은 이제 사라센인의 소굴이거나 아니면 들짐승밖에 살지 않는 곳이 되어버렸소.

그리고 여기 로마는 집을 잃은 사람들이나 부모를 여읜 고아들이 날마다 피난해오는 곳이 되었소. 이들을 볼 때마다 내 가슴은 날카롭게 간 칼에 깊이 찔린 것처럼 아프다오.

친애하는 황제여, 이것이 신의 자식들을 덮친 재난이고, 나를 고뇌에 빠뜨리는 현실의 모습이오."

하지만 '대머리'라는 별명으로 알려져 있었던 신성로마제국 황제 카를 2세는 교황에게 답장조차 보내지 않았다. 프랑스 내부의 모든 세력을 수습하는 일에 매달려 있었기 때문이다. 그래도 교황의 거듭된 요청은 무시할 수 없었는지, 랑고바르드족의 공국들 가운데 하나인 스폴레토공국의 영주에게 사라센과 맞서 싸울 군대를 편성하라고 명령했다.

그런데 스폴레토공국의 구이도 공은 그 군대를 이끌고 사라센과 맞서기는커녕 카푸아와 나폴리를 공격했다. 남부 이탈리아의 도시들이 사라센 쪽과 다시 교섭을 시작했다는 것이 같은 기독교도를 공격한 구실이었다.

카푸아·가에타·나폴리·아말피 같은 남부 이탈리아의 도시들이, 황제도 랑고바르드 세력도 지켜주지 않는 상태에서 사라센인과 좋은 관계를 맺으려고 움직이기 시작한 것은 사실이었다.

가에타와 나폴리와 아말피는 항구도시니까 사라센 쪽에 접근하는 이유도 이해할 수 있다. 상선의 안전한 항해는 이들에게, 그중에서도 특히 경작지가 없는 아말피에는 사활이 걸린 문제였기 때문이다.

카푸아는 내륙에 있는 도시지만, 랑고바르드계인 베네벤토공국에 항상 위협당하는 처지에 있다. 일단은 '카푸아 백작령'이라는 이름의 독립 영지였지만, 베네벤토공국에 먹힐지 모른다는 공포에서 벗어나지 못했다. 그래서 랑고바르드족에게는 이긴다는 평가가 정착되기 시작한 사라센인에게 의지하려 한 것이다. 인간은 생사의 경계에 서면 종교의 차이는 나중 문제가 되는지도 모른다. 건전한 생활인인 이들은 신에게 평생을 바친 성직자가 아니었다.

하지만 카푸아가 사라센 쪽에 붙으면 교황은 위기에 빠지게 된다. 로마에서 남쪽으로 가는 가도는 아피아 가도도 라티나 가도도 모두 카푸아를 지난다. 고대 로마 가도도 중세에는 보수하지도 않은 채 방치되어 있었지만, 그것 외에는 제대로 된 인프라가 없었기 때문에 아직도 최상의 교통수단이었다. 그 카푸아가 이슬람화하면, 사라센이 로마로 가는 길은 훤히 뚫린 셈이나 마찬가지가 된다.

신성로마제국 황제를 믿을 수 없다는 것을 안 교황 요한네스 8세는 앞에서 인용한 편지를 보낸 이듬해인 877년에 아피아 가도를 따라 남쪽으로 향한다. 도중에 있는 민투르노까지 불러낸 카푸아·가에타·나폴리·아말피의 대표들을 만나기 위해서였다. 이슬람과 동맹을 맺지 말라고 설득하는 것이 목적이다. 하지만 이슬람 세력에 대항하려면 기독교 쪽이 단결할 수밖에 없다고 설득하는 교황의 말은 잠자코 듣고 있는 대표들의 머리 위를 그대로 지나갔을 뿐이다. 파문하겠다고 위협하면 이슬람과의 동맹을 파기하고 이슬람에 맞서겠다고 대답할 줄 알았는데, 교황이 기대한 대답은 끝내 대표들 입에서 나오지 않았다. 그뿐만 아니라 교황과 헤어져 나폴리로 돌아온 집정관 세르조는 이슬람과 좋은 관계를 수립하는 데 앞장서서 반대한 아타나시오 주교를 체포하여 두 눈을 빼낸 뒤 감옥에 처넣었다.

교황의 필사적인 요청과 설득도 모든 방면에서 성과를 거두지 못했다. 그동안에도 사라센 해적의 만행은 계속되었다. 교황은 종교를 우선하여 신자들의 고통을 방치할 것인가, 아니면 우선 신자들을 구하기 위해 예수 그리스도에게 잠시 고개를 옆으로 돌려달라고 부탁할 것인가, 둘 중 하나를 택해야 했다.

교황은 후자를 선택했다. 1년 동안 이탈리아반도 서해안을 약탈하지 않는다는 조건으로 사라센 해적들에게 교황청에서 주조한 은화를 2만 5천 냥이나 지불한 것이다.

이때까지도 시라쿠사나 나폴리, 또는 남이탈리아의 수도원이 돈으로 안전을 산 예는 있었다. 하지만 서구 기독교 세계의 제일인자인 로마 교황이 이슬람 해적과 거래한 예는 없었다.

만약 서기 877년으로 돌아가 그곳에 사는 사람들에게 콘스탄티노플과 로마 가운데 어느 쪽이 먼저 이슬람에 굴복하겠느냐고 물었다면, 대다수는 로마라고 대답하지 않았을까. 9세기 후반의 이탈리아반도는 언제 이슬람화해도 이상하지 않은 상태였다. 그리고 이 예상을 더욱 확실하게 해주는 사태가 시칠리아에서 마침내 일어났다.

시라쿠사 함락

서기 827년에 시작된 이슬람 세력의 시칠리아 정복도 반세기가 지난 이 무렵에는 종결을 눈앞에 두고 있었다. 시칠리아의 주요 도시들 가운데 기독교 쪽에 남은 것은 엔나와 시라쿠사였지만, 산 위에 우뚝 솟은 성채도시 엔나도 한 주민이 이슬람 쪽에 비밀통로를 몰래 알려주었기 때문에 함락되었다. 바다로 불쑥 튀어나간 곶 전체를 요새화한 시라쿠사만 마지막까지 남아 있었다.

하지만 북아프리카 전역에 사는 이슬람교도의 수도 같은 느낌이 강했던 카이루안의 '수장'으로서는 시라쿠사를 그대로 놓아두면 시칠리아를 정복했다고 할 수 없다. 성전을 선언하고 시작한 이상 시칠리아를 완전히 정복하지 않으면 성전이 이슬람교도에게 미치는 권위까지도 땅에 떨어지게 된다.

또한 이슬람교도의 입장에 서지 않아도 지중해 서부에서 시칠리아가 갖는 전략적 중요성은 헤아릴 수 없다. 일찍이 로마와 카르타고 사이에 일어난 포에니 전쟁도 시칠리아를 누가 차지할 것인가 하는 문제로 시작되었다. 이 시칠리아의 완전 제패는 시라쿠사를 함락하지 않고는 성취되지 않는다.

중세로 접어든 뒤에도 시라쿠사의 중요성은 변하지 않았다. 이 시기에는 지중해 최대의 섬 시칠리아의 공식 지배권은 아직 비잔티움제국 황제가 갖고 있었다. 즉 시칠리아는 비록 동방에 있다 해도 기독교 국가의 황제인 비잔티움 황제의 직할 영토였다. 황제대리의 관저도 시라쿠사에 있다. 시칠리아 전역을 지키는 임무를 띤 비잔티움 군대도 시라쿠사에 주둔하고 있다. 이 시라쿠사를 정복하는 것은 지중해 서부의 비잔티움 세력을 일소하는 것이기도 했다.

　게다가 고대부터 이어져 내려오는 시라쿠사의 지명도도 무시할 수 없는 이점이 된다. 지중해를 본 적도 없는 북유럽 사람들조차 팔레르모는 몰라도 시라쿠사는 알고 있었을 것이다. 이 시라쿠사를 함락하는 것은 기독교 세계에 심리적 충격을 주는 의미도 있었다.

　카이루안의 '수장'(아미르)은 과감한 전투 방식으로 두각을 나타내고 있던 자파르 이븐 무함마드를 새로 시칠리아 '태수'(아미르)에 임명했다. 그리고 '시칠리아 정복을 시작한 지 50주년이 된 것을 기념하여'라고 말했는지 어떤지는 모르지만, 시라쿠사 공략을 위한 대군 편성과 총지휘를 그에게 맡겼다.

　이슬람-시칠리아의 수도가 되어 있었던 팔레르모에 부임한 자파르는 시간도 힘도 낭비하지 않았다.

　시칠리아만이 아니라 북아프리카 전역에 호소하여 지원자를 모은다. 그와 동시에, 이슬람 무장으로서는 드물게 공성 무기까지 대량으로 제조했다. 공성 병기를 활용하여, 성벽으로 둘러싸인 대도시를 공략하는 데 능숙하지 않은 이슬람 병사들을 도울 작정이었을 것이다.

　팔레르모 시내는 당장 거대한 공장으로 변했고, 각지에서 모여드는 병사들로 넘쳐날 것 같았다. 서두르라고 재촉했으니까 모든 면에서 무리를 강요했을 게 분명하다. 이것이 나중에 자파르에게 재앙을 가져오게 되지만, 시라쿠사 공략 준비는 단기간에 끝낼 수 있었다. 계절도 벌써 여름에 접어들어 있었다. 서기 877년, 시칠리아 정복을 시작한 지 50년째가 되는 그해에 마지막으로 남겨진 시라쿠사를 향해 병사와 말과 공성기는 성전의 깃발을 높이 쳐들고 팔레르모를 떠났다.

 한편 시라쿠사도 방어를 위해 일어선다. 전에 한 번 군대를 철수하는 대가로 비잔티움 금화를 산더미처럼 내준 일 따위는 까맣게 잊은 것 같았다.
 주민은 주변 지역에서 피난해온 사람들을 포함하여 2만 명. 순수 전투원인 병사의 수는 알 수 없다. 하지만 이미 이슬람에 굴복한 도시나 요새에서 철수해온 병사들도 가담했다니까, 1만 명에 가까운 규모는 되었을 것이다. 그런데 시라쿠사 관저에 상주해 있었을 터인 '황제대리'(에사르카)의 이름이나 존재는 『크로니콘』(연대기)이라는 이름으로 나중에 발표된 수도사 테오도시오의 기록에는 나와 있지 않다. 어쩌면 이슬람 쪽의 의도가 분명해진 서기 877년 봄에 시라쿠사를 떠나 비잔티움제국 수도인 콘스탄티노플로 가서 시라쿠사에 원군을 보내달라고 황제에게 요청하고 있었는지도 모른다. 어쨌든 장기간에 걸친 공방전이 계속되는 동안, 방위를 총지휘해야 할 위치에 있었던 '황제대리'는 줄곧 시라쿠사에 없었다.
 하지만 방어전의 총지휘를 맡은 사람까지 없었던 것은 아니다. 수도사 테오도시오의 기록에는 이름이 나와 있지 않지만, 비잔티움제국의 귀족이었다는 그리스인이 총지휘를 맡았다. 그리고 늘 최전선에서 병사들을 질타하고 격려하고 앞장서서 적에게 돌진하는 지휘관으로는 타르수스의 니케타라는 부대장이 있었다. 이 사람도 그리스인이다. 게다가 이 사람은 고향을 잃은 그리스인이었다. 성 베드로와 함께 기독교회의 양대 지주로 여겨지는 성 바울은 소아시아 동남부의 타르수스 출신인데, 기독교도에게는 더없이 중요한 이 성인의 출생지조차 이슬람화되어 있었다.

 이리하여 시라쿠사를 둘러싼 공방전은 이슬람과 기독교화한 그리스인이 대결하는 양상이 짙었다. 그에 대한 기록을 남긴 것도 그리스인 수도사였다. 이번만은 비잔티움제국도 진지하게 구원군 파견을 고려한 것 같았다. 하지만 쇠퇴하고 있는 나라의 특징은 결정을 내리는 것도 늦지만 결정한 사항을 실행에 옮기는 것도 늦다는 점이다. 해상 봉쇄를 하지 않고는 항구도시인 시라쿠사를 공략할 수 없다. 최종적으로는 공략할 수 있다 해도 시간이 오래 걸린다. 이슬람 쪽에는, 이 시대에는 아직 해상 봉쇄를 해본 실적도 없고, 그럴 힘도 없었다. 비잔티움제국이 신속하게 결단을 내리고 실행에 옮겼다면, 방어하는 쪽이 적의 맹공을 견디고 있는 동안 지원군이 도착할 수 있었을 것이다. 방어전에 나선 사람들이 믿은 것은 원군의 도착뿐이었기 때문이다.

 그 시대에는 항공기를 이용한 폭격은 물론, 대포도 중세 후기가 되어서야 비로소 활용되었기 때문에 포격도 생각할 필요가 없었다. 따라서 견고한 성벽에 둘러싸인 도시를 공략하는 것은 후세의 우리가 생각하는 것보다 훨씬 어려웠다.

 화약이 없는 시대에는 공성기의 효과도 뻔하다. 공 모양의 돌멩이를 발사하는 것은 성벽을 부수기 위해서였고 불덩어리를 발사하는 것은 성벽 안쪽에 피해를 주는 것이 목적이지만, 중세 전기에는 그런 병기의 적중률을 결정하는 기술 수준이 고대 로마보다도 훨씬 낮았다. 이것은 이슬람 쪽에만 볼 수 있었던 현상이 아니라 같은 시대의 기독교 쪽도 마찬가지였다. 따라서 대도시를 둘러싼 공방전의 결과는 다음과 같은 조건으로 결정되었다.

첫째, 수비하는 쪽은 오래 계속될 게 뻔한 방어전에 견딜 수 있는 힘을 사람과 물자 양면에서 충분히 갖추고 있는 상태일 것.

둘째, 공격하는 쪽은 개미 한 마리 빠져나갈 틈새도 없을 만큼 완벽한 포위망을 둘러칠 힘을 장기간에 걸쳐 계속 유지할 수 있는 상태일 것.

셋째, 공격하는 쪽에 전염병이나 악천후 같은 재해가 덮치느냐의 여부.

그리고 마지막으로는 방어하는 쪽이 기다리는 원군이 도착하느냐의 여부.

서기 877년의 시라쿠사 공방전에서 시라쿠사는 첫 번째 조건을 충족시켰다. 이슬람 쪽은 두 번째 조건을 충족시키지 못했다. 세 번째 조건을 보면, 지금까지도 전염병은 종종 이슬람 진영을 덮쳤고 그 때문에 철수한 경우도 많았다. 가장 중요한 조건은 마지막 조건인 원군 도착인데, 이번만은 콘스탄티노플도 진지하게 원군 파견을 고려하고 있다는 정보가 시라쿠사에 들어와 있었다.

따라서 시라쿠사를 방어하기 위해 일어선 사람들도 광신적일 정도의 종교적 열정에 사로잡혀 기독교의 적 이슬람에 저항하는 절망적인 싸움에 나선 순교자 집단은 아니었다. 냉정하게 생각해보아도 충분히 해낼 수 있다고 믿은 보통 사람들이었다.

다만 한 가지, 신에게 평생을 바친 수도사들은 이해할 수 없었을지도 모르는 한 가지가 그해의 시라쿠사에는 부족했다. 시칠리아의 다른 도시들에서 시라쿠사를 지키기 위해 달려온 사람이 거의 없었다는 점이다.

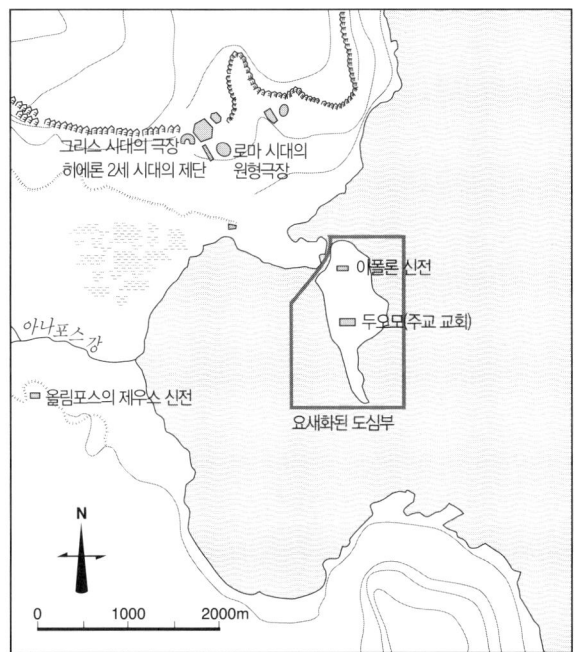

시라쿠사

그것은 시라쿠사가 그때까지 비잔티움제국의 악정과 착취를 상징하는 곳이 되어 있었기 때문이다. 시칠리아의 다른 도시나 지방에 사는 사람들에게 시라쿠사는 '황제대리'가 부과하는 무거운 세금이 빨려들어가서 배에 실려 콘스탄티노플로 보내지는 항구였다. 시라쿠사 이외의 도시나 지방은 이미 이슬람의 지배 아래 들어가 있었지만, 주민이 모두 이슬람교도가 되어 있었던 것은 아니다. 때로는 이슬람의 지배에 저항하는 폭동도 일어나고 있었다. 하지만 그 사람들조차 시라쿠사를 지키려고 달려오지는 않았다.

시라쿠사를 둘러싼 공방전은 서기 877년 8월에 시작되었다. 전사해도 천국이 기다리고 있다고 주장하는 성전을 기치로 내걸고 시라쿠사를 공략할 때까지 단호히 싸울 각오인 총사령관 자파르가 이끄는 대군의 공격을 받으면서도 시라쿠사는 잘 견뎌냈다. 공격군이 돌멩이와 불덩어리를 쏘아댔다면, 수비군이 활용한 것은 '그리스의 불'이라고 불린 병기다. 불을 붙이면 활활 타오르는 안개 모양의 석유를 적에게 쏘아서 전과를 올리는 무기니까, 중세의 '화염방사기'라고 생각하면 된다. 이 병기를 성벽 위에 늘어놓고 일제히 성벽을 기어오르는 이슬람 병사를 차례로 태워버렸다.

이렇게 여름은 눈 깜짝할 사이에 지나고, 가을도 가고 겨울로 접어들었다. 원군은 어디에서도 오지 않았다. 비잔티움 병사들을 태우고 콘스탄티노플을 떠난 선단은 에게해는 빠져나왔지만, 거기에서 서쪽으로 더 나아가지 않고 펠로폰네소스반도에서 겨울을 나고 있다는 것이었다.

겨울철은 어지간히 특수한 사정이 없는 한 전쟁철로는 여겨지지 않는다. 특히 대도시를 공격하는 병사들은 장기간 야영을 해야 하기 때문에, 그들에게 휴식을 주기 위해서라도 사실상 휴전하는 경우가 많다. 이슬람 쪽 총사령관인 자파르도 팔레르모로 돌아가 겨울을 나기로 했다. 팔레르모 근교에서 기독교도 폭동이 일어났다는 소식도 들어와 있었다.

자파르는 시라쿠사 공략군 총사령관이었지만, 팔레르모에 관저를 둔 '아미르'이기도 했다. 폭동 진압도 그의 임무 중의 하나였다. 하지만 관저에서 오랜만에 편히 쉬겠다는 꿈은 실현되지 않았다. 팔레르모에 도착하자마자 암살당했기 때문이다. 범인이 누구인지는 끝내 밝혀지지 않았다. 자파르의 지위와 권력을 질투한 이슬람교도였을 거라고 기독교 쪽 기록은 추측하고 있다. 어쨌든 시라쿠사 공략이 중단된 것은 아니었다. 이듬해인 878년 봄이 오기를 기다려 재개된 공방전의 총지휘는 그때까지 이름도 들어본 적이 없는 아브 이사가 맡기로 결정되었다.

총사령관이 바뀌어도 이슬람 쪽 전술은 바뀌지 않았다. 수적 우세를 믿고 계속 밀어붙이는 전술이다. 온난하고 건조한 시칠리아의 기후가 공격하는 쪽에는 다행이었다. 이슬람 군대를 자주 괴롭힌 전염병도 알라신의 배려인지 한 번도 발생하지 않았다. 공방전이 어떻게 진행되었는가에 대한 상세한 기록은 존재하지 않는다. 유일한 현장 증인인 테오도시오는 수도사니까 사람들의 비참한 처지에는 민감해도, 전략이나 전술이 어떻게 전개되었는지에는 관심을 갖지 않았을 것이다. 그래서 후세의 우리는 알 수 없지만, 그래도 이렇게 말할 수는 있을 것이다.

공격하는 이슬람 쪽은 군량도 병사도 충분한 상태였고, 게다가 악천후나 전염병 발생 같은 불행도 닥치지 않은 좋은 조건인데도 아홉 달 동안이나 시라쿠사를 함락하지 못했다는 사실.

방어하는 시라쿠사 쪽은 식량도 떨어지고, 시내에는 병자와 부상자가 넘쳐나고, 죽은 자를 매장할 곳도 없고, 원군은 아무리 기다려도 수평선 위에 모습을 나타내지 않는 상태였는데도 불구하고, 무려 아홉 달 동안이나 견뎌냈다는 것이다. 처음 몇 달은 파괴된 성벽도 그날 밤 안으로 주민들이 총출동하여 복구했지만, 해가 바뀐 뒤에는 조금씩이나마 확실히 전선에 서는 사람 수가 줄어들어서, 이제 결정적이라고 해도 좋을 만큼 전황이 궁지에 몰려 있었다. 그래도 곶 전체를 요새화한 시라쿠사 시내까지는 적이 좀처럼 쳐들어오지 못하고 있었다.

하지만 마침내 그 견고한 성벽도 여기저기가 무너져, 제때에 수리할 수도 없는 상태가 된다. 그래도 항복하면 죽거나 노예가 된다는 것을 알고 있는 주민들은 계속 싸웠다. 그래서 공격하는 이슬람 쪽은 공성기로 돌멩이나 불덩어리를 쏘아넣는 공격을 야간에 집중했다. 낮에는 시라쿠사에 있는 재물을 차지할 욕심으로 머리가 가득 찬 사라센인이 성벽이 무너진 부분에 매달려 있고, 밤이 되면 그들은 쉬고 대신 공성기가 활약하기 시작한다. 낮에도 밤에도 쉬지 못하는 것은 시라쿠사 시내에 있는 사람들이었다.

공방전이 시작된 지 아홉 달이 지나고 있던 5월 20일, 그날 밤에는 왠지 적의 공성기가 침묵한 채였다. 기분 나쁜 적막 속에서 남국의 초여름 밤이 지나갔다.

하지만 이튿날인 21일 새벽과 함께 공격이 재개되었다. 병사와 공성기를 모두 동원한 총공격이었다. 지키는 쪽은 이제 벽 전체에 걸친 총공격에 대응할 힘이 없었다. 사라센인은 여기저기에서 침입하기 시작했다. 수도사 테오도시오에 따르면, 악마처럼 고함을 지르면서 초록 바탕에 하얀 반달을 물들인 깃발을 휘두르고, 먹이를 앞에 둔 야수처럼 눈만 번득이며 더러운 맨발로 우르르 밀려 들어왔다.

그들의 시야에 들어온 사람은 병사도 시민도 여자도 어린애도 무차별로 살해되었다. 시라쿠사 시내는 옛날부터 평평한 마름돌로 포장되어 있었다. 도로는 그 위를 흐르는 피로 미끄러웠고, 달아나는 사람들은 거기에 발이 묶였다.

곶 끝에 바다가 널리 바라보이는 높은 탑이 있다. 아홉 달 동안이나 방어전의 총지휘를 맡았던 비잔티움 귀족과 그 휘하에서 싸운 시라쿠사의 유력자 70명이 그 탑에 틀어박혀 최후의 저항을 시도했다. 하지만 도시 전체가 함락되었는데 탑만 무사할 리가 없다. 결국 항복하고 모두 포로가 되었다.

시칠리아 제1의 도시인 시라쿠사에는 주교가 아니라 대주교가 있다. 대주교인 소프로니오와 세 명의 성직자는 시라쿠사 대성당에 숨어 있었지만, 그들도 붙잡혔다. 이때 붙잡힌 세 명의 성직자 가운데 하나가『크로니콘』을 쓴 테오도시오다.

함락된 시라쿠사는 그날 온종일 승자들에게 약탈당했다. 아름답고 풍요롭고 역사적으로 언제나 중요한 도시였던 시라쿠사는 '지중해의 진주'라는 별명을 갖고 있다. 사라센 병사들이 약탈에 혈안이 된 것도 무리는 아니었다. 저항하지 않은 사람도 사라센 병사들이 침입한 집에 있었다는 이유만으로 살해되었다.

이튿날, 중앙 광장에 포로 신세가 된 사람들이 모두 끌려나왔다. 그들은 병사와 시민으로 나뉘었다. 살육은 사람들이 보는 앞에서 당장 시작되었다.

맨 처음은 비잔티움제국의 그 귀족이었다. 그의 죄는 칼을 들고 이슬람에 맞선 책임자라는 것이었다.

이 그리스인 귀족은 테오도시오에 따르면 사형 판결을 받고도 표정 하나 변하지 않고 조용하고 의연한 태도로 죽음을 맞았다고 한다. 그에게 사형을 선고한 이슬람 총사령관 아브 이사도 그의 태도에 놀랐고, 지금까지는 '신앙심이 없는 개자식'이라고 비웃었던 사라센인들도 그의 목이 잘리는 것을 말없이 지켜보았다.

이어서 70명의 시라쿠사 유력자들이 처형되었다. 이들도 당당히 죽음을 맞은 귀족에게 손색이 없는 태도로 죽어갔다.

죽음은 아홉 달 동안이나 함께 싸운 병사들에게도 찾아왔다. 그들은 모두 광장 가운데로 내몰린 뒤, 손발이 묶인 채 빈틈없이 앉혀졌다. 사라센 병사들은 이 인간 집단을 창으로 찌르고 몽둥이로 때렸다. 마지막에는 마른 풀을 산더미처럼 가져와서 그것으로 주위를 둘러싸고 불을 붙였다. 병사들은 산 채로 불에 타 죽었다.

테오도시오가 유일하게 이름을 기록한 것은 앞에서 말한 타르수스 출신의 니케타인데, 이 사람은 최전선에서 계속 싸우면서 다가오는 이슬람 병사들을 웃음거리로 삼았다. 우리가 개라면 너희는 뭐냐고. 그때마다 성난 사라센 병사들은 시라쿠사를 함락하면 너만은 특별대우를 해주겠다고 대꾸했다. 그리고 이 약속은 완벽하게 지켜졌다.

소아시아에서 태어난 이 그리스인 부대장은 최후의 즐거움으로 남겨두었다는 듯이 맨 마지막에 광장 중앙으로 끌려나왔다. 사라센인들은 그를 땅에 반듯이 눕혀놓고 손과 발을 고정시켰다. 산 채로 가죽을 벗기는 오리엔트식 엄벌이 기다리고 있었다.

생가죽을 벗긴다 해도 피부만 벗길 수는 없다. 피부는 살과 함께 벗겨진다. 드러난 내장을 사라센 병사들은 창으로 찔렀을 뿐만 아니라 창끝으로 꺼내서 광장에 내던지기 시작했다. 심장을 꺼낸 병사는 그것을 이로 물어뜯었다가 뱉어냈다. 타르수스의 니케타가 언제 숨을 거두었는지는 알 수 없다. 하지만 그의 시신은 집단으로 불타 죽은 병사들의 주검과 함께 승자들이 시라쿠사에서 물러날 때까지 방치되어 있었다.

아랍 쪽 기록에 따르면, 함락 당시에만도 시라쿠사 쪽 사망자는 4천 명에 이르렀다고 한다. 그렇다면 산 채로 달아날 수 있었던 사람은 얼마 되지 않을 것이다. 그 얼마 안 되는 사람들 가운데 몇 명이 항구 안에 숨겨두었던 배를 타고 펠로폰네소스반도로 도망쳤다. 그리고 거기에 정박해 있던 비잔티움제국 군선에 시라쿠사가 함락된 것을 알렸다. 이 선단은 시라쿠사를 구원하기 위해 파견되었지만, 겨울을 난다는 이유로 출항을 미루고 있는 동안 시라쿠사가 함락되었다는 소식이 들어온 것이다. 그것을 안 구원군 사령관은 선단을 이끌고 콘스탄티노플로 돌아갔다.

고대 그리스인의 식민도시로 태어나 아테네가 적대시했을 만큼 강국으로 번영을 누렸고, 플라톤이 찾아가고 아르키메데스가 태어난 시라쿠사도 이슬람의 수중에 들어갔다. 당면한 책임자였던 비잔티움제국 황제의 대응도 칭찬받지는 못했지만, 콘스탄티노플보다는 훨씬 가까운 거리에 있었던 로마 교황이 그것을 몰랐을 리는 없다. 이 시대의 통신수단은 유치하다고 해도 좋을 만큼 미숙했지만, 지중해 중앙에 있는 시칠리아에서 가장 중요한 도시를 둘러싸고 벌어진 공방전이었다. 게다가 공방전은 아홉 달 동안이나 계속되고 있었다.

9세기라는 이 시대는 기독교 세계에는 암흑이었지만, 그 시대에도 이탈리아반도의 항구도시는 크든 작든 이슬람이 지배하는 시칠리아나 북아프리카와 통상 관계를 맺고 있었다. 이들을 통해 서유럽에 정보가 전해지지 않았을 리가 없다. 특히 이탈리아반도에서 아말피의 큰 거래처는 몬테카시노 수도원이었고, 이 수도원은 그 지방의 주교가 아니라 로마 교황이 직접 관할하고 있었다. 몬테카시노 수도원장이 알고 있는 일이 로마 교황에게 전달되지 않을 리는 없었다. 그리고 로마 교황을 통해 신성로마제국 황제한테도 전해졌을 것이다.

요컨대 서방의 기독교 세계에서 중요한 인물들은 모두 그것을 알고 있었다. 알면서도 누구 한 사람 움직이지 않았다. 아무리 천연 요해지를 요새화해도 원군이 오지 않으면 언젠가는 함락될 수밖에 없다.

시라쿠사가 함락되었다는 소식은 이슬람화한 북아프리카의 성도라는 느낌이 강했던 카이루안을 환희의 소용돌이로 몰아넣었다. 시칠리아 전체를 정복한다는 성전의 목표가 승리로 달성된 것이다. 시내에는 알라에게 감사를 드리는 사람들이 넘쳐났고, '수장'은 특별한 축제를 거행하라고 명령했다. 이슬람교도에게 성전에서 거둔 승리만큼 그들이 믿는 종교의 올바름을 증명하는 것은 없었기 때문이다.

한편 시라쿠사에서는 승리자들이 교회를 모스크로 개조하는 작업이 진행되고 있었다. 신이나 성인의 상을 경배하는 행위를 우상숭배라고 싫어하는 이슬람교도가 교회를 모스크로 바꾸려면 무엇보다 먼저 신상이나 성인상을 파괴할 필요가 있다. 시라쿠사 대성당은 로마제국이 기독교화했을 때 이교의 아테네 여신에게 바쳐진 신전을 교회로 개조한 것인데, 그 건물이 이번에는 모스크로 개조되었다.

로마 시대에도 여전히 그리스 색깔이 짙었던 시라쿠사에서는 로마제국이 기독교화한 뒤에도 그리스 문화의 유산이 많이 남아 있었다. 다 파괴하기에는 수가 너무 많았기 때문이기도 하다. 그런데 이슬람은 그것도 파괴했다. 그래도 21세기인 오늘날까지 남아 있는 유산이 있으니까 이슬람도 다 파괴하지는 못했지만, 눈에 거슬리고 파괴할 수 있는 거라면 모두 다 파괴했다. 이슬람교도 기독교와 마찬가지로 다른 신을 인정하지 않는 데 특징이 있는 일신교였기 때문이다.

이런 일들을 모두 끝낸 것이 7월이었다니까, 약탈하고 파괴하고 교회를 모스크로 개조하는 데에만 두 달 가까이 걸린 셈이다. 물론 승자끼리만 한 것이 아니라 포로들도 사역에 동원했다.

그리고 그 후 승자와 패자는 모두 팔레르모로 떠났다. 패자들은 밧줄이나 쇠사슬에 묶여서 시칠리아를 동쪽에서 서쪽으로 가로지르는 데 엿새가 걸렸다.

팔레르모에 도착하자마자 포로 신세가 된 사람들은 두 무리로 나뉘었다. 노예로 팔릴 사람의 수가 훨씬 많았지만, 수도사 테오도시오는 그대로 감옥에 갇힌 소수파 가운데 하나였다. 감옥은 돌계단을 14단 내려간 곳에 있는 어둡고 축축하고 불결한 지하감옥이었다고 한다. 감옥에는 기독교도와 유대교도, 범죄를 저지른 흑인과 아랍인도 함께 갇혀 있었다. 테오도시오는 감옥에 들어온 뒤에야 비로소 대주교 소프로니오도 거기에 갇혀 있는 것을 알았다. 대주교도 다른 죄수들과 마찬가지로 쇠사슬로 손발이 묶여 있었다.

8월 12일은 이슬람에서는 축일에 해당한다. 팔레르모에 사는 사라센인들은 알라에게 경의를 표하기 위해 대주교를 화형에 처하라고 '태수'에게 요구했다. 하지만 다른 이슬람교도들이 반대했다. 이슬람법은 인신공희를 금지한다고 코란을 손에 들고 반대한 것이다. 대주교 소프로니오는 지하감옥 생활을 계속하게 되었다.

이 대주교가 이슬람교로 개종을 강요당했다거나 개종을 거절하고 순교했다는 사실은 아랍 쪽 기록에도 기독교 쪽 기록에도 전혀 남아 있지 않다. 감옥 안에서 죽었다는 기록도 없다. 어쩌면 이 시기부터 시칠리아에서 확실해지기 시작한 독특한 방식의 이슬람 지배에 사용할 카드로 남겨두었는지도 모른다. 지중해 최대의 섬인 시칠리아의 이슬람 지배는 적어도 지중해 서부의 기독교 세계에서는 독특하다고 해도 좋은 공생노선으로 발전해간다.

하지만 사람들이 가장 두려워하는 것은 문명적인 침식보다 군사적인 침식이다. 문명적인 침식이라면 마음에 들지 않고 납득도 가지 않으니까 받아들일 수 없다고 하면 그만이지만, 군사적 침식은 그렇게 되지 않는다. 그것을 인간은 누가 가르쳐주지 않아도 피부로 알고 있다. 시라쿠사 함락으로 시칠리아 전체를 이슬람화하는 작업이 끝났을 때, 이탈리아와 남프랑스에 사는 사람들이 느낀 공포는 그것이었다.

시칠리아의 총면적은 2만 5천 제곱킬로미터다. 시칠리아와 가까운 사르데냐섬의 총면적은 2만 4천 제곱킬로미터다. 일본의 규슈섬은 4만 2천 제곱킬로미터이고, 시코쿠섬은 1만 9천 제곱킬로미터다. 지중해 최대의 섬과 그다음으로 큰 섬인 시칠리아와 사르데냐는 규슈보다는 작지만 시코쿠보다는 크다. 따라서 규슈도 시코쿠도 '섬'이라는 느낌이 없는 것과 마찬가지로 시칠리아와 사르데냐도 '섬'이라는 느낌을 주지 않는 섬이다. 하지만 시칠리아와 사르데냐가 비슷한 점은 그것뿐이다.

현대에는 이 두 섬이 모두 수많은 관광객이 찾는 관광지로 유명하다. 두 섬은 기후가 온난하고 경치가 아름다운데다 '푸를 청(靑)'이 아니라 '짙푸를 창(蒼)'이라는 한자로 표현하고 싶을 만큼 짙푸른 색을 띤 바다로 둘러싸여 있었다. 하지만 관광객이 시간을 보내는 법은 두 섬이 서로 다르다. 사르데냐에서는 요트나 해수욕이 주된 즐거움이지만, 시칠리아에서는 지금도 각지에 남아 있는 2천여 년 전의 유적에서 시작하여, 그 후에도 이 섬이 거쳐온 시대의 흔적들이 남아 있는 교회나 시청, 궁전이나 별장을 구경하고 다니는 즐거움도 추가된다. 한마디로 말하면 '역사가 두꺼운' 것이 시칠리아다. 사르데냐는 그 점에서는 '얇다'고 말할 수밖에 없다. 시대를 건너뛰어 19세기로 접어들면 유럽 각국의 양갓집 자제들이 교양을 얻기 위해 남유럽을 여행하는 이른바 '그랜드 투어'가 유행하는데, 그들은 시칠리아는 반드시 방문했지만 사르데냐까지 가는 사람은 별로 없었다.

19세기에 유럽 각국의 엘리트나 엘리트 예비군이 지중해 각지를 여행하고 다니는 것이 유행하게 된 것도 그 무렵에는 이슬람 해적들의 위협이 사라졌기 때문이다. 만약 그들이 여전히 지중해에 출몰했다면, 납치하여 거액의 몸값을 요구하기에는 가장 안성맞춤인 북유럽의 양갓집 젊은이들의 개인 여행이 유행할 리는 없었다.

시대의 바늘을 다시 뒤로 돌려 이야기를 계속하면, 9세기 당시에도 이미 시칠리아는 역사가 충분히 두꺼운 섬이었다. 그리스인이 시라쿠사를 건설한 연대는 기원전 8세기까지 거슬러 올라간다. 그리고 이 '역사의 두께'는 긴 세월 동안 축적된 인간의 기능 수준이라든가 이 시대에 특히 중요했던 항구나 조선소 건설과 정비, 그리고 무엇보다도 선박 건조와 선원의 기능에서 그 본령을 발휘한다. 시칠리아를 영유하는 것은 이 모든 것을 소유하게 된다는 의미였다. 시칠리아는 항공모함이라고 말할 수 있지만 사르데냐는 그렇게 말할 수 없는 이유도 바로 그것이었다. '항공모함' 시칠리아가 이슬람의 손에 완전히 들어간 것 때문에 기독교 세계가 충격에 휩싸인 것도 이런 사정이 있었기 때문이다.

다른 누구보다도 이 사실에 민감하게 반응한 것은 로마에 있던 교황 요한네스 8세였다. 지난해에 은화를 2만 5천 냥이나 주고 '안전'을 샀지만, 약속한 1년은 지났다. 서기 879년 봄, 사라센 해적들은 교황령에서 다시 분탕질을 시작하고 있었다. 남부 이탈리아만이 아니라 중부 이탈리아, 나아가서는 북부 이탈리아에 이르기까지 이탈리아반도의 티레니아해 쪽에 사는 사람들에게 평화와 안전은 사전 속에 있는 말에 불과하게 되었다. 시칠리아를 이슬람에 빼앗긴 것은 역시 큰 손실이었다.

교황은 그리스도의 양들이 궁지에 빠진 것을 호소하는 편지를 써서, 그 양들을 지킬 책무를 지고 있는 이탈리아 왕 카를 3세만이 아니라 프랑스 왕과 독일 왕에게도 보냈다. 교황은 그들이 군대를 이끌고 남하하여 이탈리아에서 사라센의 위협을 없애주면 로마에서 신성로마제국 황제의 대관식을 거행하겠다고 유혹하는 문구까지 편지에 덧붙였다. 세 왕이 모두 이 요청을 받아들여 이탈리아에 왔다면 교황은 어떻게 했을지 궁금하지만, 그런 걱정은 할 필요가 없었다. 세 왕이 모두 탄원에 가까운 교황의 요청을 무시했기 때문이다. 이슬람 해적을 퇴치하기는커녕 제 나라의 내분을 처리하는 것만도 힘에 부쳤기 때문이다.

북유럽 국가의 왕들에게 절망한 교황은 남이탈리아 각지에 영지를 갖고 있는 랑고바르드족 영주들에게 부탁했다. 하지만 그들은 지금까지도 여러 번 사라센인에게 패배했다. 어떤 말로 유혹해도 그들에게는 효과가 없었다.

교황은 로마 남쪽 바다에 면해 있는 가에타·나폴리·아말피·살레르노 같은 항구도시에도 사라센에 대항하는 동맹에 참가할 것을 제의했다. 하지만 이 도시들은 시라쿠사가 함락되기 전부터 이미 팔레르모의 '수장'과 통상 관계를 맺고 있었기 때문에, 이런 종류의 조약을 파기시키는 것이 선결문제였다.

조약을 파기하라고 명령하는 교황의 주장은 기독교 세계의 적과 통상 관계를 맺으면 적을 이롭게 할 뿐이라는 것이었다. 그런데 이들 항구도시 쪽에서도 이익을 보고 있었기 때문에, 가에타도 나폴리도 살레르노도 교황의 요구에 귀를 기울이지 않았다.

유일하게 반응을 보인 것은 아말피였다. 캄파니아 지방의 항구도시나 통상도시들 중에서 아말피는 특히 지중해 동부에까지 교역로를 넓히고 있었기 때문에, 위험을 받아들이는 기질이 더 풍부했는지도 모른다. 이 시기의 아말피 무역상들은 현재의 아름답고 아담한 관광지 아말피에서는 상상도 할 수 없을 만큼 대담하고 적극적이어서, 오로지 지중해의 동쪽 절반을 교역 상대로 삼고 있던 베네치아 상인들의 좋은 경쟁자가 되고 있었다.

하지만 아말피도 교역 상인들의 합의제로 이루어지는 통상 공화국이다. 또한 실제로 북아프리카나 시칠리아의 이슬람교도들을 상대로 한 교역에서도 이익을 올리고 있었다. 사라센 해적들과 싸울 태세를 취하는 것은 그 이익을 희생하는 것이기도 했다. 다만 동방 무역도 활발하게 이루어지고 있었기 때문에 모든 이익을 희생하는 것은 아니었지만, 상당한 부분이 희생될 것은 확실하다. 이런 사정을 알아차렸는지, 아니면 현실에 완전히 절망했는지, 교황은 사라센 해적을 상대하는 데 필요한 군사비로 은화 1만 냥을 주겠다고 아말피에 약속했다. 그래서 아말피공화국은 북아프리카나 시칠리아의 '수장'들과 맺은 협약을 파기하고, 아말피가 소유하고 있는 갤리선으로 편성된 선단을 이용하여 티레니아해의 해상 순찰을 맡게 될 터였다.

그런데 이 협정의 조인을 앞두고 아말피 쪽에서 이의를 제기했다. 은화는 1만 냥이 아니라 1만 2천 냥을 주기로 약속했다는 것이다. 이 이의는 아말피의 대표와 교황의 언쟁으로까지 발전했지만, 아말피 쪽은 1만 2천 냥을 달라는 요구를 양보하지 않았다. 지난해에 교황이 사라센 해적에게 은화 2만 5천 냥을 주고 1년 동안의 불가침을 약속받은 것을 교황청의 누군가를 통해 알았기 때문이다. 우리는 지중해 서부에서 이슬람 세계와의 통상으로 버는 이익을 희생하는데 하고 생각했는지도 모른다. 교황과 아말피의 공동투쟁체제는 시작도 하기 전에 좌절하고 말았다.

교황은 더욱 절망하여, 믿지도 않았던 비잔티움제국 황제에게까지 편지를 보냈다. 비잔티움 황제 바실리우스는 소규모 선단을 보내왔지만, 사라센 해적선단을 바다에서 만나자마자 패하고는 허둥지둥 콘스탄티노플로 돌아가버렸다.

교황은 거듭 호소해도 귓등으로 흘려듣기만 하는 나폴리에 화가 나서 나폴리의 유력자들을 파문에 처한다. 파문은 기독교도에게 가장 무거운 벌일 터인데, 이 시기의 나폴리 사람들에게는 효과가 없었다.

서기 882년, 교황 요한네스 8세가 죽었다. 민중의 비참한 처지에 눈물을 흘리고 지배자들의 이기심에 화를 내고 절망한 지 10년 만의 죽음이다. 그것도 자연사가 아니라 타살이었다. 누군가에게 거치적거리는 존재가 되어 있었을 것이다. 그 누군가가 누구인지는 알려지지 않았다. 중세 전기인 이 시대의 로마 교황은 사라센 해적에게 납치당할 위

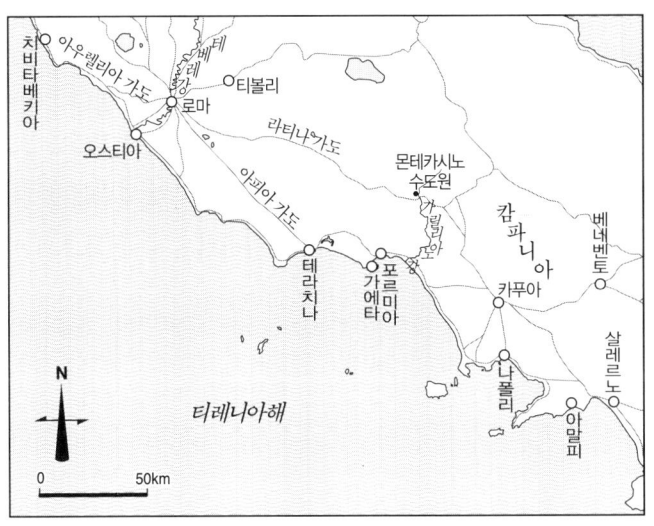

이탈리아 중부

험이 늘 존재했던 것을 포함하여 상당히 위험한 처지에 놓여 있었다.

요한네스 8세가 살해된 뒤 서기 914년에 요한네스 10세가 즉위할 때까지 32년 동안, 13명이나 되는 교황이 즉위했다가 죽었다. 교황은 종신제니까, 이것은 지도자가 존재하지 않는 상태라고 해도 좋았다. 같은 시대에는 유럽 각국의 왕들도 계속 바뀌어서, 정국이 불안하기 이를 데 없었다. 유럽의 기독교 세계는 이슬람에 맞서서 단결하기는커녕 기독교 국가들끼리 싸우는 데 정력을 낭비하고 있었다.

이런 상황에서 시칠리아는 이제 완전히 이슬람 세계의 일부가 되었고, 남부 이탈리아에도 이슬람의 앞을 가로막는 기독교 세력은 없었다. 사르데냐와 코르시카에도 사라센 해적선은 제 마음대로 기항했다. 그리고 해상 전력으로 바꿀 수 있는 선박과 선원을 보유하고 있는 가에타·나폴리·아말피는 북아프리카의 이슬람교도와 싸우기보다는 교역하는 쪽을 더 중요하게 여기고 있었다.

우울한 일뿐인 이 시기에 유일한 낭보는 교황청 영토의 주요 항구인 치비타베키아에서 드디어 이슬람 병사들을 쫓아낼 수 있었다는 것이다. 하지만 이 밝은 소식도 같은해 여름에 가릴리아노 땅에 사라센인이 기지를 설치했다는 소식 앞에서 빛이 바래버렸다.

가릴리아노는 가릴리아노강이 티레니아해로 흘러드는 어귀 일대를 일컫는 이름으로, 하구 근처의 강변에는 배를 감추어둘 수 있을 뿐만 아니라 같은 만 안에 있는 포르미아까지 가면 아피아 가도, 강을 거슬러 올라가 내륙으로 들어가면 라티나 가도로 들어갈 수 있다. 로마와 남부 이탈리아를 잇는 고대의 간선도로 두 개와 간단히 연결되는 것이다.

그것은 로마와 바로 통해 있다는 뜻이다. 로마 쪽에서 보면, 길 저편에 항상 적이 있다는 뜻이기도 했다. 게다가 가릴리아노는 가에타와 나폴리를 잇는 선 위에 자리 잡고 있기 때문에, 이 두 항구도시의 연대를 단절하게 된다. 가에타와 나폴리도 사라센의 협박이 통하는 범위 안에 들어왔다는 뜻이다. 또한 라티나 가도까지 가면 유복한 몬테카시노 수도원이 있어서, 사라센인들은 그곳을 약탈하거나 약탈하겠다고 협박해서 돈을 뜯어내는 수법으로 항상 풍부한 수확을 보장받을 수 있었다. 이 일대의 바닷가에 별장을 갖는 것이 높은 사회적 지위의 상징이었던 키케로 시대의 로마인은 상상도 하지 못했겠지만, 시대가 변하면 부동산 가치도 달라진다. 가릴리아노가 사라센의 기지가 된 것을 안 기독교 쪽은 이 일대의 전략적 위험성을 비로소 깨달았다.

북아프리카에 사는 이슬람교도의 전략적 안목에 놀란 것은 이탈리

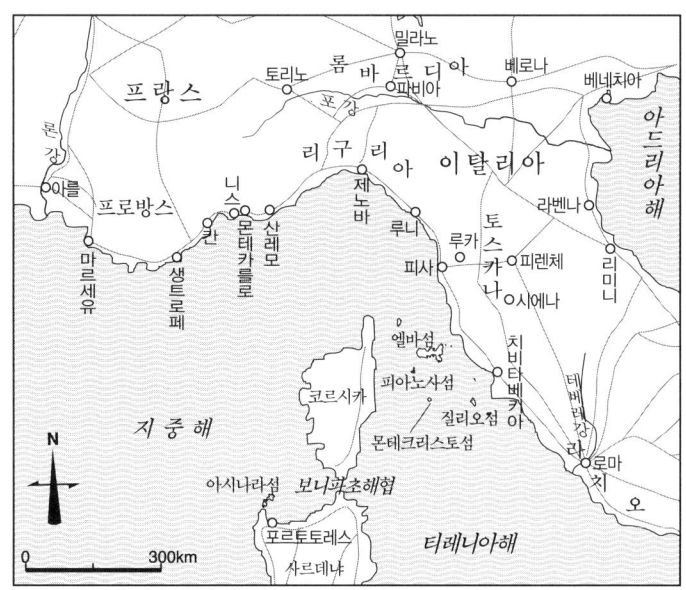

남프랑스와 북이탈리아

아반도에 사는 기독교도만이 아니었다. 사라센 해적은 이탈리아반도의 티레니아해안만이 아니라 남프랑스에도 피해를 주고 있었기 때문이다. 견고한 성벽으로 둘러싸인 마르세유조차 두 번에 걸쳐 약탈당했다. 론강을 조금 거슬러 올라가면 도착할 수 있는 아를도 두 번이나 약탈당했다. 게다가 이 횟수는 9세기 중엽의 10년 동안에만 한정된 것이다. 수비가 견고한 마르세유와 아를이 이 정도라면, 지중해가 바라보이는 다른 도시나 마을들의 피해는 헤아릴 수 없었다. 이탈리아에 비하면 지중해에 면해 있는 지방이 극도로 적은 프랑스도 사라센 해적의 위협에서 벗어나지 못하고 있었다.

게다가 사라센 해적은 이 남프랑스에도 기지를 두었다. 오늘날의 생트로페 근처인데, 중세에는 고대의 라틴어 이름 그대로 프락시네툼이라고 불린 곳이다. 칸·니스·몬테카를로가 늘어서 있는 코트다쥐르는 지중해에서 손꼽히는 휴양지지만, 1천 년 전에는 그곳에도 이슬람의 반달 깃발이 펄럭이고 있었다.

사라센인은 북아프리카에 사는 이슬람교도의 별명인 이상, 그들에게도 '이슬람의 집'을 확대하는 성전에 참가할 의무가 있다. 생트로페를 수중에 넣은 것도 일광욕을 즐기기 위해서가 아니라 내륙지역을 침공하기 위해서였다. 남프랑스의 프로방스와 이탈리아 사이에는 고대에 부설된 가도가 몇 개나 뚫려 있다. 중세에 접어든 뒤에는 유지 보수도 되지 않아서 옛날과 같은 편리함은 바랄 수 없었지만, 몸집은 작아도 열악한 환경을 잘 견디고 다리 힘도 좋은 아프리카산 말이 육지에서 사라센 해적들의 행동 범위를 넓혀주었다. 이리하여 토리노를 중심으로 한 이탈리아 북서부 지방까지 해적의 습격을 받아 물건을 약탈당하고 주민은 납치되고 도시는 파괴되었다. 이제 내륙에 있는 도시들도 안전하다고 말할 수 없게 된 것이다.

게다가 남프랑스는 프랑스를 비롯한 북유럽의 성직자들이 교황이 있는 로마를 방문할 때 지나가는 길이었다. 바다로 가면 사라센 해적에게 붙잡힐 위험이 있었기 때문에 중세 전기에는 사람들이 되도록 육로를 택했는데, 이제 육로도 위험해진 것이다. 로마 교황과 북유럽 기독교 국가의 왕들은 편지조차 쉽게 주고받을 수 없는 사이가 되었다.

'평화'는 안전만 보장하는 것이 아니라, 인간 사이에 가로놓인 거리를 좁혀주는 효용성도 갖고 있다. 중세 전기는 고대보다 나중인데도 사람들 사이의 거리가 고대보다 훨씬 멀어진 시대이기도 했다. 다만 지중해 서부를 제 세상인 양 거리낌 없이 돌아다닌 사라센 해적만은 예외였지만.

'십자군 시대' 이전의 십자군

이런 상황에서 요한네스 10세가 로마 교황에 즉위했다. 이 사람은 교황이 될 때까지 라벤나의 대주교였기 때문에, 북이탈리아를 통해 북유럽 왕들의 생각을 더 잘 알고 있었는지도 모른다. 그 사람들을 믿고 있으면 이탈리아는 사라센 해적으로부터 자유로워질 수 없다고 각오했기 때문이다.

교황 요한네스 10세는 십자군을 제창했다. 중세 사람들은 신앙심이 깊었다. 비참하고 미래에 대한 희망도 가질 수 없는 이 암흑시대에 믿고 의지할 것은 신밖에 없었다. 교황이 몸소 군대를 이끌고 이슬람과 싸우겠다고 선언하자, 무장도 불충분하고 무기 사용에도 익숙지 않은 이 사람들이 십자군에 지원했다. 요한네스 10세는 이슬람의 반달 깃발에 맞서서 십자기를 내걸었지만, 종교적 열정으로 흥분하지 않고 현실적인 목표를 세운 것은 칭찬할 만하다. 교황이 직접 이끄는 십자군의 목표는 가릴리아노를 이슬람 세력으로부터 탈환한다는 것이었기 때문이다.

게다가 군대를 실제로 지휘할 사람을 고를 때에도 무장으로서의 능력을 제외한 나머지는 모두 무시했다. 교황이 지휘관으로 선정한 베렝가리오라는 사람은 경력에 문제가 많아서, 이슬람교도가 아니라 기독교도하고만 싸운 사람이었다. 요한네스 10세의 능력 중시는 남이탈리아의 항구도시들을 구워삶을 때에도 발휘되었다.

사라센 선박들이 자주 드나드는 가릴리아노를 탈환하려면 해상 전력이 반드시 필요하다. 근처에서 그 필요를 충족시킬 만한 힘을 가진 나라는 가에타와 나폴리와 아말피다. 이 세 항구도시가 시칠리아나 북아프리카의 이슬람교도와 은밀한 교역 관계를 맺고 있는 것은 교황도 알고 있었다. 알면서도 교황은 이들 세 도시에 이슬람과의 통상협정을 파기하라고 강요하지 않았다. 거기에 대해서는 아무 말도 하지 않고, 어쨌든 가릴리아노를 탈환하기 위한 십자군에 참가하라고 요구했다.

이렇게 무리에 무리를 거듭하여 이슬람과 싸울 십자군을 만들어냈다. 신중하게 굴다가 자연히 소멸하는 꼴을 보고 싶지 않으면, 쇠는 뜨거울 때 두드릴 수밖에 없었다. 교황에 즉위한 지 2년도 지나지 않은 서기 916년, 교황 요한네스 10세는 로마를 떠나 아피아 가도를 따라 남쪽으로 내려갔다. 종교 지도자가 앞장서서 군대를 이끌다니 참으로 개탄스럽다는 비난의 목소리도 교황에게는 들리지 않았다. 아니, 들리기는 했지만 무시했다.

반달 깃발을 내건 쪽과 십자가를 내건 쪽의 전투는 석 달 동안 계속되었다. 전반에는 가릴리아노를 둘러싸고 싸웠고, 후반에는 강을 따라 내륙으로 달아난 이슬람 세력을 쫓아가서 싸웠다. 이 석 달 동안 교황은 로마로 돌아가지 않고 줄곧 전선에 머물렀다. 이것은 기독교도들의 사기를 높여주었지만, 이슬람 쪽도 끈질겼다. 그들을 지휘한 사라센 해적 두목이 부하들을 종교적 광신으로 몰아넣는 데 성공했기 때문이다.

전쟁 자체는 국지전 규모여서 역사상 유명한 전투는 될 수 없다. 하지만 전쟁터에서 맞선 양쪽 가운데 한쪽은 통상으로 얻는 이익을 잊고, 또 한쪽은 해적질로 얻는 이익을 잊고 싸웠다.

전과를 거둔 것은 기독교 쪽이었다. 가릴리아노에서 사라센인이 사라졌을 뿐만 아니라, 중부 이탈리아에서 남부 이탈리아에 걸친 티레니아해에서도 해적선의 모습이 사라졌다. 치비타베키아도 탈환하고 가릴리아노도 탈환할 수 있었던 것은 이제 로마에 사는 교황이 북쪽으로 뻗어 있는 아우렐리아 가도와 남쪽으로 이어진 라티나 가도나 아피아 가도 저편에 적이 있다고 느끼지 않아도 된다는 뜻이었다.

하지만 단 한 번의 승리로 중부 이탈리아에서 남부 이탈리아에 걸친 지역을 계속 위협해온 사라센인을 쫓아낼 수 있었던 것은 아니다. 사라센인이 물러난 것은 다행히 북아프리카에서 자주 일어난 아랍계와 베르베르계와 무어계 이슬람교도의 내분, 즉 '원'이슬람교도와 '신'이슬람교도 사이의 다툼이 연달아 폭발했기 때문이다. 다툼이 일어나면 북아프리카 각지에서 폭동이 연발하고, 그것이 일단락될 때까지 해적업은 개점휴업 상태가 되었다.

이 시기의 내분은 일단락될 때까지 상당한 시간이 걸렸고, 그동안 남부를 제외한 이탈리아반도는 평화를 누릴 수 있었다. 그렇다면 해적들의 다가올 내습에 대비하여 방위체제를 확립하는 데 그 시간을 썼는가 하면, 전혀 그렇지 않았다. 목구멍만 넘어가면 뜨거움을 잊는다는 말대로 기독교 세계는 다시 뿔뿔이 흩어졌다. 비잔티움제국은 사라센 해적이 비잔티움 상선에 대한 습격을 삼가는 조건으로 1년에 2만 2천 냥의 비잔티움 금화를 지불한다는 협정을 맺었을 정도였다. 이 협정은 결국 지켜지지 않았으니까, 금화 2만 2천 냥은 쓸데없는 지출이 되었다.

교황 요한네스 10세는 이런 시대를 10년이나 더 살다가 서기 928년에 살해되었다. 이 교황도 누군가에게 거치적거리는 존재가 되었을 것이다. 중세, 특히 중세 전기에 교황 노릇을 하려면 목숨을 걸어야 했다.

간주곡 ─ 일종의 공생

'이슬람의 관용'

역사상의 사실은 대부분의 경우 수많은 사건이나 현상이 병행하여 나아간다. 그것도 모든 사건이 한 줄로 나란히 서서 동시에 나아가는 것이 아니라, 어떤 일은 먼저 일어나고 어떤 일은 뒤늦게 일어나기 때문에 일직선이 아니라 울퉁불퉁한 채로 나아간다. 이것이 역사 서술을 복잡하게 만드는 요인이다. 하지만 이를 무시하고 사학자들이 중요하게 여기는 사건만으로 역사를 서술하면, 알기 쉬울지는 모르지만 수험용 교과서가 되어버린다.

역사 서술은 진주목걸이를 만드는 것과 비슷하다. 알이 크고 색깔이 같고 광택도 좋은 진주만으로 목걸이를 만들려고 하면, 알은 조금 작아도 색깔과 광택이 뛰어난 진주가 있어도 쓸 수가 없다. 그래도 가치는 있으니까 버릴 수는 없다. 평범한 장인이라면 그 진주로 반지라도 만들 것이다. 하지만 상상력이 풍부한 세공사라면 아주 작은 다이아몬드나 루비를 주위에 배치하여 진주뿐이었던 목걸이에 변화를 줄 것이다. 그것도 다른 진주의 아름다움과 품위를 손상시키지 않고.

앞으로 서술할 것은 지중해 역사상 알이 작은 진주다. 이것이 그 후 지중해 세계의 역사를 좌우할 힘을 갖지 못한 이유는 기독교 쪽에서도 이슬람 쪽에서도 이단으로 여겨졌기 때문이다.

고대 로마의 율리우스 카이사르가 한 말 가운데 다음과 같은 말이 있다.

"나중에는 아무리 나쁜 사례로 여겨지게 되는 일이라도, 그것이 시작된 애초의 동기는 선의에 바탕을 두고 있었다."

역사가 이런 사례로 가득 차 있는 것은 말할 나위도 없는 진리지만, 이 진리도 뒤집으면 다음과 같이 되지 않을까.

"나중에는 아무리 좋은 사례로 여겨지게 되는 일이라도, 그것이 시작된 애초의 동기는 악의(라고까지는 말할 수 없어도 칭찬할 수는 없는 생각)에 바탕을 두고 있었다."

시칠리아의 이슬람 지배 책임자였던 팔레르모의 '수장'이 기원전 9세기 당시 시칠리아에 신천지를 세우겠다는 고상한 뜻을 갖고 있었던 것은 아니다. 그의 의도는 단지 자신의 지위를 높이려는 것뿐이었다.

팔레르모의 '수장'은 그때까지 줄곧 카이루안의 '수장'이 내리는 명령에 복종해야 했다. 하지만 북아프리카 전역의 이슬람교도들에게 성도 같은 존재가 되어 있었던 카이루안은 동쪽의 바그다드와는 달리 점점 종교색이 짙어져갔고, 그럴수록 이곳의 '수장'에 임명되어 부임하는 사람도 변해간다. '수장'이 '원'이슬람교도인 아랍인인 것은 물론이지만, 행정관이라기보다 이슬람 율법학자나 이맘이 '수장'으로 임명되는 일이 계속된다. 그 결과 팔레르모의 '수장'에게는 튀니스에 있는 '수장'이 명령을 내리게 되었다.

팔레르모의 '수장'은 이것이 마음에 들지 않았다. 그의 입장에 서보면 이유를 이해할 수 없는 것도 아니었다. 첫째, 50년 동안 계속된 시칠리아 정복은 처음 얼마 동안만 튀니스에서 온 병력에 의존했고, 그 후에는 시칠리아에 정착한 이슬람교도의 군사행동으로 이루어졌다는 것.

둘째, 그들은 대부분 '원'이슬람교도인 아랍인이었던 모양이지만, 그들은 북아프리카에서 베르베르인이나 무어인 같은 '신'이슬람교도의 반발이 자주 폭발하는 데 신물이 나 있었다는 것. 북아프리카의 이슬람 세계를 불안정하게 만드는 요인은 '원'이슬람과 '신'이슬람의 차이나 그에 따른 사회적 지위의 차이만이 아니라 이슬람 종파 간 투쟁까지 추가되어 있어서 복잡했다. 시아파와 수니파의 싸움은 이 시대부터 이미 치열하기 이를 데 없었다.

셋째, 그들은 이슬람교도가 에스파냐를 지배하는 방식에서 깨달음을 얻은 게 아닌가 싶다. 이베리아반도의 이슬람교도들은 통치자를 '아미르'라고 부르든 '칼리프'라고 부르든 북아프리카의 이슬람교도들과 제휴관계가 약했다.

넷째, 시칠리아는 섬이지만 그 넓이는 튀니스의 '수장'이 다스리는 지역과 맞먹는다. 또한 지리적 넓이가 아니라 생산성을 척도로 하면 그 이상이라고 해도 좋았다.

고대 로마 시대에는 시칠리아도 본국에 농산물을 수출했지만, 같은 시대 튀니지의 중요성은 시칠리아와 비교가 되지 않았다. 고대에 아프리카라면 튀니지를 의미했을 정도였고, 이 시대의 튀니지는 카르타고를 중심으로 한 농업과 통상, 그리고 특히 아프리카 오지에서 실려오는 황금 때문에 북아프리카 전체의 핵심으로 여겨질 만한 가치를 충분히 갖고 있었다.

하지만 제국 말기에 북방 야만족인 반달족한테 정복되었고, 그 후로는 비잔티움제국의 악정이 계속되다가 서기 7세기에 이슬람의 지배를 받게 되었다. 로마적인 사고방식도 죽었지만, 제국의 곡창이라고 불릴 만큼 번성했던 농업도 죽어버렸다. 이 튀니지를 중심으로 하는 북아프리카 일대가 해적의 소굴이 된 것은 주민들이 먹고살 길이 없었기 때문이기도 했다.

반면에 시칠리아는 그동안 북방 야만족의 습격을 면했고, 야만족과 비잔티움제국의 전쟁터가 되지도 않았고, 덕분에 비잔티움제국의 악정의 영향도 다른 데에 비하면 적어서 비교적 평안한 시대를 보내고 있었다. 당연히 주민의 태반은 여전히 기독교도였다. 북아프리카의 아랍인은 이슬람교로 개종한 베르베르인이나 무어인과 공생해야 했지만, 시칠리아를 정복한 아랍계 이슬람교도는 아직도 고대 그리스나 로마의 흔적까지 남아 있는 기독교도를 지배해야 했다. 지배 방식이 달라진 것도 당연했다.

팔레르모에 주재하는 '수장'은 어떤 책략을 썼는지 모르지만, 카이루안이나 튀니스의 '수장'이 임명하지 않고 바그다드의 '칼리프'가 직접 임명하는 것으로 바뀌었다. 튀니스에서 팔레르모까지는 배로 하루 이틀밖에 걸리지 않지만, 메소포타미아 지방에 있는 바그다드에서 명령이 도착할 때까지 걸리는 기간은 그것과 비교가 되지 않는다. 상관이 있는 곳이 멀수록 그 훈령을 받아 움직이는 사람의 재량권은 커지게 마련이다. 팔레르모의 '수장'은 한때는 '칼리프'를 자칭하기까지 한 모양이지만, 어쨌든 그의 시칠리아 지배가 좀더 시칠리아적으로 이루어질 바탕은 갖추어진 셈이다.

이슬람교도의 시칠리아 정복은 서기 827년에 시작되어 878년의 시라쿠사 함락으로 끝날 때까지 무려 반세기가 걸렸지만, 시라쿠사가 함락되기 오래전부터 그들의 시칠리아 지배가 시작된 것은 당연하다. 시라쿠사가 함락된 뒤에도 그 지배 노선은 그대로 계속된다. 이슬람 쪽에서 '이슬람의 관용'이라고 자화자찬하는 그 방식은 시칠리아에서는 성공을 거두었다.

첫째, 일신교는 다른 신을 인정하지 않는 데 가장 큰 특징이 있지만, 시칠리아에서는 일신교인 이슬람교도가 다른 일신교인 기독교 신자들을 지배하고 있으면서도 순교자가 거의 나오지 않았다. 즉 이슬람교로 개종하기를 거부하고 순교한 기독교도는 없었다는 것이다. 그렇다고 해서 시칠리아의 기독교도가 모두 이슬람교로 개종한 것도 아니었다.

둘째, 시라쿠사 공방전에서 같은 기독교도들을 구하러 달려간 시칠리아의 기독교도가 거의 없었다는 사실을 들 수 있을 것이다. 공방전은 아홉 달 동안이나 계속되었다. 그동안 시칠리아의 다른 지역에서 반이슬람 봉기가 빈발해도 이상하지 않았다. 지배자가 전선에 병력을 투입하고 있는 틈에 후방에서 봉기하는 것은 피지배자들이 늘 쓰는 수법이기도 했기 때문이다. 그런데 이런 봉기도 거의 일어나지 않았다.

시라쿠사가 지금까지 계속된 비잔티움제국의 악정을 상징하는 도시니까, 그런 도시를 구하기 위해 목숨을 바치고 싶지는 않다는 기분이라면 이해가 간다. 하지만 시라쿠사가 방어에 성공했다 해도 시칠리아 전체가 비잔티움제국 치하로 돌아가는 것은 아니었다. 당시 시라쿠사는 거의 전체가 이슬람의 지배 아래 들어가 있던 시칠리아에 홀로 떠있는 외딴섬에 불과했기 때문이다. 공방전이 계속된 아홉 달 동안 봉

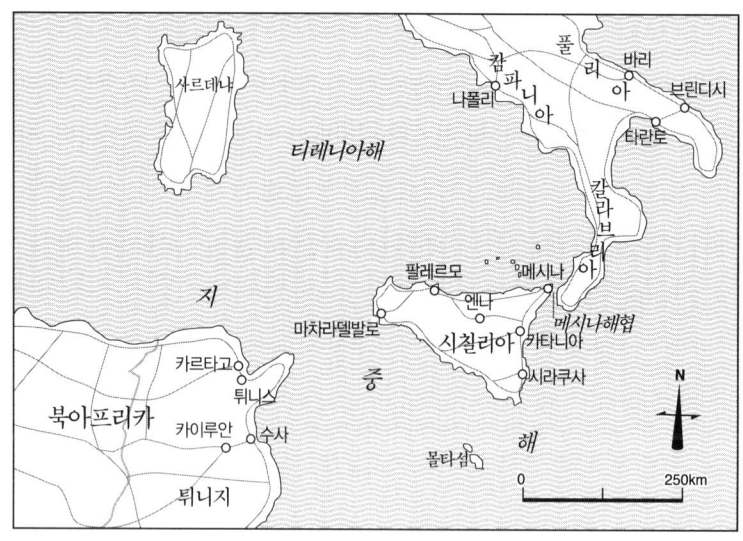

시칠리아와 그 주변

기가 일어났다면, 그것은 이슬람의 지배에 대한 반발일 뿐, 비잔티움 제국의 지배로 되돌아가지는 않았을 것이다. 그런데도 시칠리아에서 시라쿠사 이외의 지역에 사는 기독교도들은 아홉 달 동안이나 얌전히 있었다.

셋째, 이슬람의 지배에 굴복한 뒤 시칠리아에서는 '루미'(직역하면 로마인, 의역하면 기독교도)의 땅을 습격하는 해적선이 거의 떠나지 않았다는 것이다. 실제로 '루미' 쪽에서는 이 무렵부터 '사라센인'과 '아랍인'을 구분하여 쓰게 되었다. '사라센인'이라면 북아프리카에 사는 이슬람교도로서 해적을 생업으로 삼는 사람들이고, '아랍인'은 시칠리아에 사는 기독교도를 가리키는 식이었다.

그리고 이슬람을 믿는 아랍인의 지배를 받게 된 뒤 시칠리아는 고대로마 시대보다 나으면 나았지 못하지는 않은 번영을 누리게 되었다.

이것도 모두 이슬람의 지배 방식 덕분이지만, 그것을 떠받치는 기둥이 된 '이슬람의 관용'의 실태는 어떠했을까.

현대에는 '이슬람 국가들'이라고 말하고 이슬람교도들을 나라별로 구분한다. 이슬람교도가 아닌 우리는 그것을 당연하게 생각한다. 하지만 이슬람교에는 원래 국가 개념이 존재하지 않는다. 이슬람교를 믿는 사람을 모두 포괄하는 '이슬람의 집'이라는 개념이 있을 뿐이다.

그런데 국가 개념이 없는 경우, 곤란한 점이 하나 있다. 세금을 거둘 수 없다는 것이다. 세금은 국민이 혼자서는 할 수 없는 일을 국가가 일괄하여 대행하기 위한 비용이니까, 국가의 의의가 존재하지 않으면 세금의 의의도 존재하지 않게 된다. 그래서 이슬람 국가에서는 고대 그리스의 도시국가에서 시작되어 로마제국에서 완성된 뒤 현대까지 계속되고 있는 '국세'를 징수할 수 없다.

이래서는 실제적인 면에서 곤란해진다. 국가 개념은 없어도 실제로 인간은 주민공동체 안에서 살아가기 때문이다.

하지만 코란도 동산과 부동산을 포함한 사유재산을 보유하는 것을 인정했다. 그렇다면 '세금'을 부과할 수 있게 된다. 이것이 '자카트'(zakat)라는 이름으로 이슬람교도에게 부과되는 유일한 세금인데, 그 의미는 그리스·로마식 세금과는 다르다. 그것을 직역하면 다음과 같다.

"가난한 사람이 굶어죽는 것을 방치했을 때 유복한 사람이 느끼게 될 회한의 정을 씻기 위해" 지갑끈을 푸는 것이 '자카트'다. 따라서 부과되었기 때문에 내는 것이 아니라, 어디까지나 자발적인 기부 행위가 된다. 기독교 세계의 자선과 마찬가지다. 따라서 기독교 세계에서 자선사업에 기부할 때 국가를 통하지 않는 것과 마찬가지로, 이슬람 세계에서도 가난한 이슬람교도에게 도움의 손길을 뻗치는 것을 목적으로 설립된 사업체에 기부하는 형태가 된다. 현대의 기독교 국가가 문제 삼고 있는 것은 그 사업체에서 테러리스트들에게 돈이 흘러들어가고 있다는 것인데, 빈곤한 이슬람교도를 돕는 원조 단체가 테러리스트 집단과 관계가 있었다 해도 논리적으로는 불평할 수가 없다.

그 문제는 제쳐놓고 중세 전기의 이슬람으로 돌아가면, 이 '자카트'에는 또 한 가지 문제가 있었다. '자카트'의 성질이 '회한의 정을 씻는' 것을 목적으로 하는 자발적 행위인 이상, 로마제국의 세금처럼 일정한 세율을 정할 수 없다는 것이다. 들어오는 돈이 일정하지 않으면, 빈민구제라는 이름의 복지정책을 조직화할 수 없게 된다. 하지만 무함마드는 또 다른 세금도 인정하고 있었다.

그것은 패배자, 즉 피지배자에게 부과되는 세금이다.

이것이 이슬람 세계 전체에서는 어느 정도까지 충실하게 실시되고 있었는지 모르지만, 비잔티움제국에 속해 있던 근동 지역 사람들도, 중동의 메소포타미아 지방에 사는 페르시아 사람들도 아랍인에게 정복된 뒤에는 대부분 이슬람교로 개종했다. 개종하지 않은 것은 대부분 유대교도였기 때문에, 오리엔트에서는 이 세금이 오로지 유대인을 대상으로 삼은 이유도 납득할 수 있다.

이 세금은 정복자인 이슬람교도의 보호를 받고 이슬람 세계에서도 자기가 믿는 종교를 지키면서 살아갈 수 있는 대가로 자신의 수익이나 수입의 절반을 내도록 정해져 있었다. 이슬람식으로 말하면 '이슬람의 집' 안에서 비이슬람교도의 존재를 '참고 견디는 대가'가 된다. 그런데 세율이 50퍼센트라면 비인간적으로 높다고 생각할지도 모르지만, 중세 전기인 이 시대에는 반드시 그렇게 말할 수는 없었다.

로마제국에도 피지배자에게 부과된 속주세가 있었는데, 세율은 10퍼센트였다. 하지만 중세의 봉건영주나 대지주였던 수도원에 소작인이 낸 소작료는 토지 소유자에 따라 차이는 있었지만 50퍼센트를 훨씬 넘는 액수였다. 고대에는 '넓고 얕게'였던 세제가 중세에는 '좁고 깊게'로 바뀌었기 때문이고, 그것은 중세에는 성직자를 비롯한 면세 대상이 늘어났기 때문이다. 즉 세금을 내는 사람보다 내지 않는 사람이 더 많은 사회가 되어 있었다.

같은 50퍼센트라 해도, 신앙심이 깊은 중세인의 눈으로 보면 이슬람 세계와 기독교 세계는 큰 차이가 있었다. 이슬람교에서는 이 세금만 내면 '이교도'의 존속을 인정했지만, 기독교에서는 인정하지 않았다는 점이다. 기독교 세계에서는 '이교도'는커녕 같은 기독교의 '이단'조차 인정하지 않았다.

시칠리아에서도 정복 초기에는 성전의 열기에 지나치게 불타고 있었는지, 패배자가 된 기독교도를 가혹하게 대했고 피정복자에게 부과되는 이런 종류의 세금도 엄격하게 시행된 모양이다. 그래서 일찍 이슬람에 정복된 팔레르모를 중심으로 한 시칠리아 서부에서는 자주 봉기가 일어나거나, 반대로 기독교도가 대거 이슬람으로 개종하는 현상이 빈발했다. 이슬람교도가 되면 무거운 세금이 부과되지 않을 뿐만 아니라 북아프리카에 노예로 팔려갈 위험도 없어지기 때문이다.

그래서 시칠리아의 지배자가 된 아랍인도 이렇게 생각한 게 아닐까. 첫째, 북아프리카와의 관계를 멀리하고 독립하는 방향으로 나아가고 싶으면, 북아프리카에서 원군을 파견할 이유가 될 수 있는 피지배자의 봉기나 폭동은 일어나지 않는 게 좋다.

둘째, 시칠리아 주민이 모두 이슬람교도가 되어버리면 비이슬람교도에게 부과되는 이 세금도 징수할 수 없게 된다. 빈자에 대한 회한의 정을 씻기 위한 '자카트'는 들어오지만, 그것을 행정이나 군사 비용으로 전용할 수는 없었다.

이리하여 시칠리아의 아랍인들은 참으로 현실적인 지배 방식에 도달했다.

우선 피정복자인 시칠리아인의 이슬람교 개종을 장려하지 않기로 했다. 아니, 오히려 개종하지 말라고 장려했다.

물론 그들의 존재를 '참아주는' 대가로 세금은 부과한다. 다만, 실질적으로 세금을 줄여주었다. 토지의 수익에 매기는 '지조세'와 '인두세'로 나누는 방법으로.

지조세는 아랍어로는 '하라지'(kharaj)라고 부르는데, 경작지에서 얻는 수익의 10퍼센트에 동산으로 간주된 가축의 마릿수에 매겨지는 2.5퍼센트를 합한 세금이다. 이 세금은 시칠리아에 사는 이슬람교도에게도 부과된 모양이다.

문제는 시칠리아에 사는 기독교도에게만 부과된 인두세다. 아랍어로 '지즈야'(jizya)라고 불린 인두세는 기독교도라면 누구에게나 부과된 것은 아니었다. 여자와 어린이, 신체장애자, 거지, 노예는 면제받았기 때문에 인두세의 과세 대상은 성년 남자로 한정되어 있었다.

그리고 성년 남자라면 누구에게나 같은 액수가 부과된 것도 아니었다. 재력에 따라 상류와 중류와 하류로 삼분되어, 각자가 납입하는 은화 액수에 차이가 있었다. 여기에는 '디르함'(dirham) 은화의 1년 납입액을 표시하겠다.

상류──48냥

중류──24냥

하류──12냥

은 3그램으로 만들어진 '디르함' 은화가 중세 전기인 이 시대에 어느 정도의 가치가 있었는지를 알아내기는 무척 어렵다. 그 당시에는 은 자체가 21세기인 지금보다 훨씬 귀중했고, 그래서 사라센 해적은 다른 어디보다 수도원과 교회를 먼저 노렸다. 기독교의 미사나 기타 제의에 쓰이는 성구는 대부분 은제품이었기 때문이다.

이런 사정으로 1천 년 전 은화의 화폐가치를 아는 것은 거의 불가능하다. 하지만 그래도 알아내려고 생각하면 다음과 같이 된다. 2008년 11월 현재 은 1그램이 0.5유로 정도이고, 1유로가 125엔이라고 치면.

상류──은 144그램──72유로──9,000엔

중류──은 72그램──36유로──4,500엔

하류──은 36그램──18유로──2,250엔

이 정도라면 '싸다'고 말할 수밖에 없지만, 그 시대에는 이것의 10배나 20배의 가치였는지도 모른다. 하지만 그래도 비인간적인 지출은 아니었을 것이다. 이것이 이슬람 치하에서도 기독교도가 신앙을 지키면서 살아가기 위해 치르는 '대금'이었다. 이슬람 쪽에서 보면 '참아주는 대가'다.

아랍인은 이것을 '짐마'(dhimma)라고 불렀다. '보호'라는 뜻이다. 하지만 이 의미만으로는 상당히 위선적이고, 진짜 속마음은 '참아준다'는 데 있었을 거라고 상상한다. 로마 같은 다신교 세계라면 '보호료'로 끝나겠지만, 일신교 세계에서는 '보호'도 '참아준다'는 의미가 된다. 그래도 같은 시대의 기독교 세계에서는 이교도의 존재 자체를 참지 않았던 반면, 돈을 내면 참아주겠다는 거니까 '이슬람의 관용'이라고 말할 수 있을지도 모른다.

하지만 '참아주는 대가'만 내면 이슬람교도와 대등한 처지가 될 수 있었는가 하면, 전혀 그렇지 않았다. 이슬람 치하의 시칠리아에서는 기독교도라 해도 신변의 안전과 행동의 자유, 종교의 자유가 인정되고 재산도 보호를 받았지만, 몇 가지 부자유는 참지 않으면 안 되었다. 그들은 어디까지나 '2등 시민'으로 살아갈 수밖에 없었다는 뜻이다.
 우선 이슬람교도에게 그리스도의 가르침을 설명하는 것은 엄격하게 금지되어 있었다.
 새로 교회를 짓는 것도 금지되었다.
 기독교 축일에 행렬을 지어 거리를 누비고 다니는 것도, 교회종을 울리는 것도 금지되어 있었다.
 무기를 지니고 다니는 것도 금지되었고, 집 안에서는 괜찮지만 남들 앞에서 포도주를 마시는 것도 금지되었다. 기독교도가 사는 집 문에는 '표시'를 붙일 의무가 있었다. 그 표시가 무엇이었는지는 지금은 알 수 없다.
 이슬람교도와 결혼하는 것은 엄금되었다. 길에서 이슬람교도를 만나면 길가로 비켜서 길을 양보해야 한다는 규정도 있었다.
 근대와 현대의 인권 존중 이념에 바탕을 두지 않더라도 인도에 어긋난다고 말할 수밖에 없는 금지령이지만, 당시의 실정에서는 굴욕적이고 참기 어렵다고 느껴질 정도는 아니었다. 일찍 정복되어 모스크가

300개나 되었다는 팔레르모는 별도지만, 정복 전반기에 이슬람의 지배 아래 들어간 시칠리아 서부에서도 이슬람교로 개종한 기독교도는 50퍼센트가 채 안 되었다고 한다. 메시나·카타니아·시라쿠사 등 고대 그리스 시대에 건설된 도시들이 집중되어 있는 시칠리아 동부에서는 거의 100퍼센트가 기독교도로 남았다. 이슬람교도와 길에서 마주칠 확률도 거의 제로에 가까웠다. 그보다 이슬람-아랍의 치하에서 얻게 된 이점도 많았다.

이슬람-시칠리아

우선 농장의 형태가 대규모 농장에서 중소 규모의 자작농으로 바뀌었다는 점을 들 수 있다.

고대와 중세의 주요 산업이 농업이었다는 점에는 변함이 없었다. 로마 시대의 시칠리아에서는 대규모 농장이 일반적이었고, 그것이 합리적으로 운영되고 있었다는 것이 바로 시칠리아가 로마제국의 곡창으로 알려진 요인이었다. 중세에 접어든 뒤에는 고대에 비해 역시 생산성이 떨어졌다. 북방 야만족의 침략도 받지 않았고 장기간에 걸쳐 야만족과 비잔티움제국 사이에 벌어진 전쟁의 피해도 입지 않았지만, 시칠리아 농업은 쇠퇴하고 있었다.

가장 큰 이유는 제국이 기독교화한 이후 더 널리 실시된 장자상속제일 것이다. 이 제도로 농지 세분화는 피할 수 있었지만, 농장 경영의 경직화를 초래했다. 세습이 거듭될수록 당사자는 자연히 가진 것을 지키는 쪽으로 방향을 틀게 된다. 지금까지의 생활수준을 유지하는 것만이 목적이라면, 지금까지 만들던 것만 계속 만들면 되기 때문이다. 시칠리아에서는 그것이 고대부터의 주산물인 밀이었다.

이 시칠리아의 새 지배자가 된 아랍인은 어떤 이유를 붙였는지 모르지만 이슬람-아랍식 상속법을 강요한 모양이다. 그것은 장남 한 사람만이 아니라 모든 아들에게 상속권을 주는 제도였다.

이로 말미암아 단번에 대농장제도가 무너지고, 중소 자작농이 시칠리아 농업의 주인공이 되었다. 일찍 이슬람 치하에 들어간 시칠리아 서부에서는 농장주가 가족과 함께 살해되어 주인 없는 땅이 된 농지를 자기 것으로 삼은 아랍인이 많았는데, 이들 이슬람교도에게도 이 상속법이 적용된 모양이다. 그래서 시칠리아에서는 기독교도와 이슬람교도의 구별 없이 중소 자작농 시대로 옮아갔다. 이것은 많은 이점을 가져왔다.

첫째, 농장주 자신이 농장 운영에 직접 관여하게 되어, 세세한 데까지 주의를 기울일 수 있게 되었다는 점.

둘째, 자유경쟁의 환경이 지극히 자연스럽게 생겨났다는 점.

셋째, 아랍인 농장주가 선도한 것은 분명하지만, 오리엔트에서 새 품종이 많이 들어왔다는 점.

넷째, 이것도 아랍인이 주도한 것은 의심할 여지가 없지만, 이 면에서는 중세에 단연 앞선 지방이었던 오리엔트의 관개 방법이 도입되었다는 점.

다섯째, 농업이 번영하려면 다음 여러 가지 조건이 보장될 필요가 있다. 안전과 평화가 유지되고, 유통과 시장의 네트워크가 기능을 발휘하고 있을 것.

이제까지는 습격하여 빼앗던 사람들이 눌러앉아 농업이나 통상을 하게 되었으니까, 안전과 평화는 지극히 자연스러운 형태로 보장되었다.

유통과 시장의 네트워크도 문제가 없다. 이슬람화한 북아프리카 전역과 이베리아반도라는 거대한 시장이 있었다. 게다가 '아우스트로'(남풍)와 '시로코'(남동풍)를 타면 며칠 안에 도착할 수 있는 남이탈리아의 항구도시들도 있다. 얼마 후에는 이들 기독교 세력에 피사와 제노바와 베네치아도 추가된다.

이슬람의 지배를 받게 된 시칠리아에서는 해적이 상륙할 걱정도 없어졌고, 해상에서 사라센 해적선에 습격당할 걱정도 없어졌다. 시칠리아 배는 이제 이슬람의 배다. 그것을 습격하면 사라센인도 성전에 한몫 거들고 있다고 자부하는 '코르사로'가 아니라 '피라타'(단순한 해적)가 되어버린다. 이슬람법에서도 범죄자에 대한 처벌은 엄격했다.

이슬람-아랍 시대에 시칠리아의 중심은 이제 분명히 팔레르모였다. 10세기에 팔레르모를 방문한 어느 아랍인 여행자는 다음과 같은 서술을 남겼다.

──알 무카다시(Al-Muqaddasi)

〈시칠리아의 수도 팔레르모는 바다를 가까이에서 바라볼 수 있는 땅에 자리 잡고 있다. 알 푸스타트(현재 카이로의 옛 시가지)보다 크다. 하지만 직능별로 몇 개 지구로 나뉘어 있다. 도시 건조물에 쓰이고 있는 자재는 벽돌과 회반죽이고, 그 때문에 많은 건물의 색깔이 붉은색과 흰색의 혼합이다. 시내에도 수로가 만들어져 있고, 각지에서 분수가 물을 뿜어 올리고 있다. 그중에서도 넓은 운하는 와디 압바스

(Wadi Abbas)라고 불리고(현재의 오레토강), 물방아도 많다. 이 풍부한 물 덕분에 과일과 포도도 풍부하게 생산된다. 모스크도 많고, 교외에 있는 시장은 금요일 외에는 날마다 열리고, 도심에는 넓은 통상 구역까지 있어서, 덕분에 도시 전체가 활기에 넘친다. 시가지를 둘러싼 성벽에는 성문이 네 개 있고, 그 성문에서 시칠리아섬 전체로 가도가 뚫려 있다.〉

같은 무렵, 시칠리아를 돌아다닌 지리학자는 다음과 같은 서술을 남겼다.

──이븐 하우카트(Ibn Hawqat)

〈시칠리아섬 전체가 그 아름다움과 풍요로움으로 지중해의 진주로 찬양받고 있는데, 그럴 자격은 충분히 있다. 세계 어디보다도 좋은 자연 환경과 긴 역사를 갖고, 제각기 다른 지배자에게 사랑을 받아온 것이 시칠리아다.

현재의 시칠리아에는 모든 나라에서 여행자가 찾아오고 교역 상인이 모여든다. 그들도 이구동성으로 칭찬한다. 시칠리아의 중요성, 시칠리아의 아름다움, 그리고 시칠리아 사람들과 교역하는 유리함을. 이런 이점이 이슬람 세계의 다른 어디보다도 시칠리아로 사람들을 끌어들인다.

이 시칠리아의 역사가 갖는 매력은 실제로 그것을 눈으로 본 사람에게는 잊기 어려운 추억으로 남을 것이다. 지금도 남아 있는 빛나는 과거의 유적들. 각기 다른 시대마다 지배자들이 남긴 업적들. 지금 시칠리아를 지배하고 있는 사람들은 옛날 지배자들의 후계자라고 생각하는 것만으로도 자랑스러운 마음이 들지 않을까.〉

이 이슬람교도는 같은 시대 기독교 세계의 엘리트와는 달리 그리스·로마의 이교 문명에도 알레르기 반응을 보이지는 않았던 모양이다.

아랍인들은 시칠리아의 수도 팔레르모에 거대한 교역센터만 건설한 것은 아니었다. 비잔티움제국의 압제를 싫어하여 페르시아로 도망한 그리스인을 통해 알게 된 철학·천문학·수학·기하학·의학을 모두 시칠리아에 이식했다. 이제 시칠리아의 이슬람교도는 설령 성전이라는 대의명분이 있다 해도 기독교도를 습격하여 빼앗는 짓은 그만두고 시칠리아에서 생산에 종사하는 것을 생업으로 삼겠다고 결심했기 때문에, 좋다 싶은 것은 모두 시칠리아에 이식한 것이다. 자기 집이라고 생각하니까 그 집을 쾌적하게 꾸미는 데 열성을 쏟는 법이다.

그들이 가장 열심히 한 일이 농작물 이식이었다. 그것을 일람표로 만들어보면, 후세의 유럽인들이 "그대는 아는가, 저 남쪽 나라를"이라고 노래한 시칠리아는 아랍인이 만든 시칠리아라는 것을 납득할 것이다. 그리고 이 일람표에는 농작물 외에도 아랍인의 언어가 어원이 된 낱말 몇 개도 덧붙이기로 했다. 그것을 보면 이슬람-아랍의 영향은 9세기부터 11세기까지 계속된 이슬람 지배 시대의 시칠리아에만 한정되지 않고, 후세에도 널리 영향을 미쳤다는 것을 알 수 있을 것이다.

하지만 이 모든 것을 다 합쳐도 따라갈 수 없는 아랍 세계의 선물은 아라비아 숫자를 기독교 세계에 도입한 것이다. 아라비아인이 인도에서 배운 이 형식의 숫자는 그들을 통해 지중해 서부에 전해졌고, 지금도 전 세계에서 '아라비아 숫자'라고 불리며 계속 활용되고 있다.

아랍어에서 들어온 낱말 일람표

	아랍어	이탈리아어	프랑스어	에스파냐어
레몬	laimūn	limone	citron	limón
오렌지	nārangia	arancia	orange	naranja (*or* anaranjado)
설탕	sukkar	zucchero	sucre	azúcar
가지	bādingiān	melanzana	aubergine	berenjena
사프란	zaʻfrān	zafferano	safran	azafrán
아티초크	kharshūf	carciofo	artichaut	alcachofa
증류기	alambig	alambicco	alambic	alambique
달력	al-manah	almanacco	almanach	almanaque
해군 제독	amīr al(-bahr)	ammiraglio	amiral	almirante
감청색	lāzwardi	azzurro	azur (*or* bleu)	azul (*or* azul claro)
세관	dīwān	dogana	douane	aduana
재스민	jāsamīn	gelsomino	jasmin	jazmín
류트	al-ʻūd	liuto	luth	laúd
창고	mahāzin	magazzino	magasin (*or* entrepot)	almacén
수첩	taqwin	taccuino	carnet (*or* calepin)	agenda (*or* carné)
요금표	taʻrīfa	tariffa	tarif	tarifa
천정(天頂)	samt	zenit	zénith	cenit

영어	독일어
lemon	Zitrone
orange	Orange (*or* Apfelsine)
sugar	Zucker
aubergine	Aubergine
saffron	Safran
artichoke	Artischocke
alembic	Destillier-kolben
almanac	Almanach
admiral	Admiral
azure	Himmelblau
customs	Zollamt
jasmine	Jasmin
lute	Laute
magazine (*or* storehouse)	Magazine (*or* Lager)
notebook	Notizbuch
tariff (*or* rate)	Tarif (*or* Gebühr)
zenith	Zenit

I─1, II─2, III─3, IV─4, V─5,
VI─6, VII─7, VIII─8, IX─9, X─10,
L─50, C─100, D─500, M─1000

이것이 9세기부터 11세기에 걸친 시칠리아였다. 지중해 중앙에 떠 있는 항공모함이 아니라 지중해 세계의 거대한 교역 센터가 된 시칠리아다.

이 시칠리아의 항구에 드나드는 것은 이제 해적선이 아니라 상선이었다. 시칠리아에 눌러앉은 이슬람교도들은 이제 해적이 아니다. 실제로 동시대 북아프리카의 주요 항구에는 '목욕장'이라고 불리는 강제수용소가 빠짐없이 있었지만, 시칠리아에는 수도 팔레르모에도 그것이 없었다. 납치해온 기독교도를 값싼 노동력으로 부리는 것은 경제적 관점에서 보면 유리했을 것이다. 하지만 반격을 당하거나 해난사고로 죽을 위험까지 무릅쓰고 납치해오는 것은, 달리 살아갈 길이 없다면 모를까 수지가 안 맞는 일이었다. 시칠리아의 이슬람교도는 '달리 살아갈 길'을 찾은 것이다.

노예는 중세에도 존재했다. 고대 노예제와 다른 점은 기독교도가 같은 기독교도를 노예로 삼을 수는 없지만 이슬람교도나 다른 이교도라면 노예로 삼을 수 있고, 이슬람교도는 같은 이슬람교도를 노예로 삼을 수 없지만 기독교도나 다른 이교도라면 괜찮다는 것뿐이었다. 어떤 종교를 믿든지 간에 노예로 삼을 수 없다고 규정하는 것은 19세기에 접어든 뒤의 이야기다. 그보다 1천 년이나 과거로 거슬러 올라간 이 시대, 시칠리아는 이슬람 세계에 속해 있으면서도 '목욕장'이라는 이름의 노예 수용시설이 존재하지 않았다는 것은 특기할 만한 일이었다.

이런 시칠리아와 교역 관계를 갖는 것을, 가에타·나폴리·아말피·피사·제노바·베네치아 같은 이탈리아의 해양도시국가들은 이슬람과의 전쟁에 참가하라는 교황의 호소보다 우선했다 하여, 기독교 세계에서 자주 비난을 받았다. 하지만 이슬람 치하의 시칠리아는 해적업에 종사하지 않았다.

이슬람권인 북아프리카가 여전히 해적업을 계속하는 것을 곁눈질로 보면서도 그들만은 해적질을 하지 않았다. 이탈리아의 해양도시국가들도 자국을 습격하여 동포를 납치하고 그들의 상선 앞을 가로막는 해적에 대해서는 과감하게 맞서는 것을 거부하지 않았다. 아니, 해적을 막아야 할 필요성 때문에 해군력을 갖춘 해양국가로 성장해갔다고 해도 좋을 정도였다.

지중해의 기적

시칠리아에서 아랍-이슬람의 지배는 200년 동안 계속된 뒤에 끝났다. 서기 1072년에 노르만인이 시칠리아를 정복했기 때문이다.

11세기의 노르만인은 영국을 정복하는 등 대단한 활동기에 있었던 민족이지만, 프랑스 북서부의 노르망디는 영국과는 거리가 가까워도 남유럽의 시칠리아까지는 멀다. 그래서 시칠리아에는 다행한 일이지만, 새 지배자가 된 노르만 기사들의 수는 적었다. 수가 적다는 사실이 그들을 현실적으로 만들었다. 기독교도인 노르만 왕조의 지배를 받게 된 뒤에도 시칠리아는 별로 변하지 않았다. 아니, 나쁜 면만 시정되어 갔다.

새 지배자가 기독교도인 이상 당연한 일이지만, 그때까지 200년 동안 기독교도들이 참아온 '2등 시민'의 처지는 사라졌다.

기독교도에게만 부과된 '지즈야'라는 인두세도 낼 필요가 없어졌다.

새로 교회를 짓는 것도, 기독교 축일에 행렬을 지어 시내를 누비고 다니는 것도, 그날 종루에서 종을 계속 울리는 것도 거리낌 없이 당당하게 할 수 있게 되었다.

그리고 노르만인 지배자들은 이제 피정복자 신세가 된 시칠리아의 이슬람교도들을 '2등 시민'으로 떨어뜨리지도 않았다. 팔레르모의 주요 모스크만 교회로 돌려놓았을 뿐이다. 그것은 원래 기독교 교회였던 것을 모스크로 바꾸었으니까 문자 그대로 '돌려놓은' 데 불과했다. 그 밖의 모스크는 그대로 남겨졌다. 모스크를 남겼다는 것은 이슬람교도인 채 사는 것을 인정했다는 뜻이다. 그러면서도 '이교도의 존재를 참아준다'는 의미를 가진 인두세를 이슬람교도에게 부과하지도 않았다. 그러기는커녕 노르만 지배자들은 이들 이슬람교도를 적극적으로 활용했다.

아랍인 치하의 시칠리아에서 불완전하나마 '어떻게든' 실현되었던 이슬람교도와 기독교도의 공생 사회가 좀더 이상적인 형태로 현실화되었다.

아랍 치하에서도 기독교도가 계속 100퍼센트였던 시칠리아 동부를 상징하는 도시 시라쿠사의 두오모(대성당)와, 그와는 반대로 노르만 시대에 들어온 뒤에도 아랍인이 많이 살고 있었던 시칠리아 서부의 몬레알레에 있는 대성당을 둘 다 방문한 적이 있는 사람이라면 당장 고개를 끄덕여줄 게 분명하다.

시라쿠사의 대성당인 두오모는 기독교 교회로 돌아간 뒤에도 아랍 색채가 전혀 보이지 않고, 교회가 되기 전에 고대 신전이었던 전력이 지금도 압도적이라고 해도 좋을 만큼 강력하게 다가온다. 시라쿠사는 기독교 세계가 되든 이슬람에 굴복하든 상관없이 고대 그리스를 줄곧 질질 끌면서 살아왔다는 느낌이 든다.

한편 팔레르모 근교에 있는 몬레알레의 대성당은 모자이크로 된 그리스도가 아무리 정면에서 눈을 크게 뜨고 바라보고 있어도 교회 전체의 장식에 나타난 짙은 아랍 색채를 느끼지 못할 사람은 없다. 유명한 회랑은 아랍 그 자체다. 노르만 왕들은 교회를 세우기를 바랐는데, 시칠리아의 이슬람교도들이 그 건설 공사에 전면적으로 협력한 결과다.

이 두 교회는 이탈리아 전체의 교회 건물들 중에서 내가 가장 좋아하는 다섯 개에 속하는데, 시라쿠사의 두오모는 고대 그리스 조각처럼 쓸데없는 요소를 모두 제거한 뒤에 흐르는 고요함과 편안함으로 가득 차 있다. 꼭 필요한 최소한의 것밖에 없는데도 더없는 풍요로움을 느끼게 한다. 처음 찾아갔을 때, 이런 느낌의 서재를 갖고 싶다는 생각이 강렬하게 마음을 사로잡았다.

몬레알레의 대성당 회랑

 반대로 몬레알레의 대성당은 온갖 색채를 마구 집어넣었는데도 그 모든 것이 절묘하게 융합하여 보기 드문 미의 세계를 창출해낸 표본이다. 너무 즐거움이 넘쳐서 정신 통일하기 어려우니까 서재에는 어울리지 않지만, 일을 끝낸 뒤에 쉬는 거실로는 가장 적합하다.
 이 둘 가운데 어느 쪽을 선택하겠느냐고 물으면 곤혹스러울 수밖에 없을 것이다. 시라쿠사의 두오모가 찬란하게 빛나는 커다란 다이아몬드 반지라면, 몬레알레의 대성당은 루비나 에메랄드나 사파이어나 진주를 절묘하게 배치하여 훌륭하게 세공한 목걸이이기 때문이다. 나 같으면 한숨을 깊이 내쉬고 둘 다 갖고 싶다고 대답할 것이다.

중세의 중요한 건축양식 가운데 하나를 연구자들은 '시칠리아-아랍 양식'이라고 부르지만, 이 양식에 따라 세워진 건축물을 시칠리아 안에서만 볼 수 있는 것은 아니다. 노르만 왕조는 남이탈리아도 지배했기 때문에, 나폴리 남쪽에는 지금도 그런 양식의 건물이 많이 남아 있다. 19세기에 북유럽에서 온 여행자를 매료시킨 "그대는 아는가, 저 남쪽 나라를"은 아낌없이 쏟아지는 남국의 햇빛과 끝없이 푸른 지중해의 바다, 향기로운 레몬과 오렌지만은 아니다. 이탈리아어로 '시쿠로-아랍'이라고 불리는 '시칠리아-아랍 양식'의 집이나 별장도 북유럽에서 온 사람들에게는 이국적으로 보였다. 21세기의 여행자한테도 아랍 색채가 없는 남이탈리아나 시칠리아는 그들이 동경하는 남이탈리아나 시칠리아가 아니라고 해도 좋다.

주요한 원정만 여덟 차례를 헤아리는 십자군에서 유일하게 이슬람교도를 죽이지 않고 성지 예루살렘을 손에 넣은 사람이 있다. 바로 노르만 왕조의 왕이자 신성로마제국 황제이기도 했던 프리드리히 2세다.

이 사람은 노르만인과 독일인의 피를 이어받았지만, 태어나서 자란 곳은 시칠리아였다. 그는 문명사가인 부르크하르트가 기독교 세계와 이슬람 세계의 경계를 초월했다고 평한 인물인데, 지금까지 기술해온 시칠리아가 없었다면 이슬람 지도자와의 평화적인 교섭으로 예루살렘을 정복하기로 마음먹고 실행한 프리드리히도 존재하지 않았을 것이다. 중세 후기의 지중해 세계에 등장하는 이탈리아 르네상스도 이 사람이 통치하고 있던 시기의 팔레르모에서 점화되었다.

중세 전기의 시칠리아에서 실현된 기독교도와 이슬람교도의 공생은 이렇게 시칠리아가 기독교 세계로 돌아간 뒤에도 계속되었다.

'이슬람-아랍 지배' ─ 서기 827~1072년

'노르만-호엔슈타우펜 지배' ─ 서기 1072~1266년

따라서 적어도 400년은 계속된 셈이다.

이런 상태가 마침표를 찍은 것은 독일계인 호엔슈타우펜 왕조가 로마 교황의 후원을 받은 프랑스계의 앙주 왕가로 바뀐 뒤였다. 하지만 이 프랑스인의 지배는 주세페 베르디의 오페라『시칠리아의 저녁기도』로도 유명한 시칠리아 민중의 봉기로 좌절한다. 쫓겨난 프랑스인 대신 시칠리아에 진주한 것은 에스파냐계인 아라곤 왕가였다.

프랑스인은 이탈리아인보다 기독교적인 데가 많다. 하지만 에스파냐인은 프랑스인보다도 더 기독교적이다. 그런 에스파냐의 지배를 받게 된 시칠리아에서는 우선 모스크가 사라졌다. 400년이나 지나서 완전히 시칠리아화한 아랍인도 여전히 해적을 생업으로 삼고 있는 북아프리카로 망명하기보다는 기독교로 개종하는 길을 택한 게 아닐까 싶다.

이리하여 지중해의 기적도 사라졌다. 지중해 세계의 교역센터라는 시칠리아의 지위는 종말을 고했다. 이 시칠리아에서 점화된 르네상스 정신은 멀리 떨어진 피렌체에서 열매를 맺게 된다.

제 2 장
'성전'(지하드)과 '성전'(구에라 산타)의 시대

계속되는 해적질

시칠리아에서는 아랍인 치하에서도 이슬람교도와 기독교도가 어떻게든 공생했지만, 다른 지역에서는 그렇지 않았다. 북아프리카의 이슬람교도들은 이슬람 세력의 시칠리아 정복을 어디까지나 성전(지하드)의 성과로 생각했다. 시칠리아를 정복한 뒤, 성전의 다음 목표가 겨우 3킬로미터의 바다를 사이에 두고 시칠리아와 마주 보는 남이탈리아로 정해진 것도 당연했다.

북아프리카의 이슬람교도가 기치로 내건 성전은 해적 행위와 표리일체의 관계에 있다. 해적 행위는 완전 제패로 가는 전초전이라는 의미를 갖고 있을 뿐만 아니라 동포를 먹여 살리는 산업이 되어 있었기 때문이다. 시칠리아의 아랍인은 이제 해적질을 하러 나갈 필요가 없어졌는지도 모르지만, 북아프리카에 사는 이슬람교도인 사라센인은 아직도 해적 행위를 할 필요가 있었다.

9세기 말부터 10세기까지 계속된 사라센 해적들의 만행은 주로 남이탈리아를 무대로 벌어졌지만, 다른 지방 사람들은 편히 잘 수 있었느냐 하면 그렇지는 않았다. 북아프리카 일대의 항구를 떠나 북동쪽으로 나아가면 닿는 해안과 그 배후지 전체가 사라센 해적의 습격을 면치 못했다고 해도 좋을 정도다. 지중해 중앙에서는 특히 여름철에는 '리베초'라고 불리는 남서풍과 '체피로'라고 불리는 서풍이 자주 불기 때문이다.

이 리베초만 타면 오랑이나 알제에서는 남프랑스의 프로방스와 북이탈리아의 리구리아 지방으로, 베자이아나 안나바에서는 중부 이탈리아의 토스카나나 라치오 지방의 해안으로, 튀니스에서는 남이탈리

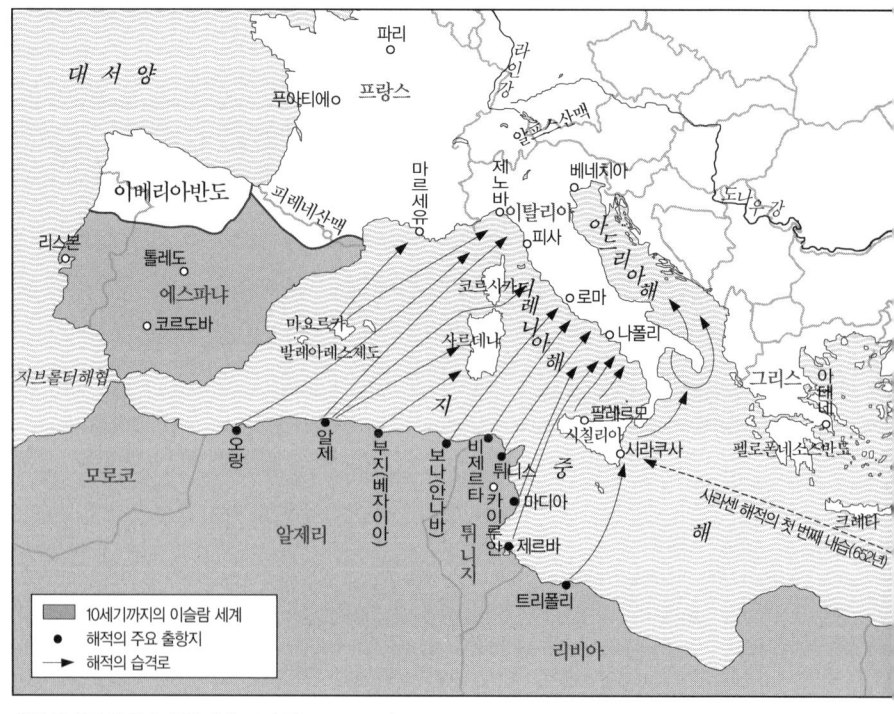

사라센 해적의 주요 출항지와 그 습격로

아의 티레니아해 쪽으로, 트리폴리에서는 장화와 비슷하게 생긴 이탈리아반도의 발끝과 뒤꿈치에 해당하는 칼라브리아와 풀리아 지방으로 갈 수 있다. 오늘날에는 리베초와 체피로가 부는 여름철에는 일광욕이나 해수욕을 즐기지만, 그 시대에 살았던 사람들은 그런 것을 즐길 처지가 아니었다. 때로는 사하라사막의 모래까지 실어오는 리베초는 그들에게 여름을 가져오는 바람이 아니라 해적을 데려오는 바람이었다.

해적들은 긴급한 경우에 피난할 수 있는 기항지도 부족하지 않았다. 시칠리아에서는 이제 해적선이 출항하지 않게 되었지만 같은 이슬람

교도가 기항하는 것은 인정했을 것이고, 사르데냐와 코르시카에는 아무도 없는 동굴과 모래밭이 얼마든지 있었다. 이런 섬 외에도 티레니아해에는 중소 규모의 섬들이 여기저기 흩어져 있었다. 나폴레옹의 첫 유배지였던 엘바섬은 중간 크기의 섬이지만, 작은 섬 중에서도 몬테크리스토섬은 보트를 타고 섬 주위를 한 번 돌기만 해도 해적의 소굴로는 안성맞춤이었다는 것을 알 수 있다. 알렉상드르 뒤마가 『몬테크리스토 백작』을 쓰기 위해 현지답사를 한 게 아닐까 하고 생각할 정도다.

이것이 지중해의 중앙 해역인 티레니아해였다. 이런 바다를 안전하게 항해하고, 수평선 너머를 걱정하지 않고 고기를 잡고, '사라센의 탑'에서 울려 퍼지는 경보에 놀라 깨어나지 않고 편안히 자고 싶으면 해군력을 사용해서라도 제해권을 손에 넣을 수밖에 없었다.

하지만 지중해 세계에서도 이슬람 세력이 크게 약진한 8세기는 말할 것도 없고, 9세기와 10세기에도 지중해 서부의 제해권은 사실상 이슬람 쪽이 계속 쥐고 있었다.

제해권을 갖지 못하면, 적이 바다 위에서 제멋대로 행동하는 것만으로 끝나지 않는다. 적은 자유롭게 육지에 닿을 수 있을 뿐만 아니라, 내류 지역 깊숙이까지 쳐들어올 위험이 항상 존재한다는 뜻이기도 하다. 서기 882년에 일어난 참사는 티레니아해와 가까운 지방만이 아니라 이탈리아반도의 내륙에 사는 사람들까지 두려움에 떨게 했다.

이탈리아반도를 북쪽에서 남쪽으로 등뼈처럼 지나는 아펜니노산맥에서 발원하여 티레니아해로 흘러드는 하천들 가운데 볼투르노강이 있다. 이 강의 상류에 성 빈첸초가 설립한 수도원이 있었는데, 베네딕토회에 속하는 이 수도원은 성 베네딕토가 설립하여 남이탈리아에서 가장 유명한 몬테카시노 대수도원의 동생뻘이다. 두 수도원은 심산유곡에 틀어박히지 않고 인간 사회 근처에서 적극적으로 사람들을 지도하려 한 성 베네딕토의 생각에 충실히 따랐고, '성 빈첸초 알 볼투르노'도 주변에 사는 사람들의 신앙과 실생활을 지도하는 역할을 맡았다.

하지만 라티나 가도라는 간선도로와 가까운 몬테카시노보다 성 빈첸초 수도원 쪽이 훨씬 외진 곳에 있었다. 아펜니노산맥의 분지에 세워져 있었기 때문이다. 상류라서 흐름이 빠른 볼투르노강이 가까이 흐르는 이곳은 옛날부터 좋은 말의 산지로도 알려져 있었다. 이탈리아반도를 제패하고 있던 로마 앞을 가로막고 한 걸음도 물러서지 않은 삼니움족의 출생지이기도 하다. 중무장 보병이 주전력이었던 로마는 삼니움족 기병한테 40년 동안이나 애를 먹었다.

성 빈첸초 수도원의 수도사들도 옷자락을 바람에 나부끼며 능숙하게 말을 타고 달렸다고 한다. 몬테카시노 수도원과 성 빈첸초 수도원은 같은 베네딕토 수도회에 속하기 때문에, 겨울 날씨가 혹독한 성 빈첸초 수도원에는 젊은 수도승들을 보내고 노년을 맞으면 기후가 온난하고 인간관계도 풍부한 몬테카시노 수도원으로 옮긴다는 말도 있었다.

이 '볼투르노의 성 빈첸초 수도원'을 서기 882년 가을에 사라센 해적들이 습격한 것이다. 해적의 습격을 자주 받은 몬테카시노 수도원에서는 매번 돈과 물건을 주고 약탈과 파괴를 면했지만, 성 빈첸초 수도원은 해적의 요구를 무시했다. 그들에게는 승산이 있었다.

첫째, 젊고 건장한 수도사들이 천 명 가까이나 있었다는 것.

둘째, 계절이 가을이었다는 것. 10월에 접어들면 아펜니노산맥에서는 눈이 흩날리기 시작한다. 겨울까지만 참고 견디면, 북아프리카 사람인 사라센인은 공격을 포기하고 물러갈 거라고 예상했다. 중세 전기의 기독교 세계에서는 수도원이 생산을 주도했기 때문에, 성 빈첸초 수도원도 식량을 충분히 저장해놓아서 장기간의 방어전을 견디는 데에는 아무 문제가 없었다.

하지만 이런 예상은 모두 틀어졌다. 해적들도 젊고 건장하고 수도 많았다. 공격을 포기하고 물러간다 해도, 겨울에는 그들이 돌아갈 곳이 없었다. 기독교도를 두려워하지 않는 사라센인도 겨울의 지중해는 두려워했다. 그래도 눈이 내릴 때 공격하는 것은 피하고 싶었기 때문에, 처음부터 쉴새없이 총공격을 퍼부었다.

젊고 건장한 수도사들 중에도 죽거나 다치는 자가 늘어났다. 말은 잘 타지만 화살을 쏘는 데에는 익숙지 않았던 것이다. 추위가 점점 심해지기 시작한 10월 11일, 성 빈첸초 수도원이 함락되었다.

수도사의 절반은 전사했지만, 나머지는 모두 해적 앞에 끌려나왔다. 젊은 수도사들이니까 북아프리카로 데려가서 노예로 팔아도 좋았을 것이다. 농장에서 일하게 해도 좋고 갤리선의 노잡이로도 가치가 있었을 것이다. 무엇보다도 해적들은 그들을 판 돈을 품에 넣을 수 있었을 것이다.

하지만 이슬람교도의 관점에서 보면, 그리스도에게 평생을 바친 성직자, 게다가 이슬람교도를 향해 활시위를 당긴 성직자는 노예 신세로 떨어뜨릴 가치도 없었다. 한 사람씩 손과 발을 묶고, 다리 위에서 차례로 볼투르노강에 내던졌다. 강 하류에서는 농민들이 강가에 몸을 숨기고 떠내려오는 수도사들을 구하려고 애썼지만, 물살이 빠른데다 손발이 묶여 있어서 강 속에 튀어나온 바위를 피할 수도 없었기 때문에, 살아서 구출된 수도사는 없었다고 한다. '볼투르노 연대기'는 강에 던져져서 죽은 수도사의 수가 500명이었다고 기록하고 있다. 사라센인들은 수도원에서 겨울을 나고 물러갈 때, 수도원을 철저히 파괴하고 불태웠다. 그래도 얼마 후 재건되어 18세기까지는 그럭저럭 명맥을 이었지만, 몬테카시노 수도원에 버금가는 중요성과 영향력을 되찾지는 못했다. 지금은 다 허물어진 모습으로 남아 있다.

이와 같은 시대, 역시 내륙에 있고 당시에는 교황청 영토였던 라치오 지방에도 사라센 해적이 근거지를 만들었다. 오늘날에도 '사라치네스코'라고 불리는 해발 900미터나 되는 산 위인데, 오늘날 국도 5호선이 되어 있는 고대의 발레리아 가도가 사라치네스코의 바로 눈 아래를 지난다. 로마에서 티볼리까지 뻗어 있는 길이 티부르티나 가도, 거기에서 아펜니노산맥을 넘어 아드리아해 쪽으로 빠지는 간선도로가 발레리아 가도다. 대도시 로마에 내륙지역의 산물을 운반하는 길이어서, 중세에 접어든 뒤에도 항상 통행량이 많았다. 지금도 사라치네스코라

이탈리아 중부

는 이름으로 불리는 산 위의 이 마을에는 북아프리카의 카스바를 연상시키는 복잡한 골목들이 남아 있다. 이곳에 정착한 사라센 해적들은 사냥감이 보이면 말을 타고 완만한 내리막을 이룬 능선을 달려 내려가 물건을 약탈하고 사람을 납치하여 산 위로 돌아가곤 했다.

 로마에서 티볼리까지는 20킬로미터, 티볼리에서 사라치네스코가 우뚝 솟아 있는 곳까지도 거의 같은 거리다. 이 길을 통해 운반되는 내륙지역의 산물이 유통되지 않는 것도 불편했겠지만, 이렇게 가까운 거리까지 이슬람 세력이 침투해온 것이 로마에 있는 교황에게는 더 큰 위협이었을 것이다. 사라치네스코 주변에서는 사람이 사라졌다고 한다. 과거에는 로마 황제들이 호위병도 거느리지 않고 오가던 이 가도도 700년이 지난 이 시기에는 농민들조차 어지간히 급박한 일이 없는 한 피하게 되었다.

제2장 '성전'과 '성전'의 시대 209

10세기에 들어와도 상황은 전혀 달라지지 않았다. 서기 915년, 어린 아들의 섭정을 하고 있던 비잔티움제국의 조에 황후는 아직도 각지에 소유지를 갖고 있던 귀족들의 요구를 끝내 거절할 수 없었는지, 팔레르모의 '수장'에게 협약을 제의했다. 남이탈리아의 칼라브리아와 풀리아 지방을 해적이 습격하지 않는다는 조건으로 해마다 비잔티움 금화를 2만 2천 냥씩 지불한다는 협정이다.

이것도 쇠퇴기에 접어들면 정확한 정보 수집조차 할 수 없게 된다는 것을 보여주는 사례다. 협약을 맺는다면 북아프리카의 사라센인들과 맺어야 했다. 실제로 이 협정을 지킨 것은 시칠리아의 아랍인뿐이었고, 그것도 1년 만에 끝나버렸다. 이미 해적업에서 발을 뺀 팔레르모의 '수장'(아미르)이 해적질을 하지 않겠다고 약속하는 것은 간단하지만, 그래도 돈은 받아 챙긴 모양이다. 그것을 알고 화가 난 사라센인과 그들은 같은 이슬람교도인데도, 한때 관계가 험악해졌을 정도다. 협약 상대가 되지 못하고 돈도 손에 넣지 못한 사라센인이 칼라브리아와 풀리아 지방을 집중적으로 습격한 것은 말할 나위도 없다.

당시 사라센인은 모든 기독교도를 '그릇된 신앙을 가진 무리이고 겁쟁이 개자식'이라고 얕보았다. 하지만 그런 사라센인도 무시할 수 없는 규모의 해군을 결정만 내리면 파견할 수 있는 유일한 국가라고 생각한 것이 바로 비잔티움제국이다. 그 비잔티움제국이 이 모양이면 지중해 서부에는 적이 없다고 그들이 생각한 것도 무리는 아니었다.

하지만 사라센인은 몰랐던 일이 사라센 해적의 습격에 절망한 남이탈리아 사람들을 더욱 절망에 빠뜨리고 있었다. 조에 황후가 낸 2만 2천 냥의 금화는 황후 개인 재산도 아니고 비잔티움제국의 국고에서 나온 것도 아니고, 남이탈리아에 주재하는 비잔티움제국 관리들이 남이탈리아 사람들한테 특별세로 징수한 돈이었다. 그런데 그 돈이 팔레르모의 '수장'한테 전달된 것은 처음 1년뿐이고, 그다음부터는 관리들이 착복하고 있었다. 만약 그 돈이 사라센인의 손에 계속 건네졌다면 그들도 조금은 봐주었을지 모른다. 사라센 해적의 분노를 사게 된 남이탈리아 주민들은 이중삼중으로 절망할 이유가 있었다.

게다가 시대는 서기 900년대였다. 기독교에는 예수 그리스도가 탄생한 지 1천 년째 되는 해에 신의 심판이 내린다는 생각이 있다. 선량한 기독교도들은 그것을 생각하고 두려움에 떠는 나날을 보내고 있었다. 이런 상황에서 누구의 목소리에 귀를 기울이게 될까. 회개하라고 절규하는 주교나 사제의 목소리다. 이것이 200년 전부터 계속되고 있는 이슬람 해적의 습격으로 빈곤의 구렁텅이에 빠져 있던 사람들까지 쥐어짜려 해도 더 이상 쥐어짤 수 없는 상태에서도 주교나 사제의 말대로 돈을 내어 비잔티움 금화 2만 2천 냥을 모을 수 있었던 요인이었다. 하지만 그것도 전혀 효과가 없었다.

서기 925년, 장화 뒤꿈치에 해당하는 풀리아 지방의 도시들 가운데 브린디시 근처에 있는 오리아가 사라센의 습격을 받았다. 이곳에 주재하는 비잔티움제국 관리는 재빨리 도망쳐서 목숨을 건졌지만, 주민들 가운데 살해당한 자가 6천 명, 포로로 잡혀 북아프리카로 보내진 자가 1만 명에 이르는 참상이었다.

약탈할 물건도 별로 없고 바다에도 면해 있지 않은 이 도시가 희생된 것은 노동력이 될 만한 사람을 납치하는 것이 목적이었기 때문이다. 살해된 6천 명은 늙은이나 아이들이었다. 이들은 노동 면에서 당장 전력이 될 수 없다고 여겨졌기 때문이다. 북아프리카에서는 여전히 노동력을 필요로 하고 있었다.

1) 에스파냐에 보내, 기독교 세력과 맞서고 있는 최전선에 투입할 병력으로.

2) 시장에서 노예로 팔기 위해. 이렇게 팔리면 남자는 농장 노예로, 여자는 가사 노예로 평생을 혹사당한다.

3) 쇠사슬로 묶어서 갤리선의 노잡이로 부리기 위해.

약탈할 가치가 있는 물건이 별로 없는 도시도 안심할 수는 없었다.

서기 930년, 사라센 해적은 살레르노에서 남쪽으로 내려간 곳에 있는 페스툼에 상륙했다.

페스툼은 남이탈리아와 시칠리아가 '큰 그리스'를 의미하는 '마그나 그라이키아'라고 불린 기원전 6세기부터 존속한 도시다. 바다의 신 포세이돈에게 바쳐진 신전으로 유명하여, 고대에는 '포세이도니아'(포세이돈의 도시)라고도 불렸다.

그리스 식민지였던 시대에도 로마에 병합된 뒤에도 바닷가에 있는 이 도시는 '지리적으로 유리한 위치를 차지했다'고 여겨졌지만, 중세에는 그것이 오히려 '불리함'으로 바뀌어 있었다.

하지만 기독교 세력의 중심부에서 떨어져 있었기 때문에, 로마제국 말기에 휘몰아친 이교 배척의 태풍에 쓰러지지는 않았다. 그래도 국가가 기능을 발휘하지 않게 되면 각종 인프라를 유지 보수하는 데에도 소홀해진다. 그 결과 말라리아가 유행하게 되었고, 그것이 인구 감소로 이어졌다. 그래도 중세 전기에는 신전이 집중되어 있는 지역 주변에는 아직 인가가 밀집해 있었다. 서기 930년에 쳐들어온 해적이 이것을 완전히 없애버렸다.

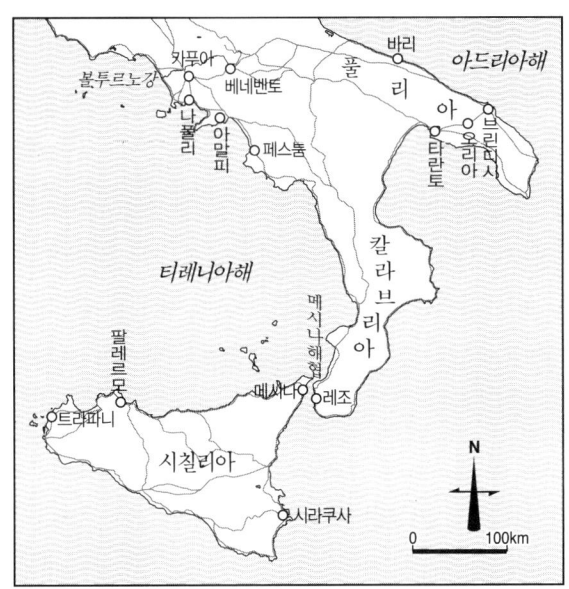

이탈리아 남부와 시칠리아

　주민들은 살해되거나 납치당하여 도시는 무인지경으로 변했고, 집이고 뭐고 다 불타버렸다. 남은 것은 고대 그리스 시대의 신전과 로마 시대의 가도와 원형투기장 유적뿐이다. 이런 상태로 페스툼은 긴 중세를 잠든 채 보내고 근대를 맞이하게 된다. 19세기에 해적의 위협이 사라질 때까지 사람들이 페스툼에 살려고 하지 않았기 때문이다. 지금은 이탈리아 안에서 고대 그리스를 느낄 수 있는 사적지로 유명하고, 찾아오는 관광객도 많다.

　하지만 중세 전기의 페스툼은 이탈리아반도에 수없이 많은 바닷가의 작은 도시일 뿐이었다. 이 페스툼을 덮친 불행은 모든 이탈리아 사람들을 두려움에 떨게 하지는 않았다. 그러나 해양통상국가로 대두하기 시작한 나라들 가운데 하나가 사라센 해적에 약탈당했다면 이야기가 다르다. 페스툼이 폐허로 변한 지 4년 뒤에 그런 일이 일어났다.

서기 934년에 제노바가 급습당한 것이다. 그때까지도 이탈리아와 가까운 남프랑스에서 제노바를 거쳐 토스카나 지방의 북쪽 끝에 이르는 리구리아 지방의 바닷가 도시들이 사라센인의 습격을 받고 약탈당한 일은 자주 있었다. 하지만 제노바가 직접 습격당한 적은 없었다. 바로 뒤에 산이 있고 항구 경비도 철저한 제노바는 사라센 해적에게도 만만찮게 보였을 것이다. 그런데 934년의 사라센인은 30척이나 되는 배로 선단을 만들어 쳐들어왔다.

안전하다고 방심한 허를 찌른 습격은 성공을 거두었고, 물품과 배까지 빼앗은 해적들은 사람들의 환호를 받으며 튀니스항에 개선한다. 속수무책으로 해적들이 제멋대로 날뛰게 해준 제노바 사람들은 바다 쪽만이 아니라 육지 쪽에도 견고한 방벽을 쌓는 공사로 그해를 보냈다.

그런데 이듬해 여름에 또다시 사라센 해적이 쳐들어왔다. 여름철은 해적에게도 활동기지만 교역상인들에게도 활동기다. 남자들이 나가 있는 것을 간파하고 쳐들어온 것이다. 그것도 항구로 당당하게.

검은 바탕에 하얀 해골을 그린 깃발이라도 내걸고 있었다면 당장 알았겠지만, 사라센 해적이 늘 쓰는 수법대로 제노바와 좋은 관계에 있는 남프랑스의 항구도시 깃발을 내걸고 들어왔다. 선착장에 정박한 배에서 내린 사라센인을 보았을 때는 이미 때가 늦었다. 이번에는 여자들이 많이 끌려갔다.

제노바공화국 역사에 따르면, 오리엔트로 항해하던 제노바 상선단은 뒤쫓아간 쾌속선이 사태의 중대함을 알리자 당장 뱃머리를 돌려, 코르시카섬에 기항한 해적선단을 습격하여 여자들을 되찾았다고 한다.

이 이야기가 사실인지 아닌지는 이제 와서는 알 도리가 없다. 하지만 적어도 제노바 남자들은 방비를 단단히 하는 것만으로는 사라센인을 막을 수 없다는 것을 깨달았다. 얼마 전에는 피사의 선단도 발레아레스제도의 중심인 마요르카섬의 해적들을 습격했다. 당시에는 이슬람 치하에 들어가 있었던 에스파냐와 가까운 발레아레스제도도 이슬람 해적들의 소굴이 되어 있었다.

이탈리아반도의 북부가 이렇게 움직이기 시작한 것과는 반대로 정력적인 교황이 없는 중부 이탈리아는 피사를 제하고는 계속 속수무책 상태였다. 그리고 그보다 더 속수무책 상태에 있었던 것은 이슬람 치하에 들어가 있는 시칠리아와 가장 가까운 남이탈리아였다.

서기 948년, 너비가 3킬로미터밖에 안 되는 메시나해협을 사이에 두고 시칠리아와 마주보고 있는 레조(오늘날의 레조디칼라브리아)를 습격한 사라센인은 고대부터 존재한 이 항구도시를 완전 정복했다. 약탈은 당했지만, 납치되어 북아프리카로 보내진 주민은 적었다. 하지만 주민들에게는 시칠리아처럼 '지즈야'가 부과되었다. 기독교도인 채로 이슬람 사회에서 계속 살려는 사람이 내야 하는 '지즈야'는 그런 사람에게만 부과되는 인두세다. 시칠리아에는 이슬람교도도 살고 있었지만, 레조에는 아직 이슬람교도가 없다. 이슬람이 정복한 땅에서는 주민들 가운데 이슬람교도가 차지하는 비율과는 관계없이 모든 이교도가 '이교도세'인 '지즈야'를 내고, 2등 시민의 신세를 감수할 의무가 있었다.

이 레조에서는 기독교 교회의 일부가 일찌감치 모스크로 개조된다.

종루를 개조한 첨탑 위에서는 아랍어로 기도 시간을 알리는 무에진의 낭랑한 목소리가 울려 퍼진다.

"알라 이외에 다른 신은 없고, 무함마드 이외에 다른 예언자는 없다!"

이것은 이탈리아반도에 세워진 최초의 모스크가 되었다.

10세기의 남이탈리아에서는 이렇게 이슬람 세력의 침투가 확실히 진행되고 있었다. 일단은 공식적 지배자인 비잔티움제국도 그냥 내버려둘 수는 없었는지, 이 사태를 해결하기 위해 나섰다. 서기 963년에 황제 니케포로스 2세 포카스가 파견한 비잔티움군과 사라센군 사이에 전투가 벌어졌다. 하지만 결과는 문자 그대로 완패였다. 황제가 파견한 특사가 북아프리카까지 가서 강화조약을 맺었다. 그 내용은 알려지지 않았지만, 비잔티움제국은 그 후 두 번 다시 사라센 해적과 대결하려고도 하지 않게 되었다.

그런데 시칠리아는 아무리 광대해도 섬이니까 체념한다 해도, 남이탈리아는 교황이 있는 로마와 육지로 이어져 있다. 신성로마제국 황제 오토 2세는 밤에도 잠을 잘 수 없게 된 교황의 거듭된 간청을 받고, 서기 982년 여름에 독일과 작센의 병사들로 구성된 군대를 이끌고 이탈리아반도를 남하했다.

하지만 이 결과도 엉망이었다. 황제는 병사를 4천 명이나 잃고, 모든 것을 다 내버리고 북이탈리아의 베로나까지 도망쳐서 북유럽으로 돌아가버렸다.

이탈리아, 일어나다

서기 1000년이 가까워지고 있었던 10세기, 지중해 세계의 이슬람 세력은 비잔티움제국도 신성로마제국도 쉽게 대항할 수 없을 만큼 강력해져 있었다. 이탈리아반도가 이 이슬람의 공세를 막고 싶으면 이탈리아인 자신이 일어설 수밖에 없었다.

서기 1002년, 베네벤토와 나폴리를 공격해온 사라센군에 대항하여 아말피의 해군 함대가 출동했다. 그리고 사라센군을 격퇴하는 데 성공했다.

서기 1004년, 사라센군이 습격하고 있는 남이탈리아의 아드리아해 쪽 항구도시 바리를 구원하기 위해 베네치아의 통령 피에트로 오르세올로가 이끄는 함대가 도착했다. 바리는 아슬아슬하게 목숨을 건질 수 있었다.

서기 1005년, 피사의 해군 함대가 남이탈리아의 칼라브리아 지방을 분탕질하고 있는 사라센 해적선단에 도전하여 승리를 거둔다.

이탈리아의 해양도시국가들이 마침내 공세로 나온 것이다. 교역상인들이 교역을 계속하기 위해서는 상선만이 아니라 군선도 정비할 필요가 있다는 것을 깨달았기 때문이다.

그러면 같은 피해를 당하고 있던 남프랑스의 항구도시들은 왜 일어나지 않았을까.

서기 975년에 그때까지 오랫동안 사라센 해적들의 근거지가 되고 있었던 생트로페에서 이슬람 해적을 몰아내는 데 성공했기 때문이다. 프랑스 왕이 해적을 소탕하기 위해 군대를 파견하기로 결단을 내린 것은 프랑스에서 로마로 가고 있던 클뤼니 수도원장 일행이 도중에 생트 로페에서 해적의 습격을 받아 몽땅 털리는 불상사가 일어났기 때문이다. 그 당시 프랑스에서 왕보다 더 많은 존경을 받고 있었던 사람은 이탈리아의 몬테카시노 수도원과 쌍벽을 이루는 클뤼니 대수도원의 원장이었다. 피해자가 중요인물이면 사건이 되고, 그래야만 비로소 결정적인 행동을 취하는 것은 동서고금이 다르지 않다. 프로방스 지방에 사는 서민들은 여전히 사라센 해적을 두려워하는 나날을 보내고 있었다.

하지만 프랑스에 하나뿐인 이슬람 해적의 소굴을 소탕할 수 있었기 때문에, 프랑스 요인들의 머리에서 이슬람인에 대한 경계심이 사라진 것도 사실이었다. 그리고 해안선의 길이라면 남프랑스와 이탈리아는 비교가 되지 않는다. 사라센 해적이 상륙하여 약탈하고 납치할 땅은 부족하지 않았다.

또한 해양도시국가가 나서게 되면 해적들도 거기에 대항할 방책을 궁리하게 된다. 그것이 서기 1000년을 경계로 하여 이 무렵부터 두드러진 해적의 전문업종화였다. 전문업종으로 변했다 해도 성전의 기치를 내린 것은 아니다. 북아프리카의 사라센인들이 해적업에서 발을 빼고 그때까지 축적한 자산을 무역업에 투자하여 이 분야에서도 아말피·피사·제노바·베네치아의 경쟁자로 등장한 것도 아니었다.

해적의 재능이 풍부한 두목 한 명 밑에 남자들이 결집하여 해적 집단을 이루는 편성 방식이 일반화하게 된 것이다.

그렇기는 하지만 성전의 첨병이기도 하니까, 그것을 인정해주는 대신 본거지가 있는 곳의 '아미르'에게 약탈한 돈의 5분의 1을 상납금으로 내는 것은 여전하다. 5분의 1의 상납금에는 부자가 빈자를 돕는다는 의미도 있었다. 그것은 이슬람교도에게 매우 중요한 '책무'이기도 했다.

하지만 북아프리카의 이슬람 세계에서 일어난 이 변화는 그때까지 사라센 해적들이 취했던 방식에 더한층 결정적인 방향을 부여한 게 아닐까 싶다.

예부터 사라센 해적들은 해상 전투를 좋아하지 않았다. 고대 그리스인처럼 타고난 해양민족은 아니다. 그들이 좋아한 방식은 가짜 깃발을 달고 방위력이 부족한 상선에 접근하여 습격하거나 아니면 역시 방위가 허술한 해안에 상륙하여 인근 주민들을 납치하는 것이었다.

사라센 해적의 전문집단화는 종래부터 존재했던 이 경향을 결정적인 것으로 만들었다. 해적단 두목에게 부하들은 훌륭한 생산 수단이다. 게다가 오랫동안 손수 키워온 인재였다. 이들을 헛되이 잃는 것은 오너나 매니저로서도 효과적인 방책은 아니었다.

바로 여기에 이탈리아의 해양도시국가가 공격할 수 있는 약점이 있었다.

성장을 계속하고 있던 이탈리아의 해양도시국가는 현대 이탈리아의 해군 깃발이 보여주듯 아말피와 피사와 제노바와 베네치아 등 네 나라다. 모두 교역상인들이 국정을 담당하는 소수지도체제의 공화국이고, 자연히 개인의 이익과 공동체의 이익이 합치했다. 이것은 방위력 증강에는 유리하게 작용하지만, 도시국가라는 소형 국가라도 그것을 구성하는 인간의 성향이 정책에 반영되지 않을 수는 없다. 그래서 이들 네 공화국은 제각기 다른 성격을 갖고 있었는데, 이 성격이 해상에서 발휘되면 다음과 같이 구별되었다.

개인주의적 성향이 강한 아말피와 피사와 제노바는 상선단에 호송선단을 딸려서 내보내는 일은 거의 없고, 이들 세 나라의 해군력은 호송선단으로 이용되기보다는 독립된 해군으로 행동하는 경우가 많았다. 즉 사라센 해적선단을 추적하여 격파함으로써 자국의 통상로를 안전하게 만드는 방식이다.

반대로 베네치아 주식회사라는 느낌이 강했던 집단행동형의 베네치아공화국은 오로지 호송선단 방식을 취했고, 사라센 해적에 대해서는 직접 공격당하지 않는 한 먼저 싸움을 걸지는 않았다. 상선단에 호송선단을 딸려 보내면 비용이 늘어나지만, 그것은 이 상선단이 실어 나르는 화물을 고급화하는 방법으로 해소하는 것이 베네치아의 방식이었다. 베네치아가 오리엔트와의 교역을 중요시한 것도 후추를 비롯한 향신료 값이 비쌌기 때문이다. 반대로 부피는 크지만 값은 싼 목재나 중급 직물을 실어 나르는 상선은 운을 하늘에 맡긴다는 듯이 호송선을 딸리지 않고 내보냈다.

따라서 지중해 서부를 무대로 사라센 해적과의 전투가 화려하게 벌어질 때는 앞의 세 나라, 특히 피사와 제노바가 전투에 나서는 경우가 압도적으로 많았다. 하지만 나라로서 일치단결하여 이슬람 세력과 대결해야 할 때가 오면 베네치아는 없어서는 안 될 존재가 되었다.

서기 1000년을 경계로 바뀐 점이 또 하나 있다. 그것은 사라센 해적이 프로집단으로 바뀐 것을 생각하면 당연한 귀결이기도 했지만, 해적단 두목의 이름이 기독교 세계에도 알려지게 되었다는 것이다. 다만 이슬람교도의 이름은 아랍어도 베르베르어도 이탈리아인이 발음하기는 어려웠을 것이다. 그래서 유명한 해적들은 대부분 별명으로 불렸

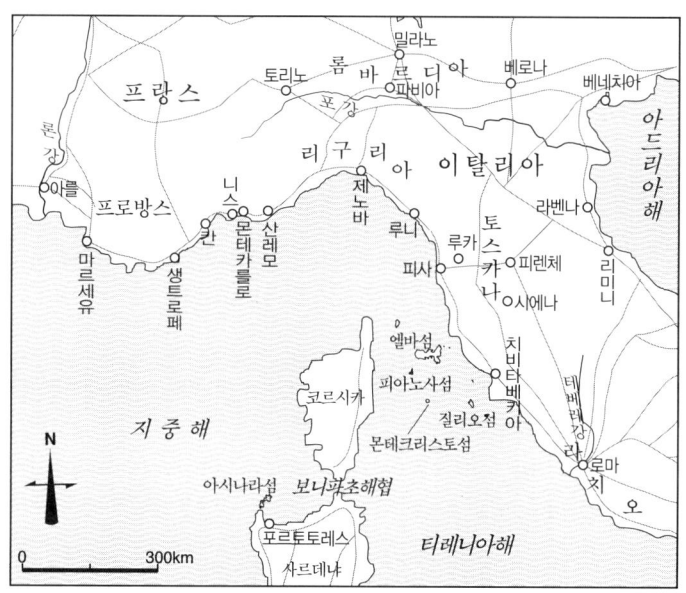

남프랑스와 북이탈리아

다. 무세토도 그중 하나였고, 그 후 스타처럼 등장하는 영웅 해적들 가운데 첫 번째 주자였다.

　무세토(Muscetto)의 본명은 무제히드(Mugehid)였던 것 같고, 이슬람화한 에스파냐 태생이었던 모양이다. 그렇다면 남프랑스 해안을 습격하면 좋았겠지만, 프랑스 왕이 개입하는 것을 꺼렸는지 이탈리아로 대상을 좁혔다. 하지만 에스파냐에서 이탈리아까지는 멀다. 그래서 그 사이의 바다에 떠 있는 사르데냐를 기지로 삼은 것이다.

　사르데냐섬의 북서쪽 끝에 포르토토레스라는 이름의 항구가 있다. 그 앞바다에는 아시나라고 불리는 작은 섬이 있는데, 20세기에는 이 섬 전체가 감옥이 된다. 해적 소굴로는 안성맞춤인 지형이었다. 토레스항을 근거지로 삼아, 제노바를 중심으로 하는 리구리아 지방과 피사가 있는 토스카나 지방을 분탕질하는 것이 무세토의 의도였던 모양이다.

그가 첫 번째 표적으로 결정한 것은 리구리아 지방과 토스카나 지방의 경계에 있는 루니라는 이름의 오랜 도시다. 마치 그 북쪽과 남쪽에 있는 제노바와 피사의 허를 찌르는 듯한 대담한 행위였다. 로마 시대부터 존재한 루니는 무세토와 그 부하들의 맹공을 받고 폐허가 된다. 지금 루니는 유적으로만 남아 있다. 이것은 피사와 제노바에 대한 해적 무세토의 도전이었다.

하지만 무세토는 이런 해양도시국가의 해군과 바다에서 싸울 생각은 전혀 없다. 루니를 공격할 때와 마찬가지로 그 이후에도 소규모 선단으로 나뉘어 행동한다. 대규모 선단을 짜면 상대방이 눈치채기 쉽기 때문이다. 바다에서는 그렇게 이동하고, 목적지에 도착했을 때 모두 합류하여 총공격을 벌이는 것이 루니 공격에서 유효성이 실증된 그의 전술이었다.

그래서 피사의 해군도 그만 그들을 놓쳐버렸다. 놓쳤을 뿐만 아니라, 교황의 요청에 따라 아직도 이슬람 사원의 첨탑에서 기도 시간을 알리는 아랍어가 울려 퍼지는 레조를 탈환하기 위해 남하하고 있었다.

무세토는 섬 그늘에 숨어서 피사 해군이 남쪽으로 멀어지는 것을 확인한 뒤, 피사항 자체를 직접 공격했다. 남하하던 피사 해군이 뒤쫓아 온 쾌속선의 보고를 받고 되돌아왔을 때는 이미 때가 늦었다.

피사는 약탈당하고 주민들은 납치되고 시내가 완전히 불타 있었다. 이래서는 누구나 분개하겠지만, 피사 사람은 남보다 훨씬 성미가 강한 것으로 알려진 토스카나인이기도 했다.

토스카나 지방에 있는 피렌체와 시에나, 피사와 루카 같은 도시들은 항상 사이가 나쁘다. 공동보조를 취하는 것이 서툴기 때문이지만, 성미가 강한 것은 공통점이었다. 모국의 참상을 보고 피사 남자들은 맹세했다. 반드시 무세토와 그 부하들의 숨통을 끊어놓고야 말겠다고.

이때 이탈리아에서 이슬람 세력을 배제하는 것을 항상 목표로 삼고 있던 로마 교황이 나선다. 사르데냐섬에서 사라센 세력을 쫓아내기 위한 싸움이라는 대의명분 아래, 사라센 해적에 대한 증오심을 공유하고 있던 제노바와 피사의 공동투쟁을 제안한 것이다. 피사 해군은 무세토가 틀어박혀 있는 포르토토레스가 있는 북부를 담당하고, 제노바 해군은 여기저기에 사라센 해적의 소굴이 산재하는 남부를 담당하자고 제안했다.

이 제안에 두 나라가 모두 응하여, 서기 1012년에 피사는 120척으로 이루어진 군선단을 코르시카와 사르데냐 사이의 바다로 내보냈다. 모든 배가 돛대 높이 피사 국기를 나부끼고 있는 선단은 이제 함대라고 부르기에 걸맞은 규모였다. 보니파초해협을 건너 잠시 서쪽으로 간 해상에서 그들을 맞아 싸우러 나온 무세토의 선단과 해전이 벌어졌다. 이탈리아의 바다 사나이들은 배들끼리 싸우는 전투에서는 강하다. 전투력이 강하다기보다 배를 조종하는 능력이 뛰어나다. 결과는 무세토의 선단이 포르토토레스로 달아나는 것으로 끝났다.

하지만 겨울이 다가오고 있었다. 피사 사람들은 내년 봄까지 복수를 미루기로 하고 피사로 돌아갔다. 제노바도 사르데냐 남부에서 소탕작전을 순조롭게 전개하고 있었다. 하지만 피사인은 전리품도 갖고 돌아왔다. 해전에서 포획한 적선에서 노잡이로 혹사당하고 있던 기독교도들을 해방했고, 그중 한 척에 타고 있던 무세토의 아내를 사로잡은 것이다. 무세토가 외교 교섭에 나서기로 결심한 것은 아내를 빼앗겼기 때문인지도 모른다.

그해 겨울, 무세토의 사절이라는 인물이 로마교황청을 찾아왔다. 사절은 그를 맞이한 교황 앞에 자기가 가져온 커다란 자루 속에 든 것을 모조리 쏟아놓았다. 자루에 가득 들어 있었던 것은 알밤이었다. 무세토의 사절은 교황에게 주인의 말을 전했다.

"내년 이른봄에 루미(이탈리아 거주 기독교도)들이 사는 곳에 이만한 수의 사라센인이 밀어닥칠 거요."

교황 베네딕토 8세는 안색 하나 변치 않았다. 시종에게 귀엣말을 하고, 그 시종이 가져온 커다란 자루에 든 것을 사절 앞에 쏟아놓으며 말했다. 자루에는 수많은 밀알이 가득 들어 있었다.

"네 주인에게 가서 전해라. 이만한 수의 루미가 무세토와 그 부하들을 기다리고 있다고."

중세에는 교황도 배짱이 없이는 해낼 수 없었다.

'루미'이기도 한 피사 남자들은 기다리고만 있지 않았다. 배가 항해할 수 있는 이듬해 봄이 되자마자 다시 사르데냐로 출항했다. 그해에는 목표를 완벽하게 달성했다. 무세토 휘하의 해적선은 대부분 침몰하거나 불태워졌다. 사라센 해적의 대다수도 살해되었다. 물론 포로가 되어 있었던 피사 사람들도 대부분 되찾는 데 성공했다. 해적선에 묶여 있던 기독교도 노예들도 해방되어, 개선하는 함대와 함께 피사로 돌아왔다가 각자 고국으로 돌아갈 수 있었다.

다만 무세토만은 사르데냐에 산재하는 동굴을 전전하며 도망다니고 있어서, 붙잡지도 못했고 죽이지도 못했다. 그 후 그는 북아프리카로 도망쳐 간신히 피사 사람들의 추적을 피할 수 있었다고 한다. 하지만 그는 그것으로 만족할 남자가 아니었다. 해적으로서의 실적에 큰 상처가 난 뒤에는 부하를 모으기도 어렵고 선주가 될 사람을 찾기도 어려웠을 것이다. 그동안 무세토는 항구도시 보나에 몸을 숨기고 참을성 있게 재기할 기회를 노렸다. 그리고 실제로 재기하여 다시 사르데냐를 탈환하려고 시도했으니까, 피사 사람들에게는 정말 골치 아픈 사내였다.

노르만인이 왔다!

중세는 고대와 근세 사이에 끼어 있는 시대를 가리키는 명칭이지만, 그 이름이 빈정거림으로 들릴 만큼 길어서 전기와 후기를 합하면 무려 1천 년에 이른다. 중세는 이렇게 긴데다, 이 시대를 전문적으로 연구하는 학자들이 딱하게 여겨질 만큼 혼미하기 이를 데 없는 시대이기도 했다. '군웅할거'라고 말하면 영웅들이 서로 맹렬히 싸운 것처럼 생각하겠지만, 실제로는 '옥'은 거의 없고 '돌'들만 서로 부딪치고 있었던 시대일 뿐이다. 이 중세를 체계적으로 기술하는 것은 신에게도 불가능한 일이라는 생각이 든다.

하지만 이런 시대이기 때문에 일어날 수 있는 유쾌한 일도 있다. 한 줌밖에 안 되는 남자들이라도 많은 면에서 행운을 얻으면 역사를 뒤집어버릴 수도 있다고 생각할 수밖에 없는 현상이다. 그 좋은 예가 노르만인의 도래였다.

서기 1016년, 피사 남자들이 도망친 해적 무세토를 찾으려고 혈안이 되어 있을 때, 이탈리아 남부 풀리아 지방의 가르가노산 속을 40명의 노르만 기사 일행이 찾아왔다. 이들은 성지 팔레스타인을 순례하고 돌

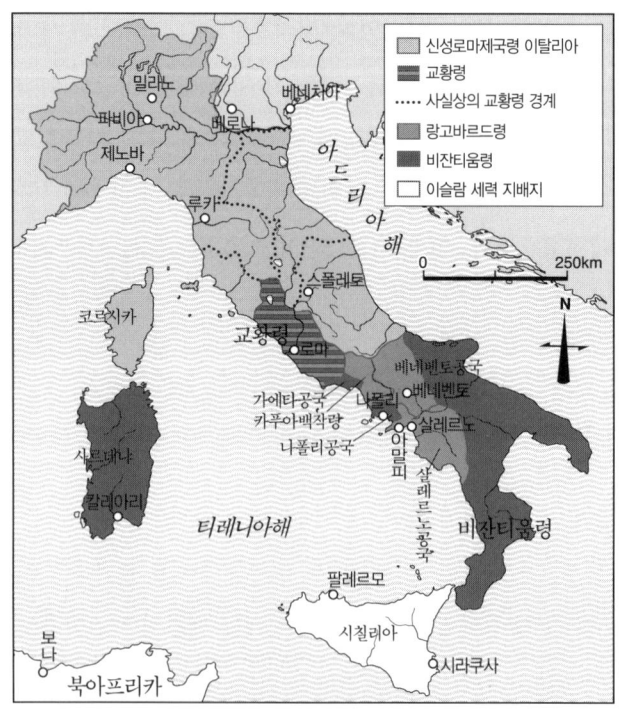
노르만인이 정복하기 이전의 이탈리아(11세기)

아오는 길이었다. 평탄한 해안선이 이어지는 아드리아해 쪽에서는 드물게 바닷가까지 산이 바싹 다가와 있는 가르가노에 들른 것은 그 산속에 대천사 미카엘에게 바쳐진 성당이 있었기 때문이다.

　중세 전기는 지중해 동부에서나 서부에서나 공격하는 이슬람 세력과 수비하는 기독교 세력 사이에 충돌이 끊이지 않은 시대지만, 그 전란 속에서도 성지 순례는 계속되고 있었다. 11세기쯤 되면 동방에서는 이슬람 세력의 우위가 확립되어 있었고, 이슬람 세계와 기독교 세계가 대립한다 해도 두 세계가 벽이나 무언가로 차단되어서 교류가 완전히 끊겨 있었던 것은 아니었다. 기독교 국가인 이탈리아의 항구도시가 오리엔트나 북아프리카의 이슬람교도와 교역하고 있었던 것이 그 증거다. '전란을 잽싸게 빠져나가서'라는 느낌이 들지 않는 것도 아니지만, 순례자들도 역시 전란을 잽싸게 빠져나가 팔레스타인에 갔다가 고향으로 돌아가고 있었다.

말기나마 로마제국이 존재한 시대라면, 여자들도 로마에서 예루살렘에 가서 성지 순례를 마치고 돌아올 수 있었다. 아무리 먼 거리라도 국내 여행이었기 때문이다. 하지만 중세에 접어들면 다른 지배자를 모시고 있는 나라, 다른 종교를 믿는 나라를 차례로 통과해야 한다. 억세고 무기를 사용하는 데 익숙한 남자가 아닌 한, 유럽에서 중근동까지 먼 길을 여행하는 것은 무리였다. 대천사 미카엘의 성당을 참배하기 위해 가르가노산 속을 방문한 사람이 모두 건장한 기사들이었던 것도 이 시대의 실상을 생각하면 결코 이상하지 않았다.

그런데 그해에 가르가노산 속에는 제 고향에서 비잔티움제국과 사라센 해적을 모두 쫓아내고 싶어 하는 풀리아 지방의 유력자들도 도망쳐 와 있었다. 우선 비잔티움 세력을 배제하기로 하고 거기에 착수했지만 실패한 뒤, 비잔티움 병사들에게 쫓겨 그곳으로 도망친 것이다.

이들이 노르만 기사 일행을 만나, 이탈리아 남부에서 비잔티움과 사라센을 모두 쫓아낸 뒤 남이탈리아의 지배자가 되지 않겠느냐고 제의했다. 그로부터 50년 뒤에는 '노르만 정복'이라는 이름으로 유명한 노르만인의 영국 정복이 일어나는데, 그보다 반세기 전이라 해도 노르만 남자들에게는 이미 진취적 기상이 싹트고 있었을 것이다. 성지에서 돌아오던 노르만 기사들은 그 요청을 받아들였다. 다만 40명은 너무 적기 때문에 고향인 노르망디 지방으로 돌아가 동료들을 데리고 돌아온

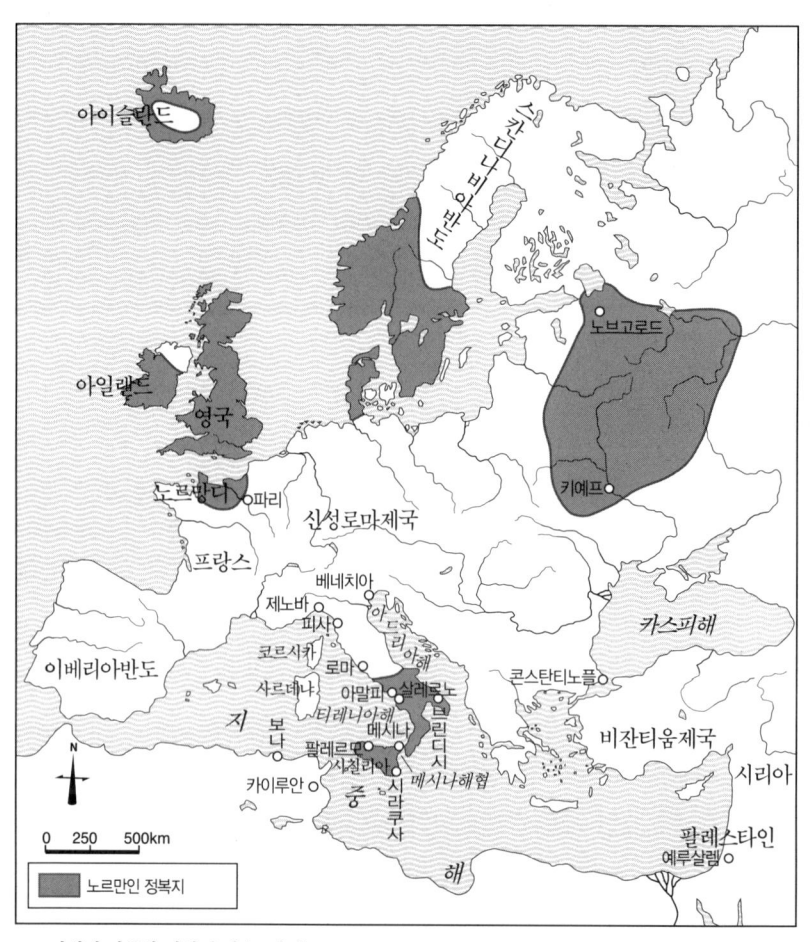

노르만인이 정복한 뒤의 유럽(11세기)

다는 조건을 내걸었다. 풀리아의 유력자들도 이의가 없었다.

이듬해인 서기 1017년, 약속대로 돌아온 노르만 기사가 몇 명이었는지는 정확히 알 수 없지만, 40명이 250명으로 늘어나 있었던 것은 확실한 것 같다. 이들 노르만인에게 풀리아 지방의 이탈리아인들도 가세하여, 우선 이탈리아 남부에서 비잔티움 세력을 몰아내는 작업에 착수했다.

서기 1019년까지 2년 동안 네 차례의 전투가 벌어졌다. 전투라 해도 이렇게 적은 병력으로는 소규모 충돌의 영역을 넘어서지 못했지만, 그래도 네 번 치러진 전투 결과는 노르만·풀리아 연합군이 세 번 이기고 비잔티움군은 한 번 이기는 데 그쳤다. 이 네 차례의 전투로 이탈리아 남부에 주둔해 있던 비잔티움 병력이 10분의 1로 줄어들었다지만, 노르만 기사들의 희생도 막심했다. 250명이 10명으로 줄어들었기 때문이다.

이래서는 남이탈리아 전역에서 비잔티움이나 사라센을 몰아내는 것은 꿈이라고 생각하는 것이 상식이지만, 노르만인은 비상식조차도 극복한다. 게다가 시칠리아까지 정복해버렸으니, 상승 기운을 탄 민족의 용기는 헤아리기 어렵다. 그 용기는 차라리 만용이라고 부르는 편이 적절할 것이다. 다만 병력이 겨우 열 명이기 때문에, 처음 얼마 동안은 사라센 해적에게 습격당한 살레르노의 방위를 돕는 따위의 일을 하면서 기독교 전사라는 점을 높이 평가받고 있었다.

노르만인의 남이탈리아 제패는 결국 20년 가까운 세월을 필요로 했다. 그래도 10명이 시작한 작업이 1037년에 일단 끝나고, 모스크 위에서 울려 퍼지는 낭랑한 아랍어를 듣지 않게 된 것은 비잔티움의 지배도 싫지만 사라센의 지배 아래에 들어가는 것도 싫은 남이탈리아 사람들이 안팎으로 협력했기 때문이다. 또한 노르만 기사들 중에서도 유능한 무장이 차례로 배출되어, 한 사람이 전사하면 누군가가 바로 뒤를 이었기 때문이기도 하다.

하지만 남이탈리아 바로 옆에는 시칠리아가 있다. 그 시칠리아가 이슬람권에 속해 있는 한, 남이탈리아에 수립된 노르만인의 지배도 평안하다고는 말할 수 없었다. 이탈리아에 온 노르만인도 이제 뒤에 남겨두고 온 고향 노르망디 지방에 돌아갈 마음은 전혀 없었고, 신천지에 자기네 나라를 세울 작정으로 그곳을 정복한 것이다. 무엇보다 먼저 그 땅에 지배권을 확립하는 것이 그들에게 중요한 선결문제였던 것도 당연하다.

서기 1038년, 노르만 남자들은 남이탈리아와 시칠리아 사이에 가로놓인 메시나해협을 건넜다. 이듬해인 1039년에는 메시나를 공략했고, 그 이듬해에는 벌써 시칠리아 동부의 최대 도시인 시라쿠사 성벽에 바싹 다가가 있었다. 그런데 여기서 갑자기 기세를 잃고, 메시나해협을 건너 남이탈리아로 돌아가지 않을 수 없게 되었다. 그때까지 좋은 관계가 아니었던 시칠리아의 이슬람교도와 북아프리카의 이슬람교도가 시칠리아를 기독교 쪽에 빼앗기지 않으려고 단결하여 저항해왔기 때문이다. 또한 노르만인이 제패했다고 생각한 남이탈리아의 해안 도시들이 다시 사라센 해적의 먹이가 되어가고 있었다. 지배권은 지배를 받는 사람들의 안전을 지켜주어야만 비로소 유지할 수 있다. 시칠리아 정복은 뒤로 미룰 수밖에 없었다.

서기 1061년에 루제로가 이끄는 노르만 기사들이 다시 메시나해협을 건넜다. 이번에도 병력은 겨우 150기다. 신흥민족인 노르만인은 인구도 증가하고 있었을 게 분명하지만, 5년 뒤에는 '노르만 정복'이 이루어진다. 북쪽 바다에 면해 있는 노르망디 지방에서 태어나 자란 그들이 먼 남쪽 나라보다 눈앞의 바다만 건너면 닿을 수 있는 영국에 친근감을 느낀 것도 당연하다. 남유럽에 온 노르만인이 여전히 소수였던 데에는 아마 그런 사정도 있었을 것이다.

하지만 그해에는 먼저 출발한 루제로에게 형인 로베르토 구이스카르도가 지체없이 합류했다. 이들 두 형제가 이끄는 노르만 병사들은 수에서는 열세였지만 두 부대로 나뉘어 양동작전을 벌인 결과, 공동보조를 취하지 못하고 있던 이슬람 세력을 차례로 격파했다. 그렇기는 하지만 시칠리아는 지중해에서 가장 큰 섬이다. 아무리 용맹하다 해도 150명이 하루아침에 정복할 수는 없었다. 시칠리아 제패는 천천히, 하지만 착실히 진행되어갔다.

메시나해협을 건넌 지 10년 뒤인 1072년, 시칠리아에서 아랍 지배의 수도였던 팔레르모가 다섯 달 동안의 공방전 끝에 함락된다. 팔레르모와 마찬가지로 아랍인이 많이 살고 있었던 트라파니는 그보다 5년 뒤인 1077년에 함락되었고, 시라쿠사가 기독교도의 손에 다시 돌아온 것은 1086년이었다. 멀리 영국에서 정복왕 윌리엄의 '노르만 정복'이 진행되고 있던 시기와 겹친다.

결국 지중해 세계에서의 '노르만 정복'에는 25년이 걸렸다. 그 25년 동안 노르망디 지방에서 지원군이 조금 오기는 했겠지만, 어쨌든 150기로 시작한 싸움이다. 그런데도 25년밖에 걸리지 않았다고 말해야 할 것이다. 어쨌든 수천 명으로 시작하여 수만 명의 병력을 쏟아부은 이슬람 세력이 시칠리아를 정복하는 데 50년이 걸린 것을 생각하면, 수백 명의 병력으로 25년밖에 걸리지 않은 것은 정말 짧았다. 이 시칠리아판 '노르만 정복'이 성공한 요인으로는 몇 가지를 들 수 있다.

첫째, 이슬람 세계에는 관례라고 해도 좋을 만큼 이슬람교의 교의나 지배권을 둘러싼 내부 투쟁이 존재한다. 시칠리아에 사는 이슬람교도와 북아프리카에 사는 이슬람교도의 사이도 좋지 않았을 뿐만 아니라 시칠리아에 거주하는 아랍인도 단결했다고는 말할 수 없었다. 150기밖에 안 되는 상대를 격퇴하지 못한 것은 이슬람교도 사이에 종종 일어나는 내분 탓이기도 했다.

둘째, 시칠리아를 지배하고 있던 아랍계 이슬람교도가 실시한 이른바 '이슬람의 관용'으로 시칠리아에는 기독교도가 많이 남아 있었다는 점을 들 수 있다.

하지만 이것은 처음 얼마 동안은 노르만 쪽에 불리하게 작용하고 있었다. 아랍인의 지배에 견디기 어려울 정도의 불만은 품지 않았던 시칠리아인이 잘 알지도 못하고 수도 적은 북쪽 사람들을 신용하지 못해서, 같은 기독교도인데도 쉽게 분명한 태도를 취하지 않았기 때문이다. 이런 분위기가 달라진 이유는 노르만인이 계속 이겼기 때문이다. 상황을 지켜보고 있는 사람들을 자기편으로 만들려면, 이겨서 힘을 보여줄 수밖에 없었다. 어쨌든 시칠리아에 기독교도가 많이 남아 있었던 것이 시칠리아의 '노르만 정복'이 성공한 최대 요인이었던 것은 분명하다.

셋째, 해군력을 가진 기독교 국가인 피사와 제노바가 바다 쪽에서 노르만인을 도왔다는 점을 들 수 있다. 노르만 기사들은 아무리 용맹해도 육상 전력이고, 중요한 도시가 대부분 항구도시인 시칠리아를 그들이 완전히 제패하기는 어려웠다. 제해권이 갖는 중요성을 잘 알고 있는 해양국가들이 그런 노르만 세력을 군사 면에서 적극적으로 지원한 것이다. 피사는 팔레르모를 바다 쪽에서 공격하기까지 했다.

피사와 제노바의 상인들은 아랍이 지배하는 팔레르모에서 꽃을 피운 '교역센터'의 단골이었다. 하지만 이슬람권에 속해 있던 시칠리아는 해적을 내보내지는 않았지만 북아프리카에서 북상하는 해적들이 기항하는 것은 인정하고 있었다. 사라센 해적들은 피사나 제노바 상선의 안전 항해에 최대의 장애물이었다. 시칠리아가 기독교 세계로 돌아오는 것은 이들 두 해양국가에 헤아릴 수 없을 정도의 이익을 가져다주었다.

이렇게 시칠리아는 200년 만에 기독교 세계로 복귀했다. 그런데 시칠리아의 새로운 지배자가 된 노르만인 루제로는 그때까지 200년 동안 아랍인이 실시해온 '이슬람의 관용'보다 더한층 진보한 노선에 따라 시칠리아 지배를 진행했다. '지중해의 기적'이라고 부를 만한 그 노선은 서로 다른 종교를 믿는 사람들이 함께 살아갈 수 있는 사회를 실현하는 것이었다.

하지만 초대 시칠리아 왕이 된 루제로가 특별히 고상하고 도덕성도 높은 인물이었던 것은 아니다. 그것은 필요가 낳은 현실적인 정책일 뿐이었다. 어쨌든 지배계급인 노르만인은 수가 적다. 게다가 그들이 지배해야 하는 주민들은 지금까지 2급 시민의 처지에 놓여 있던 기독교도와 적잖은 수의 아랍 이슬람교도로 양분되어 있었다.

우선 루제로는 패배자가 된 아랍 유력자들과 그 가족을 죽이지도 않았고 노예로 삼지도 않았다. 이들에게는 그의 형 로베르토 구이스카르도가 지배하는 남이탈리아 내륙지방에 땅을 주고, 농장주로서 충분히 생계를 세울 수 있게 해주었다. 이들에게 내륙의 땅을 제공한 것은 북아프리카의 이슬람교도들과 쉽게 연락할 수 없는 환경에 놓아두기 위해서였던 것은 말할 나위도 없다.

또한 우두머리를 잃은 아랍인 병사들을 루제로 휘하의 노르만·시칠리아군에 편입했다. 정말로 현대의 어느 나라가 본받았으면 싶을 만큼 훌륭한 전후 처리다.

그리고 그 자신은 팔레르모의 '수장'이 살고 있었던 궁전으로 거처를 옮겼다. 지금 그 궁전은 '팔라초 디 노르만니'(노르만인의 궁전)라고 불리고 있지만, 내부를 보면 완전한 아랍식 구조인 것을 한눈에 알 수 있다. 물론 팔레르모의 이름을 지중해 전역에 알린 '교역센터'는 그대로 남겼고 병사까지 남겼으니까, 학자도 상인도 기술자도 농장경영자도 모두 남았다. 모스크까지 남아서 예배 시각을 알리는 소리가 널리 울려 퍼지고 있을 정도였다. 이 이슬람교도들은 2급 시민으로 떨어지지도 않았다. 노르만 치하의 시칠리아에서 지중해의 기적은 더한층 바람직한 형태로 실현되었다. 서로 다른 신을 믿는 사람들이 서로 상대의 신앙을 존중하며 공생하는 사회가 실현된 것이다.

이 시대에 기독교 세계에서는 기독교도 이외의 사람들이 생존하는 것조차 인정하지 않았다. 한편 이슬람 세계에서는 이슬람교도가 아닌 사람들의 생존은 인정하고 있었지만, 그것은 이슬람교도가 보호해주기 때문이라 하여 기독교도는 '보호료' 내지 '생존을 참고 견뎌주는 값'으로 '지즈야'를 내야 했다. 그뿐만 아니라 교회종을 울리는 것도 금지되었고, 그들이 사는 집에는 강제로 '표시'를 달아야 했고, 길에서 이슬람교도를 만나면 옆으로 비켜서서 길을 양보해야 하는 규칙을 지켜야 했다.

이것이 보통이었던 시대에 노르만 왕조 치하의 시칠리아는 문자 그대로 별천지였다. 루제로와 그 휘하의 노르만인이 그렇게 할 수 있었던 것은 오랫동안 사라센 해적에게 피해를 본 남이탈리아 사람들과는 달리 유럽의 북쪽 끝에서 온 노르만인에게는 이슬람교도에 대한 원한이 없었기 때문이 아닐까 싶다.

원한을 계속 품고 있으면 과거에만 생각이 쏠리기 쉬워서, 현재나 미래의 가능성은 눈에 들어오지 않게 된다. 이런 종류의 원한에 방해받지 않았기 때문에, 고대에는 '카이사르의 관용'이라고 불린 관용에 입각한 통치정책을 실시할 수 있었을 거라고 생각한다.

기독교도의 생각과 이슬람교도의 기능이 한데 융합하여 만들어진 팔레르모 근교의 몬레알레 대성당은 이 '지중해의 기적'이 이루어낸 훌륭한 성과이기도 했다.

시칠리아의 노르만 왕조 창시자인 루제로 1세는 인간적으로도 흥미로운 인물이었던 모양이다. 시라쿠사를 둘러싼 공방전이 한창일 때 아랍인 총독이 전사하자, 예를 다하여 꾸민 배에 총독의 주검을 실어서 북아프리카에 사는 그의 육친에게 보내주기까지 했다.

그가 기사답게 행동하는 것으로 자기만족을 느끼고 있었던 것만은 아니다. 보낸 주검을 받는 쪽이 카이루안의 '수장'(아미르)이라는 것을 헛되이하지 않았다. 타미라르라는 이름의 이 수장과 '상호불가침'이라고 불러도 좋은 협정을 맺은 것이다. 북아프리카의 여러 항구를 근거지로 삼고 있는 사라센 해적들은 이제 시칠리아를 습격하지 않기로 결정했다.

약속 따위는 지키지 않는 것이 보통이었던 해적들이 마지못해서나마 이 결정을 지켰다니까 불가사의한 일이다. 생각해보면 그들에게도 이제 시칠리아가 약탈하기 어려운 곳이 되어버린 것은 확실했다.

기독교도가 왕으로서 시칠리아를 지배하게 되었는데, 이슬람교도는 냉대를 받기는커녕 오히려 중용되고 있었다. 기독교 사회에 사는 이슬람교도라는 이유로 특별한 세금을 낼 필요도 없다. 왕궁에서 근무하는 사람들 중에도 하루에 다섯 번인 예배 시각이 오자마자 왕에게 엉덩이를 돌리고 기도를 시작하는 사람이 적지 않았다.

이래서는 북아프리카의 이슬람교도도 기독교도를 '잘못된 신앙의 소유자'로 단정하고, 성전에 나설 대의명분을 찾지 못하지는 않았을까.

그래서 처음에는 노르만인 왕들, 다음에는 노르만 왕녀와의 결혼으로 시작된 독일의 호엔슈타우펜 왕조가 200여 년 이어지는 동안 시칠리아는 성전의 땅이 되지 않았다. 호엔슈타우펜 왕조는 신성로마제국 황제도 겸했기 때문에, 비록 한 시대에 국한되기는 했지만 지중해 한복판에 떠 있는 시칠리아와 그 건너편의 북아프리카에서는 기독교도를 이슬람의 공격으로부터 지키는 것이 책무인 신성로마제국 황제와 그 황제가 누구보다도 적대시해야 할 터인 이슬람교도의 공존공영이 확립되어 있었다. 그리고 그것을 시작한 사람이 바로 루제로 1세였다.

노르만인 왕 루제로는 그런 사람이니까, 시칠리아와 남이탈리아 이외의 땅에 사는 기독교도가 곤경에 빠져 있어도 같은 기독교도라는 이유로 당장 칼을 빼들고 달려가지는 않는다. 로마의 산탄젤로성으로 도망쳐 들어간 교황이 구원을 요청해도 못 들은 체했다.

하지만 이 교황 그레고리우스 7세도 완고한데다 교황권을 남용했기 때문에 평판 좋은 성직자는 아니었다. '카노사의 굴욕'은 중세 유럽을 뒤흔든 교황과 황제의 투쟁을 상징하는 사건인데, 그 사건의 한쪽 주인공이 바로 그레고리우스 7세다. 교황은 자기한테 반대한 황제 하인리히 4세를 파문한다. 파문이 세속 군주에 대한 강력한 무기일 수 있는 것은 파문당한 군주에게 기독교도인 신하들은 복종할 의무가 없었기 때문이다.

궁지에 빠진 하인리히는 눈이 내리 퍼붓는 카노사성 밖에 사흘 동안이나 서 있었고, 그제서야 교황은 파문을 풀어주었다. 교황 그레고리우스 7세는 역사 교과서에는 교황의 권력을 최고로 발휘한 사람으로 기록되어 있고 그래서 성인의 반열에도 올랐지만, 그 사람의 인생은 그렇지 않았다. 파문이 해제되자마자 공세로 전환한 하인리히에게 계속 쫓기게 되었기 때문이다. 산탄젤로성으로 도망쳐 들어간 것도 황제 휘하의 독일 병사들에게 붙잡히지 않기 위해서였다. 루제로는 이 투쟁에서 멀리 떨어진 시칠리아에 있으면서도 이런 사정을 훤히 알고 있었는지도 모른다.

그런데 같은 종교를 믿는 사이인데도 내분이 끊이지 않은 것은 이슬람교도만의 장기는 아니었다. 기독교도들도 그것을 장기로 삼고 있었기 때문이다. 그것이 보통이었던 시대에 이교도와의 공생을 실현한 것은 충분히 특기할 만한 일이라고 생각한다.

하지만 시칠리아 왕 루제로 1세는 교황의 요청에 귀를 기울이지 않았을 뿐만 아니라 팔레르모 공략을 도와준 피사에도 '보답'을 하지 않았으니까, 불가침조약을 지키는 태도는 철저했다. 그렇기는 하지만 피사 사람들이 스스로 문제를 해결하는 것은 어디까지나 그들 자유였다.

이탈리아의 해양도시국가

피사가 혈안이 되어 찾고 있던 해적 무세토는 북아프리카의 보나항을 근거지로 마침내 재기에 성공하여, 또다시 사르데냐 근해에 출몰하기 시작했다. 해양도시국가로 살아갈 방침을 확실히 결정한 피사는 무세토를 단순한 복수의 대상으로만 보지는 않았다.

해적 무세토를 방치해두면 그밖의 많은 해적이 횡행하는 것도 허락하게 된다. 무세토에 대한 단호한 조치는 사라센 해적 전체에 대한 단호한 조치가 된다.

피사항에서 군용 선단이 한 무리가 되어 티레니아해를 남하했다. 북아프리카의 보나항으로 직행하여 근거지 자체를 공격함으로써 무세토의 숨통을 끊으려는 전략이다.

무세토 한 사람을 표적으로 한 기습 작전은 성공했다. 대담무쌍했던 해적 무세토도 그 무렵에는 84세가 되어 있었지만, 남들보다 훨씬 성미가 강한 피사 남자들은 그를 용서하지 않았다. 그의 목을 자른 뒤에야 비로소 그들은 오랜 악몽에서 해방되었다.

하지만 이 사건은 단순한 복수극으로 끝나지 않았다. 사라센인들에게 이탈리아의 해양도시국가가 얼마나 성장했는지를 깨닫게 하는 데 도움이 되었다. 이제 '겁쟁이 개자식'은 아니라는 것을 해적들도 인정할 수밖에 없었다. 그리고 시칠리아가 이슬람 지배에서 벗어난 것은 지중해 서부의 기독교 세계에는 큰 변화였고, 그 후 지중해 세계의 세력 관계에 깊은 영향을 미치게 되었다.

'콘술'(consul)이라는 라틴어가 있다. 서양에서는 자국 언어에 따라

다르게 발음하지만, 일본에서는 라틴어 그대로 발음하거나 '집정관'이라고 번역한다. 고대 로마가 왕정에서 공화정으로 이행할 때 지금까지는 왕이 혼자 담당한 국정을 두 명의 콘술이 담당하도록 바뀌었기 때문에, 집정관이라고 번역하는 것은 옳다. 집정관은 공화정에서 제정으로 이행한 뒤에도 존속했지만, 황제가 겸하게 되었기 때문에 공화정 시대에 가졌던 의미는 차츰 희미해져갔다.

이 콘술이라는 말은 근대에 접어든 뒤에도 쓰이고 있지만, 의미는 고대와는 달리 '영사'로 바뀌었다. 이제 콘술은 나라의 정치와 군사와 행정의 최고 책임자가 아니라, 국외에 살거나 주재하는 자국 국민을 보호하는 임무를 띤 국가공무원이다. 말 자체는 바뀌지 않아도 의미가 달라진 낱말은 얼마든지 있지만, '콘술'은 그 대표적인 예다.

그러면 언제, 왜 바뀌었을까.

이탈리아의 해양도시국가는 소수 지도체제의 공화국으로 출발했다. 국가 형태는 고대의 로마 공화정과 비슷하다. 다른 점은 단 하나, 로마 공화정을 이끌었던 '소수'는 토지에 경제적 기반을 둔 원로원 의원인 반면, 중세 이탈리아의 해양도시국가를 이끈 '소수'는 해외 교역에 종사하는 상인들이라는 점이다. 아마 이들도 '콘술'이라는 낱말의 의미는 알고 있었을 것이다. 그래서 처음 얼마 동안 '소수' 가운데서도 유력한 한 사람을 '콘술'로 선출했다. 네 개의 해양도시국가 중에 첫 번째 주자였던 아말피에서는 콘술(이탈리아어식으로 읽으면 콘솔레)이 총리와 비슷한 일을 하고 있었다.

하지만 그러는 동안 해외 교역에 종사하는 자국민을 보호하기 위해 파견하는 사람을 '콘솔레'(console)라고 부르게 된다. 교역을 통해 국력을 키우기로 결정한 이상, 해외의 경제 권익을 보호하는 역할도 중요성이 늘어났기 때문이다.

맨 먼저 '콘술'이 '영사'의 의미로 정착한 것은 베네치아공화국이었다. 베네치아는 다른 어느 나라보다 먼저 공화국의 최고책임자를 '통령'(doge)이라고 불렀기 때문에, 해외 무역기지의 책임자를 '영사'(콘솔레)라고 부르는 데 저항을 느끼지 않았을지도 모른다. 교역을 주요 산업으로 삼는 국가에서 외국과의 관계는 사활이 걸린 문제였기 때문이다. 하지만 이리하여 고대의 '집정관'(콘술)은 중세의 '영사'(콘솔레)가 되었고, 그와 병행하여 '영사'는 '집정관'에게는 없었던 또 다른 임무도 부여받게 되었다.

요즘 말로 하면 '인텔리전스', 즉 정보의 수집이다.

하지만 인텔리전스가 중요하다는 인식에 따라 영사에게 그 임무까지 맡긴 것은 아니다. 해외에서 일하는 자국민 보호는 물론, 새로운 수출품이나 수입품을 적극적으로 개척하고 싶으면 정확하고 많은 정보가 필요하기 때문에 자연히 정보 수집을 중요시하게 된 것이다. 나중에 베네치아공화국은 '정보 입국'이라는 말까지 들었고, 그래서 후세의 정보 입국을 자부하는 영국인의 존경도 받게 되지만, 무역 입국은 자연스럽게 정보 입국이 될 수밖에 없었을 뿐이다. 장부가 부정확한 상점은 조만간 망하게 마련이다.

해양도시국가들이 모두 북아프리카의 주요 항구에 영사를 상주시키게 된 뒤, 그 땅에서 일하는 이탈리아 상인들의 환경만 달라진 것은 아니었다. 이탈리아만이 아니라 유럽 전역에 드디어 북아프리카 '목욕장'의 실상이 전해지게 된 것이다. 납치되어 북아프리카로 끌려가서 '목욕장'이라고 불리는 강제수용소에 갇혀 있다가, 일이 있을 때마다 끌려나가서 혹사당하고 있는 가련한 기독교도들의 실태가 알려지게 되었다.

　그때까지도 기독교도들의 불행한 상태가 지중해 북쪽에 전혀 알려지지 않았던 것은 아니다. 우선 교역상인들이 가지고 돌아오는 정보가 있었다. 그리고 해적선의 노잡이로 일하던 사람들이 그 배가 기독교 쪽에 포획되면 자유의 몸이 되어 고향으로 돌아가서 전하는 정보도 있었다. 사라센 해적에게 입은 피해를 기록한 각 교구 사제들의 편지도 주교와 교황에게 보내지고 있었다.

　하지만 이 불행한 사람들의 실상이 총체적으로 널리 알려져 있지는 않았다. 그것은 그들이 이름 없는 사람들이었기 때문이다. 8세기부터 9세기와 10세기에 걸쳐 사라센 해적에게 희생된 사람은 방대한 수에 이르지만, 그들 가운데 저명인사는 단 한 사람밖에 없다. 프랑스에서 로마로 가는 길에 남프랑스에서 해적의 습격을 받아 가진 것을 몽땅 털린 클뤼니 수도원장이 그 사람인데, 이때는 프랑스 왕이 군대를 파견하여 수도원장 일행을 구출했을 뿐만 아니라 생트로페 근처의 사라센 기지였던 팔시네트에서 해적의 소굴 자체를 없애버렸다. 피해자가 중요인물이었기 때문에 왕까지 나선 것이다. 이름도 없는 서민이 끌려가봤자, 왕은커녕 '할거'하고 있는 '군웅'들도 꿈쩍하지 않았다.

　피해자의 대부분이 이름 없는 서민이었을 뿐만 아니라, 전해져 오는 정보도 연속성이 없이 띄엄띄엄 이어진 것도 이슬람 세계에서 노예로 혹사당하는 기독교도의 실상이 유럽에 충분히 전해지지 않은 요인일 것이다. 연속성은 역시 힘이다. 해양도시국가의 영사들은 보통 2~3년마다 교대하고 있었던 모양이다. 영사의 임무는 중요했기 때문에 대신할 사람은 반드시 왔다. 즉 영사들이 각자의 모국에 보내는 정보는 계속 이어지고 있었다.

영사들이 노예가 된 기독교도의 정보를 모으는 데 열심이었던 것도 애당초 항해하다가 해적에게 붙잡히거나 해안에 상륙한 해적에게 납치당한 자국민을 구출하는 것이 목적이었기 때문이다. 이것은 영사의 최대 임무인 자국민 보호에 해당하니까 열심인 것도 당연했다.

이렇게 자국민의 소식을 알려고 애쓰다가, 다른 나라 국민이기는 하지만 같은 기독교도인 사람들의 불행한 실상까지 잘 알게 된 것이다.

이런 해양도시국가의 영사들이 보내오는 정보 가운데 이슬람 세계의 기독교도 노예와 관련된 정보는 자연히 로마교황청에 모이게 된다. 장사를 위해서는 주저 없이 이슬람교도와 손잡고 일하는 그들이지만, 종교적으로는 기독교도였기 때문이다.

북아프리카의 이슬람 세계에서 노예가 된 기독교도들의 비참한 실상이 이렇게 로마에 전해지면, 특별히 정력적인 기질을 가진 교황이 아니더라도 행방불명된 '양'을 찾으러 가는 '양치기'의 본분을 자각하지 않을 수 없게 된다. 서기 1087년, 당시 교황인 빅토르 3세는 불쌍한 기독교도를 구출하기 위한 십자군에 참가하라고 호소했다.

하지만 '카노사의 굴욕' 이래 관계가 험악해진 유럽의 황제나 왕들에게는 처음부터 기대를 걸지 않았던 것 같다. 교황이 호소한 대상은 아말피와 피사와 제노바였다.

시칠리아 왕 루제로는 노르만이 시칠리아를 탈환한 직후여서 여력이 없다는 이유로 십자군에 참가하지 않겠다는 뜻을 밝힌 모양이다. 진짜 이유는 카이루안의 '수장'과 맺은 상호불가침조약이었지만, 정직하기만 해서는 외교를 할 수 없다. 베네치아공화국이 참가하지 않은 이유는 알려지지 않았지만, 앞에서도 말했듯이 자국과 직접 관계없는 일에 관여하는 것은 되도록 피하는 것이 '바다의 도시' 베네치아의 일관된 정책이었다.

하지만 자국과 무관한 일에 관여하지 않은 것은 결코 베네치아만이 아니었다. 그로부터 10년 뒤에는 요란하게 풍악을 울리며 성지를 탈환하기 위해 팔레스타인으로 가는 제1차 십자군 원정이 시작되었다. 인간은 제 가슴에 강하게 호소하지 않는 일에는 동정하기는 할망정 적극적으로 움직이지는 않는 동물인지도 모른다.

결국 교황의 호소에 응한 것은 자신들과도 관계가 있다고 생각한 나라들이었다. 즉 아말피와 피사와 제노바, 그리고 기독교 세계의 정신적 지도자라고 자부하는 로마교황청이었다. 군대를 보낸 나라를 보아도 알 수 있지만, 11세기부터 이탈리아의 해양도시국가들이 발전한 것을 보면 눈을 크게 뜰 수밖에 없다. 당시에는 바다 쪽에서만 닿을 수 있었던 아말피는 물론, 피사와 제노바도 인구가 많은 나라는 아니다. 그런데도 이만한 수의 군용 갤리선과 전투원을 한 전투에 투입할 수 있을 만큼 성장해 있었기 때문이다.

로마가 멸망한 뒤 지금까지 지중해 세계를 장식한 것은 초록색 바탕에 하얀 반달이었다. 그 '이슬람의 공세'에 대해 1000년부터 1100년까지의 11세기를 역사에서는 '기독교 세계의 반격 개시'로 자리매김하고 있다. 지중해 세계로 한정하면, 이 '반격'의 지도자 역할을 맡은 것은 이슬람과 교역관계에 있었기 때문에 이슬람을 더 잘 알고 있었던 이탈리아의 해양도시국가였다.

아말피·피사·제노바

서기 1087년의 십자군에 관해서 말하면, 로마 교황의 호소에 응하여 결집한 군용선은 모두 300척, 병사는 선원을 포함하여 3천 명이었다고 한다. 그때까지 기독교 국가들의 해군력에 비하면 거의 10배의 전력이다. 이만한 수의 배와 사람을 모을 수 있었던 것은 이슬람의 노예가 된 기독교도의 구출을 목표로 내세웠기 때문이다. 로마·아말피·피사·제노바처럼 직접 참전한 나라만이 아니라 티레니아해에 면해 있는 이탈리아반도의 북부와 남부에서 개인적으로 지원해온 사람도 많았다고 한다.

교황군은 로마의 유력한 호족인 콜론나 가문의 우두머리가 직접 지휘하고, 주교 한 사람이 교황 대리 자격으로 참가하기로 결정되었다. 교황이 몸소 이끄는 데 십자군의 의미가 있기 때문이다.

제노바공화국 군대는 공화국 의회에서 선출한 유력자 두 사람이 지휘하게 되었다.

아말피는 공화국의 총리 같은 지위에 있었던 판탈레오네가 몸소 출전했다.

가장 많은 군선을 이끌고 참가한 피사는 당시 전투 전문가로 유명했던 시스몬디와 비스콘티에게 지휘를 맡겼다.

목적지를 어디로 할 것인지는 중요하기 이를 데 없는 문제였는데, 북아프리카의 이슬람 세계에서 가장 격조 높은 도시로 알려진 카이루안의 외항 마디아로 정해졌다. 구출해야 할 노예의 수는 튀니스와 보나와 알제가 단연 많았는데도 마디아와 카이루안이 표적이 된 것은 로마교황청의 의향이 강하게 작용한 결과로 여겨진다. 사라센 해적들도 집요하게 로마를 노렸는데, 그것은 로마가 기독교의 본산으로 여겨지고 있었기 때문이다. 교황청도 북아프리카 이슬람교의 본산이라는 느낌을 주는 카이루안과 그 외항 마디아를 노린 것이다.

어디가 집결지였는지는 알려지지 않았지만, 아마 제노바와 피사에서 우선 교황령의 주요 항구인 치비타베키아까지 왔을 것이다. 그리고 그곳에서 북아프리카로 가는 길에 아말피 해군과 합류했을 게 분명하다. 그 후에는 전군이 시칠리아 서남부에 있는 마르살라에 잠시 기항한 뒤, 단숨에 판텔레리아섬으로 갔다.

지중해의 태양과 바다가 한 점에 응축된 듯한 느낌을 주는 작은 섬 판텔레리아는 지금은 이탈리아의 유명 관광지가 되어 있지만, 당시에는 이슬람 세계의 일부였다. 따라서 수비대가 주둔해 있었지만, 공략은 간단히 끝났다. 그런데 이 시점에서 판텔레리아 수비대장이 마디아의 '수장'에게 기독교 함대가 습격했다는 사실을 재빨리 보고했다. 전서구(傳書鳩)를 이용하여 알린 것이다. 당시 이슬람 세계에는 비둘기를 이용한 정보 전달 방법이 연락 수단으로 널리 보급되어 있었다. 전서구를 통해 기독교 함대의 습격을 안 '수장'은 마디아항의 입구를 이중 쇠사슬로 폐쇄하고 기다린다. 정찰대를 먼저 보내 그것을 안 기독교 함대는 항구로 직접 쳐들어가지 않고 가까운 해변에 상륙하는 전법으로 바꾸었다.

상륙작전은 아침 햇살이 희번하게 감돌기 시작하기를 기다려 개시되었다. 갤리선에서 내려진 보트와 갤리선을 따라온 프레가테(후세의

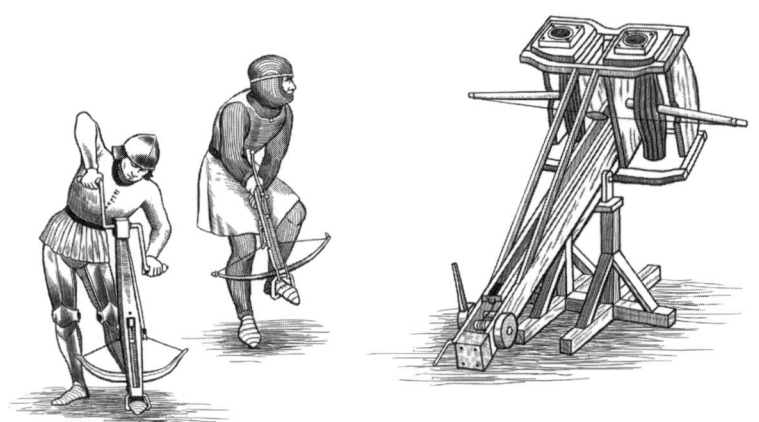

석궁(발레스트라)과 그것을 대형화한 쇠뇌(발리스타)

프리깃함의 조상에 해당하는 소형 쾌속선)를 총동원했기 때문에, 기습을 알아차린 적이 맞아 싸우러 오기 전에 상륙작전을 끝냈다.

사라센 해적이 장기로 삼아온 상륙 전법을 흉내냈을 뿐이지만, 이때는 수가 많았다.

상륙한 병사들은 각자 교황청·아말피·피사·제노바 등 자기가 속해 있는 나라의 깃발 아래 집결하여, 그 깃발을 높이 치켜들고 마디아로 향했다.

공격은 성벽 밑에 도착하자마자 시작되었다. 공성기 따위는 가져가지 않았는지, 무기는 활과 돌, 그물사다리와 발레스트라라고 불리는 석궁이다.

이슬람 병사는 전통적으로 공격에는 강하지만 방어에는 약하다. 이 정도 무기에도 당장 열세에 빠졌다.

방어하는 쪽은 시내에서 키우고 있던 사자 떼를 열린 문으로 내보내는 방법으로 저항했다. 하지만 사자들은 창을 찔러대는 기독교 군대와 맞서지 않고, 산과 들로 달아나버렸다. 이리하여 잠시 격투가 벌어지기는 했지만 하루도 지나기 전에 성문까지 돌파당했다.

이슬람교도가 말하는 '루미'는 성문을 통해 홍수처럼 단숨에 시내로 돌입했다. 지휘관들 사이에 미리 담당 구역이 정해져 있었는지, 돌입한 뒤에는 세 부대로 나뉘어 한 부대는 항구로 가서 정박해 있는 배들을 모조리 불태웠고 또 한 부대는 '목욕장'으로 직행하여 기독교도 노예들을 해방했다. 그리고 본대는 '수장'이 사는 궁전을 포위했다.

마디아의 '수장'은 타미르라는 남자였는데, 더 이상 저항해봤자 소용없다고 판단하고 강화를 제의했다. 그 제의는 받아들여져, 교황 대리로 참전한 주교와 이슬람 '수장'이 강화조건을 합의했다.

1) '수장' 자리는 종래대로 타미르가 계속 차지한다.

2) 마디아를 둘러싼 성벽은 파괴한다.

3) 마디아만이 아니라 '수장' 타미르가 통치하는 지방 전역에 있는 노예는 모두 석방하고, '목욕장'은 폐쇄한다.

4) 앞으로 해적 행위는 엄금한다.

5) '수장'은 배상금으로 금화 10만 디나르를 교황청에 지불한다.

이 조건을 수락한 '수장'의 배웅을 받으며 기독교 함대는 귀로에 올랐다. 모든 배가 쇠사슬에서 풀려난 노예와 시내를 점거하는 동안 빼앗은 금품을 가득 싣고 출항했다. 속공으로 일관하여 출전한 지 한 달 남짓 만에 끝난 십자군이었다. 그렇기는 하지만 카이루안 공략은 잊어버린 모양이니까, 로마를 목표로 삼고도 그 외항인 오스티아만 공략한 것으로 만족해버린 것과 비슷하다.

그래도 노예 신세에 괴로워하고 있던 기독교도 구출 작전은 완전히 성공했다. 귀로에는 남이탈리아의 항구마다 기항하면서 해방노예들을 내려주었다. 납치되어 죽은 줄만 알았던 그들을 맞으며 기쁨의 눈물을 흘리는 육친들을 뒤에 남기고 로마로 향하는 개선군은 모든 도시의 교회가 환영의 종을 계속 울려댄 것도 당연하게 여겨질 만큼 순수한 기쁨을 가져다주었다.

그밖에도 유쾌한 일은 있었다. 아말피와 피사와 제노바 같은 해양도시국가들은 자국 깃발을 내걸고 정면으로 이슬람교도를 공격했는데, 그 나라들의 교역상인들은 그 후에도 전과 다름없이 북아프리카의 이슬람교도와 통상관계를 지속했다는 것이다. 북아프리카의 이슬람 세계 상인들도 그런 유럽 상인들과의 거래로 얻는 이익을 무시할 수 없었기 때문일 것이다.

수출·수입 품목은 나중에 자세히 다루겠지만, 여기서 한마디만 하자면 이탈리아 상인이 북아프리카로 가져가는 물산은 이슬람 쪽에 없어서는 안 될 필수품이었다. 그 물산이 들어오지 않으면 북아프리카의 이슬람교도는 배도 무기도 양질의 것을 가질 수 없게 된다. 통상관계는 어느 한쪽이 자신들에게 필수불가결하다고 생각하면 다소 충돌이 있어도 계속 진행되는 법인지도 모른다.

확실히 서기 1087년의 인질 구출 작전은 성공적으로 끝났다. 하지만 '수장'과 맺은 강화조약의 조항들이 그 후에도 모두 지켜질 거라고 생각했을까. 특히 해적 행위를 엄금한다는 네 번째 조항이 문제였다. 북아프리카에 사는 사라센인이 해적 행위를 그만두지 않는 것은 남의 물건을 빼앗는 것도 나쁘지 않다는 사막민족의 전통적 사고방식 때문만이 아니라, 그것밖에는 생계수단이 없는 그들 사회의 구조적 요인 때문이기도 했다.

베네치아의 해적 대책

여기에서 이탈리아의 해양도시국가들 가운데 하나이면서도 아말피나 피사나 제노바와는 다른 사고방식을 일관되게 추진한 베네치아공화국의 해적 대책을 다루어보고자 한다. 베네치아의 방식은 같은 이탈리아의 다른 해양도시국가들과 달랐을 뿐만 아니라 그 후 지중해 세계의 주요 국가로 등장하는 에스파냐 프랑스와도 달랐다. 베네치아인의 해적 대책이 당시에는 특이했기 때문이다.

이 베네치아공화국에 관해서는 『바다의 도시 이야기』라는 제목의 책에서 서기 452년의 탄생부터 1797년에 나폴레옹에게 멸망할 때까지의 역사를 쓴 적이 있다. 이 나라의 해적 대책은 그 책의 상권 제2장 '바다로!'에서 집중적으로 다루었다. 그래서 여기서는 그것을 몇 군데 발췌하고 간단히 요약하는 것으로 그치고자 한다. 『바다의 도시 이야기』에서 발췌하는 것은 지금도 그렇게밖에 쓸 수 없기 때문이다.

〈항해를 통해 풍요로워지는 길이 두 가지 있다. 하나는 교역에 종사하는 것이고, 또 하나는 해적질을 업으로 삼는 것이다.

갓 태어난 해양국가인 베네치아공화국은 첫 번째 길을 택했다. 그렇게 되면 베네치아 상선의 항해 안전을 위협하는 해적이 그들에게 첫 번째 대결 상대가 되는 것은 당연한 일이었다.

해적 퇴치, 이것이 바다로 나가기로 결정한 베네치아인에게는 나라 만들기에 버금가는 국가 규모의 사업이 되었다.

현대에는 슬로베니아·크로아티아·알바니아 영토로 나뉘어 있는 아드리아해의 동안(東岸)을 요트로 돌다 보면, 차례로 나타났다 사라지는 후미가 너무 많고 그 구조가 너무 복잡해서 놀라게 된다. 건너편에 있는 이탈리아반도의 장화 장딴지에 해당하는 서안이 베네치아에서 남하하여 브린디시에 이르기까지 눈에 띄는 후미도 없이 완만한 선 하나로 그릴 수 있는 데 비해 참으로 대조적인 인상을 준다.

해적에게는 절호의 지형이었을 것이다. 후미에 숨어 있다가, 척후가 상선이 다가오는 것을 알리면 쾌속선을 몰아 덮쳤다. 숨을 곳도 얼마든지 있었다. 해적이 아드리아해의 서안이 아니라 동안에서 집중적으로 횡행했던 것도 납득이 간다. 10세기에 아드리아해에 출몰했던 해적은 로마제국 붕괴 이후 남하하기 시작한 슬라브족이었다.

베네치아는 아드리아해의 가장 안쪽에 위치한다. 그런 베네치아가 오리엔트와 교역하려면 아드리아해를 빠져나가는 길밖에 없었다.

아드리아해 동안에 해적이 우글거린다면 왜 그것을 피해서 아드리아해 서안을 따라 항해하지 않았느냐고 묻는 사람이 있을지도 모른다. 하지만 당시 이탈리아반도의 정치 정세는 일단 접어두고 기후 문제만 보더라도, 이 항로는 불가능하지는 않더라도 결코 유리한 항로라고는 말할 수 없었다.

무역풍이라는 일정 방향의 바람이 장기간 부는 대양과 달리, 지중해와 그 일부인 아드리아해에서는 풍향이 자주 바뀌는 것이 특징이다. 그런 바다에서는 순풍에 돛을 달고 며칠씩 항해를 계속하는 것은 거의 있을 수 없는 일이다. 자주 기항하지 않으면 안 되는 것은 바로 순풍을 기다리기 위해서다. 그런 이유 때문에라도 연안 항로를 택하지 않을 수 없다. 이런 상황에서는 평탄한 해안선이 이어지는 서안보다는 섬이 몇 겹씩 겹치고 도처에 복잡한 후미가 있는 동안 쪽이 역풍을 피하면서 순풍을 기다릴 수 있기 때문에 절대로 유리한 조건을 갖추고 있었다. 연안을 항해하는 이상, 해적에게 편리한 지형은 선원에게도 편리한 지형이었다.

그렇기 때문에 베네치아인에게 해적 퇴치는 단순히 해적을 격파하여 자국 선박의 안전한 항해를 확보하면 끝나는 문제가 아니라 기항지, 즉 기지 확보로 이어지는 문제였다. 이것을 동시에 할 수 있는 기회가 서기 1000년 무렵에 찾아왔다. 한 젊은 지도자의 주도면밀한 준비와 과감한 행동이 도화선에 불을 붙였다.〉

이렇게 시작된 베네치아공화국의 해적 소탕 작전이 한때의 '작전'이 아니라 '국책' 형태로 정착되어간 것은 그것이 참으로 베네치아다운 사고방식에 입각해 있었기 때문이다.

작은 섬과 복잡한 후미가 많은 지형은 해안까지 산이 바싹 다가와 있어서, 넓은 경작지는 당연히 부족하다. 그것이 현대에는 관광객을 끌어들이는 매력이 되고 있지만, 관광산업 따위가 존재하지 않은 중세에는 주민을 먹여 살릴 수단이 늘 부족했다는 것을 의미한다. 해적질이라도 하지 않으면 먹고살아갈 수 없는 이들에게 베네치아는 먹고살아갈 수 있는 길을 제공한 것이다.

배는 베네치아에서 상품을 싣고, 상급과 중급 선원만 태우고 출항한다. 그 후 당장 키를 돌려 아드리아해 동안으로 간 다음, 거기서부터는 항구에 자주 기항하면서 남하한다. 동안의 항구도시에 기항하는 목적은 항해하면서 소비하는 신선식품을 사들이는 것만이 아니라, 갤리선에는 반드시 필요한 노잡이를 승선시키기 위해서였다. 군용 갤리선도 이 방식은 마찬가지다. 상품은 싣지 않아도 속도가 중요한 군용선에서는 상선보다 노잡이가 많이 필요했다.

그래서 베네치아의 배는 아드리아해를 나갈 때까지는 항해에 필요한 것을 모두 갖추고 있지 않았다. 아드리아해의 출구를 지키는 코르푸 섬까지 와서야 비로소 항해할 수 있는 태세가 갖추어졌고, 오리엔트로 가는 배도, 북아프리카로 가는 배도, 지브롤터해협을 건너 영국의 사우샘프턴으로 가는 배도 모두 코르푸섬을 기점으로 하여 동서로 흩어져간 것은 코르푸에 도착할 때까지는 항해할 수 있는 태세가 갖추어지지 않았기 때문이다.

베네치아는 이 방식으로 일관하여, 아드리아해 동안에 사는 슬라브족을 노잡이로 고용하거나 그들이 생산한 농산물을 사주어서 그들의 생활을 보장해주었다. 슬라브계인 이 사람들을 베네치아에서는 '스키아보니'라고 불렀다. 산마르코 광장 바로 맞은편에 길게 뻗어 있는 선착장 이름도 '리바 델리 스키아보니'(스키아보니의 강변)라고 한다. 그들은 단순한 노잡이가 아니라 해적이나 적선에 습격당했을 때는 베네치아인 선원들과 함께 방위에 나서는 중요한 전투원이기도 했기 때문이다. 이 '스키아보니'들은 베네치아공화국이 나폴레옹에게 멸망할 때까지 베네치아와 운명을 같이하게 된다.

지금도 베네치아의 박물관에는 두꺼운 헝겊에 쇠못을 잔뜩 박은 노잡이 전용 방탄조끼가 남아 있다. 소매가 없는 것은 노를 저을 때 거치적거리지 않게 하려는 배려일 것이다.

순풍이 불면 돛으로 항해하고 노잡이들은 쉬는 것이 갤리선이다. 그 갤리선에서 노잡이는 후세의 모터 역할도 맡고 있었다. 북아프리카의 이슬람 세계에서는 기독교도 노예들을 그 '모터'로 부리고 있었다. 한편 기독교 세계에서는 사로잡은 이슬람교도를 '모터'로 부린 예가 전혀 없지는 않지만, 손가락으로 꼽을 정도밖에 안 된다. 이유는 간단하다. 납치가 일반화되어 있지 않아서 사람 자체가 없을 뿐이다. 에스파냐에서는 중형을 선고받은 자를 노잡이로 부리는 예가 많았다.

아말피도 피사도 제노바도 자국 국민이나 인근에서 고용한 노잡이를 쓰고 있었다. 다만 이 도시국가들도 경작지가 풍부하지 못해서 해양국가가 되었기 때문에, 원래 인구가 적다. 이들 나라에서 노잡이 확보는 언제나 골치아픈 문제였다.

아말피·피사·제노바는 대두하고 쇠퇴해간 순서이기도 하다. 마지막까지 남은 나라가 베네치아였던 것은 베네치아가 다른 어느 해양도시국가보다도 충실하고 믿을 만한 하급 선원을 항상 확보할 수 있게 해주는 조직 만들기에 성공했기 때문이 아닐까 생각한다. 물론 그것이 유일한 요인은 아니지만, 적어도 요인들 가운데 하나이기는 했다. 그렇기 때문에 중세와 근세를 통하여 베네치아공화국의 배는 상선도 군선도 노예를 노잡이로 쓰지 않을 수 있었다.

중세에 노예를 갤리선의 노잡이로 쓰지 않는다는 것은 절대 해적질을 하지 않겠다는 뜻을 밝힌 것과 마찬가지였다. 보카치오의 『데카메론』에도 나오듯이, 제노바인들 중에는 손쉽게 돈을 벌고 싶어서 해적업에 손을 대는 자가 없지 않았다. 하지만 베네치아에서는 해적질을 국법으로 엄격히 금지하고 있었다. 맨손으로 출발하여 부를 쌓고 싶으면 갤리선의 전투원이라는 일자리가 있지 않은가. 갤리선의 전투원은 정해진 양의 상품을 배에 싣고 목적지에 가서 파는 것도 인정되었다. 나는 그것을 베네치아식 패자부활제라고 썼지만, 베네치아에서는 자국민이든 타국민이든 해적질만은 용납하지 않았다.

지금까지 베네치아공화국의 해적 대책을 비롯한 사고방식을 이야기 했다. 이 베네치아가 서기 1087년의 십자군에도 참가하지 않고, 앞으로 해적 행위는 하지 않겠다는 '수장'의 약속을 믿지 않았던 것도 무리는 아니었다. 베네치아만 참전하지 않은 것은 다른 세 해양도시국가에 비해 베네치아인들이 특별히 이기주의자였기 때문은 아니다. 이슬람 세계를 공격하여 거기에 붙잡혀 있던 기독교도들을 구출하고 해적질은 그만두겠다는 약속을 '수장'한테서 받아낸 정도로는 문제가 해결되지 않는다는 것을 베네치아인의 현실주의가 꿰뚫어보고 있었던 것이다. 그리고 이것은 20년도 지나기 전에 현실이 되었다.

그 20년의 '휴전기간'도 북아프리카에 사는 사라센 해적들이 자기네 '수장'의 약속을 존중했기 때문이 아니라, 갑자기 지중해가 소란스러워졌기 때문이다. 해적은 만만찮은 상대는 공격하지 않는다. 자기들보다 약한 자만 공격한다.

'십자군' 시대

11세기 말부터 200년 동안 계속된 십자군 원정에 대해서는 다른 기회에 상세히 다루기로 하겠다. 어쨌든 십자군 원정은 중세를 상징할 만큼 중요한 현상이니까, 일단 상술하기 시작하면 그것만으로 책이 끝나버리기 때문이다. 다만 이 운동을 지중해 쪽에서 보면 어떠했을지는 이야기할 작정이다. 규모가 큰 것만 해도 일곱 차례에 걸쳐 이루어진 십자군 원정은 유럽에서 중근동까지 육로를 이용한 제1차와 제2차를 제외하고 나머지는 모두 배를 이용하여 지중해를 동쪽으로 항해했기 때문이다. 또한 이슬람 쪽이 곤경에 빠져 있을 때와 겹쳐서 겨우 3년

만에 성공한 제1차 십자군의 '성지 탈환'이 온갖 우여곡절을 겪으면서도 2세기 동안이나 유지될 수 있었던 것은 이탈리아 해양도시국가들의 해상 보급이 제대로 기능을 발휘하고 있었기 때문이다. 시리아와 팔레스타인은 지중해 동쪽 끝에 면해 있다. 육상 전력은 프랑스와 독일과 영국이 주로 담당했지만, 이탈리아 해상 전력의 지원은 지원이라는 테두리를 넘어설 만큼 중요했다.

제1차 십자군―서기 1096년 8월에 출발하여 1099년 7월에 예루살렘 공략에 성공하다.

같은 1099년―피사가 보낸 120척의 선단이 시리아를 거쳐 팔레스타인에 도착하다.

이듬해인 1100년―제노바가 150척을 시리아와 팔레스타인에 보내다.

같은 1100년―베네치아가 200척의 선단을 만들어 시리아와 팔레스타인에 보내다.

제1차 원정 때는 이들 선단이 십자군 참가자는 실어 나르지 않았지만, 무거운 공성기나 무기, 무장과 군량은 실어 날랐다. 물론 공짜는 아니다. 대가는 십자군이 정복한 시리아와 팔레스타인에서의 통상기지 확보였다. 시리아와 팔레스타인의 주요 항구도시에는 피사와 제노바와 베네치아의 통상기지가 차례로 세워진다. 세 나라의 이익이 충돌하지 않을 정도의 배려는 이루어졌지만, 서로 경쟁관계이기 때문에 다툼은 종종 일어났다.

제2장 '성전'과 '성전'의 시대 255

서기 1147년에 동쪽으로 간 제2차 십자군은 확고한 정략도 전략도 없이 이루어진 제1차 십자군의 성지 탈환을 확실하게 굳히려는 목적으로 이루어졌다. 하지만 제1차와 달리 유럽 강대국 군주인 독일 황제 콘라트 3세와 프랑스 왕 루이 7세가 직접 참전했고, 게다가 각자 7만 대군을 이끌고 있으면서도 화려하고 거창한 성지 순례로 끝나버렸다.

같은 시기에 영국 기사 일행만은 다른 행동을 취했다. 영국을 출발한 뒤 프랑스 서해안을 따라 대서양을 남하하여 지브롤터해협에서 지중해로 들어간 뒤, 지중해를 단숨에 횡단하여 팔레스타인으로 가는 길이다. 하지만 십자군의 규정대로 하얀 바탕에 붉은 십자가 큼지막하게 수놓인 웃옷을 입은 그리스도의 전사들 가운데 배의 우현 너머로 멀리 보이는 북아프리카 항구도시의 '목욕장'에 갇혀 있는 같은 기독교도의 불행을 생각한 사람은 없었다.

서기 1189년에 제3차 십자군 원정이 결정된 것은 오랫동안 계속된 아랍 민족과 투르크 민족의 투쟁이 겨우 수습된 뒤, 이슬람 세력이 일치단결하여 기독교 세력에 점령당한 지방을 탈환하러 왔기 때문이다. 그런데 이슬람 세계의 통합을 실현한 사람은 아랍인도 페르시아인도 투르크인도 아닌, 말하자면 이슬람 세계의 아웃사이더였던 쿠르드족 출신의 살라딘이었다. 그만큼 살라딘은 전투능력이 뛰어난 인물이기도 했다.

그가 이슬람 세계의 재통합에 성공한 것은 서기 1187년에 기독교도에 대한 '성전'(지하드)을 제창했기 때문이기도 하다. 따라서 제3차 십자군은 그 살라딘의 출현으로 일어난 '성지가 위험하다'는 생각에 떠밀려 동쪽으로 간 것이다.

'붉은 수염'이라는 별명으로 불린 신성로마제국 황제 프리드리히 1세가 이끄는 독일군은 육로를 따라 동쪽으로 간다.

한편 프랑스 왕 필리프 오귀스트가 이끄는 프랑스군은 제노바까지 와서 제노바 배를 타고 이탈리아반도와 시칠리아 사이의 메시나해협을 지나 팔레스타인으로 갔다.

팔레스타인에 도착한 뒤 살라딘과 화려하게 싸워서 '사자왕'이라는 별명을 얻게 된 영국 왕 리처드도 해로를 통해 팔레스타인으로 가는 방법을 택했다. 마르세유에서 배를 탄 뒤에도 제노바와 피사, 로마와 나폴리에 들렀고 메시나해협을 지나 동지중해에 들어간 뒤에도 크레타와 키프로스 섬에 기항한 뒤 팔레스타인에 들어갔다. 십자군 역사상 최고의 영웅은 이슬람 쪽에서는 살라딘, 기독교 쪽에서는 '사자왕' 리처드로 되어 있지만, 둘 다 완고한 신자가 아니었다는 점이 재미있다. 게다가 낭만주의자인 '사자왕' 리처드는 냉철한 필리프와 마음이 맞지 않아서, 영국 왕과 프랑스 왕의 사이가 나쁜 것은 십자군 내부에서도 유명했다.

총사령관이기도 한 왕부터 이 모양이면, 제3차 십자군이 요란하게 풍악을 울리며 출발한 것 치고는 성과가 오르지 않아서 제창자였던 로마 교황의 욕구불만으로 끝난 것도 어쩔 수 없는 일이었다.

그런데 이때도 한 무리의 독일 기사들이 북해에서 대서양으로 빠져나가 프랑스 서해안을 따라 남하한 뒤 지브롤터해협에서 지중해를 횡단하여 팔레스타인으로 가는 길을 택했다. 지중해는 북유럽 기독교도들에게도 오리엔트로 가는 주요한 길이 되어가고 있었다.

교황 인노켄티우스 3세가 욕구불만인 채 죽고 싶지 않아서 밀어붙

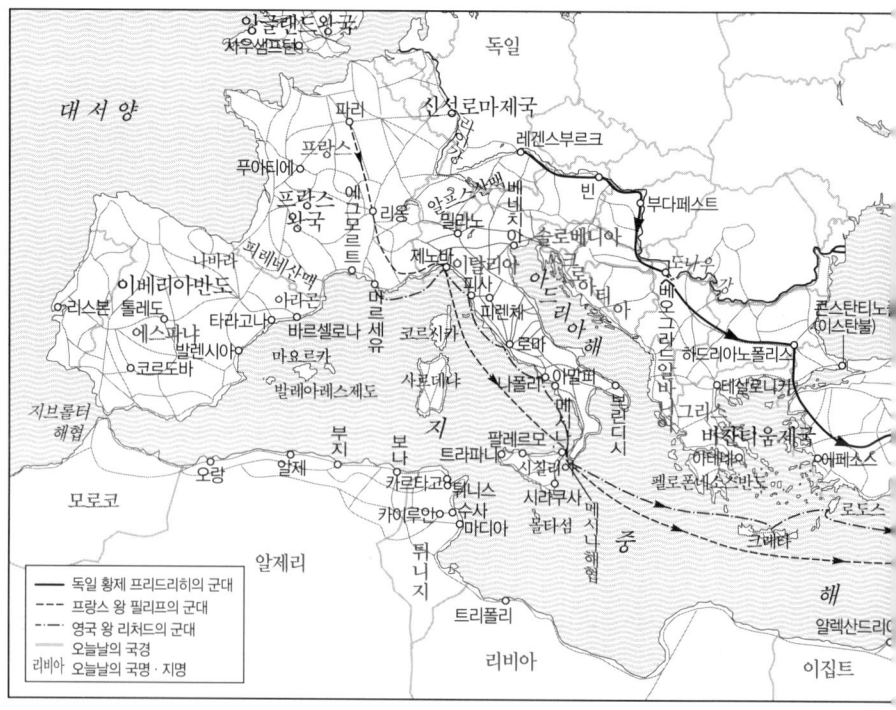

제3차 십자군 원정로

인 듯한 느낌을 주는 제4차 십자군에는 유럽의 황제도 왕도 응하지 않았다. 원정에 참가하겠다고 맹세한 것은 플랑드르와 프랑스의 영주뿐이다. 이들은 사회적 지위는 높았지만 세상물정에 어두워서, 계약이란 이쪽이 지키지 않으면 상대도 지키지 않는다는 초보적인 것조차 모르는 사람들이었다. 그래서 이 십자군은 중세의 '경제동물'인 베네치아 공화국이 처음부터 끝까지 자기 마음대로 일관했는데, 여기에 관해서는 『바다의 도시 이야기』 제3장에서 상술했기 때문에 여기서는 생략하고자 한다. '상술'(詳述)이란 쓰는 쪽에는 다루기 어려운 거친 말 같은 것이어서, 거기에 너무 기울어지면 본론에서 크게 벗어나버릴 위험이 있다.

어쨌든 서기 1202년에 시작되어 2년 뒤에 끝나는 제4차 십자군은 같은 기독교 국가인 비잔티움제국을 쓰러뜨리고 라틴제국으로 바꾸는, 기독교도로서는 있을 수 없는 형태로 끝나버렸다. 하지만 그것은 지금까지 종교적 열정의 그늘에 숨어 있던 영토 확장의 욕망을 드러냈다는 면도 놓칠 수 없다. 그 때문에 제4차 십자군은 기독교 세계에서는 평판이 나쁘고, 그 연출과 주연을 겸한 베네치아공화국이 미움을 받게 되었다.

서기 1212년에는 제4차 십자군과는 다른 이유로 '십자군의 수치'로 여겨지는 소년 십자군이 성지로 떠나려 했다. 광신적인 설교자의 선동에 넘어간 소년 소녀들이 유럽 전역에서 마르세유에 모였지만, 악질적인 선주에게 속아서 북아프리카에 노예로 팔려가거나 도중에 침몰한 배와 운명을 같이한 것이다.

제5차 십자군은 시칠리아 왕이자 신성로마제국 황제이기도 한 프리드리히 2세가 몇 번이나 연기한 끝에 겨우 1227년에 실현한 십자군이다.

이 사람은 노르만인과 독일인의 피를 이어받았을 뿐만 아니라 기독교도와 이슬람교도가 함께 사회를 구성하고 있던 시칠리아에서 태어나 자랐다. 이슬람 세계에 대한 편견은 전혀 갖고 있지 않았다. 시칠리아 통치자로서 북아프리카의 이슬람 '수장'에게 납치된 사람들의 반

제2장 '성전'과 '성전'의 시대 259

환을 요구했을 때도 "이슬람교로 개종하지 않고 고국으로 돌아가고 싶어 하는 기독교도는 돌려보내라"고 요구했다. 이슬람교로 개종하고 이슬람의 땅에서 계속 살고 싶다면 그래도 좋다는 생각이었다.

이런 식이니까, 교황에게 파문을 당하고 어쩔 수 없이 십자군을 지휘한 것이다. 하지만 이집트의 칼리프와 서신 교환을 거듭하여 미리 토의를 끝낸 뒤에 비로소 남이탈리아의 브린디시에서 출항했다.

팔레스타인의 아콘에 상륙한 뒤 예루살렘으로 가서 이슬람 쪽과 강화조약을 맺는다. 조인한 협정 내용은 우선 예루살렘과 베들레헴과 나사렛이라는 기독교 성지는 신성로마제국 황제가 관할하기로 했다. 하지만 기독교도의 성지 참배와 순례를 완전히 보장하는 동시에 이슬람교도와 유대교도에게도 동등한 권리가 완벽하게 보장된다고 명기했다. 이런 합의에 이를 때까지 기독교도와 이슬람교도는 피 한 방울도 흘리지 않았다.

그런데 기독교도들의 자유로운 성지 순례는 확보되었지만, 이교도인 이슬람교도를 죽이지 않았다는 이유로, 즉 적과 타협했다는 이유로 이 십자군은 당시 온갖 비난을 받게 된다. 우선 팔레스타인에 주재하는 성직자들이 반대했고, 로마 교황도 프리드리히를 파문했을 뿐만 아니라 반황제파에 호소하여 그의 영지인 남이탈리아를 공격하게 했다. 그래서 프리드리히도 급히 이탈리아로 돌아오지 않을 수 없었지만, 그 후에도 그는 계속 '그리스도의 적'이라고 불린다. 피 한 방울도 흘리지 않고 이슬람 쪽과 맺은 협정도 10년밖에 지속되지 않았다.

십자군 시대의 기독교 세계에서는 프리드리히처럼 다음과 같은 일을 공언하거나 실행한 사람은 이질분자로 적대시되었다.

황제가 예루살렘에 머물고 있을 때의 일화다. 어느 날 아침 황제는 예루살렘 통치자였던 이슬람 고관에게 말했다. 어제는 왜 기도 시간을 알리는 '무에진' 소리가 울리지 않았느냐고. 이슬람 고관은 기독교 세계의 속계 최고위자가 와 있기 때문에 결례를 하고 싶지 않았다고 대답한다. 그러자 프리드리히는 이렇게 대답했다.

"그렇다면 당신들이 기독교 세계를 방문했을 때 우리는 교회 종을 울릴 수 없게 되지 않는가."

프리드리히 2세가 아직 살아 있었던 서기 1248년에 제6차 십자군을 이끌고 동방에 간 프랑스 왕 루이 9세는 '그리스도의 적'과는 정반대로 신앙심에 불타는 낭만주의자였다. 군대를 이끌고 마르세유를 떠나 이집트로 간 것은 팔레스타인에서 이슬람 세력의 압력으로 궁지에 몰려 있는 기독교도들의 곤경을 타개하려면 이집트의 칼리프를 공격하는 것이 효과적이라고 생각했기 때문이다. 이 견해 자체는 옳았다. 하지만 이집트에 상륙한 뒤에는 첫 전투에서만 승리했을 뿐 그 후에는 계속 지기만 해서 기사들이 대량 학살당하는 불행을 초래했을 뿐만 아니라, 결국에는 왕 자신이 포로가 되어버렸다. 팔레스타인에 남아 있는 기독교도를 총동원하여 모은 몸값을 치르고 겨우 자유의 몸이 될 수 있었지만, 곧장 해로를 이용하여 프랑스로 돌아갔기 때문에 제6차 십자군도 1254년에 끝나버렸다.

제7차 십자군은 서기 1270년에 시작되었다. 16년이 지났는데도 아직 십자군에 넌더리가 나지 않았는지, 프랑스 왕 루이 9세가 또 십자군을 지휘한다. 다만 이 십자군이 상륙한 곳은 튀니지니까, 13세기 후반을 이야기하는 단계에서 다루고자 한다. 어쨌든 제7차 십자군은 루이

9세가 죽음으로써 끝나게 되는데, 이것이 성지 탈환을 기치로 내건 마지막 십자군이 되었다.

그리고 그로부터 20년 뒤인 서기 1291년, 팔레스타인의 기독교 세력에 최후의 보루였던 아콘이 함락되어, 200년에 걸친 십자군 시대도 막을 내린다. 이슬람 쪽으로서는 '최후의 한 사람까지 지중해에 밀어 넣은' 것으로 끝난 셈이다.

하지만 그 200년 동안 십자군에 참가한 기독교도 가운데 북아프리카에 사로잡혀 있는 기독교도의 구출을 입에 올린 사람은 하나도 없었으니, 참으로 불가사의한 일이다. 아니, 그것을 입에 올린 사람이 딱 하나 있었다. 바로 '그리스도의 적'이라는 비난을 뒤집어쓴 프리드리히 2세였다.

십자군은 '신이 그것을 바라고 계신다'(Deus lo vult)는 외침으로 시작되어 끝났다. 신이 바라고 계시는 '그것'은 예루살렘이 있고 나사렛이 있고 베들레헴이 있는 곳, 지금은 이슬람 세력권에 들어가버린 '성지'였을 것이다. 따라서 탈환해야 한다는 것이다. 적어도 중세 기독교도의 대다수는 그렇게 믿어 의심치 않았다. 팔레스타인과 같은 이슬람 세계인 북아프리카에서 노예로 고통받고 있는 사람들은 '탈환'할 가치가 없었다. 성지를 탈환하러 간 기독교도들은 그때까지 지은 모든 죄를 교황에게 사면받았지만, 그로부터 겨우 9년 전에 튀니지의 마디아로 기독교도들을 구출하러 가서 성공한 기독교도에게는 교황이 그런 보상을 주지 않았다. 불행한 기독교도들은 죄를 사면받든 못 받든 그런 것과는 상관없이 그들의 구출만을 목적으로 하는 조직이 생겨날 때까지 기다려야 했다.

물론 사라센 해적에게 약탈당하거나 납치된 것은 프랑스와 이탈리아의 지중해 연안에 사는 사람들이었다. 한편 십자군에 참가한 사람들은 지중해에 면하지 않은 북유럽에 사는 사람들이었다. 정보 전달이 적었던 시대, 지중해의 해적은 북유럽까지는 알려져 있지 않았을 것이다. 하지만 문제는 그것만이 아니었던 것 같다.

인간이란 좋든 나쁘든 현실적인 것보다는 현실에서 멀리 떨어진 것에 더 가슴이 뜨거워지는 법이다. 가슴이 더 뛰는 것이다. 중세인의 신앙심이 강했기 때문에 십자군은 일어났다. 하지만 그 신앙심이 향하는 곳은 성지여야 했다. 성지 탈환을 목표로 내걸었기 때문에 그만큼 많은 사람을 끌어들여 그렇게 오랫동안 계속된 대중운동이 되었던 것이다. 납치당한 불행한 사람들을 탈환한다는 목표를 내걸었을 경우, 일시적으로는 십자군이었지만 연속적인 십자군은 되지 않았다. 그리고 이것이 1천 년 동안이나 계속된 지중해의 해적이라는 현상이 유럽 역사에서 별로 중요시되지 않는 이유가 아닐까 생각한다.

'맞기 전에 때린다'

십자군에 관계하는 각국 선박이 오가게 된 지중해에서 해적이 모습을 감춘 것은 결코 아니었다.

한동안, 햇수로 치면 약 20년 동안은 그들도 얌전히 지내고 있었다. 하지만 그 20년은 팔레스타인으로 가는 배도, 그 배에 타고 있는 완전무장한 기사들도 북아프리카에는 무관심하고, 따라서 그냥 보내주기만 하면 된다는 것을 아는 데 걸린 세월이 아닐까 하는 생각마저 든다. 또한 북아프리카의 이슬람 세계는 해적질을 하지 않고는 먹고살 수 없는 체질이 되어 있었다는 점도 잊어서는 안 된다. 항구가 있는 도시에서는 그곳의 통치 책임자인 '수장'에게 해적질로 얻은 수익의 5분의 1이 상납되는 체제도 폐지되지 않았다.

그래도 사라센 해적들의 일터가 확실히 좁아지고 있었던 것도 분명하다.

우선 가장 가까이 있는 시칠리아를 습격할 수 없다. 노르만의 왕들, 그리고 그 뒤를 이은 호엔슈타우펜 왕조와 카이루안의 '수장'이 맺은 불가침협정은 팔레스타인에서 기독교와 이슬람이 서로 적대하고 있던 십자군 시대에도 계속 유지되었다. 이 관계는 강력한 한쪽이 약체인 다른 쪽에 강요하여 이루어진 것이 아니라, 양쪽 모두 체면을 잃지 않고 타협을 찾아내는 형태로 계속되고 있었다.

서기 1117년은 제1차 십자군의 성지 탈환이 성공하여 팔레스타인에 기독교 국가가 설립되어 있던 시기다. 그곳에 가려는 베네딕토회 수도사들을 태운 배가 사라센 해적의 습격을 받아 수도사들도 포로가 되었다. 그런데 그 해적선이 사람을 실은 배를 통째로 끌고 북아프리카로 돌아가는 도중에 강풍을 만나 시칠리아에 표착해버렸다.

당시 시칠리아 왕인 루제로는 십자군에 열광하는 기독교 세계의 대세를 거스를 마음은 없었다. 하지만 북아프리카 '수장'들과의 좋은 관계를 망칠 마음도 없었다.

그래서 중간을 택했다. 사로잡혔던 수도사들은 자유를 되찾아 다시 배에 타고 팔레스타인으로 여행을 계속한다.

한편 사라센 해적들도 감옥에 갇히지 않고 북아프리카로 돌려보내졌다.

다만 이 시칠리아 왕은 무턱대고 타협하는 사람은 아니어서, 군선과 병사를 파견하여 이슬람 영토였던 몰타섬을 점령했다. 북아프리카와 시칠리아 사이의 바다는 '시칠리아해협'이라고 불렸지만, 이름만 그런 것은 아니라는 점을 건너편의 이슬람교도에게 보여준 것이다.

시칠리아와 북아프리카의 이슬람 세계가 맺은 이런 관계는 프리드리히 2세의 시대가 된 뒤로는 남이탈리아의 칼라브리아와 풀리아 지방에도 적용되었다. 그래서 사라센 해적이 활약할 무대는 점점 좁아지고 있었다.

이와 같은 시대, 이탈리아의 해양도시국가인 피사와 제노바는 전혀 다른 방식으로 해적에 대처하고 있었다.

첫째, 항상 100척 규모의 군용 갤리선을 출범시킬 수 있는 해군력을 갖게 된 것.

둘째, 십자군을 해상에서 계속 지원하여 오리엔트 각지에 통상기지를 갖게 되었고, 북아프리카와의 교역보다 오리엔트와의 교역을 통해 얻는 수익이 훨씬 많아지고 있었다는 것. 바꿔 말하면 북아프리카의 이슬람교도와는 싸워도 상관없는 상태가 되어 있었다는 것.

셋째, 성미가 강한 피사 사람의 토스카나인 기질과 개인주의의 덩어리 같은 제노바 사람의 성향이 당하면 되갚는 것이 아니라 맞기 전에 때리는 전략과 들어맞았다는 것. 습격해오는 적을 막는 것이 아니라, 습격당하기 전에 먼저 공격하는 전략이다.

그들의 자신감은 배의 수가 아니라 배의 조종능력에 바탕을 두고 있었다. 이탈리아인의 이 능력이 완전히 개발되었기 때문에 이탈리아의 해양도시국가가 번영을 누릴 수 있었고, 얼마 후에는 소년 시절에 해적에게 납치되어 이슬람 땅에서 자란 이탈리아인 중에서도 이슬람 해적 두목이 나오게 되었다. 또한 이슬람으로 개종한 그리스인이 유명한 해적 두목이 된 경우도 눈에 띈다. 배의 조종능력은 민족 고유의 DNA가 아닐까 하는 생각이 들지만, 이런 사정도 있어서 해상에서 마주치면 이제는 사라센인 쪽이 달아나게 되었다.

하지만 오리엔트에 사는 아랍인은 항해기술이 매우 좋았다. 이 시대에 홍해에서 인도양까지 바다를 자유자재로 항해한 것은 아랍 선원들이다. 사라센인은 아랍 민족의 일부를 일컫는 호칭이었던 것으로 되어 있지만, 중세 후기에 접어들고 있던 이 시대에 지중해 서부에 출몰한 해적이 '사라센인'이라는 것은 이름뿐이고 실제로는 베르베르인이나 무어인이 아니었을까 생각한다.

어쨌든 조종능력에 차이가 있었던 것은 사실이고, 게다가 사르데냐도 코르시카도 사실상 피사나 제노바 영토가 되어 있었던 것도 큰 요인으로 작용했다. 해적들은 지금까지 이 두 섬을 은신처로 자유롭게 이용했지만, 이제는 그럴 수 없게 되었다. 소형 선박에다 소규모 선단으로 출몰하는 것을 장기로 삼고 있던 사라센 해적에게 기항지가 줄어드는 것은 무시할 수 없는 불리한 요인이었다.

넷째, 베네치아와 달리 피사와 제노바 남자들은 사라센 해적과 같은 방식을 취하는 것을 전혀 망설이지 않았다는 점을 들 수 있다.

해상에서 만난 해적선과 싸워서 이기면 배를 통째로 빼앗는 방식은 베네치아 선박들도 취하고 있었다. 하지만 해적이 본거지로 삼고 있는 항구도시까지 공격하여, 저항하는 자는 죽이고 금품을 약탈하여 돌아오는 일은 피사나 제노바의 배들만 하고 있었다.

사탑으로 유명한 피사의 대성당이 있는 일대는 이탈리아 고딕 건축의 정수를 보여주어 볼 만하지만, 이만한 기술과 비용이 드는 교회나 탑을 건설할 수 있었던 것도 피사공화국이 교역으로 얻은 이익을 쏟아부었기 때문이다. 하지만 그 건설비의 일부는 해적한테 빼앗은 수익이 차지하고 있었다. 그것을 생각하면 피사의 사탑을 보면서 미소를 머금지 않을 수 없다.

하지만 피사도 제노바도 붙잡은 해적을 활대에 매달고 빼앗을 수 있는 것은 다 빼앗아도, 그들의 땅에 상륙하여 거기에 사는 서민을 납치하는 짓까지는 하지 않았다. 북아프리카의 주요 항구도시에는 어디에나 '목욕장'이 있었지만, 피사나 제노바는 물론 기독교 세계 어디에도 그런 '목욕장'은 없다. 이교도를 납치해서 노예로 부리는 사회제도가 없었다는 뜻이다. 피사와 제노바는 해적과 같은 방식으로 사라센인과 대결했지만, 그 나라들은 '교역 입국'이기는 했지만 해적 입국은 아니었다.

피사와 제노바의 상선들이 어디로 가든 반드시 통과해야 하는 바다는 지중해 중앙에 자리 잡고 있는 티레니아해였다. 이 해역의 안전 항해를 확보할 수 있느냐는 이들 두 해양도시국가의 운명까지 결정했다. 그런데 12세기에 이 해역을 자기 집 마당처럼 활보한 것은 이슬람 해적 중에서도 북아프리카가 아니라 에스파냐에 가까운 발레아레스제도를 근거지로 삼고 있던 해적이었다. 그들은 상선의 안전을 위협할 뿐만 아니라, 남프랑스나 제노바가 있는 리구리아 지방과 피사가 있는 토스카나 지방의 해안 일대가 해적의 먹이가 될 확률이 높아진다. 이 피해의 근원을 뿌리뽑기 위해 남프랑스의 영주들과 제노바와 피사의 연합함대가 편성되었다. 마요르카섬을 중심으로 한 발레아레스제도의 모든 섬에서 해적을 소탕하는 것이 목적이다.

주전력을 맡은 피사는 배 300척과 전투원 4만 명을 이 싸움에 투입한다. 배는 피사가 맡았지만, 4만 명이나 되는 병력을 투입할 수 있었던 것은 이 싸움의 취지에 공감한 사람들이 남프랑스와 남이탈리아에서 지원해왔기 때문이다. 이슬람 해적에게 시달리고 있는 사람들에게는 멀리 팔레스타인에서 이슬람교도와 싸우기보다는 가까이 있는 이슬람교도와 싸우는 편이 더 중요하게 여겨졌을 것이다. 사람들은 이것을 '서방의 십자군'이라고 불렀다.

'서방의 십자군'은 대성공으로 끝났다. 해적들은 살해되고, 마요르카섬에 있었던 '목욕장'에서는 많은 기독교도 노예들이 석방되었다. 이 사람들은 피사의 배를 타고 각자의 고향으로 돌아갈 수 있었다.

하지만 피사도 제노바도 도시국가다. 도시를 중심으로 발전한 국가는 영토형 국가와 달리 인구가 적다. 인구가 많은 베네치아도 기껏해야 10만 명, 제노바나 피사는 5만 명을 넘는 적이 없었다. 오리엔트 교역에 주력하기 시작한 그들에게는 발레아레스제도를 완전히 감시하는 데 필요한 인원이 없었다. 발레아레스제도는 그 직후 해적의 소굴로 되돌아갔다. 피사와 제노바의 해군이 해적을 쫓아다니는 수고는 아직 끝나지 않았다.

만약 피사와 제노바, 여기에 베네치아도 힘을 합쳐 사라센 해적과 대결했다면 이 시대에 이미 지중해 서부에서는 해적을 소탕할 수 있지 않았을까 하고 누구나 한번은 생각할 것이다. 하지만 이런 해양도시국가들은 모두 경쟁관계에 있었다. 현대 이탈리아의 해군기는 아말피·피사·제노바·베네치아 등 이탈리아의 네 해양도시국가의 깃발을 합친 것이다. 그래서 이탈리아 해군사를 공부하는 사람들 사이에 우스갯

소리가 있는데, 그것을 소개하고 싶다.

이들 네 도시국가가 서로 경쟁심을 불태우며 활약하고 있던 시대에는 이탈리아인이 지중해의 지배자였는데, 네 깃발을 합한 지금은 지중해를 지배하는 것이 미국과 러시아가 되어버렸다는 것이다. 경쟁의식이 플러스로 작용하는 경우도 많은 반면, 마이너스로 작용하는 경우도 많았다. 이들 이탈리아의 네 해양도시국가에 관해서는 『바다의 도시 이야기』 상권 제6장 '라이벌 제노바'에서 집중적으로 다루고 있으니까, 관심이 있는 분은 한번 읽어보시기 바란다.

13세기 후반에 접어들면 지중해 서부의 정치 정세도 급격히 변화하기 시작한다.

서기 1250년에 시칠리아와 남이탈리아를 강력한 중앙집권으로 통합하고 있던 신성로마제국 황제이자 시칠리아 왕인 프리드리히 2세가 죽었다. 그 뒤를 이은 것은 적자와 서자인 두 아들인데, 그들은 프리드리히의 죽음으로 기세가 오른 로마 교황과 그 일파의 공세까지는 막아내지 못했다. 이리하여 200년 동안 계속된 노르만 왕조와 호엔슈타우펜 왕조는 1266년에 무너지고 말았다.

새로 지배자가 된 것은 프랑스 왕의 동생이며 로마교황청의 후원을 받고 있던 앙주 가문의 샤를이었다. 하지만 시칠리아 사람들은 이 프랑스인의 지배를 싫어하여 봉기를 일으킨다. 나중에 「시칠리아의 만종」이라는 오페라로도 만들어진 이 봉기로 앙주 가문의 샤를은 20년도 지나기 전에 쫓겨나게 된다. 그 후 시칠리아와 남이탈리아의 지배자가 된 것은 에스파냐계인 아라곤 왕가인데, 프랑스인과 에스파냐인의 연이은 지배로 시칠리아는 큰 변화를 겪게 된다.

프리드리히 2세의 반교회 노선에 넌더리를 내고 있던 로마교황청이 후원했을 정도니까, 앙주도 아라곤도 완고할 정도의 가톨릭교도였다. 아마 이 시기에 팔레르모는 물론 다른 어느 도시에서도 모스크가 사라졌을 것이다. 왕궁에 출입하는 관리들 가운데 터번을 쓴 사람의 모습도 보이지 않게 되었고, 왕의 직속 군대에 이슬람교도가 섞이는 일도 없게 되었다.

시칠리아-아랍 양식의 결정체인 몬레알레 대성당을 비롯한 수많은 건조물은 파괴되지 않았지만, 이제 그것들은 시칠리아 자체가 되어 있었다. 따라서 이슬람을 싫어하는 광신적인 가톨릭교도라 해도 그것들을 파괴할 수 없었을 게 분명하다.

시칠리아에 사는 이슬람교도에게 기독교로 개종하라고 강요한 사실도 없었다. 이슬람과 기독교가 공생하는 사회에서 200년이나 살아왔기 때문인지, 이슬람교도들도 달라져 있었다. 별다른 저항감도 없이 기독교로 개종했을지도 모른다. 레몬이나 오렌지가 원래는 아랍인이 이식했다는 사실이 잊힌 것과 마찬가지다. 개종에 저항감을 느낄 만큼 신앙심이 깊었던 이슬람교도는 북아프리카로 떠났을지도 모른다. 어쨌든 시칠리아 내부의 변화가 다른 지방의 주목도 끌지 않고 평온하게 이루어진 것은 사실이다.

평온하지 않았던 것은 북아프리카에 사는 이슬람교도들이었다. 좋은 관계를 계속 유지해온 이웃 사람이 이제 갑자기 적이 되었기 때문이다. 이렇게 되면 그들이 할 일은 뻔하다. 시칠리아도 남이탈리아도 다시 사라센 해적의 습격에 시달리게 되었다.

게다가 서기 670년에 카이루안이 세워진 이래 600년 동안이나 북아프리카의 이슬람 세계에서 최고의 권위를 누려온 카이루안의 '수장'

이 같은 시기에 그 지위를 튀니스에 주재하는 '수장'에게 넘겨주었다. 튀니스가 사라센 해적의 최대 기지라는 것은 당시에는 모르는 사람이 없었다. 해적들의 최고 우두머리가 한 나라의 공식 통치자로 취임한 것과 마찬가지가 되었다.

서기 1270년의 제7차 십자군은 이런 상황에서 이루어졌다.

마지막 십자군

20년 전에 이집트에서 참패하고 부하인 기사들이 대량 학살당했는데도, 그 후 포로가 되어 이슬람 땅에서 오랜 세월을 보냈는데도, 프랑스 왕 루이 9세는 질리지도 않았던 모양이다. 제6차에 이어 제7차 십자군도 그가 이끌고 가겠다고 맹세한 것이다.

루이는 한없이 착한 사람이었던 모양이지만, 친동생인 샤를은 그렇지 않았다. 어떻게 형을 설득했는지는 모르지만, 제7차 십자군의 목적지를 기독교 세력이 궁지에 몰려 있는 팔레스타인도 아니고 지난번의 참패를 설욕할 수도 있는 이집트도 아닌 북아프리카의 튀니스로 바꾸는 데 성공했다. 시칠리아 왕위에 앉아 있었던 샤를 자신도 휘하 군대를 이끌고 합류하겠다고 약속했다.

7월 초, 마르세유 서쪽에 있는 에그모르트를 출항한 제7차 십자군에는 중세 기사도의 꽃이라고 해도 좋은 사람들이 다 모여서 면면이 호화로웠다.

프랑스 왕과 두 왕자, 영국 왕자, 나바라 왕. 이들은 모두 아내를 동반했다. 이 고귀한 사람들을 모시는 기사들이 갑옷과 창을 햇빛에 반짝이고, 왕비와 왕자비를 둘러싼 궁녀 일행은 가지각색의 호화로운 옷으로 그것을 더욱 돋보이게 한다. 마치 유한계급의 관광여행 같지만, 해상의 태풍까지는 그들을 배려해주지 않았다.

태풍을 피해 사르데냐섬 남쪽 끝에 기항한 뒤, 튀니스를 향해 남하한다. 7월 17일, 무엇 때문인지 그들은 고대 항구인 카르타고 근처에 상륙했다.

카르타고는 고대에 북아프리카의 집산지로 번영을 누렸지만, 이슬람 세력권에 들어간 뒤에는 튀니스로 중심이 옮아가 있었기 때문에 옛 영화는 흔적조차 남아 있지 않고 지금은 사막에 둘러싸인 폐허로 변해 있다. 그 사막지대에 상륙한 루이 일행은 그곳에서 숙영하면서 샤를의 군대를 기다린다. 동생과 합류한 뒤, 전군이 튀니스를 공략하러 갈 예정이었다.

기다리는 시간을 허비하기 싫었는지, 아니면 오랜만에 이슬람 땅을 밟아서 기독교에 대한 신앙심이 불타올랐는지, 프랑스 왕 루이는 튀니스의 '수장'에게 편지를 보냈다.

"귀하가 기독교로 개종할 마음이 있다면 여기에는 세례를 줄 사람도 갖추어져 있소. 10만 병사를 거느리고 귀하를 찾으러 갈 작정이오."

튀니스의 '수장'도 곧바로 답장을 보내왔다.

"세례에 관해서 당신한테 묻는 것은 전쟁터에서 하기로 했소. 당신의 군대가 튀니스를 공격하러 온다면 내 목욕장에 있는 기독교도를 모조리 죽이게 될 거요."

상대가 이렇게 나올 줄은 미처 예상치 못한 루이 9세는 곤혹스러움을 감추지 못하고 시칠리아로 쾌속선을 보내 동생 샤를의 출전을 재촉하는 한편, 물과 식량도 빨리 보내달라고 요구했다.

하지만 샤를은 이제 막 시칠리아 왕위에 오른 터였다. 시칠리아 사람들은 이 새 왕에게 호감을 갖지 않아서, 북아프리카에 갈 병사를 징집하기는커녕 물과 식량 조달도 뜻대로 진행되지 않았다.

한여름 태양은 쨍쨍 내리쬐고 물과 식량도 부족한데다 숙영지로 좋은 땅을 고를 수도 없었기 때문에, 실제로 몇만 명이었는지는 모르지만 루이의 군대는 날이 갈수록 비참한 상태가 되어가고 있었다. 전염병이 유행하기 시작했다.

8월에 접어든 뒤에도 약속을 지키지 못하고 있는 샤를에게 루이가 병으로 쓰러졌다는 소식이 들어왔다. 그러자 샤를도 병사와 보급물자를 조달하려고 서둘렀다. 시칠리아 서안에 있는 트라파니항을 떠난 샤를과 휘하 군대는 8월 25일이 되어서야 카르타고에 상륙했다.

그런데 상륙한 샤를을 맞이한 사람은 아무도 없었다. 그래도 루이의 막사로 간 샤를이 거기에서 발견한 것은 방금 숨을 거둔 형의 주검이었다.

열악한 환경에서 전염병으로 쓰러진 것은 왕만이 아니었다. 교황 대리로 동행한 주교와 루이의 아들 트리스탄도 주검이 되어 있었다. 또 다른 왕자 필리프는 병상에서 일어나지 못하는 상태였다.

생전에 이미 성자처럼 널리 존경받고 있던 사람의 유해는 죽은 직후에 해체되어, 심장은 항아리에 보존되고 뼈도 남겨지고 나머지는 화장하는 것이 중세 기독교 세계의 관습이었다. 서기 1300년에 로마 교황은 이 관습을 금지했지만, 루이가 죽은 것은 1270년이다. 친동생 샤를도 형의 유해가 해체되는 것을 지켜볼 수밖에 없었다.

그때 튀니스 쪽에서 이슬람군대가 몰려온다는 소식이 들어왔다. 샤

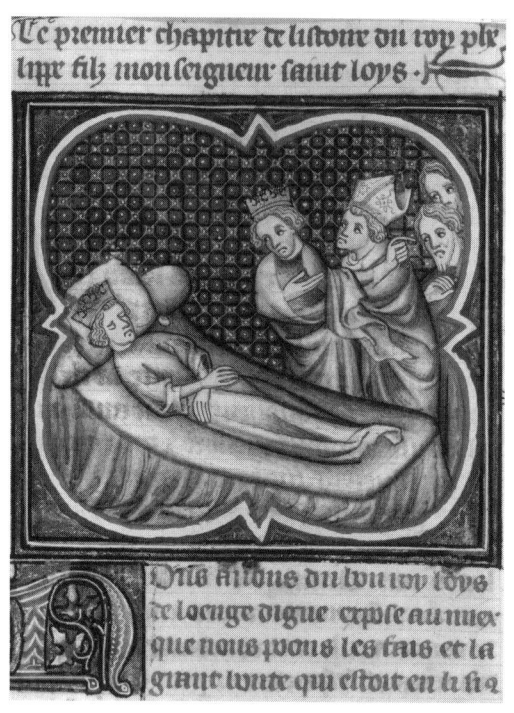

십자군 원정 중에 사망한 프랑스 왕 루이

를은 급히 병사들을 모아서 적을 맞아 싸우기 위해 진을 쳤다.

여러 가지 불리한 요인이 겹쳤는데도 이슬람군과 기독교군이 격돌한 전투는 기독교 쪽의 승리로 끝났다. 북아프리카의 이슬람교도는 육지에서도 바다에서도 양군이 정면으로 맞서는 회전에는 강하지 않았다. 이때도 튀니스의 '수장'은 눈앞에서 당한 패배에 당황하여 재빨리 강화를 요구했다. 조건은 단 하나, 튀니스에 입성하지 않는 대신, 자기 재산을 전부 바치겠다는 것이었다.

튀니스의 '수장'과, 기독교 쪽에서는 시칠리아 왕 샤를과 아버지 루이의 죽음으로 프랑스 왕이 된 필리프와 나바라 왕 테오발드 등 세 사람이 조인하여 강화가 이루어졌다. 영국의 에드워드 왕자가 조인을 거부한 것은 십자군 정신에 충실했기 때문이 아니라, 전리품 분배에서 혼자만 따돌림을 당했기 때문이다.

어쨌든 성립된 강화 내용은 다음과 같았다.

1) 튀니스의 '수장'은 왕들에게 배상금으로 금괴 21만 온스를 지불한다.

2) 시칠리아 왕 샤를에게는 앞으로 5년 동안 비잔티움 금화 30만 냥을 연공으로 지불한다.

3) 기독교도가 사는 땅에 대해서는 해적 행위를 비롯한 어떤 공격도 하지 않겠다고 굳게 약속한다.

4) '목욕장'에 수용되어 있는 기독교도 노예를 전원 즉시 석방한다.

해방된 노예들까지 데리고 제7차 십자군이 옛 카르타고 땅에서 출항한 것은 11월 20일이었다.

11월 후반이 되면 지중해 남부도 완전한 겨울이다. 상선이나 어선은 출항을 미룬다. 하지만 제7차 십자군의 수뇌진 가운데 바다를 잘 아는 사람은 아무도 없었다.

시칠리아의 트라파니항에 가까워졌을 무렵, 겨울 태풍을 만났다. 항구로 마중 나와 있던 사람들의 눈앞에서 순식간에 18척이 파도에 휩쓸렸다. 배에 타고 있던 4천 명이 말과 무기와 함께 바닷속으로 사라졌다.

트라파니 주민들은 어선이나 보트까지 총동원하여 침몰 직전의 배를 구조하고, 배에서 바다로 내던져진 사람들을 끌어올렸다. 구조작업은 어두워질 때까지 계속되었다고 한다.

시칠리아 왕 샤를과 프랑스 왕 필리프, 나라바 왕과 영국 왕자, 그리고 루이 9세의 아내와 필리프의 아내도, 루이의 딸이자 나바라 왕비였던 사람도 모두 구조되었다.

이렇게 지위가 높은 사람들은 장거리 여행을 견딜 수 있을 만큼 회복되자마자 각자의 고국으로 떠났지만, 떠나기 전에 왕들은 트라파니 교회에 참배하고 엄숙하게 맹세했다. 4년 뒤인 서기 1274년 7월 22일에 성지 예루살렘의 성묘교회를 이슬람의 손에서 탈환하기 위한 십자군에 참가하겠다고. 하지만 그해 그날이 되었을 때, 이 선서를 지킨 왕은 한 사람도 없었다.

시칠리아로 돌아간 뒤에도 튀니지에서 걸린 전염병에 희생되는 사람은 속출했다. 12월 4일에는 나바라 왕과 왕비가 둘 다 세상을 떠났다. 시칠리아 왕 샤를과 프랑스 왕 필리프는 나바라 왕과 왕비의 유해를 북아프리카에서 갖고 돌아온 루이 9세의 뼈와 역시 이슬람 땅에서 죽은 트리스탄 왕자의 주검과 함께 몬레알레 대성당에 매장하는 장례식에 참석했다. 뼈도 주검도 모두 일부분뿐이다.

프랑스 왕 필리프는 아버지 루이와 동생 트리스탄의 주검과 함께 프랑스로 향했다. 하지만 또다시 바다의 태풍을 맛보고 싶지 않았기 때문에, 돌아갈 때는 이탈리아반도를 북상하는 육로를 택했다. 그 여행길에 임신한 왕비가 말에서 떨어져 죽었다. 필리프는 세 사람의 유해와 함께 귀국해야 했다.

파리에 도착한 뒤, 루이 9세를 위한 국장이 치러졌다. 항아리에 담겨서 온 왕의 심장은 드디어 노트르담에 정착했다.

죽은 지 27년이 지난 1297년, 로마 교황 보니파키우스 8세는 루이

9세를 성인의 반열에 올렸다. 따라서 프랑스 왕 루이 9세는 역사상으로는 '프랑스의 성 루이'라고 불린다.

　로마의 도심에 많이 있는 교회들 가운데 하나는 다른 교회에 비해 찾아오는 관광객이 유난히 많다. 카라바조의 걸작을 보기 위해서지만, 현대의 관광객들 가운데 그 교회가 루이 9세에게 바쳐진 교회라는 사실을 아는 사람이 몇 명이나 될까. 교회 입구로 들어가면 바로 왼쪽에 십자군 갑옷을 입고는 있지만 꿈이라도 꾸는 것처럼 낭만적인 전신상이 서 있다. 그곳이 예배를 보는 교회라는 사실과는 전혀 관계없이 인간의 진실을 화면에 내던진 카라바조를 감상하러 온 사람들 가운데 성 루이를 알아본 사람이 있을까.

　'신이 그것을 바라고 계신다'는 구호 아래 팔레스타인까지 간 십자군 시대는 서기 1291년에 끝났다. 하지만 성전(지하드)을 기치로 내건 해적 행위는 전혀 끝나지 않았다. 북아프리카의 해적 기지를 공격하여 불행한 사람들을 '목욕장'에서 구해내고 '수장'한테서는 해적 행위를 금지하겠다는 서약을 받아내도, 그 약속이 지켜진 적은 없었다.

　또한 십자군의 열광이 식어가는 것과 보조를 맞추듯, 14세기에 접어들면 이탈리아반도도 크게 달라져 있었다. 특히 북이탈리아와 중부 이탈리아에서는 코무네라고 불리는 자치단체가 우후죽순처럼 생겨나게 되었다. 이 '코무네'(comune)의 주인공은 토지에 경제 기반을 두지 않고 자신의 두뇌와 팔다리만 무기로 삼는 도시 생활자들이다. 코무네는 소형 도시국가인데, 그것이 다음 세기를 향해 재편성되어가는 가운데 길었던 중세에 막을 내리는 르네상스 운동이 태어난다. 프리드리히 2세의 팔레르모에서 싹튼 르네상스는 금융업의 메카가 되어가고 있던

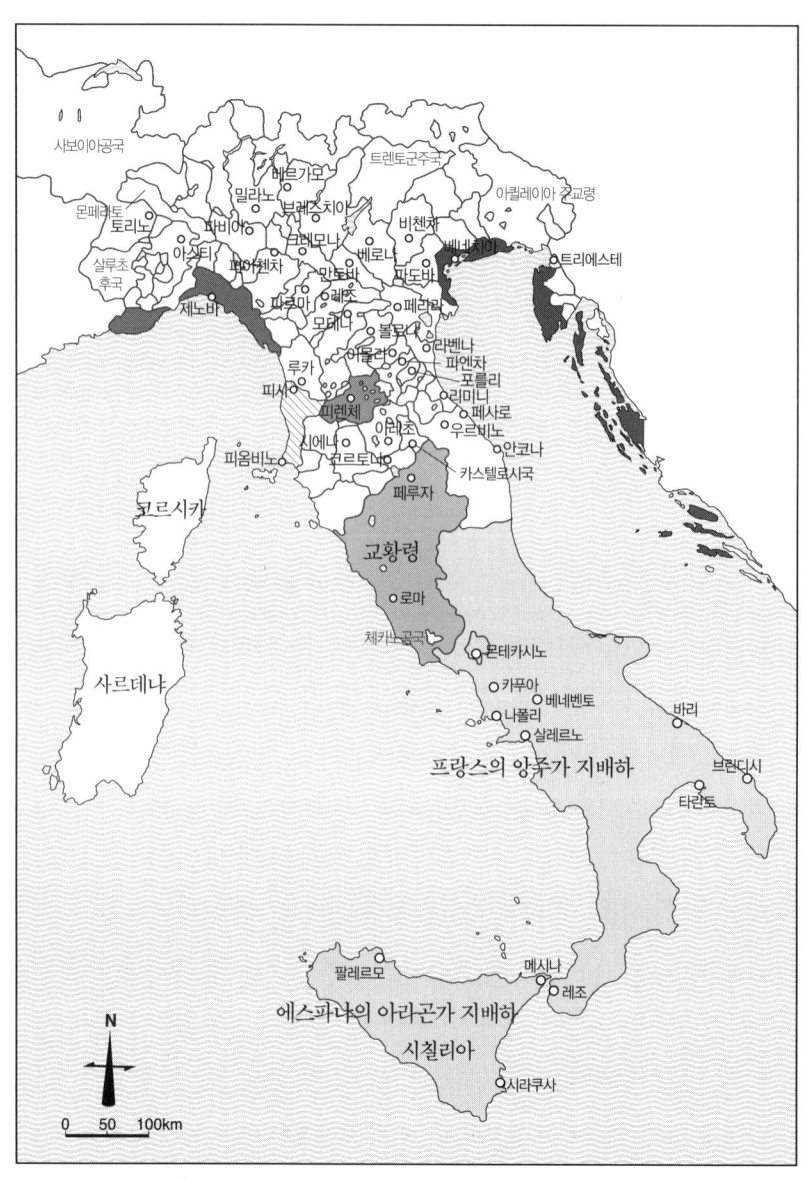

14세기의 이탈리아(코무네 할거 세기)

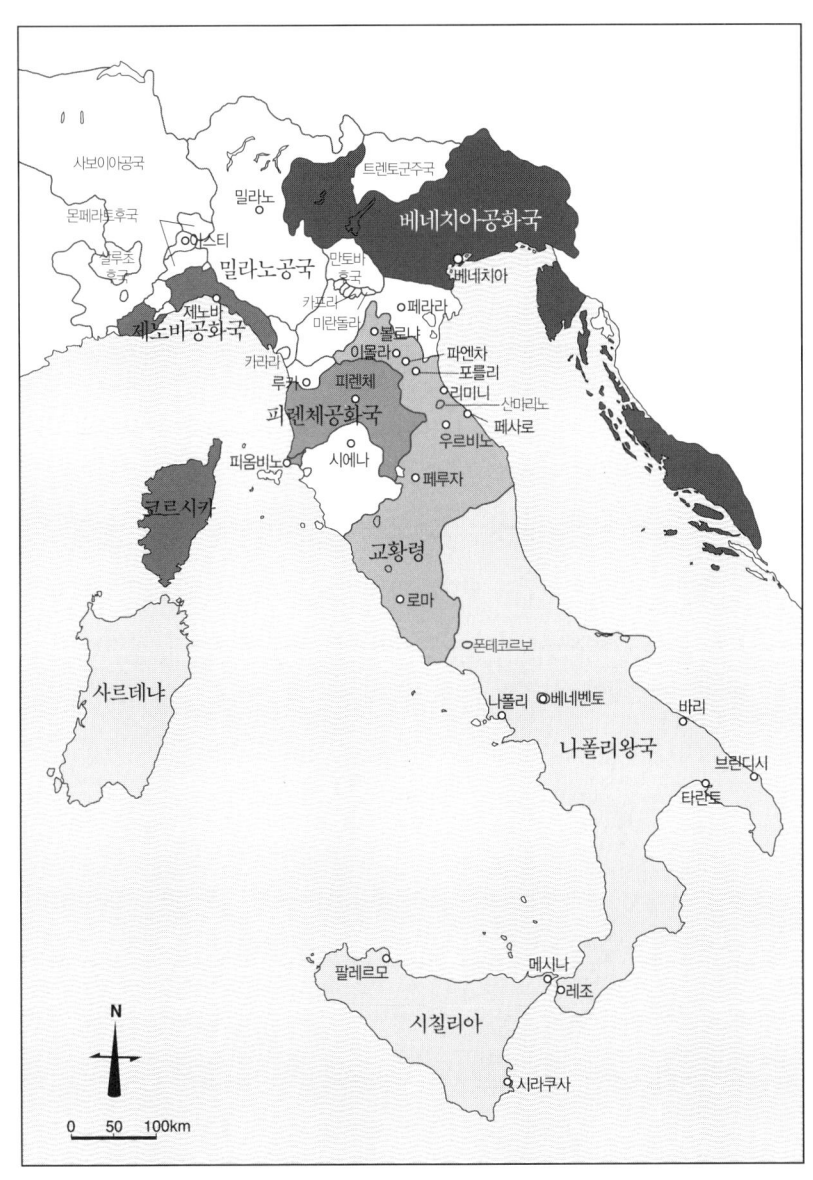

15세기의 이탈리아(도시국가에 합병되어간 세기)

피렌체에서 꽃을 피우게 된다. 황제에서 상인으로 배턴 터치가 이루어진 것이다.

이처럼 이탈리아의 북쪽 절반이 격동하기 시작한 반면, 남이탈리아와 시칠리아는 토지 소유자가 여전히 사회 유력자인 봉건제를 계속 유지하고 있었다. 프랑스계인 앙주 왕가한테도, 에스파냐계인 아라곤 왕가한테도 자기들이 차지하는 자리의 평안을 생각하면 그 제도를 계속 유지하는 편이 좋았기 때문이다. 이탈리아 남부는 코무네와도 도시국가와도 여전히 무관했다.

이탈리아의 네 해양도시국가 가운데 첫 번째였던 아말피도 이런 시대 변화에 희생되어 쇠퇴했다. 경제는 거기에 종사하는 개인의 재량에 좌우되는 경우가 많다. 위험부담이 적은 토지 소유자의 기분으로 남의 명령을 받으면, 위험부담이 있어야만 발휘되는 재능도 쓸 수 없게 된다. 항구도시는 남이탈리아와 시칠리아에도 계속 존재했다. 하지만 적극적으로 해외에 나간다는 의미에서의 해양도시는 아말피 이후로는 나오지 않았다.

이탈리아의 경제인들

이런 분위기 속에서 지중해 북쪽과 남쪽의 대결 방식도 달라진다. 바꿔 말하면 기독교 세계와 북아프리카의 이슬람 세계의 관계가 협정 시대에 접어든 것이다.

그렇다고 해서 북쪽에서 내려오는 배와 남쪽에서 올라가는 배가 지중해에서 사이좋게 교차한 것은 결코 아니다. 북쪽에서 출항하는 것은 상선이고 남쪽 항구에서 나오는 것은 해적선이었기 때문이다. 또한 수비가 약한 곳에 상륙하여 주민을 납치해가는 해적도 옛날이야기가 된 것은 아니었다.

그래도 이탈리아의 해양도시국가들을 선두로 하여 북아프리카의 이슬람교도와 협정을 맺는 나라가 늘어나고 있었다.

맨 먼저 이 노선을 달리기 시작한 것은 피사공화국이다. 12세기 중엽에 벌써 튀니스의 '수장'에게 특사를 파견하여 협정을 맺었다. 12세기라면 십자군 전성기니까, 팔레스타인에 사람과 물자를 수송하는 피사 선박의 장애물을 최대한 줄이고 싶은 것이 본심이었다.

하지만 본심을 드러내면 외교관계는 성립되지 않는다. 그래서 북아프리카 연안 근처에 있는 섬에서의 산호 채취를 이유로 내세웠다. 이 협정으로 '수장'한테 튀니스와 알제 근처에 있는 항구인 부지(오늘날의 이름은 베자이아)에 피사 사람들의 거류지 개설을 인정받았다. 특히 튀니스에는 거류지에 사는 피사 시민을 보호한다는 이유로 영사를 상주시킬 권리도 획득했다. 해적 관계만이 아니라 모든 분야에서의 정보 수집이 영사의 비밀 임무였던 것은 말할 나위도 없다.

13세기에 들어와서 맺어진 이런 종류의 협정에 대해서는 그 이전에 비해 기록이 많이 남아 있다.

서기 1230년, 튀니스의 '수장'과 피사는 이번에는 30년 동안 유효한 협정을 맺었다. 거기에는 다음과 같은 내용이 명기되어 있었다.

앞으로 30년 동안 '수장'은 다음 항목을 엄수할 것을 보증한다.

1) 피사공화국 시민 및 그들이 운반하는 물산의 안전을 보장하고, 육상과 해상에 관계없이 북아프리카 전역에서 교역의 자유를 보장한다.

2) 피사 시민이 그들의 상관(商館)에 숙박하고 그곳을 교역기지로 사용할 권리를 보장한다.

3) 북아프리카에 주재하는 피사 시민을 위한 교회 한 곳과, 불행히도 죽은 경우에 매장할 수 있는 전용 묘지 확보를 보장한다.

4) 피사 시민에게만 수출과 수입의 특권을 부여한다.

피사가 이런 협정을 맺은 것을 안 제노바는 같은 해에 당장 특사를 북아프리카에 파견하여 거의 같은 내용의 협정을 '수장'과 맺었다.

이듬해인 1231년, 전통적으로 이슬람 세계와 우호관계를 유지한 시칠리아의 프리드리히 2세도 15년마다 갱신하도록 되어 있던 협정을 몇 번째로 갱신했다. 이것도 시칠리아인의 안전과 교역의 자유를 인정하는 내용으로 되어 있다. 당시 시칠리아와 북아프리카는 사절이 자주 오가는 관계에 있었고 시칠리아는 교역국가가 아니었기 때문에, 영사나 전용 상관은 협정에 언급되지 않았다. 그리고 기독교 세계의 반역자였던 프리드리히는 교회 따위는 필요없다고 생각했는지도 모른다.

1236년에 제노바는 다시 튀니스의 '수장'과 협정을 갱신했다. 6년 전에 맺은 협정은 아직 유효했지만, 좀더 세부에 걸쳐 자국에 유리하도록 다듬었기 때문이다. 1250년에는 더 많이 다듬은 내용으로 갱신했다.

1251년, 이 시장에도 베네치아공화국이 뚫고 들어왔다. 늦게 출발했어도 무언가를 할 때는 철저한 나라답게, 통령 대리로 파견된 특사는 튀니스의 '수장'한테 다음과 같은 보장을 받아냈다.

1) 베네치아공화국 시민 및 베네치아와 협력관계에 있는 지방 사람

모두의 신변 안전과 행동의 자유를 보장한다.

2) 영사의 계속적인 상주를 보장한다.

3) 베네치아 시민의 전용 상관 설립과 유지를 보장한다.

4) 이런 권리들은 모두 튀니스만이 아니라 북아프리카 전역의 항구도시와 내륙도시에도 적용된다.

이듬해인 1252년에는 피렌체공화국도 이 시장에 뚫고 들어왔다. 지금까지 피렌체 상인들은 피사를 통해 교역했지만, 독자적으로 시장 개척에 나선 것이다. 당시 피렌체 경제는 융성기에 접어들어 있었고, 해외 진출은 그것을 반영하니까 당연한 일이다. 다만 내용은 피사가 맺은 협정과 거의 같다. 그동안 피사도 협정 갱신을 거듭하고 있었던 것은 말할 나위도 없다.

1265년. 오랫동안 이슬람 치하에 있었던 에스파냐에도 기독교 세력의 진격이 시작되었지만, 그 에스파냐의 '아라곤과 마요르카와 발렌시아와 바르셀로나의 왕'이 적극적으로 나서서 튀니스의 '수장'과 협정을 맺었다. 내용은 다음과 같았다.

1) 튀니스항에서 에스파냐 상인의 통상권을 인정한다.

2) 튀니스 '수장'의 지배를 받는 이슬람교도는 기독교의 지배를 받는 에스파냐 지역에 대한 해적 행위를 삼간다.

3) 튀니스에 상관과 교회를 지을 자유를 보장한다.

유쾌한 것은 다음 항목이다.

'만약 튀니스의 선박에 쫓긴 기독교 국가의 배가 아라곤 왕의 영토에 속하는 항구로 도망쳐 들어간 경우에도 아라곤 국민은 그 배에 어떠한 도움도 주지 않을 것을 보장한다.'

요컨대 에스파냐의 선박 이외의 배라면 해적들이 마음대로 약탈해도 좋다는 것이다.

피사도 제노바도 베네치아도 프리드리히의 시칠리아도 이슬람 쪽과 맺은 협정에서 요구한 것은 자국민의 신변 안전과 행동의 자유였다. 다른 나라 시민은 알 바가 아니었다. 그래도 에스파냐의 왕들처럼 노골적이지는 않았다. 그런데 에스파냐의 왕이 '수장'과 맺은 협정은 왠지 이상한 느낌을 주는 것이 적지 않다. 서기 1323년에 갱신된 협정에는 다음 항목이 추가되었다.

'해적에 의한 피해는 양국 모두 3개월 이내에 신고해야 한다. 그 기한이 지나면 보상 의무는 없어진다.

국민이 납치되거나 납치한 해적이 붙잡혔다 해도, 그것은 양국의 우호관계에 아무 지장도 주지 않는다는 점을 명기한다.'

이것은 국민이 납치되어도 양국의 외교와는 무관하다는 뜻일까. 어느 나라의 외무부와 어딘가 비슷한 것 같기도 하다.

어쨌든 십자군이 기독교 쪽의 패배로 끝난 뒤에도, 지중해 세계에서 이 두 문명은 때로는 칼을 맞부딪치고 때로는 손을 맞잡으면서 관계를 유지하고 있었다. 각국과 '수장'의 협정은 15세기 중엽까지는 확실히 갱신을 계속하고 있었기 때문이다.

해적이 왜 근절되지 않았는가에 대해서는 이미 이야기했지만, 기독교 세계의 상인들은 무엇 때문에 북아프리카의 이슬람교도와 교역관계를 지속하고 싶어 했을까.

교역 상품

교역이란 팔 물건이 있을 뿐만 아니라 살 물건도 있기 때문에 성립되는 관계다. 베네치아공화국만 중세의 '경제동물'이었던 것은 아니다. 베네치아만큼 철저하지는 않았지만, 피사도 제노바도 피렌체도 충분히 '경제동물'이었다.

그들이 북아프리카에 판매한 물건은 물론 나라마다 달랐지만, 공통된 것은 다음과 같은 품목이다.

목재──특히 배를 만드는 데 필요한 자재. 중세의 북아프리카는 목재가 늘 부족했을 뿐만 아니라 돛대(마스트)와 노부터 시작하여 미묘한 곡선을 가져야 하는 조선용 건재를 만드는 기술이 없었기 때문에, 이미 완성되어 있는 기성품을 수입하는 것이 북아프리카로서는 합리적이었다.

피륙──이것도 수출품의 대부분을 차지한 것은 범포다. 돛은 튼튼하면서도 가벼워야 한다. 그 조건을 만족시킬 수 있는 것은 이탈리아의 코무네와 도시국가가 제조하는 범포였다.

또한 화려하고 아름다운 고급 직물도 수출하고 있었다. 이슬람 세계의 상류층이 화려하고 아름다운 옷을 좋아한 것은 동시대의 기독교 세계의 상류층과 전혀 다르지 않았다.

갑옷──반월도로 대표되는 무기는 각자의 문화를 반영하기 때문에 북아프리카에서 제조한 것으로 충분했다. 하지만 갑옷은 그것을 입는 사람의 몸을 보호하는 것이 우선이다. 그것도 역시 튼튼하면서 가벼워야 하는데, 그러려면 얇으면서도 강한 강철판을 제조할 수 있는 기술이 필요하다. 이탈리아의 도시국가들은 그 기술을 갖고 있었다. 이탈리아의 도시국가에서 사회를 구성하는 양대 시민계층은 금융과 수공업에 종사하는 사람들이라고 해도 좋을 정도였다.

공예품——페르시아와 비잔티움 문화에서 받은 영향이 두드러지는 이슬람 세계의 동방에서는 놀랄 만큼 수준 높은 세공을 한 공예품을 만드는 기술을 갖고 있었다. 하지만 북아프리카의 이슬람 세계는 중심인 오리엔트에서 보면 변방이다. 또한 북아프리카의 이슬람 세계에 사는 사람들은 페르시아인이 아닌 것은 물론, 세월이 갈수록 아랍인의 수도 줄어들고 있었다. 사막민족으로서 로마 문명권 밖에 있었던 베르베르인과 로마제국 백성이기는 했지만 항상 아웃사이더였던 무어인이 북아프리카 이슬람교도의 태반을 차지하고 있었다. 이들이 도저히 만들 수 없는 이탈리아제 공예품은 그들의 구매욕을 자극했다.

이탈리아인이 본질적으로 갖고 있는 미적 감각에 관해서는 여기서 다루지 않겠다. 하지만 원래 아름답고 유익한 물건도 양이 어느 정도 되지 않으면 교역 상품이 될 수 없다. 이탈리아의 코무네와 도시국가의 주인공이었던 시민들은 기업화와 그 결과인 양산화에서는 지중해 세계만이 아니라 북유럽에서도 누구보다 뛰어났다.

중국인이 발명해놓고도 중국인 자신이 잊고 있었던 나침반은 그 유효성을 알아차린 아랍 상인을 통해 중근동에 전해진다. 바다를 항해하는 것과 사막을 여행하는 것은 비슷했기 때문이다.

하지만 아랍인을 통해 이것을 알고 소형으로 다시 만들어 휴대용 나침반으로 팔기 시작한 것은 아말피의 상인이었다. 휴대용 나침반은 눈 깜짝할 사이에 이탈리아의 각 지방에서 양산되기 시작했는데, 이것을 이탈리아 선원들만 사용한 것이 아니라 아랍인에게도 팔았다니까 감탄할 수밖에 없다.

　종이도 유리도 인쇄술도 베네치아인이 발명한 것은 아니었다. 하지만 베네치아에서 기업화되었다. 구텐베르크가 인쇄술을 발명한 지 20년도 지나기 전에 베네치아인은 출판업에 나선다. 그로부터 30년 뒤에는 베네치아가 유럽 제일의 출판왕국이 되어 있었다.

　로마숫자에 비해 아라비아숫자는 쓸 때 잘못을 저지를 위험이 적다. 그리고 '0'이라는 개념도 있다. 이것을 유럽에 들여온 것은 피사의 교역상인이지만, 이 편리한 숫자는 당장 이탈리아 전역에 퍼졌고 베네치아에서는 아이들한테 이것을 가르치는 학교까지 생겼을 정도였다. 또한 아라비아숫자가 보급되자, 피사에서 피렌체로 가는 길에 있는 프라토라는 도시의 상인이 부기도 발명했다. 그러자 당장 여기에 주목한 베네치아인은 그것을 도입했을 뿐만 아니라 복식부기로 완성시키기까지 했다. 복식부기가 된 뒤 비로소 많은 지역에 퍼져 있는 판매망도 한눈에 파악할 수 있게 되었다. 이것이 경제발전에 이바지한 것은 말할 나위도 없다.

　항해에는 해도를 빼놓을 수 없다는 것은 이제 아무도 의심치 않는 사실이지만, 이것을 발명한 사람도 이탈리아인은 아니다. 하지만 더 정확하고 더 세밀하고 종이 한 장에 더 많은 정보를 담은 해도로 발전시킨 것은 피사의 선원들이었다. 그리고 피사가 경쟁관계인 제노바에 패하여 해양도시국가에서 탈락하자, 이 기술은 베네치아인의 기업화를 거쳐 크고 화려한 꽃을 피우게 된다. 중세 말기에서 르네상스를 거쳐 근세로 접어드는 동안 선원들은 베네치아제 해도가 없으면 바다에 나가지 않는 것이 당연해진다. 전체와 함께 그 일부도 정확하게 파악하려면 지도와 해도가 최상의 수단이었기 때문이다.

만사가 이런 식이어서, 이탈리아에서 북아프리카로 수출하는 품목은 많았다. 그 가운데 몇 가지는 요즘 같으면 완전히 수출금지 품목에 들어가는 것이어서, 당시에도 로마 교황이 이슬람교도를 이롭게 한다는 이유로 수출금지령을 내렸다. 하지만 이 금지령이 자주 내린 것으로 미루어보아, 중세의 '경제동물'들은 교황의 명령에 귀를 기울이지 않았던 모양이다.

그렇다면 그들은 북아프리카의 이슬람교도한테 무엇을 샀을까.

밀과 올리브유, 야생동물의 모피와 대추야자열매였다고 한다. 이것이 당시 북아프리카의 주요 생산품이니까, 팔 것이 그것밖에 없었다는 것은 이해가 간다.

하지만 이래서는 경제를 잘 모르는 비전문가라도 이탈리아 쪽의 수출이 수입을 초과한다고 말할 것이다. 이렇게 무역불균형이 심하면 영사를 두는 의미도 없고 상관을 가질 필요도 없다. 그런데도 영사를 상주시키고 상관을 운영하고 거류지까지 유지한 것을 보면, 이탈리아 교역상인이 원한 것이 따로 있었을 것이다.

확실히 그것은 존재했다. 게다가 두 가지나.

이탈리아의 해양도시국가들은 상당히 일찍부터 '해상법'(海上法)을 갖고 있었다. 이 면에서도 첫 번째 주자는 아말피다. 11세기에 제정된 통칭 '아말피 법전'(Tabula Amalfa)인데, 지금도 내용을 상당 부분 파악할 수 있다.

기록에 남아 있는 두 번째 주자는 노르만 왕조 시대의 시칠리아다. 루제로 2세 시대라고 되어 있으니까, 제정 시기는 12세기 전반이다.

세 번째는 베네치아공화국이다. 제정 연도도 확실해서 서기 1223년이다.

바로 뒤이어 제노바공화국도 해상법을 제정했다. 피사가 같은 종류의 법을 제정한 것은 1233년이었다.

하지만 베네치아나 제노바나 피사가 13세기 전반인 이 시기에 처음 해상법을 제정한 것은 아니다. 이것을 전문적으로 연구하는 사람들에 따르면, 그 전에도 이미 각종 해상법이 존재했지만 13세기 전반에 그것을 정비하고 통합했다는 것이다.

그런데 이 '해상법'은 먼 훗날까지 세계 각국 해상법의 본보기가 된 만큼, 미세한 부분까지 모든 것이 정해져 있다. 가장 완벽한 것은 베네치아공화국의 해상법인데, 선박의 크기에서부터 화물의 품목과 중량, 운송료, 정박료는 물론 배와 항해에 관련된 모든 사항이 명기되어 있기 때문에, 베네치아 역사를 모르는 사람이 읽으면 정부의 규제가 너무 심하지 않나 하고 놀랄 것이다.

선주·선장·상급선원에서 노잡이에 이르기까지의 권리와 의무가 명기되어 있는 것은 물론, 대우나 그밖의 이유로 불만이 있더라도 항해 중에 파업을 하는 것은 직무유기로 간주하여 엄금하지만, 항해가 끝난 뒤 해상재판소에 제소할 권리는 인정되어 있었다. 이것을 전문으로 다루는 사법기관인 해상재판소는 항해 경험이 풍부한 제3자들로 구성되어 있었지만, 이탈리아의 해양도시국가 시민들 가운데 바다 경험이 전혀 없는 사람은 없었다. 지금은 국가의 키를 쥐고 있는 원로원 의원도 젊은 시절에는 상선의 키를 잡은 선원이었다.

이 해상법에서 주목해야 할 점은 선장부터 노잡이에 이르기까지 모든 선원의 신분을 보장한 항목이다. 정해진 급료가 정기적으로 지불되는 것은 물론이지만, 항해 중에 병이 나서 일할 수 없게 되어도 급료는 보장되었고, 항해 중에 죽거나 다친 사람에게도 선주는 정해진 액수의 보상금을 지불할 의무가 있었다. 베네치아공화국의 경우, 갤리선은 상용이라도 국유였고, 상인들은 항해철마다 그것을 임대하여 사용했다. 따라서 선주는 공화국 정부였지만, 그 정부도 보상금을 지불할 의무가 있었다.

이것은 선원이 해상에서 '근무 중'에 해적의 습격을 받아 북아프리카로 끌려가서 '목욕장'에 갇히거나 노예로 팔린 경우, 선주는 국가든 개인이든 몸값을 치르고라도 그 선원을 되찾을 의무를 진다는 것이다. 해상법에는 이렇게 명기되어 있지는 않다. 하지만 당시 정황에서는 거기까지 확대 해석하고 실행하는 편이 합리적이었다.

해상법이 이렇게 정비되면, 당연한 귀결로 해상보험도 정비된다. 선원을 보호하고 싶으면, 그 의무를 지는 선주를 보호할 필요가 있기 때문이다.

그리고 항해 중에 해적선을 만나는 것은 확률 문제이기도 하니까, 더 많은 배를 바다에 내보내는 나라는 해적선과 마주칠 확률도 높아진다. 북아프리카 항구에서 나오는 해적선은 만만찮은 상대에게는 손을 대지 않았기 때문에 호위선단을 거느리고 항해하는 갤리상선단은 안전했지만, 값싼 화물을 싣고 호위선 없이 출항하는 범선은 위험도가 높았다.

영사는 항구에도 '목욕장'에도 노예시장에도 항상 정보수집망을 펴놓고 있었다. 자국 시민이 아니더라도, 베네치아의 경우라면 아드리아해 동안에 사는 슬라브인 노잡이라도 자국 선박의 승무원이 관련된 변고를 알면 영사는 당장 행동을 취한다.

우선 그 지방의 '수장'에게 양국이 맺은 협정에 위반되는 폭거라고 항의한다. 하지만 이탈리아인은 그 대답에 기대를 걸기에는 지나치게 현실주의자였다.

포로를 석방시키는 효과적인 수단 중의 하나는 이쪽에서 사로잡은 포로와 교환하는 것이지만, 해적 국가가 아닌 이탈리아의 해양도시국가에는 교환할 만한 포로가 없다. 그래서 이 수단은 나중에 해적과 같은 수법을 쓰게 되는 몰타 기사단밖에 이용할 수 없었다.

따라서 포로를 석방시키는 방법은 결국 몸값을 치르고 되사는 것뿐이었다. 하지만 사라센 해적은 약자만 습격하고, 자기들보다 강한 자는 습격하지 않는다. 즉 해양도시국가 선원들 가운데 노예가 되는 사람은 별로 없고, 따라서 자국 선원을 되사는 데 드는 비용이 무역불균형을 시정할 정도의 액수는 되지 않았다.

그러면 무엇이 무역불균형을 시정하고 있었는가.

사하라의 황금

순금이나 순금에 가까운 황금으로 만들어지는 금화는 값이 비싸서, 시장에서 평소에 쓰이는 통화는 아니다. 하지만 금화를 발행하는 나라의 경제력에 대한 신용도를 보여주는 척도 구실은 한다.

금이 중요하게 여겨진 것은 은이나 구리에 비해 보존도가 훨씬 우수하기 때문이다. 나도 카르타고와 알렉산드로스 대왕의 금화를 두 닢 갖고 있는데, 2300년 전의 것이라고는 생각할 수 없을 만큼 지금도 찬란하게 빛나는 황금색을 띠고 있다. 2천 년 전에 만들어진 로마 황제들의 아우레우스 금화도 마찬가지여서, 골드러시가 계속되면 금도 품위를 잃지만, 귀중하고 중요하고 내리쏟아지는 햇빛이라는 뜻을 가진 라틴어 아우룸(aurum)이 최고의 권위와 권력의 상징인 것도 납득이 간다. 황금은 골드러시보다 황금시대의 의미로 사용하는 편이 어울린다.

로마 공화정 시대보다 제정 시대에 아우레우스 금화가 보급된 것은 제정으로 이행한 뒤의 로마가 북아프리카를 완전히 제국에 포함시켰기 때문이다. 금은 소량이라면 어디서나 캘 수 있지만, 대량의 금은 낙타 등에 실려 사하라사막을 건너오는 아프리카의 금밖에 없었다.

중세는 그 아프리카산 금이 유럽에 들어오지 않게 된 시대였다. 북아프리카가 이슬람권에 속하게 된 이후 유럽 통화는 모두 은화뿐이다. 샤를마뉴는 유럽을 널리 영유했을 뿐만 아니라 신성로마제국 초대 황제에 즉위하여 '위대한 샤를'이라는 칭호로 불리지만, 그의 이름으로 주조된 통화는 은화였다. 로마교황청에서 발행한 통화도 은화다. 은이라면 유럽에서도 채굴할 수 있었기 때문이다. 이 시대에 신용도가 높은 금화는 이슬람 세계가 발행하는 '디나르' 금화밖에 없다. 우상을 싫어하는 이슬람이 그 금화 표면에 새긴 것은 아랍 문자로 쓴 코란 구절뿐이다.

그 유럽에 13세기를 경계로 금화가 돌아온 것이다.

서기 1251년, 제노바공화국이 '제노비노'라고 불리는 금화를 발행하기 시작한다.

이듬해인 1252년, 피렌체공화국이 그 뒤를 이었다. 피렌체 금화의 이름은 '피오리노'였다.

디나르 금화
지름 23mm, 무게 2.36g
주조기간: 1252~1277년

제노비노 금화
지름 20mm, 무게 3.5g
주조기간: 1252~1339년

두카토 금화
지름 20mm, 무게 3.49g
주조기간: 1280~1289년

그리고 1284년에 베네치아공화국도 '두카토'라는 이름의 금화를 발행하기 시작한다. 베네치아가 왜 늦었는지를 알고 싶은 분은 『바다의 도시 이야기』를 읽어볼 수밖에 없지만, 이들 세 나라의 금화는 무게가 모두 3.5그램이었다.

'디나르' 금화도 무게가 비슷했으니까, 이것은 완전히 이슬람 금화에 대한 도전이다. 그 증거로 '피오리노'는 18금이었던 반면 베네치아의 '두카토'는 순도가 0.997인 24금이었다. 이 무게와 순도는 나폴레옹이 베네치아공화국을 멸망시킨 1797년까지 계속 유지되었다.

이 양질의 '두카토' 금화는 지중해 세계의 국제 통화가 되고, 유럽에서도 금화라면 이 '두카토'를 가리키게 되었다. 내가 가지고 있는 금화는 카이로의 바자르에서 산 것인데, 금화 테두리 근처에 작은 구멍이 뚫려 있다. 순금과 마찬가지인 이상, 이슬람 세계 사람들도 자산을 보존하기 위해 계속 지니고 있었던 것이다. 금화마다 조그맣게 뚫린 구멍에 실을 꿰어 서로 연결하면서.

베네치아의 '두카토'에는 주조 당시의 공화국 통령의 이름이 새겨져 있다. 내가 가지고 있는 두카토에 새겨진 이름은 로도비코 마닌이다.

공화국의 마지막 통령이다. 베네치아공화국이 멸망한 뒤에도 오리엔트 사람들은 베네치아 금화를 계속 간직했다고 한다.

기독교 세계에서 금화는 13세기 이전에도 주조되었다. 아말피가 이미 '타리'라는 이름의 금화를 발행했고, 노르만 왕조 치하의 시칠리아에서도 같은 이름의 금화가 발행되었다. 하지만 무게가 1그램을 조금 넘었던 것으로 보아, 이슬람 세계에서 가장 많이 쓰이고 있었던 '4분의 1 디나르'와 견줄 작정이었는지도 모른다.

또한 프리드리히 2세가 '아우구스탈레'라는 이름의 유명한 금화를 발행하는데, 이름부터 로마제국을 의식한 것이 분명한 이 금화는 무게가 5그램을 넘는 것으로 보아 경제보다는 정치적 의도로 만들어진 것이다.

신용도가 높고 항상성도 갖추고 있어서 경제 진흥과 밀접한 관계를 갖는 금화는 역시 경제 입국이라는 공통점을 가진 이탈리아 도시국가들이 발행하기를 기다릴 수밖에 없었다. 그리고 금화 발행은 '사하라의 황금' 수입이 보장된 뒤에야 비로소 가능해졌다.

묘지에서 발굴한 인골을 조사해보면 중세 전기에는 이탈리아 사람들의 체격이 갑자기 왜소해졌다가 중세 후기에 접어든 뒤에 고대 로마 시대의 수준으로 돌아간다. 그것이 금화가 돌아온 시대와 겹치는 것 같아서 여러 가지를 생각하게 한다.

명저 『펠리페 2세 시대의 지중해 세계』의 저자인 페르낭 브로델도 다음과 같이 말하고 있다.

"통화란 그것만으로 고립하여 존재하는 사료가 아니라, 경제와 사회의 여러 사실이나 현상과 결부되어 있는 사료다. 따라서 통화는 역사를 알고 이해하는 데 가장 적합한 지표이기도 하다."

이탈리아의 도시국가와 북아프리카의 이슬람 사회의 무역불균형을 시정한 것은 사하라의 금이었다. 그래서 이탈리아의 도시국가들은 모두 북아프리카에 영사를 상주시키고, 상관을 설치하고, '수장'들과 맺은 협정을 계속 갱신한 것이다.

하지만 이것은 이탈리아반도 북부와 중부에 사는 사람들만 관련된 역사적 현상이었다. 이와 같은 시대, 이탈리아 남부에 살면서 북아프리카와의 교역에 관여하지 않는 사람들도 있었다. 해상법으로도 보호받지 못하고, 해상보험 대상도 안 되고, 선원들 사이에 옛날부터 존재한 상호부조를 목적으로 하는 '조합'에도 관계하지 않은 사람들이었다.

'팍스 로마나'는 로마에 의한 평화였고, 현대식으로 말하면 '로마제국의 주도로 이루어진 국제 질서'다.

하지만 평화와 안전을 의미하는 이 '팍스'는 타국의 군대로부터 자국민을 보호하는 것만으로는 성립되지 않는다고 로마인은 생각했다. 도적·산적·해적 같은 인간 사회의 적으로부터도 충분히 보호해주지 않으면 사회의 평화도 개인의 안전도 달성할 수 없다고 그들은 생각하고 있었다.

그 '팍스 로마나'란 무엇이었는가를 단적으로 보여주는 일화로 '팍스 로마나'라는 제목을 붙인 『로마인 이야기』 제6권의 마지막 부분을 인용하고자 한다.

〈죽기 조금 전에 아우구스투스가 나폴리만을 유람할 때 잠시 들른 포추올리에서 이런 사건이 있었다.

이집트의 알렉산드리아에서 방금 도착한 상선의 승객과 선원들이 가까이에 닻을 내리고 있는 배 위에서 쉬고 있는 늙은 황제를 알아보았다. 선상에서 사람들은 마치 합창이라도 하듯 입을 모아 황제에게 외쳤다.

"당신 덕택입니다. 우리의 생활이 이루어지는 것도.

당신 덕택입니다. 우리가 안전하게 여행할 수 있는 것도.

당신 덕택입니다. 우리가 자유롭고 평화롭게 살아갈 수 있는 것도."

이 예기치 않았던 찬사는 늙은 아우구스투스를 진심으로 행복하게 해주었다. 그는 그 사람들에게 1인당 금화 40닢을 주라고 지시했다. 다만 그 금화의 사용처에 조건을 달았다. 그 돈으로 이집트 물산을 구입하여 다른 곳에 팔라는 거였다. 늙어서도 아우구스투스는 여전히 현실적인 남자였다. 물산이 자유롭게 유통되어야만 제국 전체의 경제력도 향상되고 생활수준도 높아진다. 그리고 그것을 가능케 하는 것이 바로 '팍스'(평화)였다.〉

제3장
두 개의 국경 없는 단체

중세 지중해 세계를 오랫동안 횡행한 해적을 조사하다가 한 가지 깨달은 것이 있다. 납치된 사람들 가운데 지위가 높은 사람이나 부유한 사람은 전혀 없다고 해도 좋을 정도라는 것이다.

이유는 간단하다. 그런 사람들은 항상 많은 경호원에 둘러싸여 행동했기 때문일 것이다. 그리고 중세 중엽 이후에는 지위가 높지도 않고 부자가 아닌 사람도 해양도시국가의 시민이면 납치를 당해도 곧 석방되리라고 기대할 수 있었다.

이처럼 세월이 갈수록 해적의 표적은 계속 줄어들었지만, 북아프리카의 이슬람 세계에서는 해적업이 이미 사회의 일부가 되어버렸다. 바꿔 말하면 해적질을 하지 않고는 먹고살 수 없으니까 폐업할 수도 없다. 따라서 문제는 어디를, 누구를 표적으로 삼을 것인가에 있었다.

해적들이 어디를 습격하여 누구를 납치할 것인가를 결정한 이유도 간단하다.

수비가 허술한 지방을 습격하고, 납치해도 사건이 되지 않는 사람들을 납치했기 때문이다.

중요인물을 끌고 가려고 하면 당장 사건이 되니까, 그 지방의 통치자도 해적 퇴치에 나설 수밖에 없다. 이렇게 되면 '강하게 나오는 자는 피하는' 것을 장기로 삼는 해적들은 활동무대가 점점 좁아지게 된다. 따라서 표적은 일반 시민으로 국한되었다.

그러면 어디를 표적으로 삼느냐인데, 지중해 연안지방이 우선 표적이 되는 것은 당연하지만, 연안지방이라면 어디라도 좋은 것은 아니다. 기독교도가 사는 곳이고 바다에서 닿을 수 있으면 어디라도 좋았던 시대는 이제 옛이야기가 되어가고 있었다.

따라서 연안지방에서도 아직 봉건제도가 뿌리 깊게 남아 있는 전제

군주의 영토에 해적들의 눈길이 집중하게 된다. 왜냐하면 계몽주의적인 전제군주는 일반 서민의 안전에도 신경을 쓰지만, 그렇지 않은 영주들에게 농민이나 어민은 자기가 소유하고 있는 말이나 소보다도 못한 존재였기 때문이다. 이 사람들이 납치되어 북아프리카에서 노예가 되어도, 해운국이 아닌 나라의 지배자에게는 그것이 무리하게 함대를 편성해서 힘으로 되찾으러 갈 이유는 되지 않았다.

그리고 이탈리아의 해양도시국가들은 서민이라도 제 나라 국민이거나 자국에 협력하는 사람이라면 석방시키려고 애쓰지만, 이렇게 적극적으로 움직이는 것은 어디까지나 자국 관계자로 한정되어 있었다. 영사에게는 다른 나라와 관련된 정보도 들어왔지만, 특별히 요청하지 않으면 다른 나라 사람을 석방시키려고 애쓰지는 않는다. 그래도 로마교황청에는 각국의 정보가 전달되고 있었던 모양이다. 아무리 '경제동물'이라도 기독교도였기 때문이다.

어쨌든 지위도 없고 몸값도 치를 수 없는 일반 서민의 참상은 전혀 개선되지 않았다.

빼앗을 가치가 있는 금품을 소유하고 있지 않아도 간신히 수확을 끝낸 곡식을 눈앞에서 빼앗긴다. 물건만 빼앗긴다면 그래도 낫지만, 사람까지 빼앗긴다. 마치 수확을 기다리고 있었던 것처럼 밭의 수확이 끝나면 빼앗아가고, 노동하기에 적합한 나이가 되자마자 남자도 여자도 끌려간다. 기독교 세력이 조금씩 남하하고 있던 에스파냐 동해안, 봉건제도가 남아 있던 남프랑스, 그리고 에스파냐계인 아라곤 왕조가 지배하는 남이탈리아와 시칠리아에서는 이것이 일반 서민의 실정이었다. 또한 코르시카와 사르데냐도 같은 상황에 있었다. 이 두 섬의 영유권을 놓고 싸운 것은 제노바와 피사인데, 이들 두 나라는 해양도시국가여서 넓은 섬의 전역을 지킬 만한 군사력까지는 갖고 있지 않았기 때문이다.

이런 상황에서, 납치되어 북아프리카에서 노예 신세가 된 기독교도의 구출을 목표로 내건 두 단체가 결성된다.

하나는 서기 1197년에 설립된 수도사 조직이니까 성직자 단체다.

또 하나는 서기 1218년에 설립된 단체인데, 기사들로 구성되었으니까 세속인 단체라고 말할 수 있다.

둘 다 국경을 초월한 조직이라는 공통점을 갖고 있다. 그리고 역대 로마 교황은 이들 두 단체의 주재자는 아니지만 후원자라고 불러도 좋은 입장에 있었다.

지금부터 이 두 단체의 활동을 기술하겠지만, 그 전에 한 가지를 마음에 새겨달라고 부탁하고 싶다. 그것은 두 단체가 설립된 시기다.

서기 1197년이라면, '사자왕' 리처드와 살라딘이 호적수로 맞붙어 십자군의 꽃이라고 불리는 제3차 십자군과 같은 시기다. 그리고 서기 1218년은 베네치아가 주역을 맡은 제4차 십자군과 프리드리히 2세가 피 한 방울 흘리지 않고 성지 순례권을 쟁취한 제5차 십자군의 중간에 해당하는 시기다.

요컨대 군사력에 의지하지 않는 구출 활동을 벌인 이 두 단체의 설립은 십자군과 같은 시대의 산물이라는 이야기가 된다.

십자군 운동의 주인공은 수도사와 기사들이었다. 수도사들은 십자가 새겨진 깃발을 휘둘렀고 기사들은 칼을 휘둘렀지만, 수도사도 기사도 분명한 형태로 참전했다. '신이 그것을 바라고 계신다'는 구호 아래. 신이 바라고 계시는 '그것'은 이들에게는 '성지 탈환'이었다.

하지만 이와 같은 시대에 신이 바라는 '그것'은 성지를 탈환하는 것만이 아니라 이슬람 땅에 끌려가서 시달리고 있는 기독교도, 권력이나 부를 갖지 않아서 석방을 기대할 수도 없는 불행한 기독교도를 구출하는 것이기도 하다고 생각하고, 그것을 집요하게 실행한 사람들이 있었다.

그들도 십자군에 참가했다면 유럽의 공식 역사에 이름도 남고, 귀국하면 사람들의 존경과 칭찬을 받고, 십자군을 노래하여 당시 프랑스에서 유행한 많은 샹송의 주인공도 되었을 것이다. 그런데 이 모든 것을 버리고, 군사력의 후원도 받지 못한 채 적—당시에는 이교도가 적이었기 때문에—이 있는 위험한 곳에 계속 드나드는 사람들이 있었다.

지금부터 기술하는 것은 이 남자들과 그들 덕분에 자유로워질 수 있었던 사람들의 이야기다.

'구출수도회'

정식 명칭은 'Ordo Santissima Trinitatis de Redemptione Captivorum'(노예 구제를 목적으로 설립된 신성한 삼위일체 수도회)이라고 한다.

창립 회원은 프랑스 프로방스 출신인 장 드 마타, 프랑스 왕가의 일원이었던 펠릭스 발루아, 잉글랜드 출신으로 발루아의 제자인 존 등 세 명의 수도사였다.

이 시대의 유럽은 십자군에 열광하고 있었을 뿐 아니라 각지가 다투어 웅장하고 화려한 고딕 양식의 대성당을 지은 시대이기도 해서, 종교심은 부족하지 않았다. 하지만 성지 탈환을 다룬 부분에서도 말했듯이 훌륭한 성당을 짓는 데에는 돈을 아끼지 않아도, 불쌍한 기독교도를 구제하는 데에는 인색했다. 그래서 이들 세 수도사의 수도회도 설립된 뒤 당장 행동을 시작할 수는 없었다.

자금이 마련된 것은 당시의 로마 교황인 인노켄티우스 3세가 나서주었기 때문이다. 교황은 이 수도회를 기독교회의 공식 조직으로 인정했을 뿐만 아니라, 앞으로도 수도회 활동이 계속될 수 있도록 항구적인 재원까지 마련해주었다.

교황은 로마의 일곱 언덕 가운데 하나인 첼리오 언덕 일부를 이 수도회의 본부로 제공했다. 또한 로마를 둘러싸고 있는 성벽에 뚫린 11개의 성문 가운데 네 개에서 들어오는 관세가 수도회에 그대로 들어가도록 했다. 중세에는 어느 도시에서나 시내로 들어오는 물산에는 관세가 매겨졌다. 로마에서는 그 관세가 교황청에 납입되었지만, 그 액수의 11분의 4가 이 '구출수도회'에 필요한 활동자금의 기반이 되었다. 그 덕분에 설립된 지 2년 뒤, 이런 종류의 단체치고는 이례적일 만큼 빨리 활동을 개시할 수 있었다.

교황 인노켄티우스 3세는 역사 교과서에는 로마 교황의 권위와 권력을 최고도로 발휘한 사람이라고 기록되어 있을 뿐이지만, 꽤 흥미로운 인물이다. 로마에서 태어나 자랐고, 성년이 된 뒤에도 유럽의 명문 대학에서 공부한 당대 최고의 지식인이었지만, 시대의 동향에 민감한 감각의 소유자이기도 했다.

세 살 때 고아가 된 프리드리히 2세를 후원자로서 키워준 사람이 바로 이 교황이다. 이 프리드리히가 나중에 기독교 세계의 반역자가 되리라고는 예상치도 못했겠지만.

또한 성 프란체스코가 설립한 프란체스코 수도회를 일찍 공인한 것도 이 사람이었다. 청빈과 사랑을 좌우명으로 내건 프란체스코 수도회의 회칙은 당시 기독교 사회에서는 대단히 혁명적이었기 때문에, 만약 교황까지 비난의 합창에 동조했다면 프란체스코와 그 동지들은 이단의 오명을 뒤집어쓰고 화형당했을지도 모른다. 교황의 공인은 모두 젊은 수도사였던 프란체스코파에는 다른 무엇보다도 큰 도움이 되었다.

하지만 교황 인노켄티우스 3세는 물의를 빚은 제4차 십자군도 공인했고, 뿐만 아니라 알비주아파(프랑스 남부 알비 지방을 중심으로 하여 11~12세기에 퍼진 기독교의 한 종파 - 옮긴이)를 이단으로 단정하고 기독교도가 기독교도를 공격하는 십자군까지 강행했다. 이런 사정 때문에 역사 교과서에 그렇게 기술되었을 거라고 생각하지만, 마타와 그 동지들의 '수도회'를 현실적인 관점에서 후원한 것도 이 교황이었다.

'구출수도회'의 창립 멤버인 프랑스의 마타와 영국의 존은 그들이 죽은 해로 미루어보아 설립 당시의 나이는 서른 살 안팎이 아니었을까 생각한다. 이들 두 사람도 성 프란체스코와 마찬가지로 가톨릭교회의 새로운 물결 가운데 하나였다.

이들은 서기 1199년에 처음으로 구출행에 나서지만, 나이가 많은 발루아는 본부에 남게 되었기 때문에 치비타베키아에서 출항한 것은 마타와 존 두 사람이다. 목적지는 모로코로 결정되었다. 그 지방의 '목욕장'에는 프랑스인이 많이 수용되어 있다는 정보가 들어와 있었기 때문이다.

떠나는 두 사람에게 교황은 무어인을 몇 명 데려가라고 말했다. 해적질을 하다가 포로가 되어 교황청 감옥에 갇혀 있던 이슬람교도를 데려가서 노예와 교환하라는 것이다. 하지만 '구출수도회'의 기록에는 그 수가 기록되어 있지 않고, 수도사들은 노예들을 되살 자금을 가지고 출발했기 때문에 무어인의 수는 교환에 별로 도움이 되지 않을 정도였을 것이다.

그밖에 교황은 두 수도사에게 편지를 맡겼다. 모로코의 술탄인 알만수르를 만나면 전해달라면서 맡긴 그 편지는 교황이 술탄에게 기독교로 개종하라고 권하는 내용이었다.

마타는 또 한 통의 문서도 품에 지니고 있었는데, 에스파냐의 아라곤 왕이 모로코 술탄에게 보낸 그 문서는 두 수도사가 모로코를 통행할 때 안전을 보장하라고 요구하는 내용이었다. 요컨대 안전통행증이고, 요즘으로 치면 패스포트다. 두 수도사는 생각할 수 있는 모든 '보증'을 갖고 출발한 셈이다.

마타와 존은 전세낸 배를 타고 교황령의 주요 항구인 치비타베키아를 떠난다. 그런데 선장을 비롯한 선원들도 모두 항해 경험이 풍부한 베테랑이었지만, 모로코의 지중해 연안지방을 화살처럼 통과하고 지브롤터해협까지 통과하여 모로코의 대서양 연안에 도착해버렸다. 그래도 해안에 상륙하여 마라케시에 도착할 때까지는 문제가 없었다. 그리고 마라케시에서 그 지방을 다스리고 있는 술탄의 아들을 만나, 그들의 여행 목적을 알리고 협력을 요청한 뒤 교황의 친서를 건네주었다.

술탄의 젊은 아들은 교황 인노켄티우스 3세의 친서를 읽고 웃음을 터뜨렸다.

북아프리카의 이슬람 세계에서는 기독교 성직자를 그리스어로 '파파스'라고 불렀다. 따라서 '파파스'들의 우두머리인 로마 교황은 '대파파스'다. 그런데 인노켄티우스 3세의 명성은 모로코에도 전해져 있었는지, 술탄의 아들도 술탄에게 개종을 권유하는 교황의 외교적 결례는 문제 삼지 않기로 한 모양이다. 술탄의 아들은 '대파파스'의 또 다른 요구에 따라 '라키크'(raqiq)를 되사는 데 편의를 보아주라고 부하에게 명령했다.

'라키크'란 북아프리카의 이슬람 세계에서 기독교도 노예를 가리키는 호칭이었다.

그렇기는 하지만, 어쨌든 첫 번째다. 말도 잘 통하지 않는다. 또한 교섭에 관한 사고방식도, 교섭을 진행하는 방식도 기독교 세계와는 달랐다. 게다가 마라케시만이 아니라 내륙지역까지 돌아다니며 기독교도 노예를 찾아내야 하는 고생도 겹친다. 그리고 되사서 데려갈 노예를 선정할 때, 이번에는 우선 프랑스인일 것, 오랫동안 노예생활을 강요당한 사람일 것, 병든 사람일 것을 조건으로 정했다.

어쨌든 마타와 존은 이런 수많은 어려움을 이겨내고 노예 186명을 되사는 데 성공했다. 그 수가 186명이 된 이유는 가져간 자금으로는 그 정도밖에 되살 수 없었기 때문이다.

누더기를 걸치고 비쩍 말라서 배에 올라타기도 힘겨운 상태인 186명을 태우고 모로코를 출발한 배는 마르세유로 향했다. 그런데 바람에 떠밀려 에스파냐 서해안에 도착해버렸다. 게다가 카스티야 왕과 전쟁을 벌이고 있는 무어인의 손에 들어가고 말았다.

'라키크'에서 해방된 사람들을 또다시 '라키크'로 만들어버리면 어쩌나 하고 마타는 필사적이었다. 자신들은 모로코 술탄의 허가를 얻어

벗겨진 수갑을 들고 있는
수도사 마타의 상

자유인이 된 사람들을 데리고 돌아가는 길이라고 필사적으로 무어군 대장을 설득했다. 무어인은 '파파스'의 설득 따위는 알 바가 아니었지만, 술탄에게는 민감했다. 술탄 만수르는 유명한 무장이어서 모로코 밖에서도 잘 알려져 있었다.

그리하여 두 수도사와 186명은 다시 배를 탈 수 있었고, 이번에는 순풍을 만나 며칠 뒤 마르세유에 도착했다. 186명은 이제 아무것도 두려워할 게 없는 땅에 돌아온 것이다.

여기서 수도사 장 드 마타는 보기 드문 조직자라는 것도 보여주었다. 불쌍한 사람들의 귀환을 최대한으로 활용한 것이다.

군중으로 가득 메워진 항구 정면에 닻을 내린 배에서 유령 같은 해방노예들이 한 사람씩 내려왔다. 쇠약하고 초췌하고 머리도 수염도 제멋대로 자라고 손목과 발목에는 쇠사슬 자국이 붉게 남아 있다. 10년 넘게 노예로 혹사당한 남자들이었다.

항구에 모인 군중은 처음 얼마 동안은 아무 소리도 내지 않았다. 마르세유를 중심으로 한 남프랑스에 사는 사람들 가운데 사라센 해적에게 납치된 육친이 없는 사람은 하나도 없었다. 군중 가운데 몇 명이 해방노예들의 대열로 다가가서 이런 이름의 남자를 '목욕장'에서 보지 못했느냐, 이런 남자의 소식을 듣지 못했느냐고 물었다. 그러는 동안 마르세유의 모든 교회에서 종이 울리기 시작했다. 그제서야 비로소 항구를 가득 메운 군중이 환호성을 질렀다.

해방노예 186명은 마타와 존의 인도를 받으며 마르세유 대성당으로 가서 신에게 감사를 드렸다.

해방노예들은 한시라도 빨리 고향에 돌아가 육친과 포옹하고 싶었겠지만, 아직 중요한 행사가 기다리고 있었다. 파리까지 끌려간 그들은 프랑스 왕에게도 환영을 받은 뒤에야 겨우 집으로 돌아갈 수 있었다.

하지만 수도 파리의 거리를 가득 메운 환영 인파가 가져온 효과는 역시 컸다. 해방노예 186명은 납치되었을 때는 '사건'이 되지 않았지만, 귀환한 뒤에 비로소 '사건'이 되었다. '기독교도 구출수도회'에 기부금과 자원봉사 지원자가 밀려든 것도 당연했다.

두 번째 구출행은 5년 뒤인 1204년에 이루어진다. 이 5년은 자금을 모으기 위해서가 아니라 구출을 효율적으로 진행하기 위해 정보를 수집하고 조직을 정비하는 데 걸린 시간이었다.

이탈리아의 해양도시국가인 피사와 제노바와 베네치아는 그 후로도 오랫동안 이 조직의 은밀한 협력자가 되었다. 왜 '은밀'하게 협력했는가 하면, 이 나라들은 북아프리카와 순조로운 통상관계를 유지하기 위해 '수장'과 협정을 맺고 영사를 상주시키고 상관을 운영하고 있어서, 거기에 장애가 될 일은 할 수 없었기 때문이다.

이들 이탈리아인은 당시 유럽의 어느 나라보다도 북아프리카에 관한 정보를 많이 갖고 있었다. 그래서 구출활동을 하는 수도사들에게 그 정보를 제공해도, 겉으로 드러내지 않고 은밀하게 했다. 따라서 '목욕장'에 수도사들을 데려가지도 않고, 수도사들과 노예 관리인 사이에 이루어지는 노예 매매 교섭에도 입회하지 않는다. 그런 일은 이슬람 세계에서는 제삼자의 입장에 있는 유대인에게 맡겼다. 기독교도가 이슬람교도한테 기독교도를 사는 일을 유대교도가 중개한 것이다.

두 번째 구출행의 목적지는 튀니스로 결정되었다. 이번에는 이탈리아인을 구출하는 것이 목적이었다.

마타와 스코틀랜드 사람인 윌리엄 수도사가 치비타베키아항을 떠난 것은 봄이었기 때문에, 남쪽으로 내려가기만 하는 항해는 늦봄의 북풍을 타고 순조롭게 이루어졌다. 이번에는 교황의 친서를 지참하지 않았지만, 인노켄티우스는 머리가 좋으니까 친서를 보내봤자 효과가 없다는 것을 알았을 것이다. 그리고 앞으로는 북아프리카의 주요 항구도시에 어김없이 주재하고 있는 이탈리아인 영사나 상인을 의지할 수 있었다.

또한 이 시기의 튀니스는 모로코 술탄의 세력권에 속해 있었다. 그가 구출에 동의해주었으니까 튀니스에서도 일이 쉽게 끝날 거라고 생각했다.

확실히 튀니스 '수장'의 허가를 얻는 일은 간단했다. 하지만 모로코에서는 모로코 술탄의 'OK'와 함께 수도사들이 노예를 되사는 데 돈을 아끼지 않는다는 정보도 들어와 있었다.

그 덕분에 200명 이상은 충분히 되살 수 있는 자금을 가져갔는데도 110명밖에 데리고 돌아오지 못했다. '수장'을 비롯하여 튀니스의 '목욕장' 관계자들이 노예의 몸값을 턱없이 올렸기 때문이다.

그래도 두 수도사는 빈손으로 돌아갈 생각은 하지 않았다. 110명이라도 데려가기로 한 것이다. 하지만 그 110명을 고르기 위해 '목욕장'에 간 두 사람 앞에 펼쳐진 광경은 여기가 지옥인가 싶을 만큼 비참했다.

무너진 벽에 몸을 기대고 있다기보다 버려진 듯한 느낌으로 웅크리고 있는 것은 이제 늙어서 일을 시킬 수도 없는 사람이거나 갤리선 노잡이로 일하다가 사고로 팔다리를 잃은 사람, 그리고 오랫동안 혹사당한 끝에 시력을 잃고 장님이 되어버린 사람뿐이었다. 이번에 처음 구출행에 나선 젊은 스코틀랜드인 수도사는 눈앞에 펼쳐진 참상에 놀라 힘없이 털썩 주저앉고 말았을 정도였다.

그렇게까지 되기 전에 왜 이슬람교로 개종하지 않았을까. 어지간히 광신적인 기독교 신자가 아니라면 누구나 그런 의문이 들 것이다. 이슬람교는 이슬람교도를 노예로 삼는 것을 금지하고 있었기 때문이다. 이슬람교로 개종만 하면 노예가 되지 않을 수 있었을 것이다. 그리고 이슬람교도의 사명은 '이슬람의 집'을 확대하는 데 있으니까, 기독교도의 개종이 늘어나면 그들에게도 자기네 '집'이 확대되는 것 아닌가.

대답은 간단하다. 이 사람들에게는 이슬람 쪽도 개종을 강요하기는 커녕 권하지도 않았기 때문이다.

그들이 개종을 강요한 것은 이베리아반도에서 진행되고 있는 기독교 세력과의 전쟁에 내보낼 병사로 쓰려고 한 자들뿐이었다. '이슬람의 집'을 확대하는 최전선에 설 '이슬람의 전사'는 이슬람교도가 아니면 안 되었다.

또한 갤리선 노잡이로 일하다가 두각을 나타내어 선장이나 선원장으로 발탁된 자도 개종을 강요당했다. 이슬람교도에게 명령을 내리는 자는 같은 이슬람교도가 아니면 안 되었기 때문이다.

이들 외의 기독교도는 계속 기독교도로 남아 있는 편이 그들에게는 편리했다. 노예는 '목욕장' 관리인에게 얼마 안 되는 사역료만 지불하면 되기 때문에, 이슬람교도를 부리는 것보다 훨씬 싸게 먹히는 노동력이었다.

납치된 기독교도라도 여자는 거의 모두 이슬람교로 개종시켰다. 해적은 젊은 여자만 납치했는데, 이슬람교는 이슬람교도가 아닌 사람과 성관계를 갖는 것을 금지했기 때문이다. 정식 결혼을 하든 말든 관계없이, 실제로는 가정에서 노예로 일해도 기독교를 버리고 이슬람교도가 되는 것이 그 여자들의 운명이었다. '라키크'(기독교도 노예)들의 강제수용소였던 '목욕장'에 여자 수용자가 거의 없었던 이유는 바로 이것이었다.

하지만 아무리 가혹한 운명에서도 그리스도에 대한 신앙을 지킨 사람들도 있었다는 것은 역시 명기해둘 필요가 있다. 중세 서민들에게 기독교회의 영향력이라기보다 정신적 구속력은 그 후 르네상스나 계몽주의를 거쳐온 우리로서는 상상할 수도 없을 만큼 강했다.

또한 일신교에서는 개종하는 것 자체가 그렇게 간단치 않았다. 이슬람교도가 기독교로 개종하면 이슬람 세계에서도 배신자로 여겨졌지만, 기독교 세계에서는 배신자로 여겨지는 것만으로 끝나지 않았다.

서기 1232년에 로마교황청에 종교재판소가 설립된다. 이것은 신자의 신앙이 옳은지 그른지를 판가름하는 곳이었고, 이교도는 대상으로 삼지 않는다. 대상이 되는 것은 어디까지나 기독교도였고, 이슬람교나 유대교에서 기독교로 개종한 사람도 포함된다. 따라서 이것이 나중에 에스파냐와 북유럽에서 불을 뿜게 된 이단재판과 마녀재판의 방향으로 나아가는 것은 숙명이었다.

이 시대, 이슬람교로 개종한 기독교도가 기독교로 돌아갈 길은 사실상 막혀 있었다. 기독교로 돌아가도 진심인지를 의심받고, 의심받는 것은 곧 이단으로 간주되는 것과 마찬가지였기 때문이다.

다신교 세계였던 고대와 일신교 세계인 중세의 차이는 개종의 어려움에도 나타난다. 그리고 '목욕장'에 수용되어 있었던 사람들은 한 줄기 빛밖에 없어도 구출될 때를 꿈꾸며 살고 있었다. 이슬람교로 개종하는 지혜가 없었다고 해서 그들을 탓할 수는 없었다.

수도복 차림의 두 사람에게 여윈 손을 내밀며 고향에서 죽게 해달라고 애원하는 가련한 사람들 중에서 110명을 골라내는 것은 그보다 더한 신의 시련은 없다고 여겨질 만큼 가혹한 작업이었다. 프로방스와 스코틀랜드 출신인 두 수도사는 눈을 질끈 감고 그 작업을 끝낸다. '수장'의 마음이 변하기 전에 그들을 배에 태워 돌아갈 필요가 있었다.

튀니스에서 로마의 외항인 오스티아까지 돌아오는 길은 기적으로 여겨질 만큼 순조로웠다. 오스티아에 상륙한 두 수도사와 110명의 해방노예는 마르세유에서 받은 것에 못지않은 환영을 받았다. 그리고 그 직후 작은 배에 나누어 타고 테베레강을 거슬러 올라와 로마로 들어갔다.

로마에서는 도로 양쪽만이 아니라 길가에 늘어선 건물의 창문까지 사람들로 가득 메워져 있었다. 일행은 그 사이를 뚫고 로마교황청으로 갔다. 교황 인노켄티우스 3세는 장중하고 근엄한 관례를 벗어나 따뜻하게 일행을 환영했다.

그 후 별실로 불려간 두 수도사에게 교황은 질문을 퍼부었다. 인노켄티우스 3세는 모든 것을 알고 싶어 했다. 그리고 이 교황은 마타의 다음과 같은 말에 가장 많은 관심을 보였다.

두 수도사는 라틴어를 이해했기 때문에, 당연히 라틴어의 장녀 격인 이탈리아어도 할 줄 안다. 하지만 그들도 '목욕장'에 수용되어 있는 사람들이 저마다 외친 이탈리아어를 이해하지 못해 한참 애를 먹었다는 것이다. 그 사람들은 이탈리아인이기는 했지만 고급 이탈리아어는 하지 못하고 심하게 방언화한 이탈리아어를 쓰고 있었다. 이것은 '목욕장'에서 일생을 마치는 불행한 기독교도의 대다수가 이름도 없고 재력도 없는 하층 서민이라는 좋은 증거였다.

교황 인노켄티우스 3세는 앞으로도 강력한 지원을 약속한다. '구출 수도회'는 국가를 초월한 조직이다. 로마가톨릭도 국가를 초월한 조직이니까, 그 우두머리의 지속적인 지원 약속은 강력한 후원자를 확보한 것과 마찬가지였다.

수도사 마탸가 생각하고 실행한 전략—우선 보여주고, 자금을 모으는 것은 그다음이라는 전략—은 완벽한 성공을 거두었다.

불행한 기독교도의 모습을 직접 본 사람들은 그들을 구출해야 할 필요성에 진심으로 눈을 떴다. 자신도 구출에 참가하고 싶다는 지원자들의 신청과 기부금이 수도회 본부에 쇄도하게 되었다.

하지만 마탸는 돈이라면 얼마든지 필요하다고 생각했다.

이슬람 쪽이 값을 끌어올리고 있을 뿐 아니라, 그는 각 '목욕장'에 병원—기껏해야 치료소 정도였지만—같은 시설을 만들고 싶었다.

그래서 '수도회'는 로마에 있는 본부 외에 유럽 각지에 지부를 개설하기로 했다. 지부가 설치된 것은 현대의 국명이나 지명으로 하면 다음과 같다.

프랑스 · 에스파냐 · 잉글랜드 · 스코틀랜드 · 아일랜드 · 독일 · 폴란드 · 오스트리아 · 헝가리. 이탈리아에 로마 본부만 있고 지부가 없는 것은 이탈리아 중부와 남부 외에는 해양도시국가가 뒤에서 은밀하게 지부 역할을 맡고 있었기 때문이다.

유럽 역사가 십자군으로 대표되었던 이 시대, 기독교도 구출을 목적으로 하는 수도회 활동도 궤도에 올랐다. 마탸의 전술은 교묘했다. 왕이나 유력한 군주의 원조에 의지할 뿐만 아니라 '풀뿌리'라 해도 좋은 원조도 가볍게 보지 않았기 때문이다. 바늘이 부러져 쓸모가 없어진 나침반, 휴대용이라도 지름이 10센티미터는 되는 나침반을 교회마다 하나씩 놓아두게 했다. 미사가 끝난 뒤 신자들은 그 나침반 안에 은화나 동전을 넣는다. 금세 사라지기 쉬운 동정심을 계속 상기시키기 위한 방책이기도 했다.

세 번째 구출행은 서기 1209년에 이루어졌다. 목적지는 튀니스. 이번에는 존과 토머스라는 이름밖에 남아 있지 않은 영국 출신 수도사 두 명이 일을 맡았다.

봄에 오스티아를 떠나 튀니스에 무사히 도착하여 394명의 불행한 사람들을 되사는 데 성공했다. 이슬람 쪽이 값을 끌어올렸는데도 이만한 수의 노예를 되살 수 있었으니까, 기부금도 많이 모인 게 분명하다. '목욕장'에서 풀려난 사람은 거의 다 남이탈리아 각지에서 납치된 남자들이었다.

이렇게 만사가 순조롭게 진행되고 있었는데, 예기치 않은 장애에 부닥쳤다.

수도사 토머스가 전원을 배에 태우고 긴장이 풀린 나머지, '수도회'가 '수장'에게 한 약속을 잊은 모양이다. 튀니스의 중앙광장에서 그리스도의 가르침을 찬양하는 설교를 해버린 것이다.

'수장'은 수도사들이 돈을 내고 기독교도를 되사는 것은 허가했지만, 이슬람교도에게 기독교를 포교하는 것은 인정하지 않았다. 즉 금지하고 있었다. 그리고 이슬람 세계에서는 일반 사람들도 이것을 알고 있었다. 분노한 '수장'이 병사들을 보내오기 전에 광장에 있던 사람들이 먼저 행동을 개시했다. 수도사 토머스는 그들에게 뭇매를 맞게 되었다.

감옥에 갇히지 않은 것만으로도 다행이었다. 두 수도사는 부랴부랴 해방노예 394명과 함께 튀니스항을 떠났다. 귀로는 순조로웠고, 오스티아에 상륙한 그들은 로마로 가서 길 양쪽을 가득 메운 시민들의 환호를 받으며 첼리오 언덕 위에 있는 수도회 본부까지 행진한 뒤 각자 고향으로 돌아갔다.

이번에도 전시 효과가 커서, 수도회에는 당장이라도 북아프리카로 다시 떠날 수 있을 정도의 기부금이 쏟아져 들어왔다.

그래서 그해 안으로 네 번째 구출행을 실행하게 되었다. 오스티아를 떠나, 이번에도 튀니스로 간다. 수도사도 지난번과 마찬가지로 존과 토머스였다.

항해는 무사히 끝났지만, 튀니스에 상륙한 뒤 성가신 문제가 일어난다. 두 수도사는 튀니스 시내에 들어가는 것조차 허락받지 못했다. '수장'은 이슬람교도에게 기독교에 대한 이야기를 한마디도 하지 말라는 조건을 제시했다. 수도사들은 그 조건을 반드시 지키겠다고 맹세하고 나서야 겨우 시내에 들어갈 수 있었다.

이때는 가져간 자금으로 240명을 되살 수 있었다. 하지만 그들을 데리고 항구로 가는 길에 그중 한 사람이 수도사에게 말했다.

이 튀니스에는 가련한 이탈리아 소년이 있다. 이 소년은 부모와 함께 해적에게 납치되었는데, 아버지도 어머니도 그 후 곧 세상을 떠나고 소년만 노예시장에서 돈많은 사라센인에게 팔렸다. 이 사라센인은 소년에게 이슬람교로 개종하라고 강요하고, 동성애 상대로 삼고 있다. 이 이야기는 '목욕장'에서는 누구나 알고 있다는 것이었다.

여기서 수도사 존은 그 소년을 반드시 구출해야 한다고 결심했다. 영국인이 원리 원칙을 좋아하는 것도 옛날부터 내려오는 성향인 모양이지만, 존은 240명을 배에 태우는 일을 동료인 토머스에게 맡기고 자신은 튀니스의 '수장'에게 가서 맞대놓고 소년의 석방을 요구했다.

'수장'도 거절하지는 않았다. 하지만 이 소년의 주인은 소년에게 상당한 관심을 갖고 있는 모양이니까 되사려 해도 값이 만만찮을 거라고 말했다. 부가가치가 붙으면 상품가격도 비싸지는 것은 시장의 논리지만, 노예를 팔았을 때도 그 가격의 5분의 1이 '수장'의 주머니에 들어오기 때문에 기독교도 노예를 되살 때도 그 값의 5분의 1이 '수장'에게 들어오도록 되어 있다. 부가가치가 붙은 만큼 돈을 더 내라는 것은 그만큼 그의 주머니에 들어오는 액수도 많아지기 때문이다.

하지만 시장 논리를 들고 나와도 수도사에게는 돈이 남아 있지 않다. 그래서 존은 소년의 가격만 결정해놓고 소년은 로마로 데려가고, 로마에서 그 돈이 올 때까지 자기가 소년의 주인집에 인질로 잡혀 있겠다고 제의했다.

'수장'은 제정신이냐고 말했지만, 그래도 사람을 보내 소년의 주인을 불렀다. 이윽고 나타난 그 이슬람교도에게 '수장'은 여기 있는 '파파스'의 제안을 받아들이겠느냐고 물었다. 또한 '파파스'가 인질이 되었다는 말을 들으면 로마의 '대파파스'도 방치하지는 않을 테니까 소년의 몸값은 반드시 받을 수 있을 거라고 말했다.

그리고 수도사 존은 나이도 젊고, 영국인답게 금발에 푸른 눈을 가진 미남이기도 했다.

그런데 소년의 주인은 그런 존을 보고도 마음이 움직이지 않았다. 그래서 소년을 팔 생각이 전혀 없다고 대답했다.

이 말을 들은 '수장'이 화를 낸다. 돈이 들어올 기회를 잃은 데 화가 난 것이다. 그래서 소년의 주인에게 엄명을 내렸다. 소년을 데려오라고. 소년을 데려오자 다시 엄명을 내렸다. 소년을 내놓고 대신 이 '파파스'를 데려가라고.

수도사 존은 동료인 토머스에게 모든 것을 맡길 작정으로, 거기에 필요한 시간만 달라고 '수장'에게 요구했다. 그리고 소년을 데리고 항구로 갔다.

하지만 소년의 주인은 포기하지 않았다. 소년을 도로 빼앗으려고 항구로 가는 길에 숨어서 기다리다가, 수도사가 다가오자 칼을 휘둘렀다. 누군가가 도와주지 않았다면 영국인은 살해되었을 것이다. 이슬람 세계에서는 이교도를 죽여도 죄가 되지 않았기 때문이다.

하지만 우연히 그곳을 지나간 사람이 겉모습만 보아도 유복하다는 것을 알 수 있는 이슬람교도였다. 그가 하인에게 명령하여 흥분한 소년의 주인을 옴짝달싹못하게 붙잡아주었다.

수도사는 그에게 감사하고 사정을 모두 이야기했다. 이야기를 들은 그 사람은 지갑에서 '수장'이 정한 값에 해당하는 은화를 꺼내 소년의 주인에게 건네주고, 수도사에게는 다음에 튀니스에 왔을 때 이자를 붙여서 그 돈을 갚아도 좋다고 말했다.

아마 이 인물은 이탈리아 해양도시국가의 상인들과 거래 관계가 있었을 것이다. 이탈리아 상인들이 이슬람 세계와 교역할 때 철칙으로 삼은 것이 '돈은 정확하게 빨리 지불하라'는 것이었다. 또한 이자 제도도 정비되어 있었다. 가장 안전한 투자로 여겨진 베네치아공화국의 국채는 연리 5퍼센트였다.

소년을 포함하여 241명이 된 승객과 두 수도사를 태운 배는 출항한 뒤 강풍에 떠밀려 몰타섬까지 흘러갔지만, 그 후의 항해는 순조로워서 무사히 오스티아에 상륙할 수 있었다. 여느 때처럼 따뜻한 환영을 받으며 행진을 끝낸 뒤, 먹을 것과 입을 것을 충분히 지급받고 병이나 상처도 치료받고 나서 각자 고향으로 돌아갔다. 하지만 소년의 이야기는 특히 동정심을 불러일으킨 듯, 교황 인노켄티우스 3세는 고아 신세이기도 한 이 소년을 교황청이 떠맡아서 그 후 평생을 조용히 보낼 수 있도록 배려해주었다고 한다.

서기 1210년 5월, 마타와 스코틀랜드인 윌리엄 수도사는 로마를 떠나 치비타베키아에 가서 배를 타고 튀니스로 향했다. 여느 때처럼 불행한 사람들을 데리고 돌아오는 것이 주된 목적이지만, 장 드 마타가 가는 것은 '목욕장' 내부에 염원하던 병원을 세운다는 새로운 임무가 있었기 때문이다. 건축 허가는 튀니스의 '수장'에게 부탁할 수밖에 없다. 그래도 두 수도사는 의사 두 명을 튀니스로 데려가고 있었다.

그런데 의사는 어디에서 조달했을까. 당시 의술이 앞선 지방은 뜻밖에도 사라센 해적에게 다른 어디보다도 많은 피해를 보고 있었던 남이탈리아였다. 남이탈리아는 매사에 극단적으로 격차가 있는 지방이어서 화려하기 이를 데 없는 대성당 옆에 금방이라도 쓰러질 것 같은 빈민들의 오두막이 모여 있는 광경도 드물지 않다.

이 남이탈리아에서도 나폴리와 가까운 살레르노에 유럽에서 가장 먼저 개설된 살레르노 의학교가 있었다.

유럽에서 가장 오래된 이 의학교의 창설 시기는 확실치 않다. 7세기에 시작되었다고 말하는 연구자도 있고, 9세기라고 주장하는 연구자도 있다. 어쨌든 10세기에는 확실히 존재했고, 11세기에 접어들면 유럽 전역의 궁정이나 수도원에 살레르노 의학교 졸업생들을 보내게 되었다.

왜 살레르노였는지도 확실치 않다. 다만 11세기 이후의 살레르노 의학교는 남이탈리아와 시칠리아를 지배하고 있던 노르만과 호엔슈타우펜 왕조의 역대 왕이라는 강력한 후원자를 갖고 있었다. 남이탈리아의 주요 도시 가운데 하나이기도 한 살레르노는 이 왕조의 영토에서도 북쪽 가장자리에 자리 잡고 있었다.

그리고 살레르노는 바다에 면한 항구도시이기도 하다. 항구는 물산만이 아니라 사람도 유통한다. 새로운 문화와 문명은 내부의 후원이 아무리 강력해도, 외부 이질분자의 자극이 없는 곳에서는 생겨나지 않았다.

또한 의학은 사이언스다. 종교의 영향이 지나치게 강하면 본래의 형태로 성장하는 데 지장을 초래할 위험이 있다. 그 점에서도 로마 교황과 거리를 두는 노르만과 호엔슈타우펜 왕들의 정책이 살레르노 의학교에는 다행이었다. 남이탈리아에 있는 또 하나의 의사양성소인 몬테카시노 수도원에 비해 살레르노 의학교는 종교적 색채가 희미해서, 속계의 의사양성기관이라 해도 좋을 정도였다.

원래부터 이 의학교는 이탈리아인과 그리스인과 아랍인과 유대인 의학자 4명이 모여서 개교했다는 이야기까지 전해 내려온다. 그 때문인지 이 의학교에서는 라틴어와 그리스어, 아랍어와 히브리어로 된 교과서가 사용되고 있었다. 물론 가르치는 쪽도 배우는 쪽도 이 네 언어에 모두 정통했던 것은 아니다. 하지만 이 가운데 두 언어를 이해한 사람은 적지 않았을 테고, 규모도 작은 조직이니까 서로 통역하는 정도로 충분했을 것이다. 그리고 의학은 '실학'이다. 눈에 보이는 것이 기본이 된다. 교과서는 고대 그리스나 로마나 유대, 그리고 그것들을 흡수하여 발전한 페르시아를 거쳐 아랍어로 씌어 있었다 해도, 큰 장애가 되지는 않았을 게 분명하다. 살레르노 의학교가 특히 중요시한 것은 임상의학이었다.

그럼, 학생은 누구였을까.

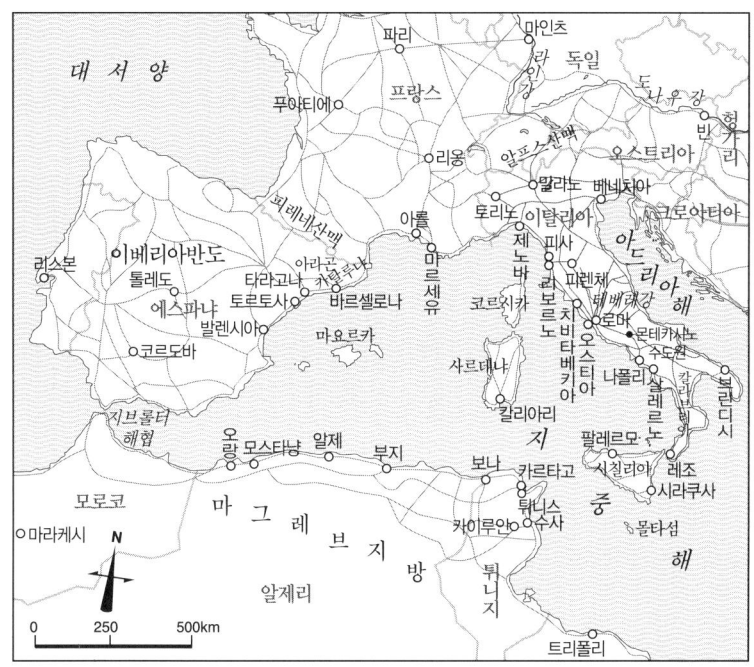

서지중해와 그 주변

　연구자에 따르면, 졸업증서에는 온갖 나라의 인명이 모여 있다고 한다. 내가 조사한 범위만 보아도 이탈리아가 있는 것은 당연하고 독일과 프랑스와 헝가리, 이름으로 보아 아랍인이나 유대인으로 여겨지는 사람도 있다. 일설에 따르면 여학생까지 있었다고 한다.
　몬테카시노 의사양성소는 수도원 부속기관이니까 기독교 관계자로 한정되어 있었지만, 동시대의 살레르노 의학교에서는 인종이나 종교를 차별하지 않았다. 적어도 그 전성기에는 이런 차별이 전혀 없었다.
　이 살레르노 의학교도 시칠리아-아랍 양식이 꽃을 피운 노르만·호엔슈타우펜 왕조 시대와 마찬가지로 중세 지중해 세계의 기적이 아니었을까. 그리고 각지에서 싹튼 이런 기적이 조금씩 모여서 급류로 변해간 것이 중세의 막을 내리게 된 이탈리아 르네상스 운동이 아니었을까.

　수도사 마타가 병원을 설립하기 위해 살레르노 의학교 졸업생들을 모집했으리라는 것은 단순한 내 상상일 뿐이다. 하지만 병원이 설립된 이상, 병원에 상주할 의사가 필요하다. 그리고 마타의 '수도회'가 설립하는 '목욕장' 내부의 병원은 튀니스 한 군데만이 아니었다.

　서기 1210년 봄에 마타의 임무는 병원 개설이었지만, 튀니스에 도착하자마자 그가 한 일은 그 친절한 튀니스 사람에게 작년에 수도사 존이 빌린 돈에 이자를 붙여서 갚은 것이었다. 그런 다음 곧장 '수장'의 성으로 가서 병원 설립 허가를 요청했다.

　'수장'은 아무 조건도 달지 않고 그것을 허가해주었다. 기독교도 노예들이 건강을 회복하면 앞으로도 계속 일을 시킬 수 있기 때문이다. 그래서 '목욕장' 한 귀퉁이에 병원을 짓는 공사가 시작되었고, 거기에 수용되어 있던 사람들도 앞다투어 협력했다고 한다.

　로마에서는 약과 수술기구만이 아니라 짚이 든 매트리스도 많이 가져왔다. 또한 수용자들 중에서 적절한 사람을 골라 조수나 간호사 일을 가르치는 작업도 병행하여 이루어졌다.

　'목욕장'에 수용되어 있던 사람들의 표정이 눈에 띄게 밝아지고 활발해졌다. 그 이야기를 전해 들었는지, '수장'은 '목욕장' 안에 교회를 세우게 해달라는 마타의 요구까지 들어주었다. 노예들이 정신적으로도 안정되면 일도 더 잘할 거라고 생각했는지도 모른다. 하지만 교회를 지으면 여기에는 사제를 상주시켜야 한다. 마타가 그래도 좋으냐고 묻자 '수장'은 그것도 흔쾌히 허락한다.

이리하여 북아프리카의 이슬람 세계에 종교와는 관계없는 의사만이 아니라 종교 자체라 해도 좋은 사제까지 상주하게 되었다. 이탈리아 도시국가들의 거류지에 있는 교회에서는 이따금 상선을 타고 오는 사제가 미사를 올리고 있었기 때문에, 이것은 이슬람 사회에도 기독교 성직자가 늘 존재한다는 가느다란 흐름의 원류가 되었다.

그런데 이슬람 쪽의 반응도 흥미롭다. '이슬람의 집'을 확대하는 것은 이슬람의 가르침을 믿는 사람들에게는 중요하기 이를 데 없는 일로 여겨진다. 그것을 실현하는 수단인 '지하드'(성전)도 이슬람교도의 책무로 되어 있다. 하지만 그들도 생활을 꾸려나가기 위한 경제는 무시할 수 없었다. 교역으로 국력을 키우는 이탈리아 도시국가들이 이슬람 세계와의 관계 유지에 성공한 것은 경제라는 이 한 점만 공략했기 때문일 것이다. 로마 교황이 내리는 금지령이 효력을 발휘하지 못한 것도 당연했다.

하지만 만사가 순조롭게 진행되고 있었던 것은 아니었다. 에스파냐에서는 기독교 세력의 남하가 그치지 않았고, 수세에 몰린 이슬람 세력이 기독교에 품은 증오심은 북아프리카에도 전해지게 된다. 그러면 이슬람교도는 경제 따위는 잊어버리고, 기독교 세계에 대한 반발과 적개심을 폭발시킨다.

그때마다 '목욕장'에 수용되어 있는 '라키크'(기독교도 노예)에 대한 대우가 나빠지고, 기독교도가 사는 곳을 분탕질하는 해적 행위도 심해진다. 이런 험악한 분위기 속에서도 '수도회'의 구출 활동은 계속되었다.

이렇게 광신도가 이따금 기독교도에 대한 적개심을 폭발시키는 것은 마타 자신도 수없이 경험했다. 어느 해에도 그런 일이 일어났다.

여느 때처럼 마타와 또 다른 수도사는 해방노예들을 데리고 항구로 가고 있었다. 반월도를 빼든 폭도 일당이 마타 일행을 덮쳤다. 그리고 다시 빼앗은 노예들을 도로 '목욕장'에 처넣었다.

손에 상처를 입고 얼굴이 피범벅이 된 마타는 그 모습 그대로 '수장'에게 가서 하소연을 했다. 그러자 '수장'은 냉정하게 대답했다. 노예를 데리고 돌아가고 싶으면 값을 두 배로 내라고.

마타에게는 이제 돈이 남아 있지 않았다. 그런데 그날 밤 자정이 조금 지났을 때, 마타가 머물고 있던 집의 문을 살며시 두드리는 자가 있었다. 마타가 문을 열자, 검은 망토를 두른 남자가 마타 수도사냐고 물은 다음, 말없이 가죽주머니를 건네주고 떠나갔다. 주머니 안에는 마타가 필요로 하는 액수의 은화가 들어 있었다.

그래서 불행한 사람들을 다시 '목욕장'에서 데리고 나올 수 있었지만, 폭도들은 체념하지 않았다. 다만 전술은 바꾸었다.

항구에서 기다리고 있던 배를 습격하여 돛을 모두 찢어버린 것이다. 노도 몇 개나 부러졌다.

그것을 보고 어안이 벙벙해진 마타에게 해방노예들이 말했다. '목욕장'에 돌아갈 바에는 바다 밑에 가라앉는 편이 낫다고. 무슨 일이 있어도 그곳에는 절대로 돌아가지 않겠다고.

마타와 동료 수도사는 입고 있던 망토를 벗어 그것을 활대에 달았다. 망토로 만든 돛의 아래쪽은 해방노예들이 손으로 눌렀다. 갑판의 널빤지도 떼어서 노로 이용했다.

인간에 비유하면 만신창이가 다 된 배는, 저마다 손에 든 반월도를 휘두르며 '신앙심이 없는 개자식'이라고 욕하는 폭도들을 항구에 남겨놓고 출항할 수 있었다. 신이 순풍을 보내주었는지, 망토로 만든 돛으로도 오스티아까지 무사히 항해할 수 있었다.

밤늦게 찾아와서 은화가 든 가죽주머니를 건네주고 떠나간 것은 로마교황청의 공식 발표에는 성모 마리아였던 것으로 되어 있다.

하지만 마타는 진상을 알고 있었다. 마타가 궁지에 빠진 것을 안 이탈리아 해양도시국가의 교역상인들이 몰래 모은 은화라는 것을. 검은 망토를 입은 남자의 입에서 나온 몇 마디 말은 이탈리아어였기 때문이다. 그리고 그가 건네준 것이 금화가 아니라 은화였던 것도 이유가 있었다. 유통이 제한되어 있는 금화는 출처가 드러나기 쉽지만, 널리 유통되고 있는 은화라면 그런 위험이 낮았기 때문이다.

장 드 마타는 서기 1213년에 죽었다. 그가 설립한 '구출수도회'는 처음 구출행에 나선 1199년부터 그가 죽기 전 해인 1212년까지 13년 동안 통틀어 7천 명이나 되는 불행한 사람들을 구출하는 데 성공했다. 이 '수도회'가 존속한 500년 동안 구출된 사람의 수는 50만 명에 이르렀다고 주장하는 연구자도 있다. 로마 교황은 '수도회' 창설자인 마타가 죽은 지 50년 뒤인 1262년에 그를 성인의 반열에 올려놓았다. 제6차와 제7차에 두 번이나 십자군 원정을 시도했지만 실패한 프랑스왕 루이 9세를 성인으로 올린 것을 생각하면, 지나칠 만큼 당연한 처우였다.

마타가 세상을 떠난 뒤에도 '구출수도회'의 활동은 계속되었다. 그것은 북아프리카 해적들이 기독교도를 납치하는 일을 그만두지 않았다는 뜻이다. 1480년에도 구출행이 이루어졌다는 기록을 보았을 때는 마음이 복잡해졌다. 그때는 피렌체에서 르네상스가 꽃을 피운 시대가 아닌가. 보티첼리가 그린 「봄」이 사람들에게 삶의 환희를 주고 있는 한편에는 이교도 땅에서 노예가 되어 시달리고 있는 사람들이 있었다. 이것도 역사는 일렬횡대로 나아가지 않는다는 것을 보여주는 한 사례다.

현실이 이런 이상, '수도회' 지부가 지중해 연안의 알려진 항구도시라면 어디에나 있다는 말을 들을 만큼 늘어난 것도 당연했다. 이 지부들 가운데 큰 것만 들어보아도 다음과 같다.

에스파냐 서부의 바르셀로나와 토르토사. 프랑스 남부의 마르세유. 이탈리아 북부의 제노바. 중부에서는 쇠퇴한 피사를 대신한 리보르노. 사르데냐섬의 칼리아리, 시칠리아의 팔레르모.

이처럼 지중해 전역에 지부를 둘 필요가 있었던 것은 북아프리카로 출항하기에 편리하기 때문이다. 튀니스만이 아니라 알제를 비롯한 북아프리카의 지중해 연안의 주요 항구에는 반드시 '목욕장'이 있었기 때문이다. 또한 이 지부들은 기부금을 모으는 데 그치지 않고 정보를 수집하는 것도 임무에 포함되어 있었다. 북아프리카의 '목욕장'과 관련된 정보라면 이탈리아 도시국가들의 영사나 상인들을 통해 알 수 있었다. 하지만 지중해 이쪽에서 행방불명된 사람들은 각 지방의 지부에서 정보를 모을 수밖에 없었다.

로마의 첼리오 언덕에 서 있는 '수도회'에 딸린 병원 벽에는 지금도 마타가 주문했다는 모자이크 그림이 남아 있다. 중앙에 앉아 있는 그리스도의 양옆에 쇠사슬로 두 발이 묶인 백인과 흑인이 서서 자유를 되찾을 수 있었던 것을 예수 그리스도에게 감사하고 있는 구도로 되어 있다.

그리스도와 두 노예를 묘사한 모자이크(1213년경)

이것을 보고 마타의 '수도회'는 피부색과 관계없이 노예해방에 힘썼을까, 그렇다면 마타는 그보다 600여 년 뒤의 산물인 인권존중 이념에 바탕을 둔 노예해방운동의 선구자가 아닌가 하고 생각한 사람이 있다면, 그 사람은 성급한 지레짐작을 했다고 말할 수밖에 없다.

중세에는 현대와 달리 아프리카 흑인까지 기독교 세례를 받지는 않았다. 납치된 기독교도 여자가 무어인 남자와의 사이에 낳은 아이는 피부가 검고, 그 아이들은 대부분 노예로 팔렸기 때문에 '목욕장'에 수용된 사람들 중에는 유럽인의 눈에 흑인으로 보이는 피부가 검은 남자들도 섞여 있었다.

마타와 그 '수도회'는 기독교도로 태어났느냐 아니냐보다 '목욕장'에 수용되어 있느냐를 구출 활동의 기본방침으로 삼았고, 게다가 신원이 밝혀져도 가족이나 친족들 가운데 몸값을 낼 재력이 없는 사람을 우선 구출했다. 이 기본방침은 마타가 죽은 뒤에도 오랫동안 변함없이 지켜졌다.

하지만 '플러스'에는 반드시 '마이너스'도 따라다닌다. '구출수도회'는 국가 규모가 아닌 일개 조직의 활동이라고 생각하면 경탄할 수밖에 없을 만큼 오랫동안 활동을 계속했고, 그동안 엄청난 수의 불행한 사람들을 구출하는 데 성공했다. 하지만 그와 동시에 기독교도를 납치하면 반드시 돈을 벌 수 있고 노예로 부릴 수 없는 사람도 돈벌이가 된다는 생각을 북아프리카 해적들한테 심어주었다.

그 결과, 해적들의 습격은 전과 다름없이 계속되었다. 서유럽의 해군력이 이슬람의 해군력보다 우세해졌는데도 해적의 출몰이 끊이지 않았던 요인은 여기에 있었다. 빼앗을 만한 물건이 없어도 상관없다. 사람을 납치해오면 그것만으로도 충분한 돈벌이가 되었다.

하지만 이 모순은 선의에서 출발한 모든 활동에 따라다니는 요소다. 따라서 문제는 그런 모순이 있어도 활동을 계속할 것이냐 아니냐일 뿐이다. 마타가 시작한 '구출수도회'는 계속하는 쪽을 택한다. 그리고 이 '수도회'보다 20년 뒤에 설립된 또 다른 구출 단체도 같은 모순을 무릅쓰고 계속하는 쪽을 택한다. 그것은 마타와 그 동지들 같은 성직자들의 조직이 아니라 속인의 신분을 가진 기사들이 시작한 활동이었다.

'구출기사단'

중세의 독특한 조직 중의 하나인 '기사단'은 십자군과 함께 태어났다. 그것은 제1차 십자군이 정복한 시리아·팔레스타인의 십자군 영토와 그곳을 순례하는 기독교도를 이슬람교도로부터 지키기 위해 생겨났기 때문이다. 따라서 기사단이 설립된 시기도 십자군 시대 초기에 집중되어 있다. 유럽에서 중근동까지는 먼 길이다. 그래서 기진맥진하여 도착하는 순례자들을 쉬게 하고 치료해주는 것을 칼에 의한 방위와 나란히 목표로 내건 기사단도 있었다.

이들 '기사단' 중에서 당시에도 유력했고 역사적으로도 중요한 기사단의 명칭과 창설 연대는 다음과 같다.

성 요한 병원 기사단―1024년

성 코스마·다미아노 기사단―1118년

템플(성전) 기사단―1174년

튜턴(독일 귀족) 기사단―1191년

하지만 이 시기에 태어난 기사단들이 중근동만 활동무대로 삼고 있었던 것은 아니다. 중세 전기에 이미 이슬람화한 이베리아반도에서는 중세가 진행되면서 기독교 쪽의 탈환 운동이 시작되었는데, 그 선봉을 맡기 위해 에스파냐인을 중심으로 많은 기사단이 결성되어 있었다. 그들이 적으로 삼은 것은 시리아·팔레스타인 지방과 마찬가지로 이슬람교도였다. 따라서 이슬람과 싸우는 곳이 오리엔트가 아니라 유럽이라 해도, 거기에 참가하는 사람들에게 그것은 틀림없는 십자군이었다.

성 베네딕토·아비즈 기사단―1162년

칼라트라바 기사단―1158년

성 야곱의 검 기사단―1175년

알칸타라 기사단―1178년

이후 서술의 주인공이 될 '기독교도 구출기사단' ― 1218년

　이런 중세 기사단들은 '기사단'이라는 명칭에 분명히 드러나 있듯이 칼, 즉 군사력을 이용하여 이슬람 세계에 적대하는 조직이었다. '성 요한 기사단'만은 병원 업무에도 종사하고 있었지만, 그것은 어디까지나 겸업이었다. 이 실태에 관해 자세히 알고 싶은 분은 내가 전에 발표한 『로도스섬 공방전』을 읽어볼 수밖에 없다. 공세로 나온 이슬람 세력에 쫓겨 로도스섬으로 본거지를 옮긴 뒤로는 '로도스 기사단'이라고 불렸고, 그 로도스섬에서도 쫓겨나 몰타섬을 본거지로 삼은 뒤에는 '몰타 기사단'이라고 불리게 된다. 몰타섬 시대의 기사단에 대해서는 하권에서 언급하겠지만, 이 기사단조차도 흰옷보다는 갑옷의 비중이 훨씬 컸다.

　이베리아반도를 무대로 하는 에스파냐계 기사단도 군사행동이 중심이었던 성격은 다른 기사단과 다르지 않다. 이슬람교도는 '오른손에 칼, 왼손에 코란'이었지만, 동시대의 기독교도도 '오른손에 칼, 왼손에 성경'이었다.

　이런 가운데 '기독교도 구출기사단'만은 특이한 존재였다. 그들도 기사였고 이슬람교도를 상대하는 것도 다른 기사단과 같았지만, '비'군사력으로 일관했기 때문이다.

　그래도 기사단인 이상, 동시대에 활동한 다른 기사단과 같은 규칙에 따랐다.

　기사단이라지만 수도원과 마찬가지로 성 바실리우스나 성 베네딕토나 성 프란체스코 수도회의 수도사에게 부과된 의무를 진다. 평생을

독신으로 보내고, 사유재산은 갖지 않고, 항상 검소한 생활을 하고, 복종을 미덕으로 삼고, 모든 것을 신과 그리스도에게 바친다는 규칙이다.

따라서 수도사가 '몽크'(monk)라고만 불린 반면, 그들은 '수도기사'(monk cavaliere)라고 불렸다. 또한 수도원과 마찬가지로 기사단도 로마 교황이 공인해야만 정당성을 가졌기 때문에, 세속 군주나 지방 주교의 관할이 아니라 로마 교황의 직속기관이었다.

'구출기사단'은 마타의 '수도회'에 영향을 받아서 생긴 게 거의 확실하지만, 바르셀로나 태생의 에스파냐 기사인 돈 페드로 데 놀라스코가 서기 1218년에 설립했다. 설립자가 에스파냐 사람이니까 정식 명칭도 에스파냐어로 'Real y Militar Orden de la Mercede para la Redenciōn de Cautivos'라고 한다. 앞에 '레알'이 붙어 있는 것은 당시의 아라곤 왕이 이 기사단을 후원했기 때문이다. 직역하면 '노예 구제를 목적으로 창설된 왕립 기사단'쯤 될까. 앞으로는 의역한 '구출기사단'으로 이야기를 진행하겠지만, 기사인 그들이 사용한 수단은 무기가 아니라 어디까지나 돈이었다.

그래도 마타의 '수도회'와는 성격이 조금 다르다. 기사인 돈 놀라스코와 동지들은 예상 밖의 불상사가 일어났을 때 그 해결 수단으로 자신들이 인질이 되는 것을 당연하게 생각하고 실행에 옮겼다는 점이다.

'기사단'은 애당초 단원들의 재산을 판 돈과 아라곤 왕의 하사금을 활동자금으로 충당한 모양이다. 돈 놀라스코와 그의 동지들도 모두 유력하고 유복한 봉건 영주계급에 속해 있었다. 그래도 그들은 이슬람교도와 전투를 벌이고 있는 같은 계급의 남자들과는 다른 길을 택했다.

노예가 된 기독교도를 구출하는 기사 놀라스코

서기 1222년, 창설된 지 4년 만에 로마 교황의 인가를 받자마자 활동을 개시한다. 목적지는 알제. 알제는 튀니스와 함께 북아프리카 해적의 소굴이 집중되어 있는 곳이었다.

아라곤 왕이 알제 '수장'에게 쓴 친서 덕분인지, 제1회 구출행은 성공적이었다. 160명을 되사서 그들을 데리고 바르셀로나항으로 돌아왔다. 알제에 있는 카탈루냐 상인들의 정보 수집도 놀라스코를 도와준 것은 물론이다.

'구출기사단'은 선배 격인 '구출수도회'의 방식을 본받았다. 불행한 사람들이 귀환하면 우선 그들의 모습을 보여주고, 그런 다음 기부금을 모으는 방식이다. 지배계급 자제들이 시작한 '구출기사단'에도 다른 부자나 일반 시민의 기부금과 지원자가 몰려들게 되었다.

두 번째 구출행도 무사히 목적을 달성했지만, 문제가 생긴 것은 1225년의 세 번째 구출행이었다. 알제에 주재하는 카탈루냐 상인들이 전해온 정보를 바탕으로 출항을 결정했는데, 카탈루냐 상인들이 문제시한 것은 납치되어 노예시장에서 팔리고 있는 젊은 여자 기독교도였다.

이 여자들은 예외 없이 이슬람교로 개종할 것을 강요받고, 그 후 노예시장에서 팔려 주인의 하렘으로 사라져간다는 것이었다. 여성에게 대가 없는 사랑을 바치는 것도 중세 기사의 의무 가운데 하나다. 젊은 놀라스코도 또 다른 기사인 기예르모도 이것을 방치할 수는 없었다.

바르셀로나를 떠나 알제로 간다. 도착하자마자 노예를 되사기 위한 교섭에 들어갔지만, 상대는 '목욕장'에 수용되어 있는 노예가 아니라 가정에서 일하는 노예를 되사려면 교섭을 시작하기 전에 착수금을 내도록 되어 있다고 말한다. 그래서 두 기사는 착수금을 내고 교섭을 시작할 수밖에 없었다. 이번에 구출할 대상은 여자들만은 아니었다. 여자들이 원하지 않은 혼외관계에서 낳았지만 아이 아버지가 자식으로 인지하지 않은 아이들도 대상에 포함되어 있었다. 그래도 놀라스코는 249명은 되살 수 있다고 낙관하고 있었다.

그런데 교섭이 겨우 성사되려 할 때, 상대가 갑자기 값을 끌어올렸다. 게다가 착수금 따위는 받지 않았다고 주장한다. 상대는 자기가 요구하는 금액을 내든가 아니면 빈손으로 돌아가라고 버텼다.

절망한 놀라스코는 아라곤 왕에게 "이들에게는 사리가 통하지 않는다. 사리는커녕 인간끼리의 대화조차 통하지 않는다"고 쓴 편지를 보냈을 만큼 분노를 억누르지 못했다.

하지만 불행한 여자들과 아이들이 눈앞에 있다. 그래서 알제에 있는 카탈루냐 상인들에게 부족한 돈을 빌려달라고 부탁했다. 상인들의 대답은 아리송해서, 돈을 빌려줄 수 없는지, 아니면 빌려줄 마음이 없는지 확실치 않았다. 이들도 이교도의 땅에서 장사를 하고 있다. 그곳 사람들을 적으로 삼기를 꺼리는 것도 이해할 수 없는 일은 아니었다.

그래도 놀라스코는 물러서지 않았다. 동료 기사인 기예르모와 의논한 뒤, 다른 해결책을 제시했다. 그것은 249명을 데리고 돌아가고, 부족한 액수는 바르셀로나에 돌아간 뒤에 카탈루냐 상인에게 보내겠다, 그때까지 기사 기예르모를 인질로 잡히겠다는 것이었다. 상대도 이 제안을 받아들였다. 기독교도가 약속을 잘 지킨다는 것은 알제에서도 알려져 있었다.

이리하여 여자와 아이들 249명을 태운 배는 알제를 떠나 바르셀로나에 도착할 수 있었다. 하지만 아라곤 왕도 참석한 환영행사에 놀라스코만은 참석하지 않았다. 가족의 재산까지 내놓고 돈을 모으려고 이리저리 뛰어다니고 있었기 때문이다. 이렇게 긁어모은 돈은 카탈루냐 상인에게 보내졌고, 기예르모도 자유의 몸이 될 수 있었다.

3년 뒤인 1228년에 떠난 구출행의 목적지도 역시 알제였지만, 가는 길에 마요르카섬을 본거지로 삼고 있는 해적선을 만나고 말았다. 사람까지 끌려가지 않은 것이 불행 중 다행이었지만, 가져간 자금은 물론 선장과 선원들의 개인 물건까지 몽땅 털렸다. 이래서는 알제에 가봤자 목적을 달성할 수 없기 때문에 바르셀로나로 돌아올 수밖에 없었다.

이슬람 해적은 공해상에서 약탈하는 것을 당연한 권리로 생각한 것 같다. 그들의 의식에는 공해와 영해의 차이가 없고, 적에게 쫓기지 않는 한은 무슨 짓이든 마음대로 할 수 있다고 생각한 듯하다. '구출기사단'은 배를 빌릴 자금은 있었지만, 그 배를 호위할 배까지 빌릴 자금은 없었다. 그들은 어디까지나 기사였다. '구출수도회'의 수도사들이 신에게 모든 것을 맡기고 바다로 나갔다면, '구출기사단'의 기사들은 무엇에 의지하고 있었을까. 개개인의 용기였을까. 그들은 기사인데도 무기를 들지 않고, 무장도 하지 않고, 종자(從者)를 데려가지도 않았다.

1228년에는 해적에게 다 털리고 돌아올 수밖에 없었지만, 바르셀로나에서는 그해가 가기 전에 다시 한번 북아프리카에 노예를 구출하러 갈 계획을 세우고 있었다. 해적에게 넌더리가 났을 터인 두 기사는 그 구출행에 지원하여 당장이라도 출항하기로 했다.

이번에는 해적도 만나지 않고, 가져간 자금을 몽땅 털어서 229명을 되살 수 있었다. 이때는 알제의 '목욕장'에 가서 그곳에 수용되어 있는 사람들 가운데 229명을 골랐다.

마음이 다부질 필요가 있는 기사에게도 '목욕장'의 참상은 역시 충격이었다. 노예를 감시하는 무어인들은 이유도 없이—아니, 그들에게는 '신앙심이 없는 개자식'이라는 훌륭한 이유가 있었지만—툭하면 기독교도를 후려갈기고 몽둥이로 두들겨 팼다. 노예들은 그 매질을 피할 수도 없다. 무거운 쇠사슬로 발목이 묶이고 사람에 따라서는 손목까지 묶여 있었기 때문이다.

'목욕장'에서 끌려나와 사역장으로 가는 사람들이 쇠사슬 소리를 울리며 지나가는 것은 아침과 저녁의 알제에서는 눈에 익은 풍경이 되어 있었다. 이 행렬을 만나면 아이들까지 기독교도를 의미하는 '루미'나 '개자식'이라고 욕을 퍼붓고, 끌려가는 사람들에게 돌을 던졌다.

'구출기사단'의 두 기사는 선택되지 못한 사람들의 절망을 뒤에 남기고 출항할 마음이 나지 않았다. 병든 몸에 발길질을 당하고 있던 10명만은 어떻게든 데리고 가기로 결정했다. 하지만 돈은 남아 있지 않았다. 그래서 10명의 몸값이 올 때까지 두 기사 가운데 하나가 인질로 남겠다고 제안했다. 며칠 뒤에는 돈이 올 거라는 말을 상대도 납득했기 때문에, 기사 한 명이 이미 선발된 229명에 10명을 추가한 239명을 데리고 출발했다.

그런데 이 10명의 몸값을 모으는 데에는 예상 밖으로 많은 시간이 걸렸다. 약속한 날이 와도 돈이 오지 않자 이슬람 쪽은 화를 냈다. 인질로 남아 있던 기사를 끌어내어 '나사렛의 개'라고 욕하면서 시내를 끌고 다닌 뒤에 수염을 깎았다. 이슬람 세계에서는 수염이 없는 남자는 제구실을 하는 사내로 여겨지지 않는다. 그 기사가 흥분한 군중에게 맞아 죽지 않은 것은 '목욕장' 관리들이 끼어들어 말렸기 때문이다. 노예를 구출하러 오는 수도사들에게 익숙해져 있던 그들은 인질을 죽이면 돈이 들어오지 않는다는 것을 알고 있었다.

다행히 돈은 늦게나마 도착했고, 인질이 되었던 기사 베르나르도 데 코르도바는 바르셀로나로 돌아갈 수 있었다.

'구출기사단'의 기록에 따르면, 이때의 구출행은 아홉 번째였다고 한다. 그렇다면 1222년부터 1228년까지 6년 동안 아홉 번이나 구출행이 이루어졌다는 이야기가 된다. 기사들은 모두 양갓집 자제였지만, 기력과 체력이 강한 젊은이이기도 했다.

하지만 몇 년 뒤에 또다시 불상사가 일어난다. 이번에는 돈 놀라스코가 이슬람교도의 분노를 뒤집어쓰게 되었다.

테레사라는 이름의 에스파냐 귀족의 딸은 아라곤 왕과 약혼한 사이였다. 로마에 살고 있던 테레사는 왕과 결혼하기 위해 로마에서 육로로 먼 길을 여행한 끝에 바르셀로나에 도착했다. 그런데 왕은 정략적인 이유로 이미 헝가리 왕의 딸과 결혼하는 쪽을 선택했다.

테레사가 화를 낸 것은 당연하지만, 에스파냐에는 하루도 머물고 싶지 않다면서 당장 로마로 돌아가겠다고 고집을 부렸다. 게다가 남들이 위험하다고 말리는 것도 듣지 않고, 바르셀로나에서 로마까지 배를 타고 가기로 했다.

당시의 서지중해 상황을 생각하면 충분히 예상된 일이지만, 이 배는 사라센 해적선의 습격을 받았다. 테레사는 동행한 동생과 함께 알제로 끌려갔다.

젊은 여자와 남자는 당장 '목욕장'으로 가지 않고, 노예시장에 끌려나가기 전에 잠시 머무는 집이 있었던 모양이다. 테레사는 그곳에서 돈 놀라스코를 만났다. 이때 놀라스코는 자기가 인질로 남아서 불행한 사람들을 되도록 많이 귀환시키는 방법을 실천하고 있었던 것 같다. 이것은 '구출기사단'의 상투수단이 되어 있었지만, 인질이 된 기사는 돈이 올 때까지 '목욕장' 감시인의 집에 머물고 있었다. 노예는 아니니까 알제 시내에서는 자유롭게 행동할 수도 있었다.

놀라스코는 한눈에 테레사의 신분을 알아차렸다. 어쨌든 둘 다 아라곤 왕국의 유력한 집안 출신이다. 그래서 놀라스코는 테레사에게 신분을 밝히면 안 된다고 귀띔했다. 귀족의 딸로 왕비가 될 여자라는 것을 알면 엄청난 액수의 몸값을 요구하기 때문이다. 테레사는 이제 왕비가 되지는 않겠지만, 그것은 알제에 발이 묶여 있는 놀라스코도 몰랐고 테레사의 현재 주인인 해적선 선장도 몰랐다.

놀라스코는 테레사의 입을 막은 뒤, 우선 카탈루냐 상인들에게 돈을 빌려 선장을 만나러 갔다. 해적선 선장은 지중해 세계에서는 '라이스' (raïs)라고 불렀다. 그 선장에게 놀라스코는 이 돈으로 그 젊은 여자와 남동생을 되사고 싶다고 제의했다. 선장도 되도록 빨리 돈을 손에 넣고 싶었는지, 놀라스코의 제의를 받아들였다.

그런데 그 선장 밑에서 갑판장으로 일하는 사내가 기독교를 버리고 이슬람교로 개종한 에스파냐인이어서, 바다에서 테레사 남매를 사로잡았을 때 이미 남동생 얼굴을 알아보았다. 그 사내가 선장에게 테레사의 진짜 신분을 밝혔다. 그 두 남녀는 에스파냐 서민이 아니라 유력한 귀족이라고.

화가 난 선장은 돈을 갖고 다시 나타난 놀라스코를 실컷 두들겨 팼다. 동행한 노예상인이 끼어들어 말리지 않았다면 놀라스코는 맞아 죽을 뻔했다. 이슬람 세계에서는 노예상인들도 돈을 가져오는 놀라스코의 존재가치를 인정하고 있었다. 놀라스코는 이슬람 상인의 경제 감각 덕분에 목숨을 건졌지만, 그것을 본 테레사는 대담한 도박을 했다.

귀족의 딸이라는 사실이 알려진 이상 그것을 부정하지 않고, 아라곤 왕비가 될 몸이라고 거짓말을 한 것이다. 그리고 선장이 생각지도 못한 것을 제안했다. 그것은 그 해적선에 출입하고 있는 유대인 상인도 끌어들인 제안이었다.

유대 상인이 소유한 배로 자기와 동생을 에스파냐에 데려다주면 거기서 큰돈을 주겠다는 제안이었다. 선장도 유대 상인도 큰돈을 벌 좋은 기회라고 믿었는지, 그 제안을 받아들였다. 하지만 유대 상인은 큰돈을 독차지할 욕심에 사로잡힌다. 그래서 한밤중에 테레사와 남동생을 몰래 배에 태워 그대로 출항해버렸다.

이튿날 아침 두 사람이 없어진 것을 안 선장은 모두 놀라스코가 꾸민 일이라고 알제의 '수장'에게 고발했다. 사실 놀라스코는 유대 상인이 끼어든 것도 몰랐지만, 기독교도가 이슬람교도를 속였다고 믿은 '수장'은 화가 나서 놀라스코를 감옥에 가두었다. 그 두 사람이 신분에 어울리는 몸값을 보내올 때까지 감옥에 있으라고.

놀라스코도 이때만은 절망했다. 무사히 달아난 남매가 일부러 큰돈을 보내올 리도 없다고 생각한 그는 쥐와 바퀴벌레밖에 없는 지하감옥에 아직 통증이 남아 있는 몸을 눕힐 수밖에 없었다.

일주일도 지나지 않은 어느 날, 지하감옥의 문을 열고 들어온 것은 '구출기사단'의 동료인 돈 페드로 데 아메리오였다. 그는 테레사가 주었다는 큰돈과 테레사가 달아났을 때부터 바르셀로나에 도착할 때까지의 과정을 기록한 편지를 지참하고 있었다. 하지만 이 편지를 간수가 빼앗아 '수장'에게 가져갔기 때문에 모든 것이 유대 상인의 농간임이 밝혀졌다.

'수장'은 놀라스코의 석방을 명령하고 그의 귀국도 허락했다. '수장'도 놀라스코가 가져오는 경제 효과를 알고 있었다. 비즈니스는 비즈니스다. 그리고 비즈니스는 인간으로 하여금 신도 때로는 고개를 돌리고 못 본 체 눈감아준다고 생각하게 하는 힘을 갖는다.

바르셀로나로 돌아간 놀라스코는 쉴 새도 없이 다음 구출행을 준비하기 시작했다. 그리고 동지와 둘이서 다시 알제로 떠났다. 하지만 도중에 해적선을 만났다. 가져간 자금을 몽땅 빼앗겼을 뿐만 아니라 두 기사는 알제로 끌려간다. 두 사람은 아라곤 왕이 발행한 안전통행 요청서를 지니고 있었지만, 해적이 그것을 바다에 던져버렸기 때문에 두 사람은 보통 피랍자와 마찬가지로 노예가 되어버렸다.

알제에 도착하자마자 놀라스코는 해적선 선장에게 부탁했다. 에스파냐로 돌아가게 해주면 자기와 동료의 몸값을 갖고 돌아올 테니까, 그동안 동료를 인질로 잡고 있으라고.

선장은 왜 네가 인질로 남지 않느냐고 물었다. 놀라스코는 자기가 더 빨리 돈을 모을 수 있기 때문이라고 대답한다. 하지만 이때의 선장은 '수장'만큼 말귀를 잘 알아듣고 경제 감각이 풍부한 이슬람교도가 아니었던 모양이다. 빈정거리는 어조로 놀라스코에게 말했다.

돛도 노도 없는 작은 보트라면 줄 수 있는데 그거라도 타고 돌아가겠느냐고. 놀라스코는 이 도전을 받아들였다.

튀니스와 더불어 마그레브 지방(북아프리카 북서부 지역)의 중요 항구인 알제항에는 지중해 전역에서 온 대형 선박이 끊임없이 출입한다. 선착장도 이슬람 선원과 상인들로 북적거린다. 배에서 짐을 내리는 기독교도 노예들이 쇠사슬에 묶인 채 일하는 모습도 많이 눈에 띄었다.

그런 항구에서 놀라스코는 돛대도 없고 노도 없는 작은 보트에 혼자 올라탔다. 항구에 있던 모든 사람의 시선이 그에게 쏠렸다. 이슬람교도도 기독교도도 모두 미친 짓이라고 생각했다.

보트 한가운데에 앉은 놀라스코는 두 손으로 바닷물을 가르기 시작했다. 손으로 배를 저으니까 천천히 나아갈 수밖에 없지만, 그래도 쉬지 않고 손을 움직이면서 조금씩 항구 입구로 다가갔다.

그리고 항구 입구를 나가자마자 벌떡 일어나 두 다리를 힘껏 버티고 팔을 좌우로 활짝 벌렸다. 손가락은 입고 있던 망토의 양쪽 끝을 단단히 움켜잡았다. 당시에는 수도사건 기사건 남자라면 누구나 입고 있던 긴 망토가 돛으로 변했다.

저도 모르게 일손을 쉬고 지켜보던 기독교도 노예들의 눈에는 그런 놀라스코의 모습이 십자가 위에서 죽은 예수 그리스도처럼 보였을 게 분명하다. 또한 이슬람교도도 기독교도 노예들이 나무토막으로 만들어 목에 걸고 있는 십자가, 아무리 가혹하게 다루어도 절대로 몸에서 떼어놓지 않는 그 십자가를 생각해냈는지도 모른다.

'기사단'의 기록에 따르면 놀라스코는 며칠 뒤 발렌시아 해변에 도착했다고 한다. 신이 도와주었다고 생각할 수밖에 없는 기적이었다.

'구출기사단'은 그 후에도 놀라스코의 지도로 활동을 계속했지만, 창설 때부터 이 사건이 일어난 해까지 6년 동안만 해도 무려 서른 번에 이르는 구출행을 성사시켰다. 아무리 기사들이 젊었다 해도 1년에 평균 다섯 번의 구출행을 실행한 셈이다. 구출된 사람의 수도 한 번에 평균 200명이었으니까, 6년 동안 6천 명의 가련한 사람들이 자유를 되찾아 고향땅을 밟은 셈이다.

돈 페드로 데 놀라스코는 서기 1256년에 죽었다. 38년 동안이나 구출 활동을 계속한 뒤에 맞은 죽음이었다.

그가 죽은 지 410년 뒤, 로마 교황은 그를 성인의 반열에 올렸다. 수도사 마타가 성인이 된 것은 죽은 지 50년 뒤였다. 그 차이는 마타와 그 동지들이 수도사였다는 이유만은 아닌 것 같다. 마타의 '구출수도회'는 창설자가 죽은 뒤에도 집요하다고 해도 좋을 만큼 끈질기게 구출 활동을 계속하여, 적은 수라도 꾸준히 구출했다. 하지만 놀라스코의 '구출기사단'은 활동에 기복이 있었다.

그 요인들 가운데 하나는 재원이었다. '수도회'는 교황 인노켄티우스 3세의 현실적인 배려 덕분에 지속적인 재원이 확보되어 있었다. 또한 유럽 전역의 모든 교회에 낡은 나침반을 놓아두어, 광범위한 사람들을 기독교도 노예 구출 운동에 끌어들이는 데 성공했다는 점도 들 수 있다.

한편 '기사단'은 강렬한 개성을 지닌 놀라스코가 이끄는 에스파냐인 기사들로 출발하여, 그가 죽을 때까지 그 상태를 계속 유지한 조직이었다. 놀라스코가 죽자, 지도자를 잃은 기사단은 37년 동안이나 활동을 중단했다. 서기 1293년에 활동을 재개한 이후에는 에스파냐 이외의 유럽 각지에서 지원자를 모아 '국경 없는 기사단'의 성격을 강화했다. 그것이야말로 군사력을 사용하지 않는 인질 구출 운동에 평생을 바친 돈 페드로 데 놀라스코가 바라는 바였을 것이다.

에스파냐에서 유럽으로 퍼져간 뒤의 '구출기사단' 활동을 몇 가지 추려내고 싶다. 이교도의 땅에서 활동하는 어려움은 전과 다름이 없었다. 어려움이 줄어들기는커녕, 세월이 갈수록 국경 없는 기사단의 활동이 국가 간 항쟁의 파도를 뒤집어쓰는 불행도 늘어났다. 그런데도 물건과 사람을 빼앗는 것밖에 생각지 않는 해적의 횡행은 그치지 않았다.

'구출기사단'이 서기 1293년에 활동을 재개하고 그해를 재출발 시기로 잡은 것은 불운했다. 1270년에 프랑스 왕 루이가 이끈 제7차 십자군의 목적지가 중근동이 아니라 북아프리카의 튀니스였기 때문에, 그로부터 20여 년이 지났는데도 북아프리카의 이슬람교도들은 여전히 기독교도에게 나쁜 감정을 품고 있었다.

그해에 바르셀로나를 떠난 것은 제노바와 프랑스 출신인 두 기사였다. 그런데 외해로 나가자마자 해적선을 만났다. 해적 사정에 밝은 선장은 달아나는 게 상책이라고 생각하여 바르셀로나항으로 돌아가는 쪽을 택했다. 두 기사는 다른 배를 세내어 출발할 수밖에 없었다.

목적지인 튀니스에 무사히 도착한 기사들은 '수장'한테서 구출 교섭에 대한 허가를 얻을 수 있었다. 하지만 이 '수장'은 태어났을 때부터 이슬람교도가 아니라 그리스인 아버지와 무어인 어머니 사이에서 태어났기 때문에 원래는 노예의 자식이었고, 나중에 이슬람으로 개종한 남자였다. 개종한 이슬람교도는 타고난 이슬람교도에게 배교자라고 불리면서 열등감을 버리지 못했고, 이슬람교도보다 훨씬 가혹하게 기독교도를 다루면 개종자의 불명예를 만회할 수 있다고 생각하는 사람이 많다. 그때의 '수장'도 그런 사람이어서, 허가를 내주기는 했지만 그 허가를 취소할 이유도 찾고 있었다.

제노바와 프랑스 출신인 두 기사는 그리스 상인의 집에서 셋방살이를 하면서 교섭을 시작했지만, 두 사람이 가진 돈에 눈이 먼 그리스 상인은 두 사람이 첩자 같다고 '수장'에게 고발했다. '수장'이 보낸 병사들이 가택수색을 한 결과, 두 기사의 소지품 속에서 튀니스 시내 지도가 발견되었다.

노예를 찾아다니기 위해서라는 해명도 아무 효과가 없었다. '수장'은 튀니스에 주재하는 이탈리아 각국 영사와 상인들의 변호도 완전히 무시했다. 두 기사는 에스파냐의 아라곤 왕이나 나폴리의 앙주 왕이 보낸 첩자로 단정되어 사형을 선고받았다.

제노바 출신 기사는 광장에 세워진 기둥에 묶여, 군중이 던지는 돌에 맞아 죽었다. 프랑스 출신 기사는 튀니스 성벽 위에서 거꾸로 떨어져 죽었다. 두 사람이 갖고 있던 구출 자금은 그리스 상인과 '수장'이 나누어 가졌다. 실패로 끝났지만, 이것이 '구출기사단'의 64번째 구출행의 결과였다.

7년 뒤인 서기 1300년에는 이탈리아와 프랑스 출신 기사 두 명이 67번째 구출행을 성공시켰다. 튀니스에서 데리고 돌아온 사람의 수는 228명이었다.

서기 1302년에는 69번째 구출행이 성공하여 218명을 데리고 돌아올 수 있었다. 이때도 목적지는 튀니스였다.

1306년에는 피렌체 태생인 노벨로라는 기사가 또 다른 기사와 함께 알제로 갔다. '수장'은 일단 허가했지만, 노벨로가 고령인 것을 보고 마음이 바뀌었다. 그는 착수금이라는 이유를 붙여 구출 자금을 빼앗았을 뿐만 아니라 기사 노벨로를 감옥에 가두어버렸다. 피렌체인은 비참한 감옥 생활을 견디지 못했다. 그 때문에 죽었는지, 아니면 타살인지는 확실치 않다. 확실한 것은 노벨로가 죽고, 동행한 기사는 겨우 귀국했다는 것이다. 이것이 73번째 구출행의 결과였다.

하지만 같은 해에 프랑스인과 또 한 명의 기사도 구출행에 나섰다. 목적지는 보나였다. 오늘날 알제리 동쪽 끝에 있는 안나바인데, 당시에는 해적의 출항지로 알려져 있었다. 그곳 '수장'의 허가도 얻고, 데리고 돌아갈 108명의 몸값 지불을 끝내려 할 때, 세들어 살고 있던 집 근처에 사는 젊은 에스파냐 여자를 만났다. 이 여자도 납치되어 노예시장에서 팔린 뒤 이슬람교로 개종을 강요받고 주인의 첩이 되어 살고 있었지만, 프랑스 기사는 그 여자를 되사서 데리고 돌아갈 테니까 고향에서 인생을 다시 시작해보라고 여자를 설득했다. 인생을 체념하고 있던 여자도 마음이 풀어졌다. 하지만 여자의 주인이 이것을 눈치

챘다.

이슬람 땅에서 그리스도의 가르침을 이야기하는 것은 누구에게나 엄격하게 금지되어 있다. 주인의 고발을 받은 '수장'은 프랑스인 기사를 지하감옥에 가두고, 낮에는 다른 기독교도 노예들과 마찬가지로 채석장에서 중노동을 시켰다.

이 소식이 '구출기사단' 본부가 있는 바르셀로나에 전해졌고, 에스파냐 왕을 움직일 때까지 1년이 걸렸다. 에스파냐 왕은 보나 '수장'에게 특사를 파견하여 석방을 교섭했다. 어떤 조건인지는 확실치 않지만, 교섭은 성공했다. 이미 몸값을 지불한 108명과 프랑스인 기사가 바르셀로나항에 돌아온 것은 이듬해였다. 이것이 74번째 구출행의 결과였다. 디에고라는 이름의 이 프랑스인 기사는 가혹한 환경에서 1년 남짓 지내는 동안 심신이 소모되었는지, 그 직후에 세상을 떠났다.

때로는 웃음이 나오는 일화도 있다. 십자군 운동의 불이 꺼진 1317년 봄, 이탈리아인 기사 알레산드로와 동료는 발렌시아항을 떠나 튀니스로 향했다. 그리고 기독교도 노예를 구출하러 갈 때 '기사단'이 지금까지 중개인으로 활용한 유대인을 이때도 이용한다. 중개 역할을 맡은 이스마일이라는 유대인에게 알레산드로는 '목욕장' 수용자들 중에서도 특히 병약자들을 우선 구출하고 싶다고 말했다. 이 조건으로 선발이 이루어졌고, 매매 교섭도 끝났다.

그때 유대인이 병든 노예라면 우리 집에도 한 명 있으니까 그 노예도 사달라고 요구했다. 이탈리아인 기사는 우선 이스마일의 집에 가서 그 노예를 한번 보기로 했다.

노예를 본 알레산드로는 어이가 없었다. 그 노예는 병이 든 정도가 아니라 빈사 상태에 있었기 때문이다. 그래도 노예는 동포인 기사에게 더듬거리며 호소했다. 죽더라도 이교도의 땅이 아니라 이탈리아에서 죽고 싶다고.

'구출기사단'의 일원인 이상, 이 말을 흘려들을 수는 없는 노릇이었다. 하지만 돈이 남아 있지 않았다. 그래서 알레산드로는 그 노예의 몸값이 올 때까지 자기가 인질로 남겠다고 말했다.

옆에서 듣고 있던 병든 노예의 상태가 달라졌다. 고향땅을 밟을 수 있다는 생각이 그에게 힘을 준 것이다. 누워 있던 사람이 일어나 비틀거리면서라도 걸을 수 있게 되었다.

이것을 보고 놀란 것은 유대인인 이스마일이었다. 이스마일은 알레산드로에게 당신은 기적을 일으킬 수 있느냐고 물었다. 이탈리아인 기사는 이것이 기적이라면 내가 아니라 예수 그리스도가 하신 일이라고 대답한다. 하지만 유대인은 말을 이었다.

"그리스도라고? 그건 거짓말이다. 그리스도는 옛날에 예루살렘에서 처형당했을 때도 기적을 일으키지 못했으니까."

알레산드로는 이 유대교도에게 참을성 있게 그리스도의 가르침을 들려주었다. 이스마일은 완전히 감복하여, 그렇다면 나도 기독교로 개종하겠다고 말했다. 개종하고 발렌시아에 가서 앞으로는 기독교도로 살겠다고.

하지만 '수장'이 내준 출항 허가는 해방노예들과 기사 두 명에게만 적용된다. 그래서 알레산드로는 병에서 회복된 노예의 몸값을 받으러 간다는 구실로 우리와 함께 출항하자고 이스마일에게 말했다. 이스마일도 그 제의를 받아들였고, 동행하는 그의 배에는 이스마일과 그의 가족만이 아니라 항구의 관리들을 속이기 위해 기사도 동승하기로 했다.

하지만 이스마일의 집에서 일하고 있던 무어인이 이미 모든 것을 '수장'에게 일러바쳤다. '수장'이 보낸 베두인족 경비대가 항구에 도착한 것은 두 척의 배가 막 움직이기 시작했을 때였다. 해방노예들을 태운 배는 이미 항구 밖에 나가 있었지만, 기사가 동승한 유대인의 배는 아직 항구 안에 있었다. 떠나가는 배를 보면서 사로잡힌 기사 알레산드로는 '수장'에게 끌려갔다.

이슬람 땅에서는 설령 상대가 유대교도라 해도 그리스도의 가르침을 이야기하는 것은 금지되어 있었던 모양이다. '수장'은 그 금지령을 어긴 죄로 기사에게 화형을 선고했다.

군중으로 가득 메워진 광장 한복판에 기둥이 세워지고, 이탈리아인 기사는 그 기둥에 묶였다. 기사 주위에 산더미처럼 쌓인 나무와 섶나무에 불이 붙었다. 군중은 인간 불기둥을 향해 돌을 던졌다. 그 불은 저녁부터 내리기 시작한 비를 맞고서야 겨우 꺼졌다.

자정이 지나, '목욕장'에서 탈출한 몇몇 노예들이 검게 탄 장작더미로 다가가 뼈를 주워 모았다. 그들은 '목욕장'으로 돌아가서 기사의 뼈를 한 조각씩 나누어 갖고, 각자 뼛조각을 끈에 묶어 성유물로 목에 걸었다고 한다. 이것이 84번째 구출행의 결과였다.

서기 1350년, 프랑스와 에스파냐 출신의 기사 두 명은 구출행의 목적지 알제로 간다. 만사가 순조롭게 진행되어 200명 가까운 노예를 되사서 배에 태우고 막 출항하려 할 때, 그 노예들 가운데 하나인 나폴리 태생의 여자가 없는 것을 깨달았다. 젊은 나이에 납치되어 이슬람교로 개종한 뒤, 대부분의 여자들이 그랬듯이 주인의 아내가 되어 살고 있다가 구출되었지만, 막상 출항할 때가 되자 귀향한 뒤 기독교 사회에

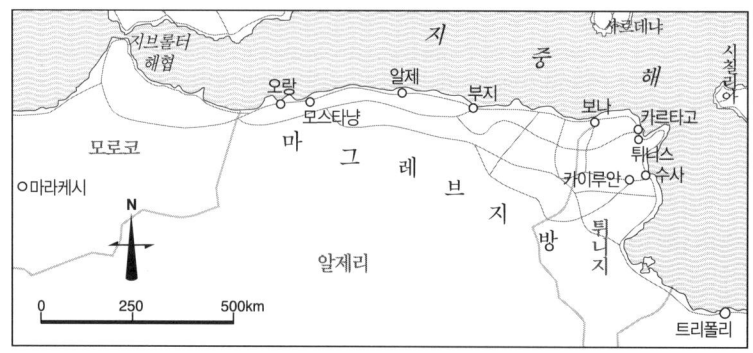
북아프리카

서 살아갈 일이 두려워진 것이다. 그래서 두 기사도 여자를 놓아둔 채 출발할 수밖에 없었다. 이것이 112번째 구출행의 결과였다.

북아프리카에서 기독교도를 구출하는 활동에서 여자를 데리고 돌아가는 데 성공한 예는 별로 없었다.

마타의 '수도회'도 놀라스코가 설립한 '기사단'도 그동안 줄곧 쉬지 않고 활동을 계속했지만, 두 조직의 활동무대가 지중해 연안 도시에 집중되어 있었던 데에는 이유가 있다.

첫째, 북아프리카의 항구도시들을 서쪽에서부터 차례로 열거하면 오랑·모스타냥(오늘날의 모스타가넴)·알제·부지(오늘날의 베자이아)·보나(오늘날의 안나바)·튀니스·트리폴리인데, 이 항구들은 사라센 해적의 근거지이기도 했다. 따라서 납치해온 기독교도를 수용해두는 '목욕장'도 대규모였고, 수용되어 있는 노예의 수도 많았다. 해적들이 집중되어 있는 곳에 구출 활동도 집중시킬 수밖에 없었다.

둘째, 이들 두 조직의 구출 활동에 익숙해진 항구도시들의 '수장' 중에는 경제적인 이유 때문이든 무엇 때문이든 말귀를 알아듣는 사람이 많았다. 그곳의 총독인 '수장'이 허가하지 않으면 구출 활동은 할 수 없었다. 또한 구출 활동을 추진하려면 그곳에 주재하는 서유럽의 영사나 상인들의 정보도 필수불가결한 조건이었다.

셋째 이유로는 치안 상태를 들 수 있을 것이다. 북아프리카의 이슬람 세계도 '수장'의 영향력이 미치는 것은 지중해 연안지방에 한정되어 있고, 내륙으로 들어가면 무법지대라고 해도 좋을 만큼 베두인족을 비롯한 도적단이 횡행하고 있었다. 내륙지방에도 기독교도 노예들은 연안지방보다는 훨씬 적지만 있기는 있었다. 하지만 그들을 찾아 내륙으로 들어가는 것은 이슬람교도에게도 위험한 일이었지만, 기독교도에게는 더욱 위험했다. '기사단'의 166번째 구출행이 그것을 보여주고 있다.

서기 1430년, 토스카나 출신인 두 기사가 구출할 노예를 찾아 내륙지방으로 들어갔다. 구출 자금이 든 가죽주머니를 나귀 등에 싣고, 두 기사는 쨍쨍 내리쬐는 햇볕을 받으며 걸어서 튀니스를 떠났다.

하지만 여행은 일주일도 지나기 전에 끝났다. 뒤따라온 듯한 베두인 도적이 밤중에 그들을 습격한 것이다. 도적들은 가진 것을 몽땅 빼앗았을 뿐만 아니라, 두 사람을 바위에 묶어놓고 화살을 수없이 쏘아서 죽여버렸다. 독수리에 뜯어 먹힌 주검을 피렌체 영사에게 보내준 것은 튀니스의 '수장'이었다.

살해되지는 않았지만 도적의 노예가 되었다가 10년 뒤에 겨우 귀국할 수 있었던 사람도 있다. '구출기사단'은 기사 집단이었기 때문인지, 수도사들의 조직인 '구출수도회'에 비해 구출행이 더 파란만장했던 것 같다. 다음에 소개하는 일화도 그런 사례 가운데 하나다.

어느 해, 튀니지 내륙으로 깊숙이 들어간 프랑스인 기사가 도중에 '라키쿠'(기독교도 노예)를 만났다. '라키쿠'는 쇠사슬에 묶이지 않으면 쇠목걸이를 두르고 있어서 한눈에 알 수 있다. 누더기를 걸친 그 늙은이는 배가 고파서인지 걸음도 제대로 걷지 못했지만, 당신은 누구냐고 묻는 기사에게 이탈리아어로 대답했다.

이탈리아 남부의 칼라브리아 태생으로 바닷가의 작은 마을에서 사제로 일했는데, 그 무렵 쳐들어온 해적에게 납치되어 이 근처에 사는 시골사람의 노예가 된 지 벌써 몇 년이 지났는지 모르겠다고 대답한 것이다. 그리고 이렇게 말을 이었다. "뭐 먹을 것은 없소? 아침부터 돌을 나르는 일을 하고 있는데, 아무것도 먹지 못했다오."

기사가 내민 빵을 물어뜯으면서 늙은 이탈리아인이 말했다. "지금은 사라센인의 라마단이오. 라마단이 시작되면 놈들은 낮에는 아무것도 먹지 않고, 나한테도 먹을 것을 주지 않아요. 하지만 해가 지면 놈들은 실컷 먹어대지만, 그때에도 나한테는 빵과 물밖에 주지 않는다오."

기사는 딱하게 여겼지만 길을 서두를 필요가 있었다. 그래서 함께 마을에 가서 먹을 것을 사주겠다고 말했다. 그러자 노인은 일이 늦어지면 주인에게 호되게 얻어맞을 뿐이라고 대답했다. 기사는 다음 기회에는 반드시 노인을 되사러 오겠다고 약속하고 우울한 기분으로 헤어졌다. 하지만 그 기회는 끝내 찾아오지 않았다. 이 프랑스인 기사 자신이 감옥에 갇혀버렸기 때문이다.

내륙지역에서는 역시 유럽인의 모습이 사람들의 눈길을 끌었다. 게다가 늙은 노예한테 빵을 주고 이야기를 나누는 모습을 본 마을 사람이 있었다. 그 사람이 튀니스의 '수장'에게 기사를 고발한 것이다.

'수장'은 구출 활동을 허가하기는 했지만, 이 프랑스 기사를 투옥할 수밖에 없었다. 그래도 사형에 처할 생각까지는 하지 않았다. 그런데 어디서 허가를 얻었는지는 모르지만 감옥에 음식을 차입하는 허가를 얻은 젊은이들과 이야기에 열중해 있다는 소문이 귀에 들어오자, '수장'의 태도가 강경해졌다.

해적이 횡행하던 당시에는 드문 일도 아니었지만, 그 젊은이들은 에스파냐의 타라고나에서 공부하던 다섯 학생인데, 가까운 해변으로 놀러 갔다가 해적에게 붙잡혀 튀니스로 끌려와 있었다.

주먹으로 때리고 발로 걷어차는 폭력은 끌려오는 배 위에서 이미 시작되었고, 그들 다섯 명도 자신들을 기다리는 운명은 노예시장에서 팔리거나 '목욕장'에 수용되는 것밖에 없다는 사실을 깨닫는다. 학생인 만큼 타개책을 찾는 것도 빨랐다. 운명이 불행의 방향으로 키를 돌리기 전에 이슬람으로 개종하기로 결정한 것이다. 그래서 튀니스항에 도착했을 때 해적들은 그들을 어떻게 할 수도 없었다.

그들은 이맘(이슬람교단의 지도자)에게 맡겨져 코란을 철저히 배운 뒤, 베르베르인 여자와 결혼했다. 아이도 낳고, 금요일마다 모스크에 가면서 경건한 이슬람교도로 살아왔다. 하지만 다섯 명은 아직 젊었다. 프랑스인 기사가 감옥에 갇혀 있는 것을 알고는, 빵을 차입한다는 이유로 그에게 접근한 것이다.

그 에스파냐 젊은이들 가운데 하나가 자기네 사연을 털어놓은 뒤, 이렇게 말했다. "어떻게 해야 한다고 생각하십니까?"

프랑스인 기사가 대답했다. "우리 아버지 집으로 돌아가고 싶으면, 기독교를 버린 것을 후회한다고 고백해야 합니다. 이슬람교도들 앞에서 다시 한번 그리스도에게 돌아가고 싶다고 분명히 말해야 합니다.

그 행위가 당신들에게는 죽음을 의미한다 해도 말입니다."

이 말을 간수한테 전해들은 '수장'은 도저히 눈감아줄 수가 없었다. 다섯 젊은이는 출입금지를 당하는 것으로 끝났지만, 이슬람 사회에서 기독교를 포교하는 것은 엄금되어 있었다. 하지만 '수장'은 광장에서의 공개 화형을 선고하지는 않았다. 조금씩 쇠약해져서 죽도록 감옥 안에서 주는 음식을 차츰 줄이게 했다. 이리하여 프랑스인 기사는 자연사한 것처럼 살해되었다.

'수장'이 그런 살해 방식을 택한 것은 이 시기에 여러 가지로 교섭이 있었던 나폴리가 프랑스계인 앙주 왕가의 지배를 받고 있어서 프랑스인 기사의 죽음을 겉으로 드러내고 싶지 않았기 때문이다. 국경 없는 활동을 이념으로 삼은 '구출기사단'도 국가 간의 사정에 무관할 수 없을 때도 있었다.

이것은 15세기 중엽의 일화다. 피렌체에서는 인간의 존엄을 주장하는 르네상스 운동이 전성기를 구가하고 있었다. 이 시기에 '기사단'은 185번째부터 195번째까지 열한 번의 구출행을 성공시켜, 통틀어 3천 명이나 되는 불운한 사람들이 '인간의 존엄'을 되찾도록 도와주었다.

비슷한 시기, 10년 넘게 북아프리카에 발이 묶여 있다가 겨우 귀국할 수 있었던 기사가 질문에 대답한 말이 남아 있다. 이 기사도 노예를 구출하러 북아프리카로 가다가 해적의 포로가 되었고, 가져갔을 터인 안전통행증도 효과가 없었는지 노예로 팔려 중노동을 강요당한 뒤 귀국했다.

"바르바리(아프리카 북서부 해안지역)에 붙잡혀 있는 사람들의 실태를 말씀해주십시오."

"말로는 표현할 수가 없습니다. 눈으로 직접 볼 수밖에 없습니다. 나도 오랫동안 주인의 명령대로 황무지에서 돌을 골라내고, 그렇게 해서 생긴 밭을 갈고, 채석장에서 돌을 자르고 그것을 나르는 일에 종사했습니다. 하지만 내 체격과 체력이 그런 중노동에는 맞지 않았는지, 일이 순조롭게 진척되지 않으면 주인은 화를 내고, 그때마다 나를 욕하고 때리고 걷어차고 걸핏하면 채찍질까지 했습니다.

그런 나에게 행운은 얼마 후 '수장'인 오트만 옆에서 일하게 된 것입니다. 나와 같은 행운을 얻지 못한 사람들이 어떤 기분으로 살고 있는지, 생각할 때마다 마음이 어두워집니다."

'수장' 오트만이 이 기사를 궁전에 데려와 일하게 한 것은, 15세기 후반이 되면 유럽도 국가마다 재편성 시대에 접어들어 이슬람 세계가 그 나라들과 외교를 벌이려면 그 나라들의 사정에 밝고 말도 통하는 우수한 관료가 필요했기 때문이다. 그래도 몇 년 동안 일을 시킨 뒤 기사의 희망대로 귀국을 허락했으니까 '수장' 오트만도 외교 감각이 풍부한 사람이었을 것이다. '구출기사단'은 이제 서구에서는 잘 알려진 존재였고, 거기에 소속된 기사의 귀국은 서구 여러 나라에 좋은 인상을 줄 것이 분명했기 때문이다.

이 기사가 이슬람 세계는 이제 보기도 싫다고 생각했다 해도 비난할 사람은 없었을 것이다. 그런데 이 기사는 그렇게 말한 이듬해에 다시 알제로 갔다. 이 사람도 '수장'이 보여준 호의를 100퍼센트 활용했다. 185번째에 해당하는 이 구출행에서 데리고 돌아온 것은 300명이나 되는 프랑스와 에스파냐와 이탈리아의 서민들이었다.

195번째 구출행은 서기 1480년에 이루어졌다. 하지만 이해는 지금까지 '수도회'나 '기사단'의 활동에 따라다니고 있던 불만이 한꺼번에 표면화한 해이기도 했다.

그 불만은 다음 두 가지였다.

첫째, 이 두 단체의 활동으로 북아프리카의 해적도 '몸값 벌이'라는 업종의 효용성에 눈을 떠서 수비가 허술한 지역을 골라 해적질에 열을 올리게 되었다는 것. 어쨌든 사람을 납치해오면 된다. 몸값을 낼 수 없는 사람도 '수도회'나 '기사단'이 내주기 때문이다.

둘째, 몸값을 내고 되산다는 것은 기독교 세계의 적인 이슬람 세계를 풍요롭게 해주는 결과로 이어진다는 것.

그래서 그때까지 역대 교황들은 두 단체에 기부하는 자에게는 죄를 경감해주었지만, 당시의 교황 식스투스 4세는 그 특전을 폐지한다고 공표했다.

그해 9월, '기사단'의 에스파냐인 기사 두 명이 알제에서 데리고 돌아온 사람의 수는 56명으로 격감했다. 교황이 주는 특전이 사라졌기 때문에 기부금이 잘 모이지 않은 것이다.

눈도 녹은 이듬해 이른봄, '구출기사단'의 당시 대표였던 루이스 데 로스리오스는 급히 로마로 갔다. 그리고 지난해 9월에 구출된 56명을 데리고 교황과 직접 담판을 벌였다.

"이 사람들은 인간이 살아갈 수 있다고는 도저히 생각할 수 없는 비참한 처지에서도 언젠가는 고향에 돌아갈 수 있다는 희망만으로 살아왔습니다. 북아프리카에는 유명한 '목욕장'만 해도 오랑과 모스타냥, 알제, 부지, 보나, 튀니스 등 많이 있고, 그곳에 가득 수용된 기독교도가 중노동에 혹사당하고 있습니다. 누군가가 움직이지 않으면 그들은 그대로 죽어갈 겁니다."

교황 식스투스 4세는 기부자에 대한 특전 폐지령을 철회할 수밖에 없었다. 그뿐만 아니라 이탈리아 도시국가 통치자들에게도, 나폴리와 시칠리아를 다스리는 아라곤 왕에게도 친서를 보내, 국가로서 이 두 단체에 자금을 지원하라고 요청했다. 물론 로마교황청도 예외는 아니었다. 이리하여 두 단체에는 다시 기부금이 모이게 되었고 활동도 재개할 수 있었다.

교황 식스투스 4세는 좋은 의미에서도 나쁜 의미에서도 르네상스 시대 교황의 전형이었던 사람이다. 바티칸 미술관에서 가장 많은 관광객이 모이는 '시스티나 예배당'은 그 이름이 보여주듯 식스투스(이탈리아식 이름은 시스토) 4세가 지은 것이다. 보티첼리, 기를란다요, 페루지노 등 당시 이탈리아 르네상스를 대표한 화가들을 초빙하여 왼쪽과 오른쪽에 한 폭씩 벽화를 그리게 한 것도 이 교황이다. 천장과 정면은 나중에 미켈란젤로가 그리게 되지만, 바티칸 미술관이 고대와 르네상스의 걸작으로 메워지게 되는 첫걸음은 이 사람이 내디뎠다. 기부금에 대한 특전 폐지령을 내렸다가 철회한 것도 이 사람이다.

그렇다면 피렌체만이 아니라 로마에도 '인간의 존엄'을 소리 높여 주장하는 르네상스 운동이 파급되어 있었던 15세기 후반에도 해적에게 납치된 불행한 기독교도들의 구출 작업은 계속되고 있었다는 뜻이다. 레오나르도가 붓을 휘두르고 미켈란젤로가 대리석에 도전하고 콜럼버스가 신대륙을 발견한 시대에도 지중해를 남쪽으로 내려가면 바로 닿을 수 있는 건너편에는 '목욕장'이 있고, 쇠사슬에 묶여 강제노동에 끌려 나가는 불행한 사람들이 아직도 많이 있었다는 뜻이다. 미켈란젤로가 '시스티나 예배당'의 천장화를 완성한 1513년에 '구출기사단'은 튀니스에서 200명을 데리고 돌아오는 데 성공했다.

이 '기사단'의 마지막 구출행은 서기 1779년에 이루어졌다. 그로부터 10년 뒤에 프랑스 혁명이 일어난다. 계몽주의 시대가 되었어도 구출되어야 할 기독교도 노예들은 여전히 존재했다.

설립된 해는 1218년이고 1222년에 첫 번째 구출행을 시작한 '구출 기사단'은 무려 557년 동안 활동을 계속했다. 그동안 344번의 구출행을 실행했다. 평균 잡아도 2년에 한 번이 조금 넘는다.

'수도회'에 비해 '기사단'은 사료가 상당히 남아 있어서 활동을 추적하는 작업도 비교적 쉬웠지만, 그래도 구출한 사람의 정확한 수는 파악할 수 없었다. 구출자가 100명을 밑도는 경우에는 기록하지 않을 때가 많았기 때문이다. 그것은 '수도회'도 마찬가지였다. 따라서 '수도회'와 '기사단'을 합하면 구출된 사람의 수는 100만 명에 이른다는 연구자의 언급도 간단히 부정할 수는 없을 것 같다. 어쨌든 두 단체의 활동 기간은 500년 내지 600년에 걸쳐 있었기 때문이다. 그동안 구출 활동을 하다가 목숨을 잃은 수도사나 기사도 헤아릴 수 없을 만큼 많았다.

그리고 두 단체 모두 지위가 없기 때문에 국가는 움직이지 않고 재력이 없기 때문에 몸값도 낼 수 없는 사람들만 구출한 것은 구출된 사람들 가운데 유명인사가 하나도 없다는 사실이 실증하고 있다. 500년이 넘는 세월 동안 이 철칙을 지켰으니까, 문자 그대로 철저했다.

유일한 유명인사는 『돈키호테』를 쓴 세르반테스다. 이 사람은 서기 1571년에 '레판토 해전'에 참전했다가 한쪽 팔을 쓸 수 없게 되었지만, 고향인 에스파냐로 돌아가는 길에 해적에게 붙잡혀 알제의 '목욕장'에서 2년 동안 노예생활을 하게 된다. 아직 스물여덟 살이었던 세르반테스는 한 번 탈출을 시도했지만 실패하고, 두 손과 두 발이 모두 쇠사슬로 묶인 요주의 죄수가 되어버린다. 그래도 자유를 되찾을 수 있었던 것은 '구출수도회'가 되산 노예들 가운데 하나였기 때문이다.『돈키호테』는 그 후 쓰였으니까, 세계문학사를 장식하는 세르반테스도 당시에는 무명의 가련한 사람에 불과했다. 즉 '수도회'와 '기사단'이 구출 대상으로 삼고 있었던 서민이었다.

이슬람교도들이 '라키쿠'(기독교도 노예)라고 부른 자들을 수용한 '목욕장'이 무엇이고, 왜 그런 이름으로 불렸는가 하는 의문에 대답해준 연구서는 내가 아는 한 하나도 없다. 그래서 상상력의 도움을 빌릴 수밖에 없지만, 시내에 있으면서 많은 사람을 한꺼번에 수용할 수 있는 시설이라면 고대 로마 시대의 대규모 공중목욕장 폐허가 아니었을까 생각한다. 로마인이 세운 대규모 건조물 중에서도 원형투기장이나 경기장은 시외에 있는 것이 보통이었다. 시내의 대규모 건조물은 광장을 중심으로 한 포룸이나 공중목욕장밖에 없다.

이슬람교도는 동시대의 기독교도에 비해 위생관념이 강하고, 목욕을 죄악시하지 않았다. 하지만 로마식 대규모 목욕장을 목욕탕으로 활용하려면 여러 가지가 필요하다. 건조물만 있으면 되는 것은 아니다. 우선 목욕장에 물을 공급하는 수도가 항상 기능을 발휘해야 한다. 물만이 아니라 연료와 사람의 체계화도 빼놓을 수 없다. 로마식 목욕장은 모든 면에서 조직이 이루어져 있지 않으면 기능을 발휘할 수 없는 시설이다.

로마제국 동방에서는 이슬람교도들도 로마 시대의 목욕장을 수리하여 사용했지만, 그것도 전체가 아니라 일부였다. 이슬람 세계의 서방인 북아프리카에서는 일부조차 활용할 수 없었던 게 아닐까. 그래서 폐허가 되었어도 지붕은 남아 있는 로마 시대의 목욕장을 노예의 강제수용소로 사용한 게 아닐까.

이런 종류의 '목욕장'이 있었던 항구도시는 대부분 로마 시대부터 존재한 도시였고, 고대 로마인은 어느 도시에나 공중목욕장을 지은 민족이었다.

현대 사전에는 강제수용소를 '목욕장'이라고 불렀다고 설명되어 있을 뿐이지만, 그것도 고대부터의 명칭이 아니라 중세 이슬람 사회에서 강제수용소가 된 뒤부터 그렇게 불린 게 아닐까. 그토록 목욕을 좋아한 로마인이, 공중목욕장을 '서민의 궁전'이라고 부를 만큼 예술작품으로 장식한 고대 로마인이 포로나 노예를 수용하는 곳을 '목욕장'이라고 부르리라고는 생각할 수 없다. 하지만 이것은 어디까지나 내 상상에 불과하다.

오늘날에는 지중해에 해적이 출몰하지 않는다. 그러면 언제부터 지중해에서 해적이 사라졌는가.

서기 1830년에 프랑스가 알제리를 식민지로 삼은 뒤부터다. 물론 계몽주의의 영향을 받은 프랑스인이 인권선언에 위배되는 해적업을 완전히 없애겠다고 외치고 알제리를 정복한 것은 아니다. 자국의 식민지로 삼기 위해 정복했다. 하지만 결과적으로 보면 프랑스를 비롯한 서유럽 국가들이 북아프리카 일대를 식민지로 삼은 뒤에야 비로소 지중해가 해적의 위협으로부터 해방된 것도 사실이었다.

그렇다면 지금까지 기술한 시대 이후에도 19세기 전반까지는 지중해에 해적이 계속 출몰했다는 이야기다.

하지만 해적도 사회 현상의 하나인 이상, 시대의 변천과 함께 모습이 달라져간다. 그것은 간단히 말하면 초록색 바탕에 하얗게 떠오른 반달이 붉은 바탕에 하얗게 떠오른 반달로 바뀐다는 뜻이었다.

연표

서기	지중해 서부	지중해 동부	그밖의 세계
476년	야만족 출신 장군 오도아케르가 반기를 들어 황제군에 승리. 황제 로물루스 아우구스투스를 퇴위시킴. 이로써 서로마 제국 멸망.		(중국) 소도성(蕭道成), 송(宋)을 멸하고 제(齊)를 세움(479년).
565년		유스티니아누스 황제, 37년 동안 통치한 뒤 사망.	(중국) 진패선(陳覇先), 양(梁)을 멸하고 진(陳)을 세움(557년).
568년	랑고바르드족, 남하하여 이탈리아에 침입.		
570년		무함마드가 메카에서 탄생.	(중국) 진이 멸망하고 수(隋)가 중국을 통일(589년). (일본) 쇼토쿠(聖德) 태자, 섭정에 취임(593~622년). (한국) 고구려, 살수대첩(612년).
613년		무함마드가 포교를 시작.	
632년		무함마드 사망.	(일본) 견당사(遣唐使)를 파견하기 시작(630년).
634년		무함마드의 후계자 칼리프가 아라비아 반도를 완전 제패.	
635년		이슬람 세력이 다마스쿠스를 정복하고 수도를 옮김.	
636년		시리아가 이슬람화.	
642년		이슬람 세력이 알렉산드리아를 정복. 이집트가 이슬람화.	
644년	이슬람 세력이 트리폴리를 정복. 키레나이카 지방(오늘날의 리비아)을 이슬		

연도			
	람화.		
651년		사산조 페르시아 멸망. 메소포타미아 지방이 이슬람화.	(중국) 이슬람교 전래(651년).
652년		알렉산드리아를 출발한 해적선이 시칠리아의 수도 시라쿠사를 습격. 그 후 해적이 기독교 세계에 침입하기 시작.	
670년	튀니스에서 남쪽으로 150km 떨어진 곳에 북아프리카 최초의 아랍인 도시인 카이루안이 건설.		(한국) 신라, 삼국통일 완성(676년).
			(중국) 측천무후(則天武后), 제위에 올라 주(周)를 건국(690년).
698년	이슬람 세력이 카르타고 정복. 북아프리카 전역이 이슬람 세력의 지배를 받게 됨.		
700년	람페두사섬과 판텔레리아섬이 사라센 해적의 습격을 받음.		
704년		카이루안의 지방장관이 '지하드'(성전)를 선언하고 시칠리아 남해안을 습격.	
705년	카이루안을 출발한 사라센 해적이 시라쿠사를 습격.		
710년	이슬람 세력, 지브롤터해협을 건너 이베리아반도를 침공.		(일본) 헤이조쿄(平城京)로 천도(710년).
727년	북아프리카를 출발한 사라센 해적선이 시칠리아 남해안 일대를 약탈하고 주민을 납치.		
728년		시라쿠사의 비잔티움군이 사라센 해적을 맞아 싸웠지만 패배.	
732년	사라센인이 피레네산맥을 넘어 프랑스에 침입하지만 푸아티에 평원에서 격퇴당함.		

734년	튀니스에 이슬람 조선소 건설.		
744년	파비아를 거점으로 삼은 랑고바르드족의 왕 리우트프란드 사망. 그 후 랑고바르드족은 다시 이전의 분산 세력으로 돌아감.		(중국) 당나라 장군 고선지, 탈라스 강변에서 이슬람군과 싸워 패배(751년).
762년		이슬람 세력이 바그다드를 새 도읍으로 건설하고 다마스쿠스에서 천도.	(일본) 헤이안쿄(平安京)로 천도(794년).
800년	프랑크왕국의 왕 샤를이 알프스를 넘어 이탈리아로 진격. 로마에서 교황 레오 3세가 그에게 신성로마제국 황제의 왕관을 수여함.		(일본) 사이초(最澄), 당나라에서 돌아와 천태종을 열다 (805년).
814년	샤를마뉴 사망.		
816년	교황 레오 3세 사망.		
827년	이슬람군이 시칠리아에 상륙, 마차라 델 발로 근처 평원에서 비잔티움군과 싸워서 승리. 이후 북아프리카 이슬람교도의 시칠리아 정복행 시작.		
828년	교황의 명을 받은 보니파초 백작이 카이루안으로 진격하여 승리하고, 납치되어 있던 기독교도를 해방.		
829년	이슬람 대군이 튀니스를 출발하여 로마 북쪽 50km 지점에 있는 항구 치비타베키아를 점거. 그 후 중부와 북부 이탈리아도 해적의 표적이 됨.		
830년	토스카나 지방에서 겨울을 난 이슬람군이 로마로 진군하지만 공략에는 실패. 북아프리카가 이슬람화한 이후 최대 규모의 이슬람군이 편성되어, 아랍인 중심의 제1대가 팔레르모를 습격. 비잔티움군은 구원하러 오지 않음.		
831년	팔레르모 함락. 그 후 이슬람 세력은 시칠리아 서반부를 완전히 정복하고, 시		

	칠리아 동부로 세력을 확대. 남부 이탈리아를 습격하는 해적의 거점으로 삼음.		
835년	캄파니아 지방의 나폴리가 이슬람교도인 팔레르모 지방장관과 우호조약을 맺음. 그 후 사라센 해적은 풀리아 지방으로 표적으로 옮김.		
840년	베네치아 해군이 타란토항 밖에서 사라센 해적에게 대패.		
843년	이슬람 세력의 공격으로 메시나가 함락. 시칠리아 북부가 이슬람 지배 아래 들어감.		
846년	북아프리카 각지의 이슬람 세력이 시칠리아에 집결하여 이탈리아 남부를 거쳐 로마로 진군. 다시 로마 성벽에 막혔지만, 성벽 밖의 교회를 약탈. 이에 대해 로마와 중부·남부 이탈리아의 각 도시가 궐기하여 이슬람 세력을 협공.		
847년	시칠리아와 북아프리카에서 사라센 원군이 도착. 프랑크 왕이자 이탈리아 왕이기도 한 루도비코가 이끄는 방위군과 육상에서 격돌. 하지만 결전을 벌이기 전에 가에타 항구 밖 해상에서 태풍이 일어나 사라센군을 직격하여 로마 정복은 실패로 끝남.		
849년	봄에 사라센 해적이 토스카나 지방 북쪽 끝에 있는 루니에 상륙하여 약탈. 그 후에도 북상을 계속하여 제노바를 중심으로 하는 리구리아 지방 해안에서 남프랑스까지 분탕질. 교황 레오 4세가 이탈리아의 각 도시에 호소하여 방위군을 결집. 오스티아항구 밖에서 이슬람 선단을 맞았지만, 맹렬한 남서풍이 이슬람 선단을 습격하여 많은 포로를 얻음('오스티아 해전').		
860년	로마 교황의 요청을 받은 신성로마제국 황제 루도비코 2세가 이탈리아 남부에서 사라센군에 참패.		

877년	교황 요한네스 8세가 카푸아·가에타·나폴리·아말피의 대표자를 만나 이슬람과 동맹을 맺지 말라고 설득하지만 성과를 거두지 못함. 　요한네스 8세가 1년 동안 이탈리아반도 서해안을 약탈하지 않는다는 조건으로 사라센 해적에게 은화 2만 5천 냥을 지불. 시칠리아 수장이 팔레르모에서 시라쿠사로 진군.		
878년	봄에 이슬람군이 시라쿠사 진격을 재개. 9개월의 공방전 끝에 시라쿠사가 함락되어 시칠리아섬 전체가 이슬람의 지배를 받게 됨.		
879년	사라센 해적이 이탈리아반도에 대한 약탈을 재개. 요한네스 8세는 이탈리아·프랑스·독일의 국왕에게 구원을 요청하지만 무시당함. 또한 이미 이슬람 세력과 통상관계를 맺고 있던 가에타·나폴리·아말피·소렌토에도 공동투쟁을 제의하지만 거절당함.		
882년	요한네스 8세 사망. 사라센 해적, 성 빈첸초 수도원을 습격하여 파괴.		
915년	비잔티움제국의 섭정인 조에 황후가 팔레르모 수장과 협약을 맺음. 칼라브리아와 풀리아 지방을 공격하지 않는다는 조건으로 2만 2천 냥의 비잔티움 금화를 지불하지만, 협정 범위에 포함되지 않은 북아프리카에서 출발한 해적의 습격이 계속됨.		(중국) 당나라 멸망, 후량(後粱) 건국. 5대10국시대 시작 (907년).
916년	치비타베키아를 이슬람군으로부터 탈환하지만, 가릴리아노를 잃음. 교황 요한네스 10세가 가에타·나폴리·아말피에 호소하여 가릴리아노를 이슬람 세력으로부터 탈환하기 위해 군대를 편성. 석 달 동안 싸운 끝에 이탈리아 중부에서 남부에 걸친 티레니아해안에서 이슬람 세력을 몰아냄.		(한국) 고려 건국 (918년).

925년	사라센 해적이 풀리아 지방의 오리아를 습격. 6천 명이 살해되고 1만 명이 북아프리카로 납치됨.		
934년	사라센 해적이 제노바를 습격.		
948년	사라센 해적이 이탈리아 남부의 레조를 정복.		
963년		비잔티움제국 황제 포카스가 사라센군에 패배. 그 후 비잔티움제국은 두 번 다시 사라센 해적과의 대결을 시도하지 않음.	(중국) 송나라 건국 (960년).
975년	프랑스 왕이 사라센 해적의 근거지였던 남프랑스의 생트로페에서 해적을 몰아냄.		
982년	신성로마제국 황제 오토 2세가 독일과 작센 병사로 이루어진 군대를 이끌고 이탈리아를 남하하여 사라센군과 대결했지만 참패.		
1002년	아말피 군선단이 베네벤토와 나폴리를 공격하는 사라센군을 격퇴.		
1004년	베네치아 군선단이 아드리아해안의 항구도시 바리를 습격하는 사라센군을 격퇴.		
1005년	피사 군선단이 칼라브리아 지방을 분탕질하는 해적선단을 격퇴.		
1012년	피사와 제노바 해군이 공동으로 해적 무세토를 격퇴.		
1016년	성지 순례에서 돌아오던 노르만인 기사들이 풀리아 지방의 가르가노산에 피신해 있던 풀리아의 유력자들에게 남이탈리아에서 비잔티움 세력과 이슬람 세력을 몰아내달라는 요청을 받음.		
1017년	노르만인 기사들이 풀리아 지방의 이탈리아인과 함께 이탈리아 남부에서 비잔티움 세력을 몰아내는 일에 착수.		

1024년	성 요한 기사단 창설.		
1037년	노르만인이 남부 이탈리아에서 비잔티움 세력과 이슬람 세력을 몰아냄.		
1038년	남부 이탈리아를 정복한 노르만 세력이 시칠리아로 진격하기 시작.		
1061년	루제로가 이끄는 노르만군이 시칠리아로 다시 진격.		
1066년	노르만인이 잉글랜드를 정복.		
1072년	노르만 세력이 팔레르모를 공략.		
1086년	노르만 세력이 시라쿠사를 공략하여 시칠리아를 완전 지배.		
1087년	교황 빅토르 3세가 아말피·피사·제노바에 호소하여 이슬람과 싸울 군대를 편성. 카이루안의 외항인 마디아를 공격하여 기독교도를 구출하는 데 성공.		
1096년	제1차 십자군이 동방으로 출발.		
1099년		제1차 십자군이 예루살렘 공략에 성공.	
1147년	제2차 십자군이 동방으로 출발. 독일 황제 콘라트 3세와 프랑스 왕 루이 7세가 참전.		(한국) 묘청의 난(1135년). (일본) 호겐(保元)의 난(1156년). (한국) 고려 무신정권 시대(1170~1258년).
1174년		템플(성전) 기사단 창설.	
1187년		쿠르드족 출신인 살라딘이 이슬람 세계를 재통합. 아랍 민족과 투르크 민족 사이의 투쟁이 종결.	
1189년	제3차 십자군이 동방으로 출발. 신성로마제국 황제 프리드리히 1세, 프랑스 왕 필리프 오귀스트, 영국 왕 리처드가 참전.		(일본) 미나모토 요리토모(源賴朝), 정이대장군이 되다(1192년).

1197년	수도사 장 드 마타 등이 교황 인노켄티우스 3세의 지원을 받아 기독교도 구출 수도회를 창설.		
1199년	기독교도 구출수도회가 치비타베키아를 출발하여 모로코로 감. 186명의 기독교도를 구출하여 마르세유를 거쳐 파리로 돌아옴.		
1202년	제4차 십자군이 동방으로 출발. 유럽 각국의 왕들은 교황 인노켄티우스 3세의 호소에 응하지 않고 플랑드르와 프랑스 영주가 참가.		
1210년	기독교도 구출수도회가 튀니스의 노예 수용 시설 안에 병원을 설립.		
1213년	수도사 장 드 마타 사망.		
1218년	에스파냐인 기사 돈 페드로 데 놀라스코가 기독교도 구출기사단을 창설.		(일본) 호조(北條)씨의 집권정치 시작(1219년). (일본) 조큐(承久)의 난(1221년).
1222년	교황청이 기독교도 구출기사단을 인가. 알제로 기독교도를 구출하러 떠남.		
1223년	베네치아가 해상법을 제정.		
1227년		시칠리아 왕이자 신성로마제국 황제인 프리드리히 2세가 제5차 십자군을 소집하여 예루살렘에 가서 이슬람 세력과 강화를 맺음.	(일본) 도겐(道元), 송나라에서 귀국하여 조동종을 열다(1227년).
1230년	피사가 튀니스의 수장과 튀니스에서의 안전한 교역, 상관과 교회 설치에 관한 협약을 맺음. 바로 뒤이어 제노바도 거의 같은 내용의 협약을 맺음.		
1231년	프리드리히 2세가 이슬람 세력과 시칠리아인의 안전과 교역의 자유를 인정하는 내용의 협약을 갱신.		
1232년	로마교황청이 종교재판소를 설립.		

1248년	프랑스 왕 루이 9세가 제6차 십자군을 소집. 이집트로 가지만 참패. 루이 자신도 포로가 되어 원정이 끝남.		
1251년	베네치아가 튀니스의 수장과 튀니스에서 자국민의 안전과 행동의 자유, 영사관과 상관 설치에 관한 협약을 맺음. 제노바가 제노비노 금화를 발행.		
1252년	피렌체가 튀니스의 수장과 교역의 안전 및 상관과 교회 설치에 관한 협약을 맺음. 피렌체가 피오리노 금화를 발행.		(일본) 니치렌(日蓮), 법화종을 열다 (1253년).
1256년	기독교도 구출기사단의 놀라스코 사망.		
1262년	로마교황청이 장 드 마타를 성인의 반열에 올림.		
1266년	노르만-호엔슈타우펜 왕조 멸망. 루이 9세의 동생 샤를 당주가 새 지배자가 됨.		
1270년	루이 9세가 제7차 십자군을 편성하여 튀니지로 가지만, 루이 9세가 병사하여 원정이 끝남.		(중국) 몽골족이 원나라를 세움(1271년). (일본) 원나라 군대가 고려군을 이끌고 일본에 원정하지만 실패(1274년).
1284년	베네치아가 두카토 금화를 발행.		
1291년		팔레스타인 기독교 세력의 마지막 보루인 아콘이 함락. 십자군 시대 끝남.	
1297년	교황 보니파키우스 8세가 루이 9세를 성인의 반열에 올림.		(한국) 조선 건국 (1392년). (일본) 전국시대 (1467~1568년).
1480년	교황 식스투스 4세가 기독교도 구출수도회와 기독교도 구출기사단에 기부한 자에게 죄를 경감해주는 특전을 폐지. 기독교도 구출기사단은 195번째 구출행으로 알제에 가지만, 기부금이 줄어들어 데리고 돌아온 기독교도의 수는 56명에 불과.		

1453년		콘스탄티노플이 투르크제국의 공격으로 함락. 비잔티움제국 멸망.	
1481년	기독교도 구출기사단 대표인 루이스 데 로스리오스가 교황 식스투스 4세에게 기부자에 대한 특전 폐지를 철회해달라고 요청.		(아메리카) 제노바 출신 콜럼버스가 아메리카 대륙을 발견 (1492년).
1513년	미켈란젤로가 시스티나 예배당의 천장화를 완성.		
1571년	세르반테스가 레판토 해전에 종군한 뒤, 에스파냐로 돌아올 때 해적에게 납치됨.		(아메리카) 포르투갈의 페르디난드 마젤란이 마젤란해협을 통과(1520년). (아메리카) 13개 식민지가 영국으로부터 독립 선언(1776년).
1779년	기독교도 구출기사단의 마지막 구출행.		
1789년	프랑스 혁명 발발.		
1797년	베네치아공화국 멸망.		
1830년	프랑스가 알제리를 침공하여 식민지로 삼음.		

그림 출전 일람

14쪽 　그림: 세토 아키라(瀨戶照)
36쪽 　카이루안의 대모스크(튀니지/카이루안) ⓒChristine Osborne/CORBIS
48쪽 　M. 레온 갈리비에르, 『알제리의 역사』(1847)에서
57쪽 　바티칸 미술관(바티칸), 라파엘로와 그 공방화 ⓒScala, Firenze
132쪽 　바티칸 미술관(바티칸), 라파엘로 그림
　　　 ⓒAlinari Archives/Anderson Arhive, Firenze
197쪽 　몬레알레 대성당(이탈리아/시칠리아) ⓒAKG-images/Andrea Jemolo
246쪽 　그림: 미네무라 가쓰코(峰村勝子)
274쪽 　프랑스 국립도서관(프랑스/파리), 『프랑스 연대기』에서
　　　 ⓒAKG-images/Jérôme da Cunha
293쪽 　세 점 모두 피츠윌리엄 미술관(영국/케임브리지 대학)
　　　 ⓒThe Fitzwilliam Museum, University of Cambridge
307쪽 　루브르 미술관(프랑스/파리), 로랑 드 라 일 그림
　　　 ⓒWhite Images/Scala, Firenze
327쪽 　ⓒAKG-images/Tristan Lafranchis
332쪽 　세비야 미술관(에스파냐/세비야), 프란시스코 파체코 그림 ⓒAISA, Barcelona
375쪽 　그림: 미네무라 가쓰코

컬러 사진: ⓒMario Criscuolo(377쪽 오른쪽 아래), ⓒCarlo Struglia(382쪽 왼쪽),
　　　　　ⓒGiuseppe Di Pietrantonio(382쪽 오른쪽), ⓒMatthias Knöpper(383쪽
　　　　　오른쪽 아래), ⓒVincenzo Di Lello(385쪽 아래), ⓒLeon Reed(390쪽 오른쪽),
　　　　　ⓒToshiyuki Ushijima/Sebun Photo/amanaimage(390쪽 왼쪽),
　　　　　ⓒAntonio Scimone(392쪽 위), ⓒThomas Vallely(395쪽 아래 오른쪽),
　　　　　ⓒFabio Bernardin(401쪽 오른쪽 위), ⓒCubo Images, Milano(그 외의 사진)

지도 제작: 綜合精図研究所

권말부록
이탈리아 전역에 분포하는 '사라센의 탑'

사라센 해적의 위협에 계속 시달리는 해안 주민들에게는 어디에도 희망이 없었다. 그들이 취할 수 있는 자위 수단은 바다를 널리 바라볼 수 있는 땅을 골라 망루를 세우고 해적선의 습격을 한시라도 빨리 발견하여 주민들에게 달아날 시간을 조금이라도 많이 주는 것뿐이었다.
이런 망루를 이탈리아어로는 '토레 사라체노'(사라센의 탑)라고 불렀다.

사라센 해적의 습격에 대비한 감시탑과 요새의 이탈리아 지방별 분류도

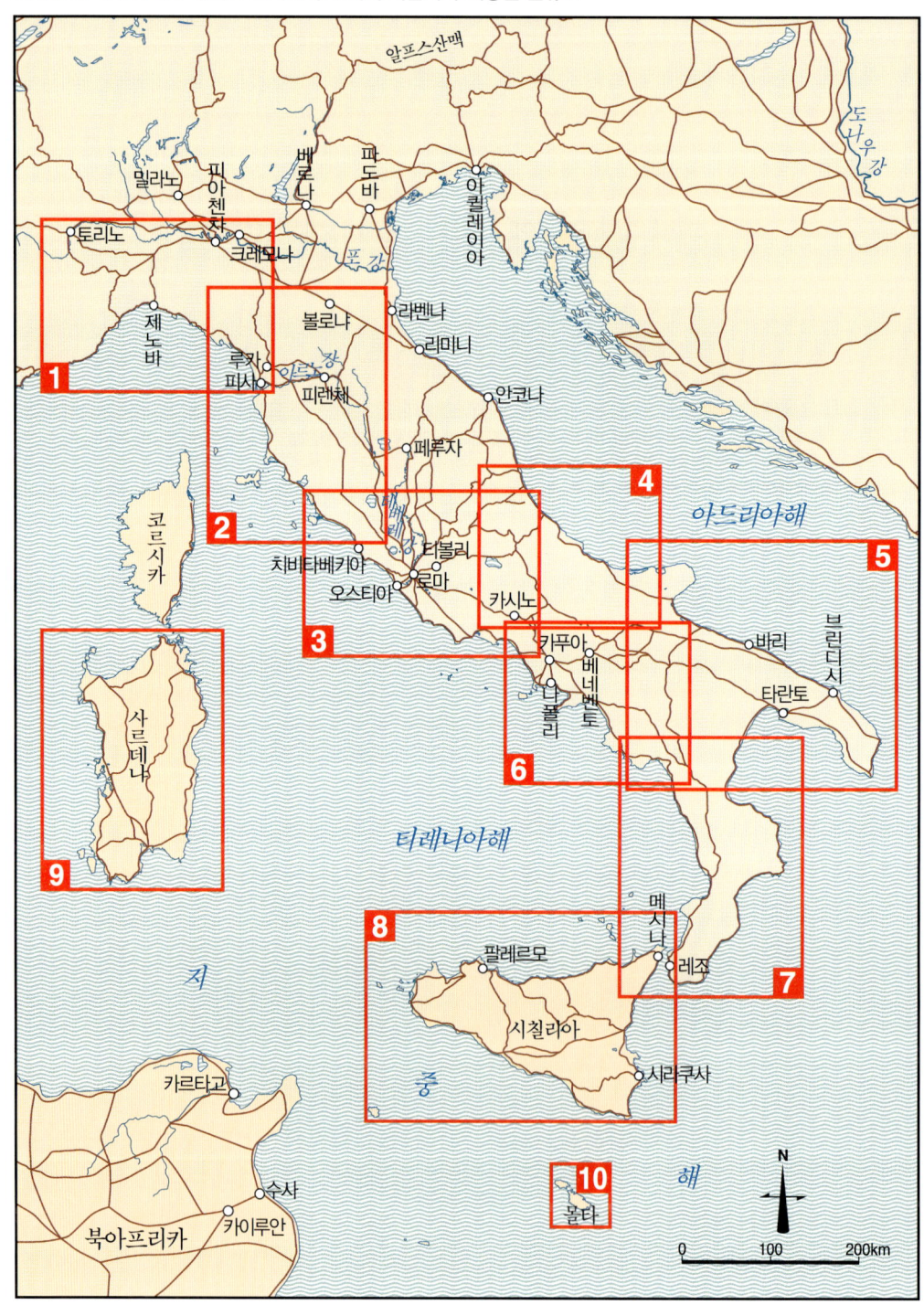

이탈리아 해군기

몰타 기사단기
전투용
(창설 이래 변하지 않음)

몰타 기사단기
종교용
(로도스섬을 잃은 슬픔을 표현하여 검은색으로)

로마교황청기

신성로마제국기

1 리구리아 지방의 분포

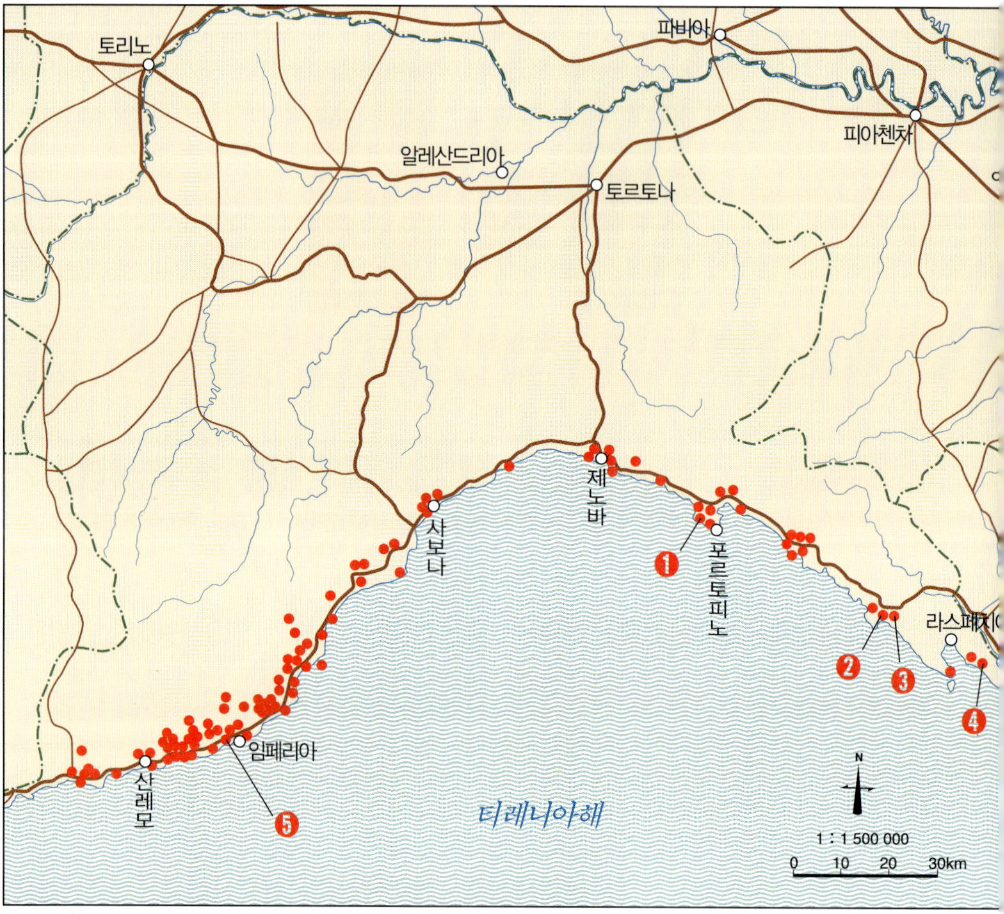

❷ 몬테로소 알 마레
(Monterosso al Mare)

❶ 산 프루투오소
(San Fruttuoso)

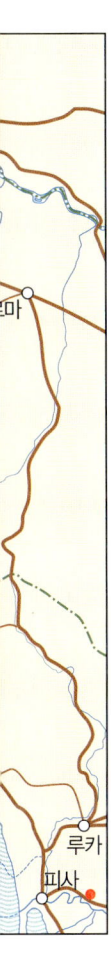

❸ 베르나차(Vernazza)

❹ 레리치(Lerici)

❺ 임페리아(Imperia)

2 토스카나 지방의 분포

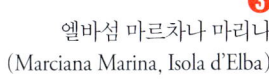

❶ 탈라모네(Talamone)

❷ 포르토 산토 스테파노(Porto Santo Stefano)

❸ 엘바섬 마르차나 마리나
(Marciana Marina, Isola d'Elba)

❹ 안세도니아(Ansedonia)

❺ 포르토 에르콜레
(Porto Ercole)

❻ 리보르노
(Livorno)

❼ 질리오섬
질리오 캄페세
(Giglio Campese,
Isola del Giglio)

3 라치오 지방의 분포

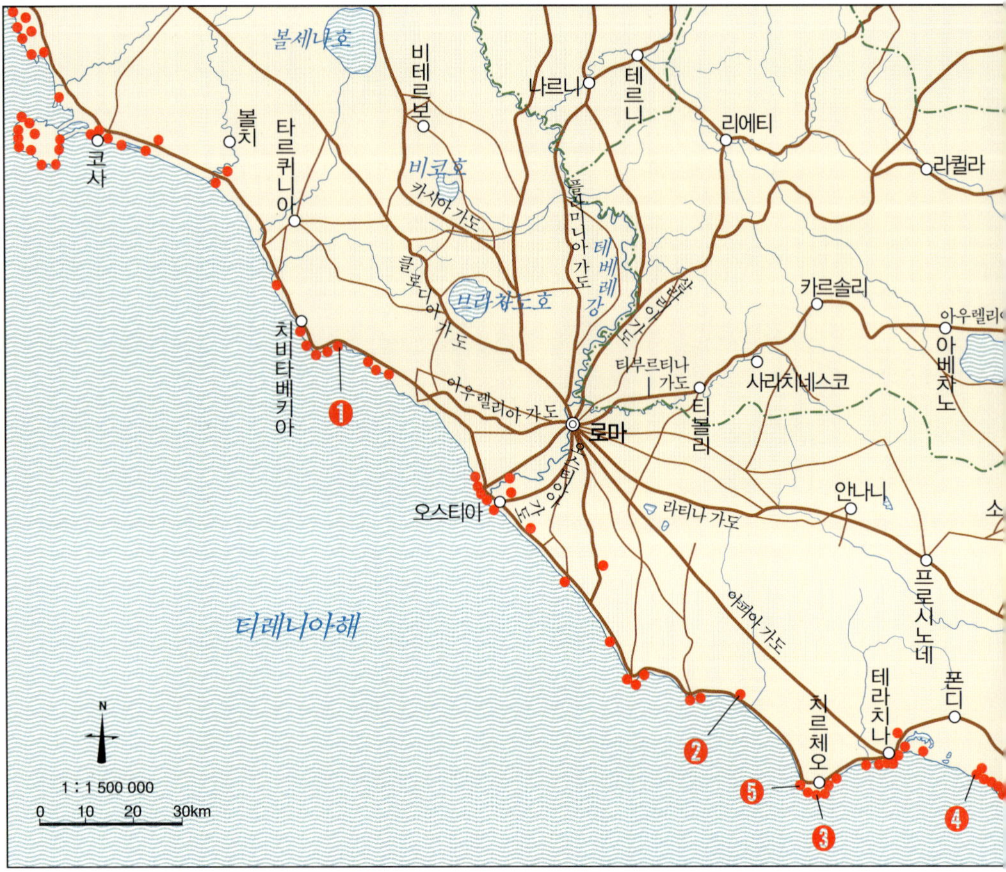

❶ 산타 세베라(Santa Severa)

❷ 네투노(Nettuno)

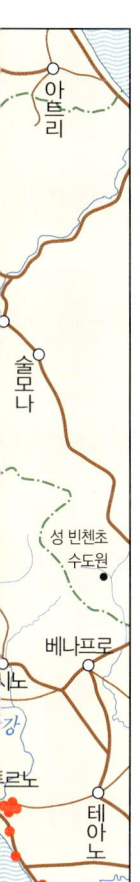

❸ 산 펠리체 치르체오(San Felice Circeo)

❹ 스페를롱가(Sperlonga)

❺ 산 펠리체 치르체오
(San Felice Circeo)

4 아브루초 몰리세 지방의 분포

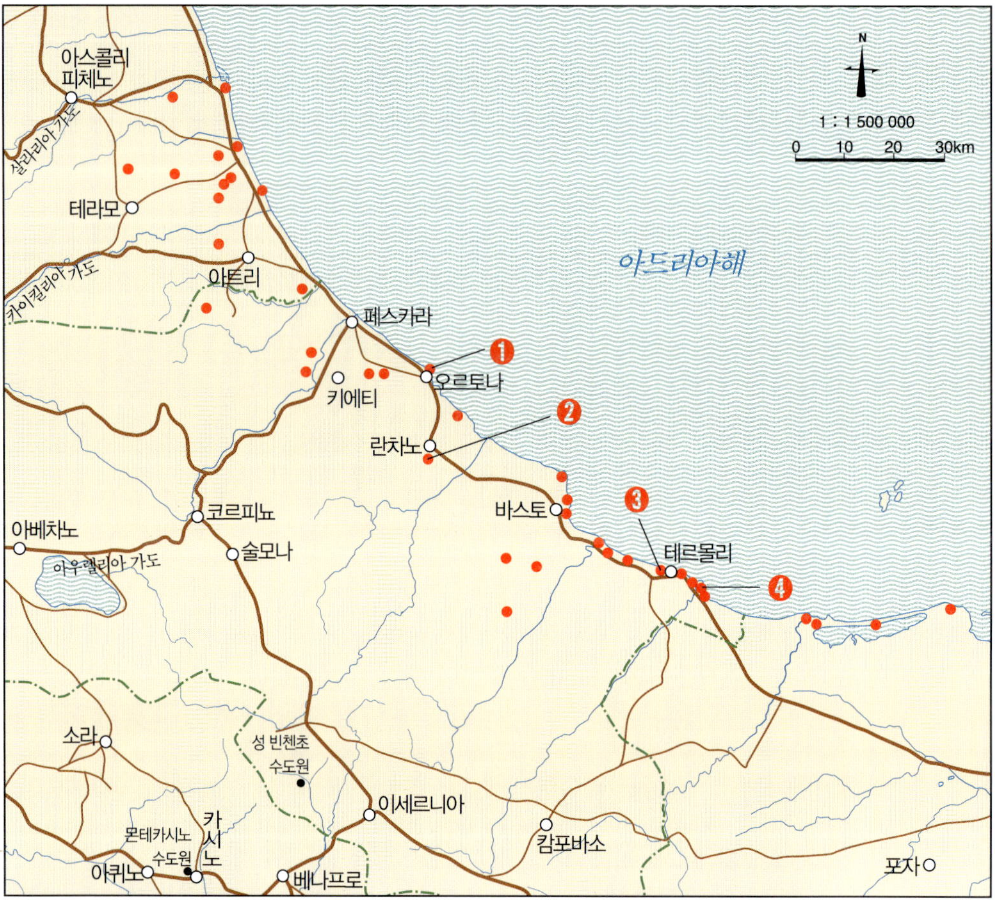

❶ 오르토나 (Ortona)

❷ 란차노
(Lanciano)

❸ 테르몰리
(Termoli)
현재는 레스토랑이
되어 있다.

❹ 테르몰리
(Termoli)

5 풀리아 · 바실리카타 지방의 분포

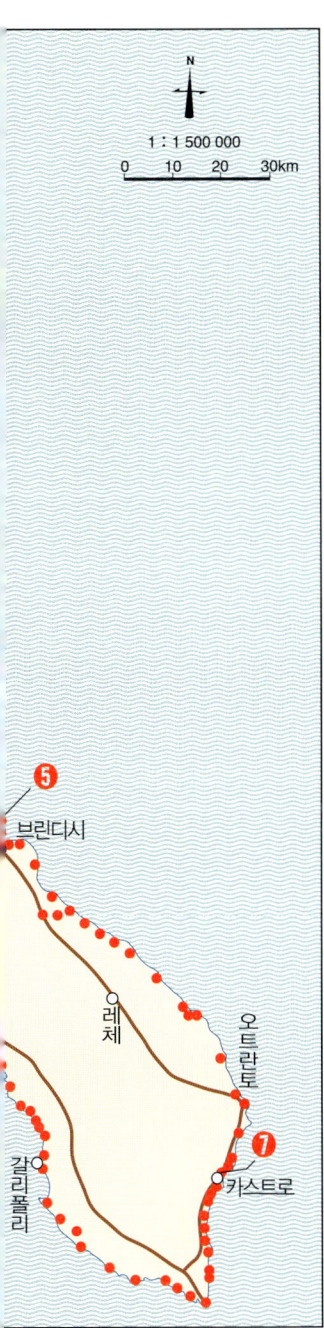

❶ 포르토 산 체사레오(Porto San Cesareo)

❷ 오스투니(Ostuni)

❸ 산 니콜라섬(Isole San Nicola)

❹ 푼타 펜나 그로사(Punta Penna Grossa)

❺ 브린디시(Brindisi)

❻ 모노폴리(Monopoli)

❼ 산 체사레아(San Cesarea)

6 캄파니아 지방의 분포

- 테아노
- 칼비리소르타
- 볼투르노강
- 라티나 가도
- 카푸아
- 베네벤토
- 아피아 가도
- 카노사
- 볼투르노
- 포추올리
- 놀라
- 베노사
- 쿠마
- 나폴리
- 미세노 ❷
- 폼페이
- 이스키아섬 ❺ ❸
- 살레르노
- 포텐차
- 카프리섬
- 아말피 ❶ ❻ ❽
- 페스툼
- 티레니아해
- 리코사곶
- 포필리아 가도
- 폴리카스트로
- ❹
- ❼

N
1 : 1 500 000
0 10 20 30km

❶ 아말피 (Amalfi)

❷ 나폴리(Napoli)

❸ 마사 루브렌세
(Massa Lubrense)

❹ 아셰아(Ascea)

❺ 이스키아섬(Isola d'Ischia)

❻ 체타라(Cetara)

❼ 마리나 디 카메로타
(Marina di Camerota)

탑에서 바다를 바라보는 살레르노(Salerno) ❽

7 칼라브리아 지방의 분포

❶ 레 카스텔라(Le Castella)

❷ 아만테아(Amantea)

❹ 산 니콜라 아르첼라(San Nicola Arcella)

❸ 카포 보니파티(Capo Bonifati)

⑤ 실라(Scilla)

⑥ 바냐라 칼라브라(Bagnara Calabra)

⑦ 팔미(Palmi)

❽
스트롱골리(Strongoli)

❾
크로토네(Crotone)

❿
로세토 카포 스풀리코
(Roseto Capo Spulico)

8 시칠리아 지방의 분포

❶ 피라이노(Piraino)

❷ 마리나 디 팔마(Marina di Palma)

❸ 포찰로(Pozzallo)

❹ 아치레알레(Acireale)

❺ 산탈레시오 시쿨로(Sant'Alessio Siculo)

❻ 아치 카스텔로(Aci Castello)

❼ 트라파니(Trapani)

❽ 누비아(Nubia)

❾ 몬델로(Mondello)

❿ 스코펠로(Scopello)

9 사르데냐 지방의 분포

① 스틴티노(Stintino)

② 산탄티오코섬(Isola di Sant'Antioco)

③ 산타 테레사 디 갈루라
(Santa Teresa di Gallura)

④ 산 조반니 디 시니스
(San Giovanni di Sinis)

⑤ 알게로(Alghero)

10 몰타

발레타(Valletta) 구시가지

성 엘모 요새의 승전기념당(Valletta)

성 안젤로 요새(Valletta)